Los Premios Nobel

EL MARAVILLOSO VIAJE DE NILS HOLGERSSON A TRAVÉS DE SUECIA

SELMA LAGERLÖF

EL MARAVILLOSO VIAJE DE NILS HOLGERSSON A TRAVÉS DE SUECIA

EDICIONES ORBIS, S.A.

Título original: NILS HOLGERSSON UNDERBARA RESA

Traducción cedida por Editorial Labor, S.A.

ISBN: 84-7530-295-5
D.L.B. 28519-1983

Compuesto, impreso y encuadernado por
Printer industria gráfica, s.a. Provenza, 388 Barcelona
Sant Vicenç dels Horts

Printed in Spain

I
EL DUENDE

Domingo, 20 de marzo

Érase un muchacho que no pasaría de los catorce años, alto, desmadejado, de cabellos rubios como el cáñamo. El pobre no servía para maldita la cosa. Dormir y comer eran sus ocupaciones favoritas; era también muy dado a juegos, en los que demostraba sus instintos perversos.

Un domingo por la mañana disponíanse sus padres a marchar a la iglesia; el muchacho, en mangas de camisa y sentado sobre un ángulo de la mesa, regocijábase al verles a punto de partir pensando en que iba a ser dueño de sí durante un par de horas.

«Cuando se vayan —pensaba para sus adentros— podré descolgar la escopeta de mi padre y hacer un disparo sin que nadie se meta conmigo.»

Se hubiera dicho que el padre adivinaba las intenciones del muchacho por cuanto en el momento de salir detúvose a la puerta y dijo:

—Ya que no quieres venir al templo conmigo y con tu madre, podrías muy bien leer en casa los sermones del domingo. ¿Me prometes hacerlo?

—Lo haré, si usted quiere —dijo, pensando, como era de suponer, que no leería más que lo que le viniese en gana.

Jamás había visto el muchacho que su madre procediera con tanta prisa. En un abrir y cerrar de ojos fuese hasta el armario colgado de la pared, sacó el sermonario bíblico y lo dejó en la mesa, ante la luz de la ventana y abierto por la página del sermón del día. Presurosamente buscó también el evangelio de tal domingo y lo puso junto al sermonario. Por último, aproximó a la mesa el gran sillón que comprara el año precedente en la subasta de la casa del cura de Vemmenhög, y en el que, de ordinario, sólo el padre tenía derecho a sentarse. Sentóse el rapaz pensando que la madre procurábase hartas molestias para prepararle la escena, ya que apenas si llegaría a leer una o dos páginas. Pero el padre pareció adivinarle nuevamente las intenciones que abrigaba, al decirle con voz severa:

—Conviene que leas detenidamente, porque cuando regresemos te preguntaré página por página; ¡y ay de ti si has saltado alguna!

—El sermón tiene catorce páginas y media —añadió la madre como para colmar la medida. Debes comenzar en seguida si quieres tener tiempo para leerlo.

Por fin partieron. Desde la puerta vio el muchacho cómo se alejaban; hallábase como cogido en un lazo.

—Estarán muy contentos —murmuraba— con creer que han hallado el medio de tenerme sujeto al libro durante su ausencia.

Mas el padre y la madre estaban, por el contrario, muy afligidos. Eran unos modestos terratenientes; su posesión no era más grande que el rincón de un jardín. Cuando se instalaron en ella apenas si bastaba para el sustento de un cerdo y un par de gallinas. Duros para la faena, trabajadores y activos, habían logrado reunir algunas vacas y patos. Se habían desenvuelto bien y en esta hermosa mañana hubieran partido muy contentos camino de la iglesia de no haber pensado en su hijo. Al padre le afligía verle tan perezoso y falto de voluntad; no había querido aprender nada en la escuela; sólo era capaz de cuidar los patos. Su madre no negaba que esto fuese verdad; pero lo que más le entristecía era verle tan perverso e insensible, cruel con los animales y hostil al trato con los hombres.

—¡Dios mío, acaba con su maldad y cambia su modo de sentir —suspiraba—, porque de lo contrario, hará su desgracia y la nuestra!

El muchacho reflexionó largo rato acerca de si leería o no el sermón, y, por último comprendió que esta vez lo mejor era obedecer a sus padres. Se arrellanó en el sillón y estuvo un rato leyendo a media voz, hasta que le adormeció su mismo sonsonete, comenzando a dar cabezadas.

Hacía un magnífico tiempo de primavera. Estábamos a 20 de marzo y como el muchacho vivía en la parte oeste del distrito de Vemmenhög y hacia el sur de la provincia de Escania, la primavera se había iniciado ya francamente. Los árboles no reverdecían todavía; pero apuntaban los primeros brotes y los vástagos comenzaban a desarrollarse. Corría el agua por todos los regatos y el tusílago florecía en los bordes de los caminos. El musgo y los líquenes que adornaban las paredes de la casa parecían bruñidos y brillaban al sol. El bosque de hayas, que cubría el fondo, se hinchaba a ojos vistas y parecía espesarse a cada instante. El cielo veíase muy alto y su color era de un azul purísimo. Por la puerta de la casita entreabierta, penetraba el canto de la alondra. En el corral picoteaban las gallinas y los patos; las vacas, que sentían la fragancia primaveral, aun encerradas en su establo, dejaban oír de tiempo en tiempo un largo mugido.

El muchacho leía, se amodorraba y daba cabezadas en su lucha contra el sueño.

—No quiero dormirme, porque entonces no acabaría de leer en toda la mañana.

Pero, a despecho de esta resolución, acabó por dormirse.

«¿He dormido mucho tiempo o sólo unos instantes?», preguntóse al despertarle un ligero ruido que oyó a sus espaldas.

En el alféizar de la ventana, frente a él, descubrió un lindo espejito, en el que se reflejaba casi toda la habitación. Lo vio en uno de sus movimientos de cabeza, y quedó atónito al ver por él, que la tapa del cofre de su madre había sido levantada. La madre poseía un gran cofre de roble, pesado y macizo, con guarniciones de herraje, que nunca dejó abrir a nadie. Allí conservaba todas las cosas que heredara de su madre y que tenía en mucha estima. Eran trajes de aldeana a la antigua usanza, de paño rojo, con corpiño y falda plisada y plastrones bordados en perlas. Eran cofias blancas, tiesas por el almidón, y broches y cadenas de plata. Las gentes no querían llevar estas cosas pasadas de moda, y la madre se había propuesto repetidas veces deshacerse de ellas; pero nunca acabó por decidirse: las tenía muy grabadas en el corazón.

El muchacho vio en el espejo que el cofre estaba abierto. No comprendía cómo había sido esto posible, porque estaba seguro de que su madre cerró el cofre antes de partir; jamás lo hubiera abierto quedando su hijo solo en casa.

Al punto sintió que se apoderaba de él un gran malestar. Temía que un ladrón se hubiera deslizado en la casa. No se atrevía ni a respirar: inmóvil, miraba fijamente al espejo. Sentíase atemorizado en espera de que el ladrón se presentara, cuando le extrañó ver cierta sombra negra sobre el borde del cofre. Miraba y remiraba, sin creer lo que sus ojos veían. Poco a poco fue precisándose lo que al principio no era más que una sombra y tardó poco en darse cuenta de que la sombra era una realidad. No era ni más ni menos que un pequeño duende que, sentado a horcajadas, cabalgaba en el canto del cofre.

El muchacho había oído ciertamente hablar de los duendes; pero jamás pudo imaginar que fuesen tan pequeños. No tendría mayor altura que el ancho de la mano, sentado como se hallaba en el borde del cofre. Su cara avejentada era rugosa e imberbe y vestía larga levita con calzón corto y sombrero negro de anchas alas. Su aspecto era elegante y distinguido: llevaba blondas blancas en las mangas y en el cuello, zapatos con hebilla y ligas con grandes lazos. Del fondo del cofre había sacado un plastrón bordado y examinábalo tan detenidamente que no pudo advertir que el muchacho habíase despertado.

Éste no salía de su asombro; pero, en verdad, no asustóse de tal duende. No creía del caso tener miedo de cosa tan pequeña, y como quiera que el duende hallábase absorto en su contemplación, hasta el punto de no ver ni oír nada, pensó el muchacho que sería muy divertido hacerle blanco de una jugarreta: meterle, por ejemplo, dentro del cofre, y echar sobre él la tapa o algo por el estilo.

Su valor no llegaba hasta el extremo de atreverse a coger al duende con sus manos, por lo que se dedicó a buscar con la vista un objeto que le permitiera propinarle un golpe. Sus miradas iban de la cama a la mesa y de la mesa a la cocina, donde vio las cacerolas, cucharas, cuchillos y tenedores que descubría por la puerta entreabierta de la alacena. Al desviar la vista dio con la escopeta de su padre que colgaba de la pared entre los retratos de la familia real de Dinamarca, y un poco más allá las plantas que florecían ante la ventana. Por último, clavó sus ojos en una vieja manga de cazar mariposas que había en lo alto de la ventana.

Distinguirla y cogerla fue todo uno, y enarbolándola corrió hacia el cofre, y su satisfacción no tuvo límites al ver lo felizmente que había llevado a cabo su hazaña. El duende quedó preso en la red, bajo la cual yacía el pobrecito imposibilitado para trepar.

En el primer momento el muchacho no supo qué hacer de su presa. Sólo se preocupaba de agitar la manga hacia uno y otro lado para que el duende no estuviera tranquilo y evitar que trepase.

Cansado el duende de tanta andanza , le habló para suplicarle que le devolviera la libertad, alegando que le había hecho bien durante muchos años y que por ello debía dispensarle mejor trato. Si le dejaba en libertad regalaríale una antigua moneda de plata, una cuchara del mismo metal y una moneda de oro tan grande como la tapa del reloj de plata de su padre.

El muchacho no encontró muy generoso el ofrecimiento; pero le tomó miedo al duende después de tenerle en su poder. Dábase cuenta de que ocurríale algo extraño y terrible, que no pertenecía a su mundo, y no deseaba otra cosa que salir de la aventura.

Así es que no tardó en acceder a la proposición del duende y levantó la manga para que pudiera salir. Pero en el momento en que su prisionero estaba a punto de recobrar la libertad, ocurriósele que debía asegurar la obtención de grandes extensiones de terreno y de todo género de cosas. Como anticipo, debía exigirle, por lo menos, que el sermón se le grabara sin esfuerzo en la cabeza.

«¡Qué tonto hubiera sido dejarle escapar!», se dijo. Y se puso de nuevo a agitar la manga.

Pero en este mismo instante recibió una bofetada tan formidable que su cabeza parecíale que le iba a estallar. Primero, fue a dar contra una pared, después contra la otra, y, por último, rodó por lo suelos, donde quedó exánime.

Cuando recobró el conocimiento estaba solo en la estancia; no quedaba ni rastro del duende. La tapa del cofre estaba cerrada; la manga pendía como de costumbre junto a la ventana. De no sentir el dolor de la bofetada en la mejilla, hubiera creído que todo era un sueño.

—Sea lo que sea —murmuraba—, mis padres serán los primeros en afirmar que todo ha sido un sueño. Seguramente que me perdonarán lo del sermón a causa de lo sucedido. Por lo tanto, lo mejor es que me ponga a leer de nuevo.

Dirigíase hacia la mesa haciéndose estas reflexiones, cuando de repente observó algo extraño. No era posible que la casa se hubiera hecho más grande. Pero, ¿cómo podía explicarse de otro modo la gran distancia que tenía que recorrer para llegar a la mesa? ¿Y qué le pasaba a la silla? A la vista, era la misma; pero para sentarse tuvo que subir hasta el primer travesaño y ascender hasta el asiento. Lo mismo le ocurría con la mesa, cuya superficie no podía ver sino escalando el brazo del sillón.

—¿Qué significa esto? Yo creo que el duende ha encantado el sillón, la mesa y toda la casa.

El sermonario continuaba abierto sobre la mesa, y, al parecer, sin cambiar en lo más mínimo; pero algo extraordinario ocurría cuando para leer una sola palabra tenía que ponerse de pie sobre el mismo libro.

Después de leer algunas líneas, levantó la cabeza. Sus ojos fijáronse de nuevo en el espejo y no pudo menos que exclamar en voz alta:

—¡Otro duende!

En el interior del espejo veía claramente un hombrecito muy pequeño, con su gorro puntiagudo y sus calzones de piel.

—Viste exactamente como yo —gritaba, juntando las manos con la mayor sorpresa. Entonces, el hombrecito del espejo hizo el mismo ademán.

El muchacho se tiraba de los cabellos, se pellizcaba, se mordía, hacía piruetas, y el hombre del espejo reproducía al punto sus movimientos.

Rápidamente le dio una vuelta al espejo para ver si había alguien oculto tras él; pero no vio a nadie. Entonces echóse a temblar porque, de repente, comprendió que el duende le había encantado y que la imagen que reflejaba el espejito no era otra que la suya propia.

LOS ANIMALES DOMÉSTICOS

Sin embargo, el muchacho no podía imaginarse que hubiera sido transformado en duende.

—Esto no puede ser más que un sueño o una ilusión —pensaba—. No hay más que esperar un poco y volveré a ser, como antes, una persona.

Se puso ante el espejo y cerró los ojos. Transcurridos algunos minutos volvió a abrirlos, creyendo que habría cesado el encantamiento. Pero no; continuaba siendo tan pequeño como antes. Exceptuando la estatura, era el mismo de siempre. Los cabellos claros como el cáñamo, y las manchas rojizas sobre la nariz, y los remiendos en los calzones de cuero, y las composturas de las medias, todo igual; pero minúsculo; continuaba con su pequeño tamaño.

Era inútil esperar. Se imponía hacer algo, y lo mejor para que resultara provechoso consistía en buscar al duende para ver el modo de hacer las paces con él.

Saltó a tierra y se puso a buscarle. Miró por detrás de las sillas y los armarios, bajo la cama y en el horno. Se agachó incluso para examinar un par de agujeros por donde se metían los ratones; pero todo fue en vano.

Todas estas pesquisas iban acompañadas de llantos, súplicas y promesas de todo género: nunca más faltaría a su palabra, jamás se entregaría al mal ni se dormiría durante el sermón. Si volvía a recobrar su cualidad de ser humano sería el niño más obediente, el más dócil, el más solícito a todo ruego. Pero, inútil prometer; de nada le servía.

En esto recordó de pronto haber oído decir a su padre que los duendes tienen la costumbre de esconderse en el establo; y hacia allí se dirigió. Afortunadamente, la puerta de la casa había quedado abierta; por sí solo no hubiera podido alcanzar el picaporte. Y salió sin el menor tropiezo.

Al llegar al dintel de la puerta buscó con la mirada sus zapatos, porque él no los usaba para andar por casa. ¿Cómo podría utilizar ahora tan grandes y pesados zapatones? Pero al punto observó que en el suelo había un par de zapatitos. Este descubrimiento no hizo más que aumentar su miedo. Si el duende había tenido el cuidado de cambiar hasta sus botas, ¿no era lógico suponer que iba a prolongarse tan desgraciada aventura?

Sobre la vieja grada de roble que había ante la puerta, saltaba un pajarillo que comenzó a piar y gritar apenas descubrió al muchacho:

—¡Tuit-tuit! ¡Mirad a Nils, el guardador de patos, más pequeño que un liliputiense! ¡Mirad al pequeño Pulgarcito! ¡Mirad a Nils Holgersson Pulgarcito!

Los patos y las gallinas volviéronse rápidamente hacia Nils, promoviendo un alboroto con sus cloqueos y cacareos verdaderamente formidables: «¡Ki-ki-ri-kí! —cantó el gallo—. ¡Bien merecido lo tiene por haberme tirado de la cresta!» «¡Coc, coc, coc, coc, bien está!», contestaban las gallinas, repitiendo continuamente la misma exclamación.

Los patos se reunieron apretándose los unos contra los otros, alargando sus cabezas al mismo tiempo y preguntando:

—¿Quién habrá podido hacer esto? ¿Quién lo habrá podido hacer?

Lo más maravilloso era que el muchacho podía comprender el lenguaje de los animales. Sorprendido permaneció un momento en la escalinata para escucharles.

«Comprendo el lenguaje de las aves y los pájaros —se decía—, porque he sido transformado en duende.»

Parecíale insoportable que las gallinas no cesaran de repetir a grito pelado que estaba bien hecho. Desesperado les tiró una piedra para imponerles silencio.

—¿Queréis callar, granujas?

Desgraciadamente, había olvidado que su talla no era ya para infundir miedo a las gallinas. Todas ellas corrieron hacia él y, rodeándole, se pusieron a cacarear:

—¡Coc, coc, coc, bien hecho está! ¡Coc, coc, coc, lo tenías merecido!

El muchacho intentó escapar; pero las gallinas le persiguieron gritando hasta volverle sordo. No hubiera podido desprenderse de ellas fácilmente de no presentarse en tal momento el gato de la casa. Al verle callaron las gallinas y fingieron dedicarse únicamente a escarbar la tierra, tomando el sol, y a picotear algún gusanillo.

El chico corrió hacia el gato.

—Mi pequeño Minet —le dijo—, tú que conoces tan perfectamente todos los agujeros, rincones y escondrijos de la granja, ¿por qué no tienes la bondad de decirme dónde podré encontrar al duende?

El gato no respondió en seguida. Sentóse, dispuso elegantemente el rabo en torno suyo y fijó su mirada en el muchacho. Era un gran gato negro con el pecho blanco. Sus pelos alisados brillaban al sol. Sus uñas estaban recogidas. Sus ojos eran completamente grises, con una pequeña ranura en el centro. Su aire era de mansedumbre.

—Yo sé muy bien dónde está el duende —dijo con una voz muy dulce—; ¿pero crees que te lo voy a decir?

—Mi querido Minet, es preciso que tú me ayudes. ¿No ves que me ha encantado?

El gato entreabrió sus pupilas y un reflejo verde dio idea de su maldad. Antes de dar una respuesta, maulló de placer.

—¿Quieres que te ayude para agradecerte las muchas veces que me has tirado del rabo? —dijo finalmente.

El muchacho se enfadó, y olvidándose de su pequeñez y de su total impotencia, díjole muy enojado:

—Y podría tirarte todavía de él —y diciendo esto dirigióse hacia el gato.

Éste se transformó de tal manera, como por arte de encantamiento, que nadie hubiera dicho que era el mismo animal. Sus pelos estaban erizados, su lomo arqueado, sus uñas hundíanse en la tierra, el rabo habíasele acortado, las orejas parecían metérsele en la cabeza, la boca echaba espuma, y los ojos, muy abiertos y grandes, brillaban como ascuas.

El muchacho, que no se avenía a dejarse acobardar por un gato, dio un paso hacia adelante. Entonces, el gato, de un salto, cayó sobre el muchacho, lo arrojó al suelo y quedó sobre él con las patas delanteras sobre su pecho y la boca abierta, a punto de morderle en la garganta.

El muchacho sintió cómo las uñas, atravesándole el chaleco y la camisa, se hundían en sus carnes; los dientes puntiagudos le cosquilleaban la garganta. Pidió socorro con toda la fuerza de sus pulmones; pero nadie corrió en su ayuda. El muchacho creyó llegada su última hora. Transcurrido un momento sintió que el gato hundíale sus uñas en la carne viva y vio cómo le abandonaba sin hacerle nada más.

—Eso me basta —dijo entonces el animal—. Te perdono por esta vez. Sólo quería hacerte comprender cuál de los dos es el más fuerte.

Seguidamente separóse de él tan pacífico y bonachón como en un principio. El muchacho estaba tan corrido y avergonzado, que, sin pronunciar palabra, optó por marcharse hacia el establo en busca del duende.

En el establo sólo había tres vacas; pero cuando llegó el muchacho se desencadenó tal estruendo que cualquiera hubiera creído que eran lo menos treinta.

—¡Mu, mu, mu! —mugía Rosa de Mayo—. Es una dicha que haya justicia en este mundo.

—Le haré danzar sobre mis cuernos —mugía otra.

—¡Mu, mu, mu! —mugían todas las vacas a la vez, sin que el muchacho pudiera entender lo que decían, porque los mugidos de una apagaban y hacían incomprensibles los de las otras.

Intentó hablarles del duende; pero no lograba hacerse oír. Las vacas estaban en plena agitación. Las tres parecían desmandarse como cuando entraba en el establo un perro extraño. Lanzaban coces furiosas, agitaban sus rabos y movían sus cabezas amenazando cornearle.

—Acércate un poco —gritaba Rosa de Mayo— y te daré una patada que no olvidarás en mucho tiempo.

—Acércate —decía Lis de Oro— y te haré bailar sobre mis cuernos.

—Ven aquí, aproxímate un poco y sabrás lo que yo sentía cuando en el verano último me tirabas tus zuecos —mugía Estrella.

—Ven y te haré pagar lo de la avispa que me metiste en la oreja —bramaba Lis de Oro.

Rosa de Mayo, la mayor y más prudente de las tres, era la más furiosa.

—Ven —decíale— a recibir la recompensa que mereces por haber tirado tan frecuentemente del escabel en el momento en que tu madre nos ordeñaba, por todas las zancadillas que le hiciste cuando pasaba llevando los botes de leche, por todas las lágrimas que derramó por tu culpa en este mismo sitio.

Él muchacho hubiera querido decirles que deploraba el haber sido tan malvado con ellas, que se arrepentía para siempre y que no volvería a hacerles nada si accedían a decirle dónde estaba el duende; pero las vacas armaban tal alboroto y se agitaban tan violentamente que tuvo miedo de que llegaran a soltarse, y juzgó que lo más prudente era salir del establo.

Ya en el corral se sintió muy descorazonado al darse cuenta de que nadie se mostraba dispuesto a ayudarle a encontrar al duende. Además, pensaba que aun el encontrarle no le podría servir para maldita la cosa.

Después de trepar por la pared que cercaba la granja y que desaparecía a trechos entre zarzales y espinos, se sentó para reflexionar mejor sobre lo que pudiera acontecerle si no volvía a recobrar su condición de hombre. Primero pensó en el asombro que su padre y su madre experimentarían al volver de la iglesia. Sí, habría una gran algarabía en todo el país al conocer lo sucedido, y las gentes vendrían de Vemmenhög-Este, y de Torp y de Skurrup; vendrían a verle de toda la región y tal vez le condujeran sus padres a la feria de Kivik, para exponerle al público.

Esto le aterraba. Prefería que nadie volviera a verle nunca más. ¡Qué desgracia la suya! Nadie era tan digno de lástima como él. Ya no sería un hombre, sino un fenómeno.

Poco a poco comenzaba a darse cuenta de lo que representaba el no volver a ser un hombre. En adelante viviría separado de todo; ya no podría jugar con los otros niños, ni hacerse cargo de las propiedades de sus padres, ni, más ciertamente, encontrar una joven que quisiera ser su esposa.

Ahora contemplaba su casita. Era una pequeña cabaña de adobes que parecía fundirse en la tierra bajo el peso de su techumbre de paja, alta y escarpada. Las dependencias eran también muy pequeñas y los cuadros de cultivo tan reducidos que un caballo apenas si tendría espacio para dar la vuelta; pero, por muy pequeña y pobre que fuese, aún era demasiado buena para él. No tenía derecho a pedir otra vivienda que un agujero en la cuadra.

Hacía un tiempo maravillosamente hermoso. Oíase el murmullo del agua en los regatos, las ramas echaban sus hojas, los pájaros piaban alegres en derredor. Sólo él yacía bajo una pena infinita y nada podría alegrarle ya.

Jamás había visto un cielo tan azul. Los pájaros emigrantes pasaban a bandadas. Volvían del extranjero; habían volado a través del Báltico hacia el cabo de Smygehuk, y ahora hacia el Norte. Los había de diferentes especies; pero él sólo reconocía a los patos silvestres, que volaban en dos grandes líneas formando un ángulo.

Habían pasado ya varias bandadas de pájaros. Volaban a gran altura, y, sin embargo, percibía sus gritos:

—Volamos hacia las montañas. Volamos hacia las montañas.

Cuando los patos silvestres advirtieron desde lo alto a los patos domésticos que jugueteaban en el corral, descendieron, gritando:

—Venid con nosotros, venid; vamos hacia las montañas.

Los patos domésticos no podían sustraerse a levantar la cabeza y escuchar lo que se les decía; pero respondían con muy buen sentido:

—Nosotros estamos bien aquí. Nosotros estamos bien aquí.

Como ya hemos dicho era aquél un día muy hermoso,y se percibía un airecillo tan fresco, tan ligero y sutil que invitaba a volar. A medida que pasaban nuevas bandadas, los patos domésticos sentíanse más inquietos. Hubo momentos en que batían sus alas como dispuestos a seguir el vuelo de los patos silvestres. Pero cada vez que lo intentaban oíase la voz de un pato anciano, que les advertía:

—No hagáis locuras. Estos patos tienen que sufrir los rigores del hambre y del frío.

Un pato joven, a quien la invitación de los patos silvestres habíale infundido los más vivos deseos de partir, dijo:

—Si pasa otra bandada me iré con ella.

Pasó otra bandada, repitiendo lo que decían las precedentes, y el pato joven respondió:

—Esperad, esperad; voy con vosotros.

Desplegó sus alas, y se elevó en el aire; pero tenía tan poca costumbre de volar que cayó desde lo alto.

Los patos de la bandada lo vieron caer y volviéronse atrás lentamente para ver si el pato joven se reunía con ellos.

—¡Esperad, esperad! —decía, intentado un nuevo esfuerzo.

El muchacho lo oyó desde el sitio en que se hallaba oculto.

¡Qué dolor si el pato joven llegara a escaparse! Mis padres tendrían una gran pena al volver de la iglesia.

Olvidando otra vez que era pequeño y carecía de fuerza, saltó en medio de los patos y echó sus brazos al cuello del volátil para sujetarle.

—Tú te quedarás aquí, ¿me oyes? —gritaba.

Pero en aquel preciso momento el pato hendió los aires como si una fuerza extraña le impulsara al vuelo. No pudo detenerse ni sacudir al muchacho y se lo llevó por los aires.

La ascensión fue tan rápida que el vértigo se apoderó del chiquillo, quien pensó en desprenderse de lo que creía su presa; pero se hallaba a tanta altura que se hubiera matado al caer.

No le quedaba otro remedio que montar sobre el pato, lo que logró a costa de no poco riesgo. Tampoco era fácil sostenerse sobre las espaldas lisas y resbaladizas, entre las alas batientes. Tuvo que hundir sus manos en las plumas y plumones para no rodar por el espacio.

LA TELA A CUADROS

Durante mucho rato el muchacho experimentó vértigos que le impidieron darse cuenta de nada. El aire silbaba y le abofeteaba, las alas le golpeaban, las plumas vibraban con un rumor de tempestad. Trece patos volaban en torno suyo. Todos cloqueaban y batían sus alas. Los ojos deslumbrados y los oídos ensordecidos, imposibilitábanle para saber si volaba a mucha altura. No adivinaba la causa de aquel viaje por los aires. Cuando pudo reponerse comprendió que debía intentar saber adónde se le conducía. Pero, ¿cómo atreverse a mirar hacia abajo?

Los patos silvestres no volaban muy alto porque el nuevo compañero de excursión no hubiera podido resistir un aire demasiado ligero.

El muchacho tuvo, por fin, suficiente valor para lanzar una mirada hacia tierra. Quedó sorprendido al ver extendido allá abajo un lienzo parecido a un gran mantel, dividido en sinnúmero de grandes y pequeños cuadros.

«¿Dónde podemos encontrarnos?», se preguntó.

Continuó mirando sin ver nada más que cuadros. Había unos estrechos y otros anchos; algunos eran oblicuos; pero por todas partes descubría planos, ángulos y rectas. Nada redondo, ninguna curva.

—¿Qué es lo que será esa gran pieza de tela a cuadros? —decía para sí el muchacho, sin esperar respuesta.

Pero los patos silvestres que volaban a su alrededor, respondiéronle:

—Campos y prados. Campos y prados.

Entonces comprendió que la tela a cuadros era la llanura de Escania, que atravesaba a vuelo. Y comprendió también por qué se le aparecía tan pintarrajeada. Al punto reconoció los cuadros de un verde pálido; eran los campos de centeno, sembrados durante el otoño anterior y que permanecían verdes bajo la nieve. Los cuadros de un gris amarillo eran los rastrojos donde en verano había habido trigo; los cuadrados un poco más oscuros eran viejos campos de tréboles, o tierras baldías. Los cuadrados de un tono moreno bordeados de amarillo serían bosques de hayas, porque en estos lugares los grandes árboles del centro quedan desnudos en invierno, mientras que los jóvenes arbustos de las orillas conservan sus hojas, amarillentas y desecadas, hasta la primavera. También había cuadrados que sobresalían con alguna mancha de color gris: eran las grandes granjas con techos de paja ennegrecida, rodeadas de explanadas empedradas. Otros cuadrados estaban todavía verdes, en el centro, orlados de amarillo: eran jardines donde el césped verdeaba ya, aunque los zarzales y setos se mostraban desnudos, todavía.

El muchacho no pudo menos que reír al contemplar todos estos cuadros; pero al oírle los patos silvestres, gritáronle en tono de reproche:

—País bueno. País bueno y fértil.

«¿Cómo te atreves tú a reír – se decía—, después de la más terrible desgracia que le puede sobrevenir a un ser humano?»

Permaneció serio un momento; pero no tardó en sentirse alegre y reír de nuevo.

Íbase acostumbrando a este modo de viajar y a la velocidad sin pensar en otra cosa que en mantenerse sobre las espaldas del pato; comenzaba a observar las innumerables bandadas de pájaros que poblaban el espacio, todos en marcha hacia el Norte, escuchando los gritos y llamamientos que se dirigían unos a otros:

—¡Eh! ¿Os habéis decidido ya a hacer la travesía? —gritaban unos.

—Sí, sí —respondían los aludidos—. Pero, ¿dónde está aquí la primavera?

—No hay una hoja en los árboles y el agua está helada en los lagos —respondían otros.

Cuando los patos atravesaban un lugar o caserío donde hubiera patos domésticos, les preguntaban:

—¿Cómo se llama esta granja? ¿Cómo se llama esta granja?

Entonces el gallo extendía el cuello, y cantaba:

—Se llama de Campo Pequeño; este año como el pasado, este año como el anterior.

La mayor parte de las granjas llevaban el nombre de su propietario, como se acostumbraba en la Escania; pero en vez de responder que era la granja del tío Matson o la de Ola Boson, los gallos decían los nombres que se les ocurrían. En las cabañas o en las pequeñas alquerías, cacareaban:

—Esta granja se llama del Gran Molino.

Y en las más miserables, decían:

—Esta granja se llama la Pequeña.

Las grandes granjas de los campesinos ricos recibían hermosos nombres, como Campo de la Fortuna, Colina de los Huevos, Barrio de Plata.

Los gallos de los castillos señoriales y de las grandes propiedades eran demasiado orgullosos para gastar esta clase de bromas. Uno de ellos cantó a grito pelado, como si quisiera hacerse oír hasta del sol:

—Éste es el castillo de Dybeck; este año como el pasado, este año como el anterior.

Y un poco más lejos cantaba otro:

—Esto es Svaneholm, el Islote del Cisne. Todo el mundo lo sabe.

El muchacho fijóse en que los pájaros no volaban en línea recta.

Volaban y se deslizaban sobre la gran llanura de la Escania como si, felices por su regreso, quisieran saludar cada casa.

Por fin llegaron a un punto donde se levantaban varios edificios de pesada construcción, rodeados de casitas, sobre los que sobresalían muy altas chimeneas.

—¡Es la azucarera de Jordberga! —gritaron los gallos.

El muchacho se estremeció. ¿Cómo no la había reconocido? Estaba cerca de su casa, y el verano último había estado empleado allí como pastor. Mas, visto desde tan alto, todo tenía otro aspecto.

¡Jordberga! ¡Jordberga! ¡Y Asa, la guardadora de patos, y el pequeño Mats, que habían sido sus compañeros! ¡Cuánto deseaba saber si estaban todavía allí! ¿Qué dirían si supieran que Nils volaba en tal momento por encima de sus cabezas?

Pero pronto perdió de vista a Jordberga; los patos volaban en dirección a Svedala y Skabersjö, para volver hacia el convento de Börringe Häckeberga.

El muchacho vio más de la Escania en este día que durante todos los años de su vida.

Cuando los patos silvestres encontraban patos domésticos, es cuando mejor lo pasaban. Deteniendo mucho su vuelo, gritaban:

—Vamos camino de las montañas. ¿Queréis venir? ¿Queréis venir?

Pero los patos domésticos respondían:

—Todavía es invierno en el país. Habéis venido demasiado pronto. ¡Volveos, volveos!

Los patos silvestres descendían muy bajo para dejarse oír mejor, y gritaban:

—Venid y os enseñaremos a volar y a nadar.

Los patos domésticos, irritados, ni se dignaban responder.

Los patos silvestres descendían más aún, hasta tocar el suelo, y después se remontaban como flechas, asustados.

—¡Ea, ea, ea! —gritaban—. No eran patos; eran corderos, eran corderos.

Entonces, los patos domésticos respondían furiosos:

—Debieran cazaros y batiros a perdigonadas a todos, a todos.

Y escuchando estas gracias reía el muchacho. Después lloraba al asaltarle la idea de su desgracia, para reír de nuevo un poco más tarde. Nunca había viajado con la vertiginosa rapidez de entonces; siempre había tenido la ilusión de montar a caballo para correr, correr desenfrenadamente; pero jamás imaginó, naturalmente, que el aire fuese en lo alto de tan deliciosa frescura ni que se aspiraran tan olorosas fragancias, emanadas de la tierra humedecida y de los pinares resinosos. Esto era como volar por encima de las penas.

II

OKKA DE KEBNEKAJSE

LA TARDE

El pato joven que habíase lanzado tras los patos silvestres, se sentía muy orgulloso de recorrer el país en su compañía y de impacientar y burlarse de los patos domésticos; pero la satisfacción que sentía no impidió que al sobrevenir la noche comenzara a sentirse fatigado. Intentaba respirar con más fuerza e infundir a sus alas movimientos más rápidos; pero a pesar de sus esfuerzos quedóse a gran distancia de sus acompañantes.

Cuando los patos que volaban en último término advirtieron que no podía seguirles, llamaron a gritos al guía de la bandada, colocado en el vértice del ángulo que los patos formaban:

—¡Okka! ¡Okka!

—El pato se ha quedado atrás.

—Decidle que es más fácil volar rápida que lentamente —contestó Okka sin dejar de volar como antes.

El pato procuró seguir el consejo y aumentar la rapidez de su vuelo; pero pronto extinguiéronse sus fuerzas y descendió casi al nivel de los sauces que bordeaban los caminos y los campos.

—¡Okka, Okka, Okka! —gritaron nuevamente los que iban a retaguardia y que no dejaban de ver los penosos esfuerzos del pato blanco.

—¿Qué sucede ahora? —preguntó el conductor de la bandada, en tono colérico.

—¡Que se cae, que se cae!

—Decidle que es más fácil volar alto que bajo —respondió Okka. Y continuó volando como antes, sin disminuir su velocidad.

El pato aún trató de seguir este consejo, y al querer elevarse un poco más hinchóse hasta el punto de creer que su pecho iba a estallar.

—¡Okka, Okka! —gritaron los patos que iban en último término.

—¿Es que no podéis dejarme volar tranquila? —respondió más irritada que antes.

—El pato blanco va a morir; el pato blanco va a morir.

—Decidle —contestó el guía de la bandada— que el que no pueda seguirnos que se vuelva a su casa.

Y todos siguieron volando sin moderar la marcha.

—Ah, muy bien —díjose el pato. Acababa de comprender que los patos silvestres no habían pensado nunca en llevarle a Laponia. Habían querido burlarse de él simplemente, haciéndole abandonar su casa.

Estaba furioso al verse traicionado por su fuerzas y por no poder mostrar a tales vagabundos lo que era capaz de hacer un pato doméstico. Lo que más le disgustaba era haberse reunido con Okka. Aunque no era más que un ave de corral, había oído hablar repetidas veces de una pata llamada Okka que era jefe de una bandada y que tenía más de cien años.

Su reputación era tan grande que los mejores patos silvestres querían formar parte de su tropa. Ahora, al convencerse de que nadie trataba con más menosprecio a los patos domésticos que esta Okka y su bandada, hubiera querido demostrarles que era su igual.

El pato blanco volaba lentamente, un poco más atrás que los otros, sin dejar de pensar en la decisión que adoptaría. De repente, la partícula de hombre que llevaba sobre sus espaldas le dijo:

—Mi querido pato Martín, comprende que ha de serte imposible, ya que no has volado nunca, seguir a los patos silvestres hasta la Laponia. ¿No sería mejor que volvieras a casa antes de sufrir algún daño?

El pato tenía horror al hijo de la casa, a este mal bicho que llevaba a cuestas. Así es, que apenas oyó que el muchacho creíale incapaz de llegar al término del viaje, optó por decirle:

—Si dices una palabra más te arrojo en la primera laguna que encontremos.

Y la cólera diole energías para volar casi tan ligero como los otros.

Es probable que no hubiera podido continuar haciéndolo, a pesar de todo; por fortuna, no fue necesario. El sol descendía rápidamente y los patos volaban veloces hacia abajo.

Antes de que hubieran podido darse cuenta, el muchacho y el pato encontráronse en las orillas del lago Vombsjö.

—Es aquí donde probablemente pasaremos la noche —díjose el muchacho; y saltando del lomo del pato, pisó tierra.

Estaba sobre una estrecha faja de arena; ante él se extendía un lago bastante grande y de aspecto poco tranquilizador. Cubríalo casi por completo una capa de hielo ennegrecido, rugoso, desigual, agrietado y lleno de agujeros, como suele estar en la primavera. Se veía que estaba próximo a fundirse. Ya habíase separado un buen trecho de la orilla y rodeábalo una gran faja de agua negra y gelatinosa; pero aún estaba allí, y mientras estuviese no dejaría de difundir un frío penetrante y dar un aspecto de tristeza invernal al paisaje.

En la otra orilla del lago parecía haber un país alegre y claro, aunque en el lugar donde habían descendido los pájaros extendíase una gran plantación de pinos. Se hubiera dicho que la selva resinosa tenía el poder de perpetuar el invierno. La tierra se hallaba al descubierto por todas partes; pero bajo el ramaje entrecruzado había nieve que al derretirse y helarse de nuevo habíase endurecido.

El muchacho pensó que no podía hallarse más que en medio de tierras incultas y en pleno invierno, y tal era la angustia que le dominaba que estuvo tentado de prorrumpir en gritos.

Tenía hambre. Como no había comido en toda la jornada, cayó en la cuenta de que era preciso hacerlo. ¿Dónde encontrar algo con que aplacar el hambre? En el mes de marzo ni la tierra ni los árboles ofrecen nada que comer.

¿Dónde encontrar algo nutritivo? ¿Quién le daría albergue? ¿Quién le prepararía el lecho? ¿Quién le calentaría en su refugio? ¿Quién le protegería contra las bestias salvajes?

El sol habíase extinguido en la lejanía. El lago esparcía un frío terrible. Las tinieblas caían del cielo sobre la tierra, la noche iba dejando al pasar sus huellas espantables y en el bosque percibíanse ruidos y susurros que ponían espanto en el alma. ¿Qué se había hecho del alegre valor que experimentaba en lo alto? En su angustia volvióse hacia los compañeros de viaje, únicos seres que allí había.

Advirtió entonces que el pato estaba aún mucho peor que él. No se había movido del sitio donde cayera y parecía próximo a morir. Su cuello alargábase inerte sobre el suelo; sus ojos permanecían cerrados y su respiración era un leve silbido.

—Querido Martín, procura beber un poco de agua; el lago está a dos pasos.

Pero el pato ni hizo el menor movimiento.

El muchacho había maltratado siempre a todos los animales; mas ahora comprendía que el pato era su único apoyo y tenía mucho miedo de perderle. Sacando fuerzas de flaqueza pretendió arrastrarle al lago. Martín era grande y pesado, y el muchacho viose negro para conseguirlo. Al fin, se salió con la suya.

Martín cayó en el lago de cabeza. Durante un instante permaneció inmóvil, sumergido en el limo; pero pronto irguió la cabeza, sacudió el agua que le cegaba y respiró. Seguidamente se puso a nadar entre los cañaverales.

Los patos silvestres habíanse metido en el agua antes que él. No sentían la menor inquietud por Martín y su caballero, y se arrojaron al lago. Tras de bañarse y acicalarse procuraron atender a su alimentación con plantas medio podridas y trébol acuático.

El pato blanco tuvo la suerte de descubrir una pequeña trucha. La cogió rápidamente, nadó con ella hacia la orilla y ofreciósela al muchacho.

—Te agradezco que me hayas arrojado al agua —le dijo.

Era la primera palabra amistosa que le decían en todo aquel día, y se puso tan contento que hubiera querido saltar al cuello del pato; pero no se atrevió. Estaba contento del regalo. En un principio juzgó imposible comer un pescado crudo; pero acabó haciéndose el propósito.

Se sentó para ver si llevaba el cuchillo todavía. Felizmente lo traía prendido de la cintura de su pantalón, si bien era tan pequeño que apenas excedía del tamaño de una cerilla. Con todo, lo consideró suficiente para quitarle la escama, vaciar el pescado y comerlo después.

Cuando ya estaba harto se impresionó el muchacho de haber comido algo crudo.

—Se ve que no soy un ser humano, sino un verdadero duende.

Mientras comía el muchacho, permanecía el pato silencioso y sin apartarse de su lado. Después del último bocado, le dijo en voz baja:

—Hemos caído en medio de una bandada de patos silvestres que desprecian a los patos domésticos.

—Sí, ya lo he notado.

—Sería un motivo de orgullo para mí poderles seguir hasta la Laponia y demostrarles que un pato doméstico sirve para algo.

—Sí —contestó el muchacho en tono vacilante, dando a entender que, aun no haciéndole capaz de tal hazaña, consideraba inoportuno contradecirle.

—Pero no creo poder realizar yo solo tal viaje —añadió el pato—. Te pido por favor que me acompañes para ayudarme.

El muchacho no tenía otra idea que volver pronto a su casa, por lo que, sorprendido, no sabía qué contestar.

—Yo creí que éramos amigos —exclamó por fin. Pero Martín no se acordaba de ello; sólo tenía en cuenta que el muchacho acababa de salvarle la vida.

—Será preciso que yo vuelva cuanto antes a casa de mis padres.

—Yo te llevaré allí más adelante, en otoño —contestó el pato—. No te abandonaré hasta el momento en que te deje a la puerta de tu casa.

El muchacho pensó que lo mejor sería no aparecer por su casa en algún tiempo. El proyecto no le disgustaba en absoluto, e iba a responder que aceptaba cuando oyó a sus espaldas un gran ruido. Los patos silvestres habían salido del agua agitando sus alas. Seguidamente formaron una larga hilera, y, precedidos de su guía, se dirigieron hacia el mar.

Cuando vio aproximarse a los patos silvestres, sintió un gran malestar. Siempre creyó Martín que se parecían a los patos domésticos, y esperaba encontrarles más familiares. Eran menores que él, y ninguno blanco; todos eran grises, con rayas oscuras, y sus ojos le infundían miedo. Eran amarillos y sus pupilas brillaban como si hubiese fuego tras ellas. Martín consideró que lo mejor era ir despacio, contoneándose; pero ellos no andaban, sino corrían. Lo que más le inquietó fueron sus patas, largas y cubiertas de una piel endurecida y llena de cortaduras. Echábase de ver en seguida que no miraban dónde ponían los pies. Jamás daban rodeos al andar. Cuidábanse mucho de conservar su plumaje y acicalarse; pero al ver sus patas descubríase que eran pobres habitantes de los desiertos.

Martín apenas si tuvo tiempo para insinuarle al muchacho:

—Ten ánimo para contestar; pero no digas quién eres.

Habían llegado ya. Los patos silvestres saludáronles doblando el cuello varias veces, y el pato hizo otro tanto, aunque más lentamente. Terminados los saludos, preguntó el guía:

—Quisiéramos saber quién eres.

—No puedo decir muchas cosas de mí —respondió el pato—. He nacido en Skanör durante la última primavera. Al llegar el otoño fui vendido a Holger Nilsson de Vemmenhög, donde he permanecido hasta ahora.

—Entonces no tendrás familia de la que puedas jactarte —dijo el guía—. ¿Qué es lo que te impulsa a volar con los patos silvestres?

—Tal vez el deseo de demostraros que los patos domésticos sirven para algo.

—Nos alegraríamos de que pudieses conseguirlo —contestó Okka—.

Ya sabemos de lo que eres capaz en lo tocante a volar, pero tal vez seas más diestro en otros ejercicios. ¿Quieres rivalizar, nadando, con nosotros?

—No me las doy de nadador —replicó el pato, que había creído comprender que el otro estaba decidido a que volviese a su casa, y con este convencimiento no se cuidó de la forma en que contestaba—; nunca he nadado más que en las balsas.

—Entonces, supongo que serás muy hábil para correr —añadió el pato silvestre.

—Nunca he visto que un pato doméstico corriera ni yo lo he intentado siquiera —respondió el pato con aire decidido.

Estaba seguro de que Okka le contestaría que no se lo llevaría consigo. Así es, que se mostró muy sorprendido cuando le oyó decir:

—Respondes valerosamente a las preguntas, y el que es bravo puede llegar a ser un buen compañero, aunque esté torpe al principio. ¿Qué contestarías si te invitásemos a permanecer unos días entre nosotros hasta ver de lo que eres capaz?

—Acepto muy gustoso —respondió el pato con satisfacción.

Okka descubrió en esto al muchacho.

—¿A quién llevas contigo? Jamás he visto un ser como ése.

—Es mi compañero de viaje —dijo Martín—. Ha sido guardián de patos toda su vida. Creí que podría sernos útil.

—A un pato doméstico, tal vez sí —respondió Okka— ¿Cómo le llaman?

—Tiene varios nombres —respondió el pato con alguna vacilación (no quería traicionar al muchacho y revelar que tenía un nombre de persona)—. Se llama Pulgarcito —dijo.

—¿Pertenece acaso a la familia de los duendes? —preguntó todavía Okka.

—¿A qué hora os vais a dormir, patos silvestres? —interrogó el pato con el propósito de variar la conversación—. Mis ojos se rinden de sueño.

Veíase al punto que el pato que hablaba con Martín era muy viejo. Su plumaje era completamente gris, de un gris lustroso sin estrías obscuras. Tenía la cabeza más grande, las patas más fuertes y los dedos más deteriorados que los otros. Sus plumas estaban rígidas, sus espaldas eran salientes, su cuello flaco. Efecto del tiempo; pero los ojos no los habían podido vencer los años. Brillaban con mayor limpidez y se conservaban más vivos que los de los demás.

Volviéndose hacia el pato, dijo con voz imperiosa:

—Sabed que soy Okka. El pato que vuela a mi derecha es Yksi y el que vuela a mi izquierda es Kaksi. El segundo de la derecha se llama Kolmey, el de la izquierda es Neljä. Tras ellos vuelan Viisi de los Montes de Ovik y Kiisi de Sjangel. Sabedlo: todos ellos, lo mismo que los seis que les siguen, tres a la derecha y tres a la izquierda, son patos de las altas montañas y de la mejor familia. No se nos vaya a tomar por vagabundos que aceptan cualquier compañía, y convenceos de que no compartiremos nuestro lecho con aquél que no quiera decirnos de qué familia desciende.

Al oír estas palabras de Okka, el muchacho adelantó un paso resueltamente. Le había enojado que el pato, hablando por su propia cuenta, contestara con evasivas al tratarse de él, de Nils.

—No oculto quién soy. Me llamo Nils Holgersson y soy hijo de un terrateniente. Hasta hoy he sido un hombre; pero esta mañana...

No pudo continuar. Apenas hubo dicho que era un hombre, el guía retrocedió tres pasos, y los otros patos más aún, y todos ellos extendieron el cuello y silbaron furiosos.

—Eso es lo que sospeché desde que te vi en la ribera —exclamó Okka—. Vete ya. No toleramos la presencia de un hombre entre nosotros.

Pero Martín se interpuso a su favor.

—No es posible que vosotros, patos silvestres, tengáis miedo de un ser tan pequeño. Mañana volverá a su casa seguramente; pero por esta noche podéis permitir que se quede entre nosotros. ¿Cómo vamos a consentir que este pobrecito se defienda solo contra las zorras y las comadrejas?

Y el pato silvestre se aproximó entonces; pero con visible desconfianza.

—He aprendido a temer todo cuanto sea hombre, grande o pequeño. Si tú respondes por él de que no nos hará daño alguno, puede quedarse. De todos modos es muy probable que no os convenga nuestro lecho, pues vamos a dormir sobre el hielo flotante de este lago.

Esperaba, sin duda, que el pato rehusara seguirles; pero Martín contestó:

—Sois muy prudentes al escoger un sitio tan seguro.

—¿Prometes, no obstante, que mañana regresará a su casa? —añadió Okka.

—En este caso será preciso que yo os abandone también, pues he prometido no dejarle.

—Eres libre de ir adonde te plazca —respondió el pato silvestre.

Después de pronunciar estas palabras voló hacia el hielo, seguido de los otros patos silvestres, uno tras otro.

El muchacho quedó desolado al ver como se desvanecía su sueño de realizar un viaje a Laponia, y, además, tomó miedo al frío albergue nocturno.

—Esto va de mal en peor, pato. Vamos a morir de frío sobre el hielo.

Pero Martín era valeroso.

—Te ruego que recojas toda la hierba y la paja que puedas.

Cuando el muchacho hubo recogido una buena cantidad de hierba seca, le cogió el pato por el cuello de la camisa y voló con él hacia el hielo, donde los patos silvestres, puestos de pie, dormían ya con la cabeza bajo el ala.

—Ahora extiende la hierba sobre el hielo para que haya algo debajo de los pies que nos impida que se hielen. Ayúdame y te ayudaré —dijo el pato.

El muchacho obedeció, y cuando hubo terminado le tomó por el cuello de la camisa y le guarneció bajo una de sus alas.

—Creo que así estarás caliente —dijo apretando el ala.

El muchacho hallábase tan tapado que no pudo contestar; en efecto, estaba muy calentito, y como su fatiga era grande se durmió al momento.

LA NOCHE

Es una verdad reconocida que el hielo es pérfido y que constituye un error fiarse de él. Ya mediada la noche, la capa de hielo flotante en Vombsjö cambió de sitio y fue a estrellarse contra la orilla. Sucedió entonces que Esmirra, la zorra, que se hallaba en tal momento al este del lago, en el parque de Ovedskloster, diose cuenta de ello durante su caza nocturna. Esmirra, que había descubierto desde la tarde del día anterior la presencia de los patos silvestres, no abrigaba la esperanza de poder atrapar a ninguno. Al verles ahora al alcance de sus garras, corrió hacia ellos; pero habiendo dado un tropezón, sus uñas hicieron ruido sobre el hielo y los patos despertaron y batieron sus alas dispuestos a emprender el vuelo; pero Esmirra fue más rápida. Dando un salto logró coger a uno de los patos por el ala y huyó con él hacia tierra.

Pero los patos silvestres no estaban solos aquella noche; entre ellos había un hombre, aunque pequeño. El muchacho despertó cuando Martín abrió sus alas. Al caer se encontró de repente sobre el hielo, aturdido por tan brusco despertar, no llegando a comprender los motivos de esta alarma hasta que vio un bicho de largas patas parecido al perro, que, arrastrándose sobre el hielo, procuraba huir con un pato entre sus dientes.

El muchacho se precipitó tras él dispuesto a libertar al pato, y oyó cómo Martín le gritaba: «¡Cuidado, Pulgarcito! ¡Mucho cuidado!» Pero como Nils no tenía por qué sentir miedo ante aquel animalucho parecido al perro, continuó su persecución.

El pato silvestre que Esmirra llevaba percibió el ruido de los zuecos de madera al chocar sobre el hielo, sin decidirse a dar crédito a sus oídos.

«¿Podrá ese Pulgarcito arrancarme de las garras de este bicho?», preguntóse.

Y aunque su estado no era nada halagüeño, no pudo retener un leve cloqueo en el fondo de su garganta, muy parecido a la risa.

«Va a caer en alguna grieta», pensaba.

Pero a pesar de la oscuridad de la noche, distinguía muy bien el muchacho las hendiduras y los hoyos, que iba sorteando. Ahora tenía ojos de duende que le permitían ver en las tinieblas y distinguir perfectamente, como si fuera pleno día, las aguas del lago y las orillas.

Esmirra, la zorra, salió del hielo por la parte que comunicaba con la tierra, dispuesta a escalar la pendiente de la orilla, cuando oyó que le decían: «¡Deja al pato, canalla!» Esmirra, que ignoraba quién pudiera hablarle de tal modo, corrió más presurosa, sin atreverse a volver la cabeza, adentrándose en un bosque poblado de grandes hayas, seguida del muchacho, que no se daba cuenta del peligro. Nils pensaba en el desdeñoso recibimiento que los patos le habían dispensado la tarde anterior y ardía en deseos de mostrarles que el hombre es siempre algo más que los otros seres de la creación.

El muchacho ordenó repetidas veces a la zorra que dejara al pato:

—¡Se ha visto jamás a un perro tan desvergonzado que se atreva a robar un gran pato! Ya puedes dejarlo si no quieres recibir una tremenda zurra. Déjalo, si no quieres que le diga a tu amo lo que has hecho.

Cuando Esmirra oyó que la confundían con un perro que tiene miedo a los golpes, le pareció tan chocante que pensó en todo menos en soltar el pato. Esmirra era la astucia misma, y no contenta con cazar ratas y topos en los campos, se aventuraba a penetrar en las granjas para atrapar cuantas gallinas y patos pudiese. Era el terror de aquellos contornos. En toda su vida no había oído nada más gracioso.

El muchacho corría tan ligero que los magníficos troncos de las grandes hayas parecían deslizarse tras él; le ganaba terreno a la zorra, y al poco rato llegó tan cerca de ella que la pudo atrapar por el rabo.

—Yo te quitaré el pato —gritaba, tirando con todas sus fuerzas.

Pero no le bastaban para detener a Esmirra, que le arrastraba con tanta rapidez que las hojas secas volaban en torno de ellos como agitadas por un huracán.

Esmirra, que se dio cuenta de que su agresor era un ser inofensivo, se detuvo, dejó el pato en tierra, sujetándole con las patas delanteras, y se preparó a cortarle el pescuezo; pero no resistió a la tentación de asustar un poco al muchacho.

—Ve con tus lamentaciones a tu amo porque voy a matar al pato —le dijo.

¡Cuál no fue la estupefacción de Nils al ver el hocico puntiagudo y oír la voz sorda y rabiosa del que había tomado por un perro! Al mismo tiempo le enfureció tanto el tono con que le hablaba la zorra, que abandonó todo temor. El muchacho se agarró más fuertemente a la cola de su enemigo, apoyándose en una raíz de haya, y en el momento en que la zorra abría sus fauces para hundir los dientes en la garganta del pato, tiró bruscamente con todas sus fuerzas. La sorpresa de Esmirra fue tan grande que hubo de retroceder un par de pasos, por lo que el pato silvestre recobró su libertad, emprendiendo el vuelo con alguna pesadez por tener herida una de sus alas, de la que apenas sí podía servirse. Además, no veía nada en medio de las tinieblas del bosque. Por lo tanto no le era posible prestar la menor ayuda al muchacho. El pato buscó una abertura en la espesa techumbre de ramas y voló hacia el lago.

Esmirra dio un salto para atrapar al muchacho.

—Si uno ha logrado escapar, todavía me queda otro —dijo con voz que la rabia hacía temblorosa.

—¿Lo crees tú? Pues te equivocas —contestó el muchacho, envalentonado por su triunfo y sin soltar el rabo de la zorra.

Y comenzó una danza loca en medio del bosque entre torbellinos de hojas secas. Esmirra daba vueltas en redondo, su rabo agitábase con violencia y el muchacho no se soltaba por nada del mundo.

En un principio Nils no hizo más que reír y burlarse de la zorra; pero Esmirra persistía en su propósito con la tenacidad de un viejo cazador, y el muchacho comenzó a temer que la aventura acabase de mala manera.

De repente advirtió un haya joven que había crecido recta y fina como una vara, hasta llegar al aire libre por encima del ramaje de los viejos árboles. Súbitamente soltó el rabo de la zorra y comenzó a trepar por el tronco de la pequeña haya.

Tal era su ardor que Esmirra no se dio cuenta de pronto de lo sucedido, por lo que continuó un buen rato dando vueltas.

—No bailes más —gritó el muchacho.

Esmirra, que no podía soportar la vergüenza de haber sido chasqueada por un pequeñín despreciable, se echó al pie del arbolillo dispuesta a darle guardia todo el tiempo necesario.

El muchacho estaba incómodamente encaramado sobre una pequeña rama. La tierna haya no llegaba a la altura del frondoso ramaje de las grandes. Nils no podía, por lo tanto, saltar sobre otro árbol ni descender. Pronto quedó transido de frío y sin fuerzas casi para mantenerse en su puesto; también tuvo que luchar contra el sueño, resistiéndose a dormir por temor a caer.

El bosque presentaba un aspecto siniestro en esta hora de la noche. Jamás hasta entonces había sabido Nils lo que era la noche. El mundo entero parecía adormecido para siempre.

Por fin, amaneció. El muchacho se sintió feliz al ver que todo adquiría su aspecto ordinario, si bien el frío hacíase más sensible que durante la noche.

Cuando apareció el sol, no era amarillo, sino rojo. Se hubiera dicho que rojo de cólera, y el muchacho preguntábase la razón de esta cólera. ¿Era porque durante su ausencia había hecho la noche que la tierra fuese tan sombría y helada?

Los rayos del sol brotaban en grandes haces y se extendían por todas partes como para descubrir los daños causados por la noche, y todas las cosas se sonrosaban como si tuviesen conciencia de su vuelta al estado normal.

La nubes, el cielo, los troncos sedosos de las hayas, el fino ramaje entrecruzado del bosque, la escarcha que humedecía el lecho de hojas que cubría la tierra, todo adquiría una viva coloración.

Los haces de rayos, cada vez más intensos, recorrían el espacio y muy pronto se desvaneció el terror de la noche. Había cesado el sueño de la tierra, y era asombroso el número de seres vivos que brotaban por doquier. El negro buitre con cuello rojo golpeaba con su pico el tronco de un árbol; la ardilla salía de su refugio llevando una avellana y se instalaba en una rama para descortezarla; el estornino llegó volando con una raíz en su pico, y el pinzón cantaba en la copa de un árbol.

El muchacho creyó que el sol había dicho a todos estos pequeños pobladores del bosque: «¡Despertad y salid de vuestros escondrijos! Yo estoy aquí. ¡Nada debéis temer!»

De la parte del lago llegaron gritos de los patos que se preparaban a volar. Un momento después pasaban catorce patos por encima del bosque. Nils comenzó a llamarles, pero volaban a demasiada altura; su voz no llegaba hasta los patos que convencidos de que la zorra lo habría devorado, no pensaban ya ni en buscarle.

El muchacho hubiera llorado de angustia; pero el sol brillaba en el cielo como un ascua de oro y su esplendor parecía infundir energía a toda la creación.

—Comprende, Nils Holgersson —parecía decirle—, que no tienes por qué afligirte ni inquietarte mientras yo esté aquí.

EL JUEGO DE LOS PATOS

Lunes, 21 de marzo

En el bosque no pasó nada durante el tiempo que los patos necesitaron para el desayuno; pero ya al finalizar la mañana pasó bajo la espesa techumbre del ramaje un pato silvestre, solitario. Parecía buscar lentamente su camino entre los troncos y la enramada, y avanzaba despacio. Apenas le vio Esmirra abandonó el puesto que ocupaba junto a la joven haya y se deslizó en su persecución. El pato no se alarmó ante su presencia y continuó volando lo más cerca posible de ella. Esmirra dio un salto para alcanzarle; pero no pudo, y el pato prosiguió su vuelo hacia el lago.

Un momento después apareció otro pato. Seguía el mismo camino que el primero y volaba todavía más bajo y más despacio. Pasó también casi rozando a la zorra, y ésta dio un gran salto cuando le creyó al alcance de sus dientes, sin otro resultado que sentir cómo rozaban una de sus orejas las patas del perseguido, que continuó su vuelo hacia el lago, silencioso como una sombra.

Transcurrido un instante pasó otro pato silvestre, que volaba más alto y más lentamente y al que parecía serle muy difícil encontrar su camino entre los troncos de las hayas. Esmirra dio un salto: un dedo más y le hubiese atrapado. Esta vez también se salvó el pato, que voló hacia el lago.

Apenas hubo desaparecido se presentó el cuarto pato, que volaba tan a ras del suelo y tan despacio que Esmirra pensó que era cosa fácil el darle caza; sin embargo, temió fracasar de nuevo y resolvió dejarle pasar para asegurar el golpe. Siguiendo el mismo camino que los otros, llegó junto a Esmirra, que al verle tan bajo no resistió la tentación de saltar sobre él.

Le rozó una de las patas; pero el pájaro esquivó el cuerpo tan oportunamente que pudo salvarse.

Cuando aún no había tenido tiempo ni para respirar, vio que se aproximaban otros tres patos. Estos hicieron lo mismo que los demás, y Esmirra saltó sobre ellos, vanamente también. Después fueron cinco los que aparecieron. Volaban mejor que los otros y aunque tentaron a Esmirra con su proximidad, les dejó pasar sin pretender atraparlos.

Transcurrió un momento bastante largo y apareció un pato solo, el decimotercero. Era muy viejo, de plumaje gris, sin la menor estría. Parecía no poderse valer de una de sus alas y volaba penosamente de lado. A veces casi llegaba a tocar el suelo. Esmirra no quiso saltar sobre él cuando le tuvo cerca; prefirió correr y saltar hasta llegar junto al lago, mas tampoco pudo esta vez salirse con la suya.

El pato que hacía catorce ofrecía un bonito espectáculo. Era todo blanco; se hubiera dicho que un rayo de luz atravesaba el sombrío bosque cuando agitaba sus grandes alas. Al verle, Esmirra hizo un llamamiento a todas sus fuerzas y dio un salto; pero el pato blanco escapó sano y salvo como los otros.

Hubo un momento de tranquilidad bajo las hayas.

Esmirra recordó de súbito su prisionero y elevó sus ojos hacia el árbol. El pequeño Pulgarcito ya no estaba allí como era de suponer.

Esmirra no pudo lamentarse mucho tiempo de su pérdida, porque el primer pato volvía del lago, volando lentamente bajo el ramaje. A pesar de su reciente mala suerte, Esmirra sintió gran contento al verle venir y lanzóse en su persecución; pero fracasó al dar el salto de gracia por no haber calculado la distancia.

Después de este pato regresaron el segundo, el tercero, el cuarto, el quinto, hasta que acabó la serie con el desfile del viejo pato de un gris de acero y el gran pato blanco. Todos llegaron muy lentamente y a poca altura y en el instante en que se hallaban encima de Esmirra, aún descendían más, como para invitarla a saltar. Y Esmirra saltaba y daba brincos y se lanzaba en su persecución; pero sin tocar uno solo.

Fue la peor jornada que Esmirra pudo tener en todos los días de su vida. Los patos silvestres volaban siempre por encima de ella e iban y venían y volvían a pasar. Una bandada de hermosos pájaros que se habían criado y cebado en los campos y juncales de Alemania, atravesó el bosque, volando por debajo de la bóveda de ramas, y rozándola a veces con las alas, sin poder dar caza a uno solo para aplacar el hambre que sentía.

Finalizaba ya el invierno y Esmirra recordaba los días y las noches en que había rodado ociosa sin descubrir el más insignificante animalito que llevarse a la boca, por haber marchado las aves de paso, haberse escondido las ratas bajo la tierra cubierta de nieve y estar encerradas las gallinas. Pero el hambre terrible del invierno había sido nada, comparada con las decepciones de aquel día.

Esmirra no era una zorra joven. Había burlado repetidas veces la persecución de las jaurías y oído el silbido de las balas. Permanecía oculta en el fondo de su madriguera, mientras los podencos rastreaban los hoyos subterráneos, próximos a darle caza. Pero la angustia que experimentara durante las persecuciones, no era comparable a la que sentía ahora, cada vez que fracasaba en sus intentos.

Al comenzar el juego, a primera hora de la mañana, apareció tan hermosa la zorra Esmirra que los mismos patos maravilláronse al verla. Esmirra amaba el esplendor; su piel era de un rojo subido, con el pecho blanco, negro su hocico y su cola como una pluma de avestruz. Pero en la tarde de aquel día, la piel de Esmirra colgaba en mechones revueltos, bañada de sudor; sus ojos habían perdido toda brillantez, y su lengua, anhelante, asomaba por fuera de la boca llena de espumarajos.

Por la tarde, Esmirra fue víctima de una especie de delirio provocado por el cansancio: por todas partes veía patos volando. Saltaba sobre las manchas de sol que había en el suelo y sobre una pobre mariposa recién salida de su crisálida.

A todo esto, los patos silvestres no dejaban de volar por el bosque y de atormentar a Esmirra, que no les inspiraba ninguna piedad, a pesar de que aparecía aniquilada, temblorosa, loca. Y allí continuaban, aun comprendiendo que Esmirra casi no podía verles, pues saltaba las sombras que los patos proyectaban en tierra.

Sólo cuando Esmirra cayó desvanecida sobre un montón de hojas secas, impotente e inerte, a punto de expirar, decidiéronse los patos a abandonar su juego.

—Zorra, de hoy en adelante sabrás lo que cuesta atacar a Okka —gritaron a su oreja, dejándola al fin.

III

CÓMO VIVEN LOS PATOS SILVESTRES

EN LA GRANJA

Jueves, 24 de marzo

Precisamente por aquellos días registróse en la Escania un acontecimiento que fue objeto de grandes discusiones, que se comentó en los periódicos y que muchas personas reputaron de cuento, a falta de una lógica explicación.

Lo sucedido fue que en una rama de avellano, a orillas del Vombsjö, había sido cogida una ardilla, a la que llevaron a una granja próxima. Todos los moradores de la granja, jóvenes y viejos, alegrábanse infinito al ver el pequeño animal, tan hermoso con su bonita cola, sus ojos inteligentes y curiosos y sus patitas delicadas. Imaginaban ya un bello espectáculo para todo el verano al contemplar los movimientos de la ágil ardilla, su manera de descortezar rápidamente las avellanas y sus ojos despiertos y alegres. La ardilla fue instalada en una vieja jaula de las que se construye para ellas, a modo de una casita pintada de verde y una rueda de alambre. La casita, que tenía puertas y ventanas, servía para comedor y dormitorio, y allí se le preparó un lecho de hojas y se le puso un poco de leche y un puñado de avellanas. La rueda sería el lugar de esparcimiento, donde el animalito podría correr y trepar.

Las gentes de la granja encontraron admirable cuanto habían hecho para la mayor comodidad de la ardilla; por eso fue tan grande su asombro al descubrir que ésta no encontraba agradable su habitación. Permanecía triste e inmóvil en un rincón de la jaula y de tiempo en tiempo exhalaba un suspiro quejumbroso. Al ver que no probaba alimento, decían las gentes: «Es que tiene miedo; mañana, cuando no extrañe su encierro, comerá y jugará».

Las mujeres de la casa sintieron de súbito la necesidad de comer. En seguida comenzaron a amasar pan, y bien porque un hechizo retrasara el trabajo impidiendo la levadura de la pasta, o bien porque la pereza se apoderaba de todos, el caso es que hubo que trabajar hasta muy entrada la noche.

En la cocina reinaba una actividad febril, y no había tiempo para pensar en la ardilla. En la casa había una anciana harto cargada de años para que pudiese ayudar a hacer el pan, y aunque se daba perfecta cuenta de ello, no se resignaba a que los demás prescindieran de sus servicios.

Como su tristeza no la dejaba dormir, optó por sentarse junto a una ventana y mirar hacia afuera. A causa del calor habíase dejado abierta la puerta de la cocina, y la luz que en ella había iluminaba todo el corral. Estaba éste rodeado de una cerca tan baja que permitía ver la casa de enfrente, tan bien alumbrada entonces que la anciana podía distinguir los agujeros y hendiduras de las paredes. Veía también la jaula de la ardilla, puesta en el lugar más iluminado, pudiendo observar que durante la noche la ardilla no cesó de ir de la casita a la rueda y de ésta a la casita. Pensó que del animal se había apoderado una extraña inquietud, sin dejar de suponer que la causa de la misma podía ser la fuerte luz que le imposibilitaba dormir.

Entre el establo y la cuadra había un largo corredor cubierto que conducía a la puerta de entrada y el cual estaba situado de tal modo que la luz llegaba hasta él. Ya bastante adelantada la noche la anciana vio entrar de repente por el hueco de la puerta a un hombrecito que no mediría un palmo y que andaba a pasitos. Calzaba y llevaba pantalones de cuero como los obreros. La vieja comprendió al punto que no podía ser otra cosa que el duende, y tuvo miedo. Siempre había oído decir que el duende habitaba por allí y que llevaba la felicidad a todas partes.

Apenas llegó al corral dirigióse hacia la jaula donde estaba encerrada la ardilla. No pudiendo alcanzarla, buscó una caña que colocó contra la jaula y por la cual trepó con la misma rapidez y maestría que un marino a lo largo de un mástil. Golpeó la puerta de la casita verde; pero la vieja quedóse tranquila al recordar que los niños habíanla sujetado con una cadena por temor a que los hijos del vecino vinieran a robarles su ardilla.

El duende no podía abrir la puerta, y la vieja vio cómo la ardilla salió para dirigirse a la rueda. Allí mantuvieron los dos un largo conciliábulo, terminado el cual descendió el duende a lo largo de la caña y desapareció por la puerta.

La vieja creyó que ya no le volvería a ver aquella noche; pero como permaneció en su sitio junto a la ventana, un instante después contemplaba de nuevo al duendecillo. Ahora sus pies parecían no tocar el suelo de tan aprisa que corrían en dirección a la jaula. La anciana pudo verle perfectamente con sus ojos de présbita. Vio también que llevaba algo en sus manos, mas sin distinguir lo que era. Dejó en tierra lo que llevaba en su mano izquierda y subió a la jaula lo que llevaba en la derecha. De un puntapié hizo saltar una de las ventanas, y entregó a la ardilla lo que llevaba. Volvió a bajar, recogió lo que dejara en el suelo y subió de nuevo. Hecho esto desapareció tan rápidamente que la anciana apenas si pudo seguirle con la mirada.

Entonces fue la vieja la que no pudo permanecer tranquila en la casa; lentamente ganó la puerta y ocultóse tras la bomba del agua para espiar al duende. En la casa había otro ser que presenció lo sucedido y se mostraba también intranquilo; era el gato. Éste se deslizó silenciosamente hacia la pared y se detuvo un poco antes de llegar a la raya que dibujaba la luz. Allí esperaron largo tiempo, soportando el frío de aquella noche de marzo. Ya estaba la vieja dispuesta a retirarse cuando oyó pasos; era el duende que se aproximaba corriendo. Como antes, llevaba algo en las manos; pero lo de ahora, chillaba y se agitaba. La vieja comprendió que había ido al bosque de avellanos a buscar a los hijos de la ardilla, y que ahora los dejaría con la madre para que no murieran de hambre.

La vieja permaneció inmóvil para no asustarle con el menor ruido, y el duende mostrábase tranquilo. Iba a dejar uno de los animalitos en el suelo para subir con el otro hasta la jaula cuando vio brillar muy cerca de donde estaba los ojos del gato. El duende quedó sin movimiento, desconcertado, con un pequeñuelo en cada mano; repúsose luego, miró a todos lados y al descubrir a la anciana no vaciló en correr hacia ella para entregarle uno de los bichitos.

La vieja no quería mostrarse indigna de esta confianza. Inclinóse, tomó la ardillita con cuidado y la guardó hasta que el duende hubo llevado la otra a la jaula y volvió a coger la que dejara.

Cuando a la mañana siguiente reuniéronse las gentes de la granja a la hora del desayuno, la vieja no pudo dejar de referir lo que había presenciado aquella noche. Todos se burlaron naturalmente, diciéndole que era un sueño. Las ardillas no criaban en tal época del año.

Pero ella estaba cierta de lo que les decía, y sólo les rogaba que vieran la jaula. Así lo hicieron. Sobre el lecho de hojas había cuatro pequeñuelos todavía sin pelo y medio ciegos, que apenas si contarían tres días de existencia.

Y al verles, dijo el dueño de la granja:

—Sea lo que sea, lo único cierto es que deberíamos estar avergonzados.

Seguidamente sacó de la jaula la ardilla y sus pequeñuelos y poniéndoselos a la vieja en el delantal, le dijo:

—Llevadlos al bosque de nogales y dejadles en libertad.

Tal es el acontecimiento del que hablaron hasta los periódicos y que muchos se resistieron a creer porque no acertaban a explicárselo.

EN EL PARQUE

Durante el día que los patos destinaron a jugar con la zorra, estuvo durmiendo Nils en un nido de ardillas abandonado. Cuando despertó, ya casi de noche, estaba muy intranquilo. «Me llevará a casa de noche y no podré evitar la presencia de mi padre y mi madre», pensaba. Pero cuando llegó al lago de Vombsjö, donde los patos se bañaban, ninguno le habló del regreso a su casa. «Tal vez esté muy cansado el pato blanco para llevarme esta tarde», se dijo para sus adentros.

Los patos despertaron al apuntar la claridad del nuevo día, mucho antes de salir el sol.

Nils creyó que se le llevaría a su casa; pero, cosa extraña, tanto él como Martín pudieron seguir a los patos silvestres en el vuelo de la mañana.

No sabiendo a qué atribuir la causa de este retraso, pensó que los patos tolerarían su presencia hasta después de comer. Pero no por eso dejaba de alegrarse por cada instante que pasaba lejos de su familia.

Los patos silvestres pasaron por encima del dominio de Evedskloster, situado, con su parque magnífico, al este del lago. Era una hermosa propiedad con un gran castillo, un patio de honor, empedrado, rodeado de murallas y pabellones, un viejo jardín con mirtos recortados, avenidas cubiertas por las ramas, arroyos de agua corriente, fuentes, árboles copudos, extensiones rectilíneas de césped, bordeadas de macizos de flores que la primavera coloreaba.

Cuando a la hora matinal pasaron los patos por encima del dominio, no se había levantado ninguno de sus moradores. Cuando estuvieron bien seguros de ello, descendieron hasta la garita del perro, y gritaron:

—¿Cómo se llama esta pequeña cabaña? ¿Cómo se llama esta pequeña cabaña?

El perro guardián se precipitó fuera de su refugio, ladrando hacia el cielo: «¿Llamáis a esto una pequeña cabaña, miserables vagabundos? ¿No veis que esto es un gran castillo de piedra? ¿No veis estas altas murallas, todas esas ventanas y esas grandes puertas y esa terraza espléndida, ua, ua, ua? ¡Llamar a esto cabaña! ¿No veis el jardín y los invernaderos, las estatuas de mármol? ¿Llamáis cabaña a esto? ¿Desde cuándo tienen las cabañas un parque con grupos de hayas, y cuadros de manzanos, y de robles, y prados verdes, y arenales cubiertos de pinos donde pululan los corzos, ua, ua, ua? ¿Sois vosotros los que llamáis a esto una cabaña? ¿Habéis visto cabañas como ésta, rodeada de tantas construcciones que se diría es un pueblo? ¿Habéis visto cabañas que tengan su iglesia y su rectoría, con inmensos dominios y granjas, y alquerías, y casas de jornaleros, ua, ua, ua? ¡Llamar a esto una cabaña! Esta cabaña posee la mayor parte de las tierras de Escania. ¡Miserables mendigos! ¡Desde donde estáis no podéis ver un solo pedazo de tierra que no pertenezca a esta cabaña, ua, ua, ua!»

El perro ladró todo esto sin detenerse ni tomar aliento, y los patos iban dando vueltas al patio, esperando el momento en que la fatiga le hiciera callar. Entonces dijeron: «¿Por qué te enfadas? Nosotros no hablamos del castillo, sino de tu garita.»

Al oír esta graciosa respuesta rio el muchacho muy satisfecho, aunque al momento se apoderó de él un pensamiento que le puso triste. «Piensa cuántas gracias como ésta oirías si te dejaran llegar hasta la Laponia. En el estado en que estás no puedes desear nada mejor que este viaje.»

Los patos silvestres prosiguieron su vuelo, no tardando en descender sobre uno de los grandes campos situados al este del castillo para picotear los granos caídos entre las hierbas, lo que les ocupó algunas horas. Durante este tiempo, el muchacho, que se había adentrado por el parque lindante con el campo, dedicóse a buscar entre los avellanos algún fruto. Pero la idea del viaje continuaba obsesionándole. Entreveía siempre los placeres de un viaje con los patos. Tal vez tuviera que sufrir hambre y frío; pero no tendría que trabajar ni estudiar.

Mientras erraba por el parque, el viejo pato que guiaba a la bandada, se aproximó al muchacho para preguntarle si había encontrado qué comer. No, no había encontrado nada. Entonces se puso el pato a buscar comida para él, y no pudiendo tampoco encontrar avellana alguna, decidióse por cortar con su pico otros frutos que el muchacho comió con deleite, sin dejar de preguntarse qué diría su madre si supiera que su alimentación era pescado crudo y castañas.

Cuando los patos hubieron comido bastante, aproximáronse de nuevo al lago y dedicáronse a jugar hasta el mediodía. Los patos silvestres invitaron a Martín a luchar con ellos: fue un concurso de vuelo, de nado y de carreras a pie. Martín llegaba al límite de resistencia; pero los patos le vencían siempre. A todo esto el muchacho iba sentado en las espaldas de Martín y le enardecía con sus voces, divirtiéndose tanto como los demás. Allí sólo se oían gritos, risas y exclamaciones tan ruidosas que era extraño no fuesen a oídos de los moradores del castillo.

Cuando los patos silvestres hubieron jugado bastante, marcháronse a descansar sobre el hielo que cubría el lago. La tarde pasó como la mañana. Después de dos o tres horas de reposo, bañáronse y jugaron en el agua junto a un banco de hielo hasta la puesta del sol; por último, quedaron dormidos.

—Me va a costar la vida —balbuceó Nils en el momento de acurrucarse bajo el ala del pato—; pero, de seguro, mañana me envían a casa.

Antes de dormirse enumeró mentalmente todas las ventajas que le reportaría seguir con los patos. No le regañarían por perezoso; podría gandulear y pasar la jornada sin hacer nada; su único cuidado estribaría en encontrar qué comer; pero como ahora necesitaba tan poquita cosa, no sería muy difícil.

Al día siguiente, miércoles, estuvo con el alma en un hilo esperando el momento de la despedida; pero los patos no le hicieron ninguna indicación en este sentido. La jornada pasó como la víspera; la vida silvestre le gustaba cada vez más. El gran bosque de Evedskloster parecíale suyo y no tenía el menor deseo de volver a su vivienda tan estrecha ni a los pequeños campos de su país.

Comenzaba a tener confianza en que los patos le retendrían a su lado; pero el jueves perdió sus esperanzas.

Este día amaneció como todos. Los patos se solazaban recorriendo la extensión de los campos y el muchacho cruzaba el bosque para encontrar qué comer. A poco fue en su busca Okka para informarse de si había comido algo, y al decirle que no, ofrecióle una espiga de trigo que conservaba todos sus granos.

Cuando los hubo comido, Okka le aconsejó que anduviese con mucho cuidado por el bosque. Seguramente no sabía los muchos enemigos con que contaba, a pesar de su insignificancia. Y Okka se puso a enumerarlos.

Cuando se paseara por el parque debía precaverse contra la zorra y la marta; en la orilla del mar debía precaverse de las nutrias; si se sentaba contra alguna pared no debía olvidar a la comadreja, que se oculta en los agujeros e intersticios más pequeños; antes de acostarse sobre algún montón de hierba haría bien observando si ocultaba alguna víbora que pasara allí su sueño de invierno. Una vez en campo descubierto debería espiar la presencia de los gavilanes y los buitres, de las águilas y los halcones que cruzan los aires. Al hallarse al abrigo de un avellano corría el riesgo de ser apresado por un gavilán; las urracas y los cuervos saltaban a cada paso, y la más elemental prudencia ordenábale no fiarse de ellos, y una vez anocheciera debía ser todo oídos para adivinar la aparición de los grandes búhos y los mochuelos que vuelan tan silenciosamente que aun estando a su lado no se les percibe.

Oyendo hablar de tantos seres que constituían un peligro para su vida, pensaba Nils cuán imposible le sería escapar a sus asechanzas. No le aterrorizaba la idea de morir, sino la de ser devorado, por lo que preguntó a Okka lo que debía hacer para protegerse.

Okka le aconsejó que se congraciara con los poquitos animales de los bosques y los campos, con el mundo de las ardillas y de las liebres, con los gorriones, y los abejucos, y los picoverdes, y las alondras. Si llegaba a ser amigo de ellos podrían advertirle de los peligros, procurarle escondrijos y aun, en caso de necesidad, unirse para su defensa.

Pero cuando aquella misma tarde, siguiendo este consejo, se dirigió a Sirle, la ardilla, en demanda de protección, ésta se negó a concedérsela.

—No esperes nada de mí ni de los otros pequeños animales —le dijo Sirle—. ¿Crees que no sé que tú eres Nils, el guardador de patos? El último año destruiste los nidos de las golondrinas, rompiste los huevos de los estorninos, dejaste en libertad a los pequeños cuervos y los llevastes a la balsa, cazaste mirlos con cepo y encerraste ardillas en las jaulas. Cuídate tú solo y procura que no nos unamos todos contra ti para echarte de estos parajes y hacerte volver al lado de tu familia.

Tal respuesta no la hubiera dejado pasar impunemente en otro tiempo, cuando todavía era Nils, el guardador de patos; pero, ahora, era grande su temor a que los patos silvestres averiguaran lo malo que había sido siempre con los animales. El miedo a ser enviado a su casa no le había dejado cometer la más pequeña travesura desde que iba con ellos. Es verdad que siendo tan pequeñito no estaba en condiciones de cometer muchos males; pero también era cierto que hubiera podido aplastar algunos huevos de pájaros si tal hubiese deseado. No, él había sido bueno, no había arrancado ni una sola pluma de las alas de los patos, ni había dado a nadie una respuesta inconveniente; y cada mañana, al dar los buenos días a Okka, habíala saludado descubriéndose.

Todo el jueves lo pasó imaginando qué cosa podría hacer para que los patos se lo llevaran hasta la Laponia. Por la tarde, al saber que la compañera de Sirle había sido cazada y que sus pequeñuelos estaban a punto de morir de hambre, resolvióse a correr en su ayuda. Y ya hemos dicho de qué manera lo consiguió.

El viernes, al llegar al parque, oyó cantar por todas partes a los pinzones, que saltaban de rama en rama y referir con sus piidos cómo había sido cazada la mujer de Sirle por unas gentes crueles, y cómo Nils, el guardador de patos, había desafiado los peligros de los hombres y habíale llevado los pequeños.

«¿Quién es más festejado en el parque Evedskolster –cantaban los pinzones– que el pequeño Pulgarcito, al que todos temían en otro tiempo, cuando era Nils, el guardador de patos? Sirle, la ardilla, le dará avellanas, las pobres liebres jugarán con él, los corzos le montarán a sus espaldas y huirán con él cuando Esmirra, la zorra, se aproxime, los abejorros le anunciarán la venida del gavilán, los gorriones y las alondras cantarán en su loor.»

El muchacho estaba seguro de que todo aquello lo oían Okka y los patos; pero, no obstante, pasó todo el día del viernes sin que nadie le hablase de continuar a su lado.

Los patos pudieron solazarse hasta el sábado por los campos que circundaban el castillo de Evedskolster sin ser hostilizados por la zorra Esmirra; pero, este día, apenas volvieron a los campos les descubrió la zorra y persiguióles de campo en campo, sin darles tiempo para comer ni punto de reposo. Cuando Okka comprendió que no les dejaría tranquilos adoptó una decisión rápida y elevóse por los aires con toda su bandada, que condujo a varias leguas más allá, volando sobre las llanuras de Färs y las desnudas colinas que hay en la región de Linderöd. Los patos no se detuvieron hasta llegar a los alrededores de Vittskörle, cerca del Báltico.

NILS QUIERE SER DUENDE

Y llegó el domingo. Había transcurrido una semana desde que Nils fue transformado en duende, y ni por asomo salía de su inopinada pequeñez.

No por esto experimentaba inquietud. A mediodía instalóse en lo alto de un sauce crecido, junto al agua, y se divirtió tocando la flauta. En torno suyo habían ido reuniéndose abejorros, pinzones y estorninos, tantos como las ramas podían soportar, y los pájaros cantaban y silbaban aires que él trataba de imitar con su flauta. Pero no estaba muy fuerte en este arte. Tocaba tan mal que a sus maestros erizábanseles las plumas y gritaban y agitaban sus alas desesperadamente. El muchacho se divertía mucho con todo esto y la risa le hizo interrumpir su sonata.

Después volvió a tocar tan mal como antes y todos los pajaritos se lamentaban: «Hoy tocas peor que nunca, Pulgarcito. Desafinas de un modo terrible. ¿Adónde van tus pensamientos, Pulgarcito?»

—A otro sitio —respondió el muchacho. Y era verdad. Estaba preguntándose siempre hasta cuándo le retendrían los patos.

De súbito tiró su flauta y saltó a tierra. Acababa de descubrir a Okka y los otros patos que se acercaban volando en una larga fila. Avanzaban lenta y solemnemente y creyó adivinar que, por fin, iban a decirle lo que habían decidido respecto a él.

Cuando se detuvieron, dijo Okka: —Mi conducta debe de haberte asombrado, Pulgarcito: yo no te he dado las gracias todavía por haberme salvado de las garras de Esmirra; pero soy de los que prefieren agradecer las cosas con actos que con palabras. Y he aquí que yo creo haberte prestado, en cambio, un servicio. He enviado un mensaje al duende que te ha encantado. En un principio no quería oír hablar de volverte a tu primitiva forma; pero le he enviado mensaje tras mensaje para decirle lo bien que te has portado entre nosotros. Y me ha dicho, por último, que permitirá que vuelvas a ser hombre cuando regreses a tu casa.

Si grande fue la alegría que experimentaba al oír las primeras palabras de Okka, grande fue también la tristeza que se apoderó de su ánimo cuando la pata hubo callado. No pudo decir una palabra, y volviendo la espalda rompió a llorar.

—¿Qué significan esas lágrimas? —preguntó Okka—. Diríase que esperabas más de lo que te ofrezco.

Nils, que pensaba en los días de indolencia y diversión, en las aventuras y en la libertad, en los viajes por los aires a los cuales tenía que renunciar, se lamentaba amargamente.

—No quiero volver a ser hombre —exclamaba—. Yo quiero ir con vosotros a Laponia.

—Escúchame —contestó Okka—; voy a decirte una cosa. El duende es tan irascible que temo que si no aceptas ahora lo que te ha concedido, resulte imposible inclinarle de nuevo a tu favor.

Cosa extraña: aquel muchacho no había sentido nunca amor por nada ni por nadie; no había querido jamás a su padre ni a su madre, al maestro de escuela ni a sus camaradas de clase ni a los chicos de las granjas vecinas. Todo lo que habían querido que hiciera, parecióle siempre enojoso. Así es, que no pensaba en nadie ni a nadie echaba de menos.

Los únicos seres con los cuales había podido entenderse un poco eran: Asa, la guardadora de patos, y el pequeño Mats, dos criaturas que, como él, llevaban sus patos al campo; pero no les estimaba verdaderamente.

—No quiero volver a ser hombre —gritó el muchacho—; quiero seguiros a Laponia. Sólo por esto he estado portándome bien toda la semana.

—No me opondré a que nos sigas tan lejos como quieras —dijo Okka—; pero antes reflexiona sobre si prefieres regresar a tu casa. Algún día puedes lamentar tu resolución.

—No, no lo lamentaré —contestó el muchacho—. Nunca me he encontrado tan bien como entre vosotros.

—Como quieras.

—Gracias —respondió Nils.

Era tan feliz que no pudo reprimir unas lágrimas de alegría, así como antes había llorado de pena.

IV

LA VIEJA CASA DE GLIMMINGE

LAS RATAS NEGRAS Y LAS RATAS GRISES

Al sudeste de la Escania, no lejos del mar, se eleva un viejo castillo que lleva el nombre de Glimminge. Se compone de un solo cuerpo de edificio de piedra, alto, grande y sólido. Se le ve desde varias millas de distancia. No tiene más altura que la de cuatro pisos; pero es tan enorme que una casa como las que se construyen ordinariamente, puesta en el patio, tendría todo el aspecto de una casa de muñecas.

Son tan gruesas las paredes exteriores e interiores y las bóvedas que apenas queda sitio dentro para otra cosa. Las escaleras son estrechas, para que los muros tengan la mayor solidez, sólo hay un reducido número de ventanas en los pisos superiores; a ras del suelo solamente había estrechos orificios para dar paso a la luz. En tiempo antiguo, cuando se vivía en perpetua guerra, se mostraban los hombres tan contentos de encerrarse en el interior de esta construcción tan sólida e imponente como se muestran en nuestros días al enfundarse una pelliza en pleno invierno; pero cuando llegaron las dulces horas de la paz, no quisieron permanecer encerrados en las salas de piedra, lúgubres y frías, del viejo castillo. Y hace mucho tiempo que abandonaron el vasto edificio de Glimminge para establecerse en habitaciones confortables y abiertas a la luz y al aire.

En los días en que Nils Holgersson iba de aquí para allá con los patos silvestres, no había ningún ser humano en Glimminge, que, sin embargo, no estaba falto de habitantes. En el tejado había un gran nido que en verano habitaban muchas cigüeñas; en el granero vivían buen número de mochuelos; en los corredores secretos de los muros refugiábanse infinidad de murciélagos; un gato viejo habíase establecido en la chimenea de la cocina, y por la bodega corrían algunos centenares de ratas de la vieja especie negra.

Las ratas no son muy apreciadas de los otros animales; pero las ratas negras de Glimminge constituían una excepción. Siempre se las nombraba con respeto, porque habían dado pruebas de mucha bravura en las luchas con sus enemigos, y de una gran dosis de resistencia después de las desgracias que se habían cebado en su pueblo. Pertenecían a un pueblo de ratones que en otros tiempos fue muy numeroso y fuerte y que se extinguía ya. Durante muchos años las ratas negras habían poseído todo el país de la Escania. Se las encontraba en las bodegas, en los graneros, en los trojes y en los caminos, en los almacenes de víveres y en las carnicerías, en los establos y en las cuadras, en las iglesias y en los castillos, en los molinos, en las destilerías, en todos los lugares construidos por los hombres; pero ahora habían sido cazadas por todas partes y casi exterminadas. Apenas por acá y acullá, en sitios aislados y desiertos, encontrábanse algunas; en Glimminge las había aún en número bastante crecido.

Por lo general, cuando desaparece alguna raza de animales, son los hombres la causa de ello; pero no en este caso. Los hombres habían declarado la guerra, ciertamente a las ratas negras; pero no lograron conseguir gran cosa. Los que las vencieron pertenecían a otro pueblo de la misma especie: las ratas grises.

Estas ratas grises no habitaban el país desde tiempo inmemorial, como las ratas negras. Descendían de algunos pobres colonos que cien años antes, a lo sumo, desembarcaron en Malmö de un navío procedente de Lübeck. Eran unas pobres ratas miserables, famélicas y sin hogar, que vegetaban en el mismo puerto, nadando entre las estacas, bajo los puentes y alimentándose de los desechos que los hombres arrojaban al agua. Jamás se aventuraban a entrar en la ciudad ocupada por las ratas negras.

No obstante, su número fue creciendo poco a poco y su atrevimiento haciéndose mayor. Comenzaron a instalarse en algunas viejas casas abandonadas que las ratas negras desalojaron. Buscaban su sustento en los arroyos y albañales y recogían todos los residuos que las ratas negras dejaban. Eran fuertes e intrépidas y se contentaban con poco; en pocos años llegaron a sumar bastante número para echar a las ratas negras de Malmö. Poco a poco iban tomándoles los graneros, las cuevas y los almacenes, obligándolas a rendirse por hambre o matándolas, porque no temían la lucha.

Una vez tomado Malmö partieron en grandes y pequeños grupos a la conquista del país. No es fácil comprender por qué las ratas negras se abstuvieron de reunirse con el fin de exterminar en guerra encarnizada a las ratas grises antes de que llegaran a ser muy numerosas. Esto debióse probablemente, a que las ratas negras se sentían tan superiores en poder que no concebían la posibilidad de ser destruidas. Permanecieron tranquilamente en sus dominios y durante este tiempo las grises arrebatáronles granja tras granja, aldea tras aldea, ciudad tras ciudad. Y debieron ceder paso a paso, rendidas por el hambre, cazadas, exterminadas. En la Escania sólo pudieron retener una sola plaza, Glimminge.

El viejo castillo tenía unas paredes tan seguras y un tan pequeño número de entradas que las ratas negras habían logrado defenderse de la invasión. La lucha entre defensores y asaltantes se había prolongado noches y noches durante años; las ratas negras defendían bien sus posiciones y se batían con el más grande desprecio a la muerte; y gracias a la disposición del viejo castillo habían salido siempre victoriosas.

Hay que añadir que las ratas negras se habían hecho muy odiosas, durante el tiempo de su dominación, de todas las otras criaturas vivientes y que las ratas grises lo eran también ahora, y con razón. Habían devorado a pobres prisioneros encadenados en sus calabozos; habían devorado con fruición los cadáveres; habían robado el último mendrugo de pan de la cueva habitada por el pobre; mordido los pies de los patos dormidos; devastado los gallineros, apoderándose de los huevos de los polluelos; en resumen, habían cometido mil fechorías, pero desde que cayeron en el infortunio, todo parecía haberse olvidado, y no se podía menos de admirar a los supervivientes de la raza que tan briosamente se defendió contra sus enemigos.

Las ratas grises que habitaban el castillo de Glimminge y sus alrededores, proseguían la guerra sin descanso, acechando ocasión de apoderarse de él. Cabía suponer que dejasen tranquila en Glimminge a la pequeña tribu de ratas negras, ya que poseían el resto del país; pero no era éste su propósito. Decían que era una cuestión de honor vencer a las ratas negras; los que las conocían no ignoraban que esto era simplemente porque los hombres empleaban el castillo para almacén de cereales, de los que las ratas grises querían apoderarse a toda costa.

LA CIGÜEÑA

Sábado, 26 de marzo

A primera hora de la mañana los patos silvestres que dormían en pie sobre el hielo del lago de Vombsjö, fueron despertados por unos gritos agudos que venían del cielo. «¡Triop, triop!» Era Trianuta, la grulla, que saludaba a Okka y a su bandada. Seguidamente le hizo saber que al día siguiente se celebraría el gran baile de las grullas en Kullaberg.

Okka extendió al punto su cuello, y contestó: «¡Salud y gracias! ¡Salud y gracias!»

Las grullas prosiguieron su vuelo y los patos silvestres continuaron oyendo, durante un buen espacio de tiempo, por encima de los campos y los bosques, el mismo grito: «Trianuta envía a decir que mañana es el gran baile de las grullas en Kullaberg».

Los patos silvestres quedaron muy contentos ante este mensaje.

—Tendrás la suerte de ver el hermoso baile de las grullas —le dijeron al gran pato blanco.

—¿Pero tan maravilloso es el baile de las grullas? —preguntó.

—Es algo que tú no has podido ni soñar —le respondieron.

—Hay que pensar lo que debemos hacer mañana con Pulgarcito para que no le ocurra nada malo mientras nosotros permanezcamos en Kullaberg —dijo Okka.

—Pulgarcito no se quedará solo —respondió el pato—. Si las grullas no permiten que vea su baile, tampoco iré yo.

—Níngún ser humano ha presenciado todavía la reunión de los animales en Kullaberg —dijo Okka—, y no seré yo quien se atreva a llevar a Pulgarcito. Pero ya hablaremos de esto más tarde. Ahora hay que ver si encontramos algo con que alimentarnos.

Okka dio la señal de partida. Esta vez también condujo muy lejos a su gente a causa de haber advertido la presencia de Esmirra, la zorra, abatiendo su vuelo cerca de los prados inundados al sur de Glimminge.

Nils pasó el día sentado a la orilla de un estanque, tocando la flauta. Estaba de un humor de mil diablos porque no le querían llevar a ver el baile de las grullas, y no pensaba dirigir la palabra a Martín ni a los patos.

Le lastimaba que Okka no tuviera confianza en él. Desde el momento que renunciaba a su condición de hombre para viajar con unos pobres patos silvestres, debían comprender que no abrigaba la menor intención de traicionarles; cuando él lo había sacrificado todo por seguirles, su deber consistía en mostrarle tantas cosas como fuese posible. «Es preciso que les diga lo que pienso», murmuraba. Pero las horas pasaban sin que se decidiera a ello. Puede parecer algo extraño; pero la presencia de la vieja pata guía le infundía un gran respeto. No podía rebelarse contra su voluntad.

El prado pantanoso por donde cruzaban los patos, estaba bordeado por un muro de piedra. Cuando al llegar la tarde levantó la cabeza el muchacho para hablar a Okka, sus ojos se fijaron en este muro. Lanzó un débil grito de asombro y todos los patos elevaron sus ojos para mirar en la misma dirección, en el primer momento se hubiera dicho que las piedras oscuras de que estaba constituida la pared, tenían patas y corrían; pero echaron de ver que eran ratas que pasaban a bandadas. Corrían presurosas y sus filas eran tan compactas y numerosas que cubrieron el muro durante un buen rato.

Cuando Nils era alto y robusto, ya les tenía miedo a las ratas. Y ahora, con mayor motivo: era tan pequeño que dos o tres ratas podían dar buena cuenta de él. Nils se estremeció, y cosa rara, los patos parecían profesar el mismo horror a las ratas. No les dirigieron palabra para nada, y cuando hubieron pasado, agitaron sus alas, tal como si sus plumas hubiesen sido salpicadas de barro.

—¡Cuántas ratas grises! —dijo Yksi—. No es buena señal. —Nils creyó llegado el instante favorable para decirle a Okka que le llevase a ver el baile de Kullaberg; pero se lo impidió la aparición de un pájaro muy grande.

Al verle se hubiera dicho que había imitado el cuerpo, el cuello y la cabeza de un pequeño pato blanco. Pero, además, habíase procurado grandes alas negras, altas patas coloradas y un pico largo y fuerte, excesivamente grande para su cabecita; este pico tan pesado hacíale doblar la cabeza, dándole un aspecto triste y melancólico.

Okka extendió rápidamente sus alas, saludó un gran número de veces con la cabeza y avanzó hacia la cigüeña. No se asombró mucho al verla ya en la Escania, porque sabía que en la primavera, antes de que las hembras tomaran el trabajo de atravesar el Báltico, los machos se adelantaban con el fin de averiguar si los nidos habían desaparecido durante el invierno; pero le sorprendía que la cigüeña compareciera ante ella, porque generalmente no visitan más que a las gentes de su raza.

—Espero que no encuentres tu nido en mal estado, señor Ermenric —dijo Okka.

Una vez más pudo comprobarse que no se miente al afirmar que una cigüeña no puede abrir el pico sin lanzar un gemido. Ésta parecía tanto más digna de lástima por cuanto experimentaba una gran dificultad para articular las palabras; su pico castañeó un buen momento antes de hacer oír su voz opaca y débil. Se lamentaba de todo; el nido, construido en la techumbre de Glimminge, había sido destrozado por las tormentas invernales y en la Escania era difícil encontrar algo que comer. Los escanianos se apoderaban cada día más de lo que necesitaban, agostando los prados y cultivando los aguazales. Acabaría por abandonar aquel país, al que nunca más volvería.

Mientras la cigüeña iba exponiendo sus lamentaciones, Okka, la pata silvestre, que en ninguna parte encontraba protección y abrigo, pensó: «Si yo fuera tan feliz como tú, señor Ermenric, tendría vergüenza de condolerme de ese modo. Tú has logrado ser un pájaro salvaje y libre, y, además, tan respetado por los hombres que nadie os ha de disparar su escopeta ni hurtar un huevo de vuestro nido». Pero se reservó su pensamiento.

La cigüeña preguntó al instante si los patos habían visto desfilar las ratas grises que se dirigían hacia Glimminge; y al oír la respuesta afirmativa de Okka, el señor Ermenric le refirió la historia de las valientes ratas negras, que tantos años habían defendido el castillo.

—Pero esta noche, Glimminge caerá en poder de las ratas grises —terminó diciendo con un suspiro.

—¿Por qué esta noche, señor Ermenric? —preguntó Okka.

—Todas las ratas negras marcharon ayer a Kullaberg, porque saben que los otros animales irán también; pero las ratas grises se han abstenido de ir y ahora se reúnen para penetrar esta noche en el castillo, sólo defendido por algunos ratones viejos, sin fuerza para llegar hasta Kullaberg. Las ratas grises saldrán con la suya; pero yo he vivido tantos año en buena armonía con las ratas negras, que no me seduce habitar ahora en el mismo sitio que sus enemigos.

Okka comprendía muy bien que la cigüeña, irritada contra el proceder de las ratas grises, había venido a buscarla para expansionarse con ella. Mas, según costumbre en las cigüeñas, nada había hecho para evitar aquel desastre.

—¿Has enviado algún mensaje a las ratas negras, señor Ermenric? —interrogó Okka.

—¿Para qué? Les faltará tiempo para regresar antes de la toma del castillo.

—No es esto tan seguro como os parece, señor Ermenric —contestó Okka—. Conozco una vieja pata silvestre que no quiere otra cosa que impedir tan gran atrocidad.

Al oír la cigüeña estas palabras, levantó la cabeza y miró a Okka con los ojos muy abiertos.

En efecto, la vieja Okka no tenía garras ni pico propios para combatir. Además, era un pájaro de día; apenas llegaba la noche se rendía al sueño, quisiera o no quisiera, mientras que las ratas podían luchar aun en medio de la oscuridad.

Pero Okka estaba resuelta a prestar ayuda a las ratas negras. Llamó a Yksi y le ordenó que condujera a los patos a Vombsjö, y a las objeciones que el otro le opuso, respondió con autoridad:

—Lo mejor para todos nosotros es que me obedezcáis. Es preciso que yo vuele hasta aquella gran casa de piedra, y si tú me acompañas será fácil que los habitantes de la granja nos descubran y disparen contra nosotros. El único que vendrá conmigo es Pulgarcito, que podrá serme útil porque tiene muy buena vista y puede permanecer despierto durante la noche.

El muchacho estaba aquel día de un humor de perros; al escuchar las palabras de Okka irguióse para fingirse mayor y avanzó con las manos cruzadas en la espalda y la mirada retadora para decirle que no le era muy agradable luchar con los ratones. Okka haría mejor escogiendo a uno de sus compañeros.

Apenas compareció el muchacho, comenzó a excitarse la cigüeña. Hasta entonces había permanecido con la cabeza baja y el pico apoyado en su cuello, como es costumbre en las cigüeñas; mas he aquí que, de pronto, cogió al muchacho bruscamente y lo lanzó a dos o tres metros de altura. Y repitió la acción siete veces más sin prestar oído a los ayes del muchacho ni a los quejidos de los patos, que gritaban: «¿Qué es lo que os ha dado, señor Ermenric? ¡Eso no es una rana, es un hombre, señor Ermenric!»

La cigüeña acabó por recoger al muchacho y ponerle en tierra sano y salvo. Después, díjole a Okka:

—Yo me vuelvo a Glimminge, señora Okka. Todos sus moradores estaban muy inquietos cuando les he dejado. Se pondrán muy contentos cuando sepan que Okka, la pata silvestre, y Pulgarcito, el chiquitín, correrán a salvarles.

Dicho esto alargó el cuello, extendió las alas y voló rápida como una flecha disparada con un arco muy tirante. Okka comprendió que el señor Ermenric se burlaba de ella; pero fingió ignorarlo. Esperó a que el muchacho recogiera los zapatos que la cigüeña le había hecho perder, lo puso sobre sus espaldas y reemprendió el vuelo tras la cigüeña. El muchacho no opuso resistencia y procuró ocultar su intención. Estaba tan furioso contra la cigüeña que rugía de cólera. Ese zancudo de patas coloradas se imaginaba, sin duda, que Nils no servía para nada al verle tan pequeño; pero ya le demostraría de qué era capaz Nils Holgersson, de Vestra Vemmenhög.

Un instante después Okka posábase sobre el nido de cigüeñas en la techumbre de Glimminge. Era un nido magnífico. Había allí una especie de alfombrilla formada por varias capas de ramaje y hierba. Estaba allí desde hacía tantos años que habían arraigado varias plantas y zarzas, y cuando la madre cigüeña incubaba sus huevos en la suave hendidura del centro del mullido lecho, podía gozar del panorama de una buena parte de la Escania, rodeada de plantas y flores.

Desde el primer momento Okka y el muchacho pudieron darse cuenta de que todo estaba revuelto en la casa. Allí anidaban dos mochuelos, un viejo gato gris y una docena de ratones decrépitos, de dientes prominentes y ojos pitañosos. No eran estos los animales que habitualmente se encuentran en reuniones pacíficas.

Ninguno de ellos volvióse para mirar a Okka y darle la bienvenida. Entregados por entero a sus preocupaciones seguían con la mirada las largas filas grises que entreveíanse en los campos, pelados por el rigor del invierno. Las ratas negras, enmudecidas, sentíanse cada vez más desconsoladas. No había esperanza; se daban perfecta cuenta de que no podrían defender el castillo ni su propia vida. Los mochuelos movían sus ojos redondos, haciendo virar sus anteojos de plumas, y hablando con voz siniestra y áspera de la gran crueldad de las ratas grises. No tendrían más remedio que abandonar su nido, porque habían oído decir que no respetaban los huevos ni los pajarillos. El viejo gato atigrado estaba seguro de que las ratas grises le matarían y llegaban en tan gran número que no hacía más que decir a las ratas negras: «¿Cómo habéis podido cometer la tontería de dejar partir a vuestros mejores guerreros? ¿Cómo habéis confiado tanto en las ratas grises? Eso es imperdonable».

Las doce ratas negras no se atrevían a chistar; pero la cigüeña, a pesar de su enojo, no dejaba de impacientar un poco al gato, diciendo con sorna: «¡No temas nada, infeliz! ¿No ves que la señora Okka y Pulgarcito han venido a salvar el castillo? Ten por seguro que triunfarán. Ahora voy a echarme a dormir, cosa que haré con la mayor tranquilidad. Mañana, cuando me despierte, no quedará ni un solo ratón gris en Glimminge».

El muchacho guiñó el ojo a Okka, advirtiéndole que quería empujar y hacer rodar por tierra a la cigüeña cuando ésta se hallase dormida, apoyada sobre una sola pata, en uno de los extremos del nido; pero Okka le retuvo.

En su aspecto no demostraba mucho enfado. «Sería de muy mala condición —dijo— si a mi edad no pudiera vencer mayores dificultades que ésta. Sólo con que esta pareja de mochuelos, que pueden pasar la noche sin dormir, quisieran llevar algunos avisos de mi parte, todo podría salir a medida de nuestros deseos.»

Los mochuelos se mostraron dispuestos a ejecutar sus órdenes. Okka encargó al marido que fuese a buscar a los ratones negros que habían partido para ordenarles que volvieran a su refugio. La madre mochuelo fue enviada en busca de Flama, el mochuelo que habitaba en la torre de la catedral de Lund. Debía llevar un mensaje tan secreto que Okka apenas si se atrevió a comunicárselo al oído, con voz casi imperceptible.

EL ENCANTADOR DE RATONES

Casi era medianoche cuando los ratones grises descubrieron un ventanuco abierto. Se hallaba en el muro, a bastante altura del suelo; pero lograron acertar el camino y no pasó mucho tiempo sin que el más audaz de los ratones escalara la abertura, pronto a introducirse en el castillo, ante cuyas paredes habían muerto tantos de sus antecesores.

El ratón gris permaneció un momento inmóvil en el ventanuco, esperando ser atacado. El cuerpo principal del ejército de los defensores estaba ausente; pero el ratón gris suponía que las ratas negras que quedasen en el castillo no se entregarían sin oponer resistencia. Con el corazón oprimido trataba de percibir los más insignificantes ruidos; pero todo permanecía en silencio. Esto dio nuevos ánimos al jefe de los ratones grises, que saltó al interior de la cueva oscura.

Los otros siguieron a su jefe, uno tras otro. Se deslizaban hacia el interior del castillo con mucha prudencia, esperando ser sorprendidos. No siguieron adelante hasta que faltó sitio para nuevos invasores.

Aunque no habían entrado nunca en el castillo, no encontraron ninguna dificultad para continuar su camino. Poco después descubrían entre las paredes los orificios por donde los ratones negros ascendían a los pisos superiores. Pero antes de decidirse, prestaron oído. Esta ausencia de enemigos les inquietaba mucho más que los riesgos de una lucha abierta. No se atrevieron a creer en su felicidad hasta que llegaron al primer piso.

Una vez allí les dio en las narices el olor del trigo amontonado. Pero aún era prematuro todo canto de victoria. Primero husmearon detenidamente en las vastas piezas desnudas. Escalaron la chimenea que ocupaba el centro de la ancha cocina y estuvieron a punto de caer en el pozo situado en una de las piezas del fondo. Atalayaron todos los caminos desde las pequeñas ventanas; pero no descubrían las ratas negras. Entonces creyéronse dueños de este piso. Y con la misma prudencia comenzaron a escalar el segundo. Fue una nueva ascensión, penosa y arriesgada, a través de las viejas paredes; esperaban ser atacados de manera ruda e imprevista. Y aunque se sentían atraídos por el grato perfume que exhalaba el trigo, creíanse en el caso de examinar con el mayor orden la sala de las columnas, donde montaban la guardia los soldados de otros tiempos, con su mesa de piedra, el fogón, los profundos huecos de las ventanas y los orificios del suelo, por los que en la antigüedad echábase plomo derretido sobre el enemigo.

Los ratones negros continuaban invisibles. La gran sala del dueño del castillo estaba tan fría y desnuda como las demás. Llegaron, por último, al piso superior, que constaba de una vasta sala vacía. El único sitio que no pensaron en reconocer fue el gran nido de cigüeñas que había en el tejado, donde precisamente en aquel instante despertaba a Okka el mochuelo hembra para anunciarle que Flama, el mochuelo de la torre, había accedido a su requerimiento, enviándole lo que necesitaba.

Después de haber recorrido detenidamente todo el castillo, se consideraron tranquilos los ratones grises. Comprendiendo que los ratones negros habían huido, renunciando a presentar combate, precipitáronse radiantes de satisfacción sobre los montones de trigo. Apenas sí habrían devorado algunos granos cuando oyeron en el patio el agudo sonido de un pito. Levantaron la cabeza, escuchando con inquietud, y dieron algunas vueltas disponiéndose a abandonar los montones codiciados; pero no tardaron en reanudar el banquete, mordisqueando en el trigo.

El pito resonó de nuevo, agudo y penetrante; entonces ocurrió algo extraordinario. Un ratón, dos ratones, un ejército de ellos abandonaron el trigo y se lanzaron por el camino más corto dispuestos a salir del castillo. Otros muchos quedaron inmóviles. Pensaban en los trabajos que les había costado la toma de Glimminge, y no querían evacuarlo. Pero al oír por tercera vez el sonido del pito siguieron el camino de los demás. Se atropellaban locamente, corrían por los estrechos orificios de las paredes y se pisoteaban por salir antes.

En medio del patio había un hombrecito que tocaba el pito; en torno suyo le escuchaba un círculo de ratones sorprendidos y encantados. A cada minuto llegaban nuevos ratones. Sólo un instante quitóse el pito de la boca para hacerles un palmo de narices a los ratones; hubo un momento en que parecían dispuestos a arrojarse sobre él para devorarle; pero su cólera quedaba desarmada apenas el hombrecito volvía a tocar el pito.

Cuando el buen pequeñín hizo que todos los ratones salieran de Glimminge, marchó hacia la carretera andando lentamente, seguido de todos sus oyentes. Las notas del pito sonaban tan dulcemente en sus oídos que no podían resistirse a su encanto.

El hombrecito les llevó hacia la parte de Vallby. Conducíales por mil senderos a través de vallados y barrancos; y le seguían por todas partes. No dejaba de tocar su pito, que parecía hecho con un cuerno de animal, pero tan pequeño que no ostenta iguales ningún animal de nuestros días. Nadie hubiera podido decir que lo había fabricado él. Flama, el mochuelo de la torre, se lo había encontrado en uno de los tragaluces de la catedral de Lund. Lo enseñó a Bataki, el cuervo, y ambos convinieron en que era uno de aquellos cuernos de que se servían los antiguos para encantar a las ratas y a los ratones. El cuervo era amigo de Okka y fue él quien le comunicó que Flama tenía aquel tesoro.

Y era cierto que las ratas no podían resistir el encanto del pito. El muchacho anduvo tanto tiempo como duró el resplandor de las estrellas, y no dejaron de seguirle, de seguirle siempre. Tocaba a la hora del alba, tocaba a la salida del sol y la multitud de ratas le acompañaba, distanciándose cada vez más de los vastos graneros de Glimminge.

V

EL GRAN BAILE DE GRULLAS EN KULLABERG

Domingo, 27 de marzo

Kullaberg es una montaña no muy alta y ancha; su vista no impone y sobrecoge como tantas otras, y en su espaciosa cumbre hay campos, bosques y arenales. De trecho en trecho surgen algunos pequeños montículos cubiertos de matorrales y rocas peladas. El alto paisaje no es particularmente pintoresco; parécese a la mayor parte de los parajes elevados de la Escania.

El que siga el camino de la cumbre sufrirá un desencanto; pero el que se aparte de este camino, se asome a los flancos de la montaña y lance una mirada a las pendientes abruptas, descubrirá multitud de cosas curiosas y se preguntará cómo ha de poder examinarlas en su totalidad, siendo tantas. Bueno es que digamos que Kullaberg no descansa como muchas otras montañas sobre la tierra, rodeada de llanuras y valles; Kullaberg se ha adentrado en el mar tan lejos como ha podido. No hay faja de tierra que se extienda a sus pies y la proteja contra las olas. Éstas se extinguen al chocar en sus murallas, y vuelven a formarse a su capricho. Las murallas se yerguen abiertamente, esculpidas por el mar y su auxiliar el viento. Hay precipicios que se hunden en la costa brava y picos negros pulimentados por el incesante ramalazo del viento. Hay columnas de piedra aisladas que surgen del agua y cavernas sombrías de estrecha y difícil entrada. Hay escarpaduras verticales y desnudas y suaves pendientes invadidas por la vegetación. Hay pequeños promontorios y pequeñas bahías y pequeños cantos rodados que el agua lleva y trae a cada movimiento de las olas. Hay soberbias fantasías arquitectónicas que abren sus volutas sobre el mar; hay arrecifes puntiagudos que sepulta a cada instante la blanca espuma, y otros que se miran en un agua verdinegra, eternamente tranquila. Hay excavaciones profundas labradas en la roca viva; enormes hendiduras incitan al paseante a arriesgarse en el interior de las montañas hasta la cueva del gnomo Kullen.

Zarzas y plantas trepan, escalan y descienden por estas escarpaduras, rocas y hendiduras. Los árboles han brotado por doquier; pero la fuerza del viento los ha obligado a transformarse en arbustos para poderse mantener en los flancos de la montaña. Los robles se hunden en el suelo y las hayas de troncos achaparrados forman, en los repliegues y recodos, grandes umbráculos de verdura.

Estas maravillosas murallas, con la mar inmensa y azulada abajo y el aire claro y cortante arriba, han hecho de Kullaberg un tan delicioso paraje para los hombres que son muchos los que allí acuden durante el verano. Es más difícil de explicar lo que atrae a los animales hacia aquel sitio; pero lo cierto es que allí se reúnen todos los años multitud de ellos para entregarse a sus juegos. Es una costumbre que data de tiempos inmemorables; habría que haber estado en tal lugar desde el momento en que la primera ola del mar cubrió de espuma la costa, para explicar la razón de esta preferencia.

Cuando va a reunirse la asamblea, los ciervos, los corzos, las liebres, las zorras y los otros cuadrúpedos se ponen en camino durante la noche para evitar ser vistos por los hombres. Un poco antes de despuntar el sol comparecen en el lugar de los juegos; un arenal a la izquierda del camino, no lejos de la punta extrema de la isla.

El sitio destinado para el juego está rodeado por todas partes de alturas que impiden que se les descubra, si no es llegando muy cerca. Durante el mes de marzo es muy extraño que alguien se aventure por allí. Los extranjeros que en este tiempo se han decidido a recorrer aquellas colinas y escalar la montaña, han tenido que desistir de sus propósitos por las tempestades primaverales. El torrero del faro que se yergue en lo alto del promontorio, la vieja que habita Kullaberg, el granjero Kullen y su familia, siguen el camino acostumbrado y no atraviesan las llanuras desiertas.

Llegados al punto de los juegos los cuadrúpedos se instalan en las colinas, cada especie de animales por separado, aunque en días tan sonados la paz es general y no hay agresión que temer. En tal día podría un galgo atravesar por la colina donde están las zorras sin miedo a perder el menor trozo de sus largas orejas. Los animales reuníanse en grupos, como de costumbre. Cuando todos han ocupado su sitio se disponen a esperar la llegada de los volátiles. Casi siempre suele hacer buen tiempo durante la celebración de esta clase de fiestas. Las grullas son muy hábiles para conocer el tiempo; si está metido en lluvia, no convocan jamás a los animales.

Aunque el espacio aparecía límpido y nada era obstáculo para que la mirada pudiese vagar libremente por la altura, los cuadrúpedos no veían llegar a los pájaros, lo cual era extraño, porque el sol estaba alto y los pájaros debían hallarse ya en camino. Sobre la llanura sólo pasaban de tarde en tarde nubecillas negras. Pero, ¡ah!, una de estas nubecillas venía hacia Kullaberg siguiendo la costa del Sund. Al llegar a la altura del punto destinado para la fiesta, la nube prorrumpió en cantos, trinos y música. Subía, bajaba, volvía a ascender nuevamente, y todo era cantos, trinos y música. La nube abatióse, por último, sobre la colina, en un vuelo, y la colina desapareció instantáneamente bajo la multitud de alondras grisáceas, bonitos pinzones colorados, grises y blancos, estorninos salpicados de manchas y abejorros de un verde amarillo.

Sobre la llanura no tardó en pasar una nueva nubecilla ligera, que detenía su marcha sobre cada grupo de casas, encima de las cabañas y de los castillos, de las aldeas y las ciudades; y cada vez que se detenía parecía aspirar del suelo una pequeña columna revuelta de granos de polvo gris. Fue aumentando, aumentado, y cuando al fin emprendió el camino de Kullaberg no era ya una nubecilla inconsistente, sino una nube compacta, tan grande que extendía su sombra desde Höganäs a Möll. Al detenerse sobre el punto de los juegos, ocultaba el sol; durante un largo rato estuvieron cayendo gorriones, y los que volaban en el centro tardaron bastante tiempo en ver la clara luz del día.

He aquí que llega la mayor nube de alados. Está formada de bandadas de pájaros llegados de todas partes. Es de un gris azul muy cargado y no hay rayo de sol que la pueda atravesar. Presentábase sombría y amenazadora, como nube tormentosa. Llegaban desde allá ruidos infernales, gritos terribles, risas burlonas y los graznidos más siniestros. Resultaba hermoso ver cómo se desintegraba en una lluvia mariposeante y entre gran número de graznidos de cornejas y mochuelos, de cuervos y gavilanes y de otros muchos.

Seguidamente, entre las nubes, aparecieron en el cielo multitud de figuras y de signos. Líneas rectas y punteadas surgían al Este y al Nordeste: eran los pájaros de los bosques venidos del Esmaland; las gallináceas y los gallos silvestres volaban en fila, a dos o tres metros de distancia unos de otros. Los pájaros acuáticos que viven en la isla de Maklappon, delante de Falsterbo, remontaban el Sund agrupados en figuras extrañas: triángulos, rectas, círculos y semicírculos.

Los últimos en llegar a Kullaberg, porque habían tenido que cruzar la Escania en toda su extensión, fueron el pato sobre el que Nils viajaba y Okka con su bandada de patos silvestres. Además, antes de ponerse en camino, habían tenido que buscar al muchacho, que desde hacía varias horas iba tocando delante de las ratas grises, a las que llevaba lejos de Glimminge. El mochuelo había anunciado al regresar que las ratas negras estarían de vuelta tan pronto como apuntara el sol, apenas pudiera dejar de sonar el pito de Flama sin peligro.

Hay que hacer constar que no fue Okka la primera en descubrir a Nils, caminando lentamente, seguido del largo cortejo de los ratones grises; tampoco fue Okka la que descendió rápida como una flecha, y lo remontó en los aires sino que fue el señor Ermenric, la cigüeña. Era el mismo señor Ermenric en persona el que se había dedicado a la busca de Pulgarcito; y después de llevarle hasta el nido le pidió perdón al muchacho por haberle tratado con cierto menosprecio la tarde anterior.

Nils tuvo una gran alegría y quedó muy amigo de la cigüeña. Okka se mostró también muy amable para con él, y después de rozar su venerable cabeza contra su brazo, elogióle calurosamente por haber prestado su auxilio a los que se hallaban en trance difícil.

Entonces, volvió Okka hacia la cigüeña y le preguntó si creía prudente llevar a Pulgarcito a Kullaberg. «Mi opinión —añadió— es que podemos fiarnos de él como de nosotros mismos.»

El señor Ermenric se mostró partidario entusiasta de llevarlo hasta allí: «Ciertamente, señora Okka, hay que llevar a Pulgarcito a Kullaberg —dijo—. Es una gran satisfacción para nosotros poderle recompensar de los peligros que ha afrontado esta noche por nosotros. Y como fui yo el que tan mal se portó con él ayer tarde, quiero llevarle ahora sobre mis espaldas para que asista a la reunión».

Las alabanzas que más complacen son las que profieren las gentes inteligentes y poderosas; así es que Nils no había estado nunca tan contento. Hizo el viaje montado a horcajadas sobre el cuello del señor Ermenric, la cigüeña. Aunque esto era un gran honor para él, no dejó de causarle gran inquietud en muchos momentos, porque el señor Ermenric era un maestro en el arte del vuelo y cruzaba los aires de manera distinta a los patos silvestres. Mientras Okka seguía su camino rectamente, moviendo sus alas acompasadamente, el señor Ermenric gozábase en dar vueltas que revelaban cuán ágil era y cuánta su habilidad. Tan pronto permanecía inmóvil a una altura que daba vértigo, sosteniéndose en el aire sin despegar las alas, como se precipitaba con la velocidad de una piedra lanzada contra el suelo. También se divertía describiendo en torno de Okka círculos que se iban estrechando poco a poco, como los de un torbellino. El muchacho no había visto jamás nada semejante, y aunque experimentaba mucho miedo, debió confesar que hasta entonces no había sabido lo que era volar.

Durante el camino sólo se hizo una parada, en Vombsjö, donde se les unió una bandada de Okka. Después marcharon a Kullaberg directamente.

Descendieron en lo alto de la colina reservada a los patos silvestres. Al pasear sus miradas por las alturas próximas, vio el muchacho, en una, el bosque de cuernos de los ciervos; en otra, los plumeros grises de las garzas reales. Una colina estaba cubierta del rojo de las zorras; otra, negra y blanca, de los colores de las gaviotas; una tercera, gris, por las ratas y los ratones que la ocupaban. Una colina estaba ocupada por cuervos negros que no cesaban de graznar; otra, por alondras que no podían estar quietas en su sitio y que de cuando en cuando danzaban por los aires cantando alegremente.

Era una costumbre establecida de antiguo que las cornejas comenzaran los juegos y ejercicios del día con una danza aérea. Y se dividieron en dos grupos, a los que se vio volar uno hacia el otro, confundirse y separarse para volver a comenzar. La danza consistía en repetir lo mismo varias veces, y a los espectadores que no estaban al corriente de las reglas, les resultaba monótona. Las cornejas mostrábanse muy orgullosas; pero los animales se alegraron cuando acabó tan aburrido espectáculo. Esta danza parecíales tan antipática y desprovista de gracia, como el juego de las borrascas de invierno con los copos de nieve. Entristecía a los reunidos y todos esperaban con impaciencia algo que fuese más divertido.

No hubo que esperar mucho tiempo. Apenas terminaron las cornejas, saltaron las liebres. Lanzándose en una fila desordenada, tan pronto aisladamente como yendo tres o cuatro de frente. Unas veces erguíanse sobre sus patas traseras, otras corrían tan furiosamente que sus orejas daban vueltas vertiginosas. Sin dejar de correr, formaban verdaderos torbellinos, saltaban y golpeábanse el pecho con las patas delanteras, haciendo oír los golpes. Algunas daban infinitas volteretas, otras se abrazaban estrechamente y rodaban como si fueran un aro; también las había que daban vueltas y más vueltas sosteniéndose sobre una pata y que marchaban con las patas delanteras. Aunque en medio del mayor desorden, resultaba muy alegre la danza de las liebres; y los animales que la presenciaban comenzaron a sentirse más satisfechos. Iniciábase la primavera; se aproximaban ya los días jubilosos y los placeres. El invierno había llegado a su fin. El verano estaba cerca. Pronto se experimentaría la alegría de vivir.

Cuando las liebres dejaron de actuar, fueron los grandes pájaros de los bosques los que se dispusieron a hacer gala de sus habilidades. Un centenar de gallos silvestres de negro plumaje muy brillante y de cejas color escarlata, colocáronse sobre un gran roble situado en medio del campo de juego. El que estaba sobre la rama más alta, desplegó sus plumas bajando las alas y levantó su cola en forma de abanico, mostrando la blancura de sus plumas interiores. Después alargó el cuello y lanzó algunas notas agudas de su hinchada garganta: «Tioc, tioc, tioc.» Fue todo lo que pudo articular; tras esto sólo se oyeron algunos ronquidos escapados del fondo de su gaznate. Por último cerró los ojos y cuchicheó: «¡Sis, sis, sis! ¡Oíd qué hermoso es! ¡Sis, sis, sis!» Y sobrecogiólе tal arrobamiento que perdió toda noción de lo que pasaba en torno suyo.

Cuando el primer gallo silvestre estaba todavía en condiciones de silbar, cantaron los tres gallos que se hallaban debajo de él; y antes de que hubiesen terminado su canción, otros diez que se encontraban en las ramas, un poco más abajo, comenzaron a hacer lo mismo, y así fueron cantando poco a poco todos los del árbol; los cien gallos silvestres cantaban, cloqueaban y silbaban. De todos se apoderó el mismo estremecimiento, y esto influía sobre el resto de los animales como una embriaguez contagiosa. La sangre, que en un principio había corrido alegre y ligera, derramábase ahora pesada e hirviente: «Es la primavera, sí —decían los animales—. Ha desaparecido el frío del invierno. El fuego renovador quema la tierra».

Cuando las gallináceas vieron el triunfo de los gallos silvestres, no pudieron permanecer tranquilas. Como no había árboles sobre los que pudieran instalarse, lanzáronse hacia el campo de los juegos donde los matorrales llegaban a tal altura que sólo sobresalían las plumas de sus colas, graciosamente levantadas, y sus largos picos, y comenzaron a cantar alegremente: «Orr, orr, orr».

En el mismo momento en que las gallináceas entablaban su competencia con los gallos silvestres, ocurrió algo inaudito. Una zorra aprovechó el momento en que la atención de todos los animales estaba fija en el juego de los gallos para deslizarse hacia la colina donde estaban los patos silvestres. Trepaba muy prudentemente, y estaba ya cerca de la cima cuando fue advertida por un pato que, sospechando que una zorra no podía ir hacia ellos con buenas intenciones, comenzó a gritar: «¡Cuidado, patos silvestres, cuidado!» La zorra se abalanzó sobre él y le mordió en el cuello, tal vez con el propósito de hacerle callar; pero los otros patos que habían oído el grito de alarma, eleváronse rápidamente. Los otros animales corrieron entonces hasta la colina abandonada por los patos. Esmirra, la zorra, tenía un pato muerto entre sus dientes.

Había roto la tregua del día de los juegos y fue condenada a un castigo tan severo que toda su vida tendría que lamentar no haber dominado su deseo de venganza contra Okka y su bandada. Sin pérdida de tiempo fue rodeada de multitud de zorras que la condenaron, según la antigua costumbre, al destierro. Ni una sola zorra intentó abogar por la disminución de la pena, porque hubiera sido expulsada del campo de los juegos y ya no se le hubiera permitido volver. En consecuencia, la pena de destierro contra Esmirra, la zorra, fue unánimemente aprobada. Se le prohibía permanecer en la Escania. Se la obligaba a dejar a su mujer y sus parientes, sus distritos de caza, viviendas, refugios y escondrijos conocidos para que buscara fortuna en otra parte. Y para que todas las zorras supiesen que Esmirra estaba proscrita, el decano de las zorras le mordió la punta de la oreja izquierda. Acto seguido comenzaron a chillar las zorras jóvenes, sedientas de sangre, y se abalanzaron sobre Esmirra. No le quedaba otro camino que el de la huida, y así lo hizo por las pendientes del monte Kullaberg, perseguida por las zorras jóvenes.

Durante este tiempo las gallináceas y los gallos silvestres habíanse entregado a sus juegos. Estos pájaros estaban absorbidos de tal modo en sus cantos que no veían ni escuchaban nada.

Apenas hubo terminado su concurso a la fiesta, avanzaron los ciervos de Hackeberga. Varios grupos de grandes ciervos luchaban a la vez. Avanzaba uno contra otro con formidable impulso, entrechocaban sus defensas con estrépito y enredábanse sus cuernos, tratando cada uno de hacer retroceder a su contrincante. Sus pezuñas destrozábanse entre las zarzas; su aliento formaba como una humareda en torno de ellos, gritos roncos salían de sus gargantas y el sudor corría a lo largo de sus espaldas.

En las colinas reinaba un silencio expectante; los animales estaban poseídos de sentimientos desconocidos. Todos se sentían valerosos y fuertes, animados de un vigor naciente, reavivados por la primavera, atentos y preparados para hacer frente a toda clase de aventuras. No les animaba la cólera de unos contra otros; sin embargo, las alas se movían nerviosamente, se les erizaba la pluma del cuello y afilaban sus garras. De haber continuado los ciervos la lucha que sostenían, se hubiera extendido a todas las colinas, porque todos los animales deseaban demostrar que estaban llenos de vida, que la impotencia del invierno quedaba vencida, que la fuerza desbordaba sus cuerpos.

Pero los ciervos abandonaron la lucha y un murmullo extendióse de colina en colina: «Las grullas llegan».

Llegaban, en efecto, los pájaros grises, coloreados por el resplandor del crepúsculo, con las alas adornadas de largas plumas flotantes y una cresta roja sobre la nuca. Los grandes pájaros de largas patas, de cuellos finos y sutiles y de cabeza pequeña, descendieron como si resbalaran en el aire, poseídos de un vértigo misterioso. Deslizábanse hacia adelante y volvían hacia atrás, mitad volando y mitad bailando. Con las alas elegantemente desplegadas, movíanse con una rapidez incomprensible. Su danza tenía algo de singular y de extraño. Se hubiera dicho que eran sombras grises entregadas a un juego que la vista no podía seguir, juego que parecía haber tomado de las brumas que flotaban sobre las marismas desiertas. Aquello tenía algo de sortilegio. Todos los que concurrían por primera vez al monte Kullaberg comprendieron al fin por qué se llamaba a la reunión el baile de las grullas. Había algo de salvaje en estas danzas; pero no por eso dejaba de infundir en el espectador una dulce languidez. Nadie pensaba ya en luchar. Todos los allí presentes, tuvieran alas o no, aspiraban a elevarse por encima de las nubes, a buscar lo que había tras ellas, abandonando el pesado cuerpo que los arrastraba hacia la tierra para volar hacia el cielo.

Esta nostalgia de lo inaccesible, de lo que permanece oculto en el más allá de la vida sólo la sentían los animales una vez cada año, viendo el gran baile de las grullas.

LA QUINTA DE VITTSKÖRLE

Martes, 29 de marzo

Un par de días después registróse otro extraño acontecimiento. Una bandada de patos silvestres se dejó caer una mañana sobre los campos, allá en la Escania del Este, no lejos de la gran quinta de Vittskörle.

Había en la bandada trece patos grises y un pato blanco que llevaba sobre su lomo un diminuto liliputiense que vestía pantalón amarillo de piel, chaleco verde y gorro blanco.

Se hallaban muy próximos al Báltico, y en los campos donde los patos se habían dejado caer, se hallaba la tierra mezclada con arena, como suele encontrarse en las orillas del mar. No parecía sino que en aquellos terrenos hubiese habido antes arenas movibles que fue necesario retener con la plantación de abetos, de los que se veían grandes ejemplares en varios sitios.

Cuando los patos hubieron picoteado un rato, vieron venir unos muchachos a campo traviesa, y apenas divisóles el pato que se hallaba de guardia, se lanzó al aire batiendo fuertemente sus alas para que toda la bandada pudiera darse cuenta de que había peligro a la vista. Todos los patos levantaron su vuelo, menos el pato blanco, que al ver volar a los otros díjoles tranquilamente:

—No tenéis necesidad de huir; no son más que un par de niños.

El diminuto liliputiense que había cabalgado a sus espaldas, se hallaba sentado en tierra, en los linderos del bosque, y rompía una piña para gulusmear la semilla.

Los pequeños se hallaban tan próximos a él que no se atrevió a correr hacia el pato, y presuroso se escondió bajo una gran hoja seca, dando al mismo tiempo un grito de alegría.

El pato blanco había determinado no dejarse amedrentar y continuó su camino por el campo, sin preocuparse de la dirección que pudieran seguir los pequeños.

Separándose, no obstante, del camino, y a través del campo se dirigieron hacia el pato, y cuando éste, por fin, vino a darse cuenta se hallaban los pequeños tan cerca que del sobresalto olvidó que podía volar, y echó a correr. Persiguiéronle los pequeños hasta hacerle caer en un hoyo, y allí se apoderaron de él. El mayor de los muchachos se lo llevó debajo del brazo.

Cuando el diminuto liliputiense vio esto, salió corriendo de su escondrijo dispuesto a arrebatarles la presa; pero como recordase lo pequeñín que era, arrojóse al suelo y lleno de desesperación lo golpeó con sus puños.

El pobre pato gritaba con todas sus fuerzas, pidiendo auxilio:

—¡Pulgarcito, ven a salvarme, ven a salvarme!

Pulgarcito, angustiado, le contestó:

—¡Bueno estoy yo para ayudar a nadie! —pero guiado de su cariño al pato se levantó y dijo para sí: «Si no puedo auxiliarle, podré al menos saber lo que hacen con él y adónde se lo llevan.»

Llevaban los muchachos una delantera que Pulgarcito podía salvar sin ninguna dificultad, hasta que llegaron a una hendidura del terreno por la que corrían las aguas de un pequeño arroyo de los que se forman en primavera. No era ancho ni llevaba gran corriente; pero tuvo que correr a lo largo de la orilla hasta encontrar sitio por donde vadearlo. Cuando lo hubo logrado, los muchachos habían desaparecido, aunque vio sus huellas sobre una estrecha senda que conducía hasta el interior del bosque.

Siguió esta senda y pronto llegó a una bifurcación de la misma en la que debieron haberse separado los muchachos, porque por ambos caminos se veía la huella de sus pasos. Hallábase ya desesperado cuando acertó a ver sobre un pequeño arbusto una pluma blanca. Comprendió al punto que su amigo la había tirado allí para señalarle el camino por donde se lo habían llevado. Lo siguió sin titubeos, y pudo observar que en todos aquellos casos en que pudiese hallarse perplejo en cuanto a la ruta, encontraba siempre una pluma blanca que le señalaba la dirección que tenía que seguir.

Salió del bosque y pasó a unos campos que le condujeron a la alameda de una finca señorial. A la terminación de la alameda destacábanse techumbres y torres de roja teja, adornadas con estrías blancas.

Cuando vio este sitio magnífico, se estremeció al pensar en la suerte del pato: «No hay duda de que los chiquillos lo han vendido aquí, y tal vez lo hayan matado».

Pero Pulgarcito quiso tener pleno convencimiento de ello, y corrió hacia adentro, sin encontrar a nadie a lo largo de la alameda.

El edificio ante el que se encontraba era de construcción antigua, formado por un cuadrilátero con dos torres en diagonal a sus extremos y un gran patio en el centro al que daba acceso el portalón situado a poniente. Cuando Pulgarcito hubo llegado, no pudo menos que detenerse y meditar acerca de lo que pudiera hacer. Hallábase todavía meditabundo, con el dedo sobre la nariz, cuando oyó pasos, y al volverse vio mucha gente que a lo largo de la alameda se dirigían hacia él. Presuroso se escondió tras un barril de agua colocado junto a la puerta de entrada.

Los que se aproximaban eran una veintena de jóvenes pertenecientes a una escuela superior, que iban de excursión.

Les acompañaba un profesor, y al llegar a la puerta de entrada díjoles éste que esperasen allí un rato mientras él entraba a pedir permiso para visitar aquel antiguo edificio.

Los excursionistas estaban sudorosos y fatigados como si hubiesen realizado una larga marcha. Uno de ellos tenía tanta sed que se aproximó al barril de agua y se inclinó para beber. Al hacerlo encontróse con que le molestaba una caja de metal que pendía de su cuello, y quitándosela la dejó sobre el suelo; al golpe, abrióse la tapa y en el interior pudieron verse algunas flores primaverales.

Cayó la caja delante de Pulgarcito y entonces pensó que se le ofrecía una magnífica oportunidad para poder entrar y saber lo que allí pudiera haberle ocurrido al pato; y metiéndose en la caja de metal rápidamente, ocultóse como mejor pudo entre las flores que en ella había.

El estudiante cerró la caja y se la echó al cuello cuando el profesor estaba de vuelta con el permiso para poder entrar. Primero, se los llevó al patio central, donde empezó sus explicaciones acerca de las edificaciones antiguas. Les recordó que los primeros habitantes que ocuparon aquellas tierras tuvieron necesidad de vivir en las cavernas y cuevas; que pasó largo tiempo antes de que pudieran construir casas con los troncos de árbol, y el hermoso castillo con las cien habitaciones que tenía Vittskörle. Sólo desde tres siglos y medio antes habían comenzado los ricos y poderosos a construir edificios de esta naturaleza. Veíase claramente que Vittskörle era de aquella época en que la guerra y el robo no ofrecían seguridad en Escania. Rodeaba al edificio un foso lleno de agua, sobre el que, en tiempos antiguos, caía un puente levadizo. Junto a la puerta de entrada existía un torreón, y a lo largo de las paredes del castillo había todavía garitas, y en los extremos torres con paredes de un metro de espesor; pero este castillo no databa de la época guerrera más encarnizada, sino de la de Jens Brahe, que lo construyó dándole condiciones de rica y bien ornada vivienda.

—Si vieseis —decía el profesor— los grandes edificios hechos de piedra en Glimminge, construidos unos cincuenta años antes, podríais fácilmente observar que Jens Holgersen Ulfstand, que fue su constructor, se había preocupado sólo de que la construcción fuese fuerte y grande, sin pensar en la comodidad ni en la estética; y al ver, en cambio, mansiones como la de Marsvinsholm y Henstorp y la de Evedskloster, que se construyeron uno o dos siglos después que Vittskörle, podríais comprender que estos últimos tiempos fueron más pacíficos. Los señores que hicieron estas edificaciones no las dotaron de almenas y se esforzaron sólo en proporcionarse grandes y cómodas viviendas.

El profesor habló largo tiempo, tanto, que el pobre liliputiense que se encontraba encerrado en la caja, empezó a hallarse muy inquieto; pero calló para que no se le descubriera.

Por último penetraron en el castillo, y si el liliputiense pudo haberse forjado la esperanza de escapar de una vez de la caja, llevóse chasco porque el estudiante no la separaba de su cuello, y tuvo que seguir con él a través de todas las habitaciones.

La excursión resultó pesada. El profesor se paraba a cada momento para dar sus explicaciones.

En una habitación había un viejo hogar, y ante éste se detuvo el profesor para referir las distintas formas de las que el hombre se había valido, en el transcurso de los tiempos para proporcionarse fuego.

En la habitación siguiente se detuvo ante una vieja cama con alto dosel y ricas colgaduras, y al momento empezó a hablar de estos lechos antiguos.

No se daba el profesor gran prisa, y con ello aumentaba la impaciencia del pobrecillo liliputiense, que, encerrado en la caja, esperaba tan sólo poder salir de allí.

Cuando llegó a otra habitación que tenía cubiertas sus paredes con colgaduras doradas, habló de cómo las gentes habían adornado sus viviendas, y al hallarse frente a un antiguo retrato de familia, habló de la variedad en los trajes, y al entrar en los salones de fiestas relató cómo se verificaban las bodas y los entierros en la antigüedad.

Siguió el profesor su relato, haciendo sucinta mención de los muchos y notable personajes que habían habitado aquel castillo y de los viejos Brahearna y Branekowarna y de Kristian Barnekow, que había dado al rey su caballo en medio de la huida. También habló de Margarita Ascheberg, casada con Kjell Barnekow, y que, ya viuda, había dirigido aquella posesión y el distrito durante cincuenta y tres años.

Por fin salió el profesor al patio del castillo y allí recordó los grandes esfuerzos del hombre para proporcionarse herramientas, armas, ropas y viviendas, muebles y adornos. En aquel viejo castillo podía verse lo que había sido la humanidad tres siglos atrás y lo que desde entonces había adelantado.

Esta última peroración ya no fue oída por el liliputiense, por cuanto el alumno que lo conducía tuvo de nuevo sed y dirigióse hacia la cocina. Al llegar aquí, Pulgarcito hizo esfuerzos para ver si lograba levantar la tapa y salir de una vez. Y como es frecuente que estas cajas se abran por sí solas, el alumno la cerró de nuevo sin que nada le llamase la atención; pero la cocinera, no obstante, hubo de preguntarle si no contenía la tal caja alguna culebra, a lo que contestó el alumno que sólo algunas plantas.

—Hay en ella algo que se mueve —replicó la cocinera.

Y abriéndola entonces el alumno se la mostró, diciéndole:

—Mírala por ti misma para convencerte.

No pudo Pulgarcito permanecer encerrado por más tiempo, y, dando un salto, echó a correr. Las criadas no pudieron percatarse de lo que huía; pero fueron en su persecución.

Hallábase perorando el buen profesor cuando fue interrumpido por las voces, que decían: «¡Cogedle, cogedle!», gritos que venían de la cocina y que motivaron que la gente joven empezase a perseguir al liliputiense, que se escurría como un ratón. Pulgarcito no se atrevió a correr hacia la alameda. Atravesó el jardín y se fue en busca de las dependencias accesorias que había al otro lado. Las gentes, a todo esto, corrían tras él, gritando y riendo, y por más que el diminuto liliputiense huía a más no poder, sus perseguidores estaban a punto de darle alcance.

Al pasar corriendo por junto a una dependencia de trabajo, oyó que un pato gritaba y vio sobre la escalera un vellón de pluma blanca: «Ahí, ahí está el pato»; y sin pensar en los que le perseguían, lanzóse escalera arriba y se metió en el vestíbulo de la habitación. Una vez dentro, oyó como gritaba y se quejaba el pato, sin que lograse abrir la puerta. Aproximábanse sus perseguidores, y el pato, desde dentro, dejaba oír sus lamentos cada vez más angustiosos. Apremiado por estas circunstancias, rehízose el liliputiense y empezó a golpear la puerta con toda su fuerza. Abrió entonces un niño y vio a una mujer que, sentada en medio del suelo, tenía cogido al pato para cortarle las alas. Era el mismo niño que lo había cogido. No quería hacerle daño alguno. Proponíase sólo retenerle entre sus patos y por esto quería cortarle las alas para que no pudiese volar y marcharse; pero como no podía ocurrirle mayor desgracia, quejábase el pato amargamente. Por fortuna, aún no había realizado su intento la mujer, pues sólo había cortado dos plumas al pobre pato cuando se presentó el liliputiense. Como nunca había visto cosa tan pequeña, no pudo menos que creer que se trataba del mismísimo duende, y, llena de asombro, dejó las tijeras y soltó al pato. Éste, al verse libre, corrió hacia la puerta y, sin detenerse, cogió al liliputiense por el cuello de la chaquetilla, lo llevó consigo y, abriendo sus alas al llegar a la escalera, se elevó por los aires. Luego, doblando su cuello con gracia, púsose a Pulgarcito sobre el lomo y voló con presteza, dejando a las gentes del castillo admiradas de lo que habían visto.

VI

LA LLUVIA

Miércoles, 30 de marzo

Era el primer día de lluvia durante el viaje. Mientras los patos permanecieron en los alrededores de Vombsjö había reinado un tiempo espléndido; pero comenzó a llover el día que emprendieron el vuelo hacia el Norte. El muchacho tuvo que estar algunas horas sobre las espaldas del pato, empapado por la lluvia y tiritando de frío.

Por la mañana, al partir, el cielo estaba claro y sereno. Los patos habíanse elevado mucho, sin precipitaciones y con orden perfecto. Okka a la cabeza, los otros en dos filas, formado triángulo. No habían perdido el tiempo gastando bromas a los animales de tierra; pero como eran incapaces de permanecer callados mucho rato, lanzaban constantemente, al ritmo de su batir de alas, su llamamiento: «¿Dónde estás? ¡Aquí estoy! ¿Dónde estás? ¡Aquí estoy!»

El viaje resultaba monótono. Cuando aparecieron las primeras nubes creyó Nils que aquello iba a ser muy distraído. Al caer el primer aguacero invernal, los pequeños pájaros prorrumpieron en gritos de alegría en los bosquecillos y en los montes. En lo alto repercutían sus piidos, y Nils se estremecía al oírles.

«Ya llueve. La lluvia da la primavera, la primavera da las flores y las hojas verdes; las flores y las hojas verdes, dan larvas e insectos, larvas e insectos nos alimentan, un alimento bueno y abundante es lo mejor que hay en el mundo», cantaban los pájaros.

Los patos silvestres también celebraban la lluvia, que fecundaría las plantas y desharía el hielo de los lagos. No pudiendo permanecer taciturnos, comenzaron a gastar bromas a cuantos veían por aquellos contornos. Cuando pasaron por encima de los campos de patatas, tan numerosos en la región de Kristianstad y que estaban todavía pelados y negros, gritaron: «Brotad y sed útiles. Ya llega quien os hará brotar. No seáis ya más tiempo perezosos».

Viendo a los hombres que se apresuraban a guarecerse de la lluvia, les decían: «¿Por qué corréis tanto? ¿No veis que llueven panes y pasteles, panes y pasteles?»

Una nube grande y espesa deslizábase hacia el Norte con rapidez, siguiendo a los patos muy de cerca. Creían que eran ellos los que la arrastraban consigo. Y al descubrir muy vastos jardines, gritaron jubilosamente: «Nosotros traemos anémonas, nosotros traemos rosas, nosotros traemos flores de almendro y de cerezo, nosotros traemos guisantes y habichuelas, rábanos y coles. ¡Tomad lo que queráis, tomad lo que queráis!»

Así hablaron al caer las primeras rachas de lluvia, que alegraban a todos; pero como continuara lloviendo toda la tarde, acabaron por impacientarse y gritaron a los sedientos bosques de los alrededores del lago de Ivosjo: «¿No tenéis ya bastante? ¿No tenéis ya bastante?»

El cielo adquiría a cada momento tintes más sombríos y el sol habíase ocultado de tal modo que nadie hubiera podido adivinar dónde estaba. La lluvia era más copiosa, chocaba fuertemente contra las alas de los patos, y, atravesando sus grasientas plumas exteriores, llegábales al cuerpo, la tierra desaparecía bajo la capa de agua. Lagos, montañas y bosques confundíanse en un caos informe; no se distinguían los puntos que iban señalando el camino. El vuelo hacíase más lento; los gritos alegres no se oían ya. Nils sentía más el frío; pero, con todo, conservó su valor mientras cabalgó a través de los aires. Cuando ya tarde aterrizaron bajo un pino achaparrado, en medio de una marisma, donde todo era húmedo y frío y donde veíanse algunos arbustos cubiertos de nieve y otros que surgían pelados de hojas de una charca con hielo medio disuelto, no había llegado todavía a descorazonarse. Nils corrió de aquí para allá en busca de bayas silvestres y arándanos. Mas sobrevino la noche y las sombras eran tan impenetrables que ni aun los ojos de Nils podían atravesarlas. El desierto adquirió un aspecto terrible y siniestro. Nils cubríase bajo el ala del pato; pero no le era posible dormir porque estaba mojado y tenía frío. Sentía tantos refregones y rozamientos, pasos misteriosos y voces amenazadoras, que, poseído de un gran terror, no sabía dónde refugiarse. Érale preciso ir adonde brillan el fuego y la luz para no morir de espanto.

«¡Si pudiese llegarme a cualquier casa sólo para pasar la noche! —pensaba—. ¡Sólo para sentarme un instante cerca del fuego y comer algo! Antes de amanecer podría estar de regreso, junto a los patos».

Desenvolvióse de su lecho de plumas y deslizóse a tierra. Nadie estaba despierto, y con mucho sigilo y precaución atravesó la marisma. Ignoraba en absoluto si se encontraba en la Escania, en la Esmelandia o en Blekinge. Al salir de la marisma vislumbró a lo lejos un gran pueblo, hacia el que dirigió sus pasos. Había llegado a uno de esos pueblos que surgen en torno de una iglesia y que, siendo tan frecuentes en la parte Norte, apenas si se encuentran en la parte Sur.

Pronto encontró un camino por el que llegó a una calle bordeada de árboles y en la que las casas eran de madera, construidas con mucho gusto. La mayor parte tenían los patios y las fachadas adornadas con estatuas y ventanas con cristales de color. Las paredes, de tonos claros, estaban pintadas al aceite, y las puertas, tanto las de la calle como las de los balcones, eran azules, verdes y rojas. Al atravesar las calles y contemplar las casas oía Nils las conversaciones y las risas de los hombres reunidos en habitaciones muy calientes. No distinguía las palabras; pero pensó que era bueno oír voces humanas. «Me imagino lo que dirían si llamara a la puerta y les rogara que me dejasen entrar».

Esto es lo que tenía intención de hacer, si bien su terror a las tinieblas se había disipado al ver las ventanas iluminadas. Ahora experimentaba la misma timidez que sentía siempre que se hallaba en la vecindad de los hombres, y se contentó con pensar que haría bien en pasearse un poco por la ciudad antes de pedir cobijo en algún sitio.

Un momento después abrióse el balcón de una casa y un haz de luz amarilla atravesó las cortinas finas y ligeras. Una hermosa joven asomóse al punto: «Ya llueve, pronto vendrá la primavera», dijo. Al verla, experimentó Nils una angustia extraña; tenía ganas de llorar. Afligíale por primera vez, el haber sido eliminado de la sociedad de las personas.

Seguidamente pasó frente a un comercio. A la puerta había una sembradora mecánica roja. Detúvose a mirarla, y saltando sobre el asiento del cochero, se sentó. Una vez instalado allí dio voces como las que suelen dar los arrieros e hizo ademán de empuñar las riendas. Pensó cuán divertido sería conducir una máquina tan hermosa entre un campo de trigo. Por un instante olvidóse de su condición presente, pero pronto la recordó; entonces saltó bruscamente a tierra. Estaba cada vez más inquieto. ¿A cuántas cosas tenía que renunciar por vivir entre animales? Los hombres eran realmente asombrosos y hábiles.

Al pasar frente a la casa de correos pensó en los periódicos que cotidianamente traen noticias de todos los rincones del mundo. Vio la casa del farmacéutico, del médico, y pensó que los hombres eran bastante fuertes para luchar contra la enfermedad y la muerte. Llegó a la iglesia y se dijo que los hombres la habían construido para oír hablar de otro mundo, de Dios, de resurrección y de una vida eterna.

Cuanto más iba viendo más grande era su amor por los hombres, lo que les sucede siempre a los seres pequeños, que no distinguen nada que esté más allá de sus narices. Lo que tienen más próximo es lo que desean con mayor ardor, sin reflexionar sobre lo que esto pudiera costarles en el porvenir. Nils no comprendió hasta este momento lo que había perdido al transformarse en duende, y apoderábase de él un miedo atroz ante el temor de no recobrar su primitiva condición. ¿Qué haría para convertirse nuevamente en hombre? Sentado en una gradería que escaló con esfuerzo, entregóse a profundas reflexiones mientras caían torrentes de lluvia. Y así pasó una hora, dos horas, tan pensativo que su frente acabó por arrugarse. Y lo peor era que no encontraba ninguna solución a su problema; las ideas le rodaban por la cabeza vacía. Cuanto más pensaba y más tiempo transcurría, más insoluble lo encontraba todo.

«Este asunto —se decía— es harto difícil para quien, como yo, no ha estudiado nada ni sabe nada. Será cuestión de preguntar al cura, al médico, al maestro y a otras personas de estudio, para ver si entre todos encontramos un medio para que yo vuelva a mi humana condición.»

Lo determinó así y, levantándose, se sacudió el agua como lo hubiera podido hacer cualquier perro al salir de un charco.

De repente, vio aparecer un gran búho en lo alto de un árbol de la calle. Un mochuelo oculto bajo una canal, se agitó al gritar:

—¡Kivit, Kivit! Por fin te vuelvo a ver, búho. ¿Cómo lo has pasado por el extranjero?

—Muy bien, mochuelo, muy bien. ¿Ha sucedido algo de particular durante mi ausencia?

—En Blekinge, nada, búho; pero en la Escania ha sucedido que un niño ha sido metamorfoseado por un duende y le ha hecho tan pequeño como una ardilla. Después, ha marchado a la Laponia con un pato doméstico.

—Es una cosa muy extraña; es una cosa muy extraña. ¿Y podrá transformarse en hombre alguna vez, mochuelo? ¿Podrá transformarse en hombre alguna vez?

—Esto es un secreto, búho; pero, no obstante, voy a revelártelo. El duende ha declarado que si el muchacho cuida del pato y lo conduce a casa sano y salvo y...

—¿Qué dices mochuelo, qué dices?

—Ven conmigo hasta el campamento, búho, y te lo contaré todo. Tengo miedo a que alguien nos oiga desde la calle.

Los pájaros de la noche volaron entonces. Nils echó su gorra al aire: «Si yo cuido al pato y lo llevo a casa sano y salvo, volveré a ser hombre. ¡Hurra! ¡Hurra! ¡Yo volveré a ser hombre!»

Gritó tanto que fue raro que no se le oyera desde las casas próximas. Y corrió velozmente hacia la marisma donde reposaban los patos.

VII

LOS TRES ESCALONES

Al día siguiente pensaron los patos silvestres dirigirse hacia el Norte, a través del señorío de Allbo y Esmaland. Para averiguar si era esto conveniente enviaron en aquella dirección a los patos Yksi y Kaksi, los cuales volvieron diciendo que toda el agua estaba helada y el suelo cubierto de nieve.

—Mejor será quedarnos donde estamos. Nosotros no podemos ir a una tierra donde no hay ni comida.

—Si nos quedamos donde estamos tendremos que esperar más de un mes —replicó Okka—. Mejor será dirigirse hacia el Este, a través de Blekinge, y volar hacia Esmaland, que se encuentra junto a la costa, y donde la primavera empieza antes.

Al día siguiente, cuando ya había recobrado su buen humor y olvidado lo que le aconteciera la noche antes, pasó volando sobre Blekinge.

Una espesa niebla cubría Blekinge, de modo que Pulgarcito no pudo percatarse del aspecto del paisaje. «No sé —pensaba— si esta tierra es buena o mala.» Y trató de recordar lo que sobre ella había leído en la escuela; pero como tenía la costumbre de no aprender las lecciones, pronto se convenció de que no le era posible.

Se le presentó la escuela.

Los pequeños, sentados junto a los pupitres, levantaban las manos; el maestro, colocado en su sitial, tenía un ceño de disgusto, y él, de pie junto al mapa, debía contestar algunas preguntas referentes a Blekinge. No podía articular una sola palabra.

El maestro revelaba cada vez más disgusto, dando a entender que tenía más interés por la geografía que por ninguna otra asignatura.

Algo airado, dejó su sitio y, dirigiéndose a él, le quitó el puntero y le mandó a su puesto. Marchó seguidamente hacia una ventana y, después de permanecer en ella algún rato mirando hacia fuera, volvió a su sitial y les dijo que quería contarles algo con referencia a Blekinge. Y lo que el maestro dijo entonces fue tan divertido que con poco esfuerzo pudo recordar cada una de sus palabras.

El maestro les dijo: «Esmaland es una casa alta con abetos sobre el tejado; delante de ella hay una ancha escalera llamada Blekinge, que tiene tres escalones. Se extiende ocho millas a lo largo de Esmaland, y aquel que quiera bajarla con dirección al Báltico tiene que andar cuatro millas. Hace mucho, muchísimo tiempo que fue construida esta escalera. Han transcurrrido muchos días y años desde que se formó el primer escalón en la piedra dura. Como es tan vieja, puede comprenderse fácilmente que no tiene ahora el mismo aspecto que de nueva. No puedo decir si en aquella época se cuidaban mucho de limpiarla; pero sí puedo afirmar que, como era tan grande, no había escoba alguna capaz de barrerla.

»Algunos años después comenzó a crecer allí el musgo y la hierba, y hojas y ramaje seco caían sobre ella en los otoños, mientras que en la primavera quedaba cubierta de tierras y piedras que rodaban. Y andando el tiempo, al quedar esto en forma compacta, acumulóse tanta tierra sobre ella, que no sólo crecieron raíces y hierbas, sino arbustos enormes.

»A pesar de tener igual origen, se ha producido una diferencia grande entre estos tres escalones.

»El primero, o más alto, se halla cubierto, en su mayor parte, de tierra poco productiva y grava, no desarrollándose en ella más que abetos y algunas que otras especies de álamos que pueden resistir el frío de aquellas alturas. Puede uno percatarse de la pobreza que allí reina con sólo observar lo muy reducido del terreno cultivado, el corto número de las viviendas y la gran distancia que media entre las iglesias.

»En el segundo escalón la tierra es mejor y el frío es menos intenso. Allí crecen el roble y el tilo; la tierra fue cultivada en mucha mayor extensión y las gentes construyeron grandes y bonitas viviendas. Hay allí muchas iglesias, y en su derredor surgieron pueblecitos que testimonian que aquí, en este segundo escalón, se pasa mejor que en el de arriba. Pero el mejor de todos es el tercero. Se halla todo él cubierto de tierra laborable, y como linda con el mar, no se siente allí el frío de Esmaland. Allí crecen el nogal y el castaño, que alcanzan tanta altura como las iglesias, y los terrenos cultivados comprenden extensiones que no se pueden abarcar con la vista.

»Las gentes no viven sólo de la explotación forestal y de la agricultura, sino también de la pesca, del comercio y de la navegación. Por este motivo tienen las mejores viviendas, las más bonitas, y la más pequeña aldea conviértese pronto en pueblo grande o en ciudad.»

Con lo expuesto, no se ha dicho todo con relación a estos tres escalones.

Cuando llueve arriba, en lo que hemos llamado tejado de Esmaland, o la nieve se derrite, el agua, que por algún sitio ha de buscar su salida, corre escalones abajo. En comienzo corría cubriendo los escalones en toda su anchura; luego se fueron formando ranuras en las que el agua encontraba su cauce, y, por último, canales bien construidos. El agua siempre es agua, no se da nunca reposo. En algunos sitios penetra, socava y quita lo que a otros sitios lleva y añade. Con el curso de aquellas aguas formáronse hermosas cañadas en cuyas vertientes, cubiertas de fértil tierra, crecieron arbustos, plantas trepadoras y arraigaron grandes árboles de un modo tan compacto y frondoso, que cubren en muchos sitios, con su ramaje, el agua que por bajo de ellos se desliza en la hondonada; y cuando estas aguas, en su correr, encontraron obstáculos a su paso, lanzáronse con ímpetu sobre ellos, formando cascadas, con cuya fuerza vinieron a moverse ruedas y fábricas, convirtiéndose así también estas aguas en fuerza motriz.

Aún no se ha dicho todo acerca del país de los escalones. Hay que añadir que allá arriba, en Esmaland, en la casa grande, habitó en cierta época lejana un gigante que había llegado a viejo, por lo que le molestaba mucho bajar estos escalones para ir a la pesca del salmón. Y creyó más conveniente, para su comodidad, que los salmones subieran hasta donde él vivía. Para lograrlo se le ocurrió tirar desde su casa grandes piedras al Báltico, y las arrojó con tanta fuerza que, cruzando toda la región de Blekinge, cayeron en el mar.

Cuando las piedras hundiéronse en el agua, los salmones, asustados, se metieron en las rías de Blekinge, nadaron contra la corriente y, saltando sobre las cascadas, no pararon hasta encontrarse muy adentro de Esmaland, en los dominios del viejo gigante.

La certidumbre de esta historia se deduce de las muchas islas e islotes que encontramos frente a la costa de Blekinge y que no son otra cosa que las piedras que el gigante arrojó. Y a ese gigante deben los habitantes de Blekinge la pesca del salmón en sus ríos y las canteras de piedras en la costa, que hoy en día dan ocupación a tanta gente.

VIII

JUNTO AL RÍO RONNEBY

Viernes, 1 de abril

Ni Esmirra, la zorra, ni los patos silvestres, esperaban encontrarse de nuevo después de haber abandonado la Escania. Ya hemos visto por qué habían tenido que escoger los patos el camino de Blekinge, donde la zorra se había refugiado precisamente. Había recorrido todo el norte de la provincia sin encontrar los grandes parques señoriales con sus corzos y sus crías.

No podía encontrarse más descontenta de su suerte.

Una tarde en que Esmirra vagaba por un punto desierto y pobre, no lejos del río Ronneby, vio una bandada de patos que cruzaba los aires. Descubrió al punto que uno de ellos era blanco, y por ello supo quiénes eran estos patos. Les vio volar hacia el Este, hasta el río. Comprendió que buscaban un sitio donde pasar la noche junto al algua, y creyó que aquella noche podría apoderarse de uno o dos sin mucho esfuerzo.

Cuando Esmirra llegó cerca de donde estaban los patos, se dio cuenta de que habían encontrado un sitio adonde no podría llegar ella.

El río Ronneby no tiene una corriente de agua grande y caudalosa, y debe su fama a la belleza de sus alrededores. En diversos puntos se desliza entre montes abruptos que se desploman sobre el agua y desaparece bajo las madreselvas, las oxiacantas, los sauces y otros árboles de gran variedad. Nada más agradable que bogar sobre el manso río sombreado, en un hermoso día de verano, y contemplar la alfombra de verdura que cubre las laderas montañosas.

Pero era todavía invierno o apenas si apuntaba la primavera, fría y gris; los árboles estaban sin hojas y nadie pensaba en observar si el paisaje era hermoso o feo. Los patos silvestres mostrábanse contentos por haber encontrado bajo la montaña una pequeña franja de terreno arenoso bastante larga para poder descansar. Ante ellos deslizábase la corriente impetuosa por efecto del deshielo; tras ellos elevábanse las rocas infranqueables, y los arbustos que crecían en lo alto, abrigábanles y les ocultaban. Difícilmente hubieran encontrado un sitio mejor.

Los patos durmiéronse en seguida; pero Nils no pudo cerrar los ojos. Desde que el sol se puso habíale asaltado el horror a las tinieblas y el espanto a la naturaleza salvaje. Sentía la nostalgia de los seres humanos. Oculto bajo una de las alas de Martín, nada podía ver ni oír y tenía miedo de que les sobreviniera algún peligro sin que él pudiera advertirlo. De todas partes llegaban rumores misteriosos y ruidos alarmantes; por último, la inquietud le hizo salir de su refugio y se sentó en tierra, junto a los patos.

Esmirra, desde la alta cima, alargaba el hocico y miraba a los patos con cara de disgusto. «Sería tonto continuar la persecución y vale más que desista —se dijo—. No he de poder bajar una montaña tan escarpada, ni atravesar una corriente tan impetuosa, ni llegar hasta donde están los patos por falta de camino. Vale más que abandone la caza.»

Pero como a todas las zorras, a Esmirra le costaba mucho abandonar una empresa comenzada. Así es, que se tendió en lo alto de la cima, sin apartar la mirada de los patos silvestres. Viéndoles, recordaba todo el mal que le habían causado. Por su culpa había sido desterrada de la Escania y obligada a vivir en el pobre Blekinge. A cada momento estaba más excitada. Se contentaría con ver morir a los patos aunque no pudiera comerse uno solo.

La rabia de Esmirra aumentó al oír de improviso un crujido que venía de un pino próximo y ver una ardilla que descendía del árbol perseguida por una marta. Ni una ni otra repararon en la zorra, que permanecía inmóvil viendo la caza que continuaba a través de los árboles. Observaba cómo la ardilla saltaba de rama en rama, tan ligera que parecía volar. Observaba que la marta, aun sin dar muestras de tal habilidad, descendía y subía por los troncos de los árboles con la misma seguridad que si recorriera los llanos caminos del bosque. «Si yo pudiera trepar de esa manera —pensaba la zorra— no dormirían los patos tranquilamente mucho tiempo.»

Cuando la ardilla cayó en las garras de su enemigo, avanzó Esmirra hacia la marta, deteniéndose unos pasos antes de llegar para demostrarle que no abrigaba el propósito de arrebatarle su presa. Esmirra sabía decir muy bellas palabras, como todas las zorras. La marta, que con su cuerpo alargado y flexible, su cabeza fina, su piel sedosa y su cuello de un moreno claro, parecía una maravilla de hermosura y no era, en realidad, más que un habitante salvaje de los bosques, apenas si respondió a su interlocutor.

—Me asombra —dijo la zorra prosiguiendo su conversación— que un tan buen cazador como tú se contente con echar el diente a las ardillas cuando tienes a tu alcance una caza mucho mejor.

Hizo una pausa; mas como la marta se riera insolentemente en sus narices, añadió:

—¿Será posible que no hayas visto los patos silvestres que están ahí abajo, al pie de la montaña? Creo que tú eres un trepador bastante hábil para descender hasta ellos.

Esta vez no hubo necesidad de esperar la respuesta. La marta se precipitó hacia la zorra, con el lomo curvado y los pelos erizados:

—¿Has visto los patos silvestres? —rugió—. ¿Dónde están? Habla o te parto la garganta.

—Ve despacio, ve despacio; recuerda que soy doble que tú y procura ser más educada. Yo no pretendo otra cosa que mostrarte los patos.

Un instante después estaban ya en camino. Esmirra seguía con su mirada el cuerpo de serpiente de la marta, que saltaba de rama en rama, mientras pensaba: «Este admirable cazador de los bosques tiene el corazón más cruel que todos. Creo que los patos tendrán un despertar sangriento».

Pero en el momento en que Esmirra esperaba oír los gritos de agonía de los patos vio que la marta rodaba de lo alto de una rama y caía en el río. Después, oyóse el fuerte batir de alas de los patos, que emprendieron una fuga precipitada.

Lo primero que pensó Esmirra fue correr tras los patos; pero como estaba deseosa de saber qué es lo que les había salvado, decidió esperar el regreso de la marta. La pobre estaba toda mojada, y de cuando en cuando deteníase para frotarse la cabeza con sus patas delanteras.

—Ya he visto que tu falta de habilidad te ha hecho caer en el fondo del río —dijo la zorra con menosprecio.

—No ha sido por falta de habilidad, como dices. Yo estaba sobre una de las últimas ramas y buscaba la manera de saltar mejor para apoderarme de varios patos, cuando un pequeñín, no mayor que una ardilla, me dio una pedrada en la cabeza con tal fuerza, que he caído al agua, y antes de tener tiempo para salir...

La marta no pudo continuar por no tener oyente. Esmirra estaba ya lejos, tras los patos.

Okka volaba entretanto con dirección al Sur, al frente de toda su banda, en busca de otro refugio. Quedaba todavía una leve claridad, y la luna, en cuarto creciente, despedía desde lo alto del cielo un resplandor que permitía ver las cosas. Afortunadamente, Okka conocía bien el país por haber sido empujada, más de una vez, por el viento, hacia la costa de Blekinge, cuando en la primavera atravesaba el mar Báltico.

Siguió el río mientras veíale serpentear a través del paisaje iluminado por la luna y semejante a una culebra negra y reluciente. Así llegaron a Djupafors, donde el río desaparece en una hondonada subterránea, de la que sale límpido y transparente como si fuera de cristal, para precipitarse en una angostura rocosa, deshaciéndose en gotas centelleantes y en espumas flotantes. El agua desplomábase como una mar de blancura sobre algunas grandes rocas, entre las que se deslizaba en un torrente tumultuoso. Okka descendió por fin. El lugar era excelente, sobre todo a una hora tardía, cuando los hombres permanecen ya en sus casas. A la puesta del sol no hubieran podido detenerse allí los patos porque Djupafors no está en un desierto. A un lado de la cascada elevábase una fábrica de pasta de papel y en la otra ribera, bien cultivada y poblada de árboles, se encuentra el parque de Djupadal, donde se pasean las gentes a través de los senderos escarpados y enarenados, para gozar de la belleza del torrente que se desploma en el fondo de la hondonada.

Aquí, como en el otro sitio, no pensaban los patos en la belleza del espectáculo. Lo que encontraban un poco peligroso era verse obligados a dormir de pie sobre las piedras resbaladizas en medio de un torrente; pero aún daban por ello las gracias, por estar al abrigo de los animales de presa.

Los patos durmiéronse en seguida, y el muchacho, demasiado intranquilo, se sentó junto a ellos con el fin de velar el sueño del pato.

Esmirra no tardó en llegar corriendo a la orilla del río, y al ver que los patos dormían rodeados de torbellinos espumeantes, comprendió que esta vez tampoco le sería posible atraparles. Se sentó en la orilla y así estuvo mucho tiempo esperando una ocasión propicia. Sentíase humillada en su orgullo de cazadora.

De repente surgió del agua una nutria con un pescado en la boca. Esmirra adelantóse y se detuvo a dos pasos de ella para demostrarle que no entraba en sus cálculos arrebatarle la presa. «Eres digna de lástima porque te contentas con un pescado cuando aquellas rocas están llenas de patos», comenzó diciendo Esmirra. Estaba tan excitada que no se preocupó de escoger las palabras tan bien como tenía por costumbre. La nutria no se dignó volver la cabeza para mirar al torrente. Era un vagabundo, como todas las nutrias. Como había pescado más de una vez en el lago Vombsjö, conocía bien a Esmirra. «Ya sé de qué astucias eres capaz para apoderarte de una trucha, Esmirra», le contestó. «¡Ah! ¿Eres tú, Gripa?», añadió Esmirra muy contenta de encontrarse con ella, porque sabía que esta nutria era una formidable nadadora. «No me extraña que no quieras reparar en los patos, porque sé que eres incapaz de llegar hasta ellos». La nutria tenía las patas planas, su cola era aplastada y dura, fuerte como un remo, y su piel impermeable. No podía oír que existiera un torrente que no pudiera remontar. Volvióse hacia el río, descubrió a los patos, tiró la trucha y desde un ribazo se arrojó al agua de cabeza.

Si la primavera hubiese estado más adelantada y si hubieran vuelto ya los ruiseñores al parque de Djupadal hubieran celebrado durante muchas noches, con sus trinos, la lucha de Gripa con el torrente. La nutria fue arrastrada por las olas y llevada al impulso de la corriente repetidas veces, pero, al fin, remontó el río valerosamente. Aprovechándose de los remolinos del agua, trepó por las piedras y se aproximó poco a poco hacia los patos silvestres. Era ésta, verdaderamente, una expedición peligrosa que merecía ser cantada por los ruiseñores.

Esmirra seguía con la mirada los avances de la nutria. La vio, después de varios incidentes, muy cerca de los patos silvestres; pero en este momento oyóse un grito agudo y terrible. La nutria cayó en el agua de espaldas y se la llevó la corriente cual si fuese un gatito. Después vibraron las alas de los patos y eleváronse en busca de otro nido más seguro.

La nutria volvió pronto a la orilla. No decía nada y limitábase a lamerse una de las patas delanteras. Cuando Esmirra se permitió dirigirle algunas censuras, contestó: «No ha sido por falta de saber nadar. Ya estaba cerca de los patos y a punto de escalar las rocas cuando un hombrecito lanzóse sobre mí y me pinchó una pata con un hierro puntiagudo. Fue tan grande el dolor que no pude evitar caer en el torrente, dejando la presa».

No tuvo necesidad de insistir en sus excusas; Esmirra había echado a correr.

Okka y su bandada volaron una vez más a través de la oscuridad de la noche. Felizmente para los patos no se había ocultado aún la luna, y gracias a su luz pudieron encontrar en el país un tercer refugio ya conocido. Okka siguió el curso del río con dirección al Sur. Pasó volando por encima de los dominios de Djupadal, de los tejados que se destacaban en la sombra y de la espléndida cascada de Ronneby. Un poco al sur de esta pequeña ciudad, no lejos del mar, se encuentra la estación de Ronneby, con sus establecimientos de baños, sus fuentes, sus grandes hoteles y las villas de los veraneantes. Durante el invierno está todo cerrado, cosa que saben bien los pájaros, porque son numerosos los que por una larga temporada buscan un abrigo bajo los balcones y los aleros de las casas desiertas.

Los patos silvestres instaláronse en un balcón y durmiéronse al punto, como acostumbraban. Nils, que no había querido guarecerse bajo una de las alas del pato, no podía conciliar el sueño.

El balcón estaba orientado a mediodía, y desde allí contemplaba el muchacho la belleza del mar. Siéndole imposible dormir, admiraba el soberbio espectáculo que en Blekinge ofrece la unión de la tierra con el mar.

En efecto, la tierra y el mar pueden unirse de muchas maneras. A veces la tierra va al encuentro del mar con sus prados en declive y llanos donde la hierba crece abundosa, y el mar la acoge con sus arenas movedizas que amontona en bancos y en dunas. Diríase que por amarse tan poco quieren mostrarse lo que tienen de menos hermoso. Otras veces, al aproximarse al mar, eleva la tierra una muralla de montañas como para detener a un enemigo; entonces lanza el mar sus olas furiosas, que azotan las rocas; ruge y sacude sus espumas como si quisiera desgarrar la costa.

Pero en Blekinge sucede de otra manera. La tierra se desparrama en islas, islotes y promontorios, entre los cuales recorta el mar en golfos, en bahías y en estrechos; parecen encontrarse con placer y alegría.

Cosa es ésta que no suele verse durante el invierno, por lo que Nils diose cuenta de lo dulce y sonriente que era allí la naturaleza, lo que le tranquilizó mucho. De pronto, oyó un aullido siniestro y agudo que venía del parque. Levantándose un poco y en medio de un claro de luna, vio una zorra debajo del balcón: era Esmirra, que había seguido una vez más el vuelo de los patos. Al comprender que esta vez tampoco había medio de atraparles, no pudo reprimir un prolongado grito de despecho.

Este grito despertó a Okka, que, aunque no podía ver nada, reconoció la voz.

—¿Eres tú, Esmirra, la que corres en medio de la noche? —preguntó.

—Sí —respondió Esmirra—, soy la zorra. Quisiera saber lo que piensas de la noche que os he dado.

—¿Acaso eres tú la que has enviado a la marta y a la nutria?

—¿Cómo negar tan bella hazaña? Vosotros me hicisteis blanco, una vez, del juego de los patos; ahora he comenzado yo con vosotros el juego de las zorras, que no interrumpiré mientras quede con vida uno de vosotros, aunque tenga que perseguiros a través de todo el país.

—Escucha, Esmirra: ¿Te parece digno que tú, armada de dientes y garras, persigas de esa manera a seres indefensos? —dijo Okka.

Esmirra creyó que era el miedo lo que le hacía hablar de aquella manera, por lo que se apresuró a proponer:

—Okka, si prometes entregarme ese Pulgarcito que ha hecho fracasar tantas veces mis tretas, haré las paces contigo. No perseguiría ya a nadie de tu bandada.

—¿Entregarte a Pulgarcito? No lo pienses. Desde el más joven hasta el más viejo de nosotros daríamos la vida por él de muy buen grado.

—¿Tanto le queréis? —preguntó Esmirra—. Entonces será el primero en sentir mi venganza.

Okka no quiso responder. Esmirra dejó oír todavía algunos aullidos; después, el silencio. Nils continuaba sin poder dormir. Esta vez era la respuesta que Okka había dado a la zorra lo que le desvelaba. Jamás hubiera sospechado oír nada semejante; le conmovía pensar que había alguien dispuesto a jugarse la vida por él. A partir de este momento ya no podría decirse de Nils Holgersson que no quería a nadie.

IX

CALSKRONA

Sábado, 2 de abril

Estábamos en Calskrona, una noche de luna clara. Hacía un tiempo hermoso y encalmado, aunque durante el día se desencadenó una tempestad acompañada de fuerte lluvia. Los habitantes de la ciudad esperaban, sin duda, que el mal tiempo continuaría, a juzgar por las escasas personas que transitaban por las calles.

Cuando llegaron Okka y su bandada, la ciudad parecía desierta. Era ya tarde y los patos volaban en busca de un refugio seguro en las islas, no atreviéndose a permanecer en tierra firme por miedo a la zorra Esmirra.

Los patos volaban a gran altura, y Nils, que contemplaba el mar y las islas, observaba desde lo alto que todo tenía un aspecto irreal y fantástico. El cielo no era azul, sino verde, y lo cubría todo como una inmensa bóveda de vidrio. El mar era blanco como la leche, y en toda la extensión que alcanzaba la mirada de Pulgarcito sucedíanse las pequeñas olas blancas con sus rizos de plata. En medio de tanta blancura aparecían negras las islas que en gran número se destacaban frente a la costa, lo que le causaba al pequeño la impresión de haber sido transportado al otro mundo.

Aquella noche se había propuesto Nils ser valiente; pero, repentinamente, se le apareció algo que le asustó en gran manera. Era una gran isla rocosa, cubierta de enormes bloques cuadrados, entre los cuales había un semillero de pequeños granos de oro. Al punto le asaltó la memoria la piedra de Magle en Trolle-Ljungby, que los duendes levantaban algunas veces durante la noche sobre altas columnas. Eso debía ser algo parecido, según imaginaba. Pero lo que le sobresaltó todavía más fue el ver la multitud de cosas inquietantes en el agua que rodeaba la isla. Se hubiera dicho que eran ballenas, o tiburones, u otros monstruos marinos; pero el muchacho comprendió que debían ser los duendes del mar, reunidos para ir al asalto de la isla y luchar con el duende de la tierra. Efectivamente, en lo más alto de la isla, un gigante, de pie, extendía desmesuradamente sus dos brazos al cielo.

Nils quedó aterrorizado al darse cuenta de que los patos iban a descender.

—¡No, no, eso no! ¡No descendamos! —gritaba.

Los patos no prestaron atención a sus gritos y pronto quedó el muchacho sorprendido y avergonzado por haberse equivocado de aquella manera. Los grandes bloques de piedra no eran sino casas; los puntos de oro brillante eran los reverberos de la luz y las ventanas iluminadas. El gigante que extendía los brazos era una iglesia de torres cuadradas y los monstruos y los duendes del mar eran pequeñas embarcaciones y grandes buques anclados en torno de la isla. Hacia la parte de tierra había, sobre todo, muchos botes de remo, otros de vela y algunos vaporcitos destinados a la navegación costera; pero al otro lado eran ya grandes barcos de guerra: acorazados, unos panzudos, con sus enormes chimeneas inclinadas hacia atrás; otros largos, finos, construidos de modo que podían cruzar el agua como peces.

¿Qué ciudad era aquélla? Nils encontró la respuesta al descubrir los barcos de guerra. Siempre había pensado con amor en los barcos, aunque el pobre no conoció hasta entonces otras embarcaciones que las barquitas de corcho que hizo navegar en las charcas que encontraba junto a los caminos; pero, al punto, comprendió que un puerto en donde hallábanse anclados tantos buques de guerra, no podía ser otro que el de Calskrona.

El abuelo materno de Nils fue un antiguo marinero de la flota de guerra; mientras vivió no hubo día en que dejase de hablar de Calskrona, el gran astillero de la marina y de todo lo que tuviera relación con ello.

Nils tuvo el tiempo preciso para echar una ojeada sobre las torres y las fortificaciones que formaban la entrada del puerto, Okka descendió con su bandada sobre la plana techumbre de una iglesia.

Ciertamente era aquél un buen punto para librarse de las asechanzas de la zorra, y el muchacho confiaba en que aquella noche podría descansar bajo las alas del pato. Le convendría dormir. Después, cuando se hiciera de día, contemplaría a sus anchas el astillero y los buques.

Nils no se explicaba las causas de que no pudiera permanecer tranquilo ni le fuera posible esperar a que amaneciera para ver los barcos. Apenas había dormido cinco minutos, se desprendió del ala del pato y deslizóse a lo largo del pararrayos y de las canales.

Al hallarse en la gran plaza y contemplar la iglesia alemana, el edificio del Ayuntamiento y la gran iglesia de donde acababa de bajar, sintió un vivo deseo de volver cuanto antes a lo alto de la torre, donde los patos se encontraban.

Los que están acostumbrados a vivir en lugares desiertos alejados de los grandes centros de población, experimentan viva inquietud al atravesar una ciudad, donde las casas alineadas forman calles en las que pueden verse cuantos las atraviesan. Felizmente, no había nadie en la playa; sólo un hombre de bronce erguíase majestuosamente sobre un zócalo elevado. Era un hombre vigoroso, con la cabeza cubierta con un tricornio y revestido de un levitón; llevaba pantalón corto y grandes zapatos. Tenía en la mano un bastón que debió manejar a su antojo, porque en su cara marcaba un gesto terriblemente severo, severidad que acentuaba la nariz encorvada y la boca contraída.

—¿Qué hace aquí ese tío, con su gran labio colgante? —dijo el muchacho.

Nunca se había sentido tan pequeño y tan miserable como aquella noche. Trató de infundirse valor a sí mismo haciéndose el valentón, y finalmente, habiendo perdido el miedo, comenzó a recorrer una calle muy larga que descendía hacia el mar.

No había hecho más que comenzar a andar cuando oyó que alguien marchaba tras él. Unos pies muy pesados descargaban sobre el pavimento y un bastón golpeaba el suelo. Se hubiera dicho que era el mismo hombre de bronce el que se había puesto en marcha.

Nils buscó una ocasión propicia para salvarse corriendo, y bien pronto pudo adquirir la certeza de que su perseguidor era el hombre de bronce. La tierra temblaba y las casas sufrían grandes sacudidas. Sólo él podía promover con sus pasos aquel fenómeno sísmico. Nils tuvo miedo por las palabras que pronunciara poco antes y no se atrevió a volver la cabeza, por si, efectivamente, era el hombre de bronce.

«Tal vez se pasea por puro placer —pensaba—. Seguramente no querrá hacerme nada por lo que le he dicho. Ha sido sin mala intención».

En lugar de seguir rectamente, torció Nils por una calle transversal. De este modo creía escapar de su perseguidor.

Pero al punto oyó que el hombre de bronce torcía también por la misma calle, y Nils tuvo mucho miedo. ¿Cómo encontrar un refugio en una ciudad donde están cerradas todas las puertas? Andando hacia la derecha descubrió una iglesia de madera, rodeada de un vasto jardín. Y se dirigió hacia ella sin la menor vacilación.

—Solamente si llego hasta allí me consideraré seguro.

De súbito se le apareció en medio de la avenida que conducía a la iglesia un hombre que le llamaba por señas. Se consideró feliz y corrió hacia él. Su corazón palpitaba con violencia.

Al llegar cerca del hombre, que estaba de pie sobre un pequeño taburete, al final de la avenida, se detuvo algo mohíno. «No puede ser éste el que me llamaba porque es de madera».

Le observó durante un momento. Era un buen hombre, corto de piernas, de cara amplia, colorada y fresca, de cabellos negros y lisos y con una barba negra muy poblada. En su cabeza llevaba un sombrero negro de madera y sobre su cuerpo un traje oscuro, también de madera, y apretaba su talle con un cinturón de madera negro; las piernas cubríalas con unos pantalones grises de madera, bajo los cuales veíase los calcetines de madera, y sus pies enfundábanse en unas botas de madera, negra también.

Echábase de ver que le habían pintado recientemente; el barniz estaba tierno y brillaba a la luz de la luna, lo que realzaba más su aspecto bondadoso e infundía mayor confianza al muchacho.

De su mano izquierda pendía una inscripción en madera, que Nils leyó: «Os suplico humildemente con mi débil voz: depositad vuestro óbolo; pero antes levantad mi sombrero».

Nils comprendió entonces que aquel hombre no era más que un anuncio en favor de los pobres. Su decepción fue grande porque esperaba encontrar algo mejor. Recordaba que su abuelo le había hablado de este hombre, diciéndole que los niños de Calskrona le querían mucho. Nils comprendió que así había de ser, porque él también sentía deseos de no separarse de allí. Tenía aquella figura un aspecto tan venerable que se hubiera dicho que su existencia databa de siglos. Al mismo tiempo, parecía fuerte, atolondrado y alegre, como se imagina a los que vivieron en pasados tiempos.

Contemplando al hombre de madera, Nils se olvidó casi por completo de su perseguidor. Pero he aquí que de repente volvieron a sonar los pasos. Cruzó la calle y se dirigió hacia el sitio en que estaba el hombre de madera. Pero, ¿cómo escapar ahora? ¿Cómo ocultarse?

En este momento Nils vio que el hombre de madera le extendía su grande y larga mano. Imposible no confiarse a él. Nils saltó a la mano que le ofrecía. Y el hombre de madera le levantó hasta su cabeza y lo ocultó debajo de su sombrero.

Apenas se hubo refugiado Nils en su escondite, y cuando casi no había tenido el hombre de madera tiempo necesario para recobrar su actitud, apareció el hombre de bronce que, golpeando la tierra con su bastón, gritó con voz fuerte y sonora:

—¿Quién eres tú?

El brazo del hombre de madera, con una pesadez que hizo crujir su vieja armadura, tocó con sus dedos el ala de su sombrero y respondió:

—Rosebom, con el debido respeto, Majestad. En mi tiempo, segundo contramaestre a bordo del buque de servicio de guerra; entré como guardián en la iglesia del Almirantazgo; finalmente, esculpido en madera, he sido erigido aquí para implorar en favor de los pobres.

El muchacho se estremeció al oír la palabra *Majestad* en los labios del hombre de madera. Reflexionando sobre esto pensó que la estatua de la gran plaza bien podría representar al fundador de la ciudad. Era sencillamente con el rey Carlos XI con el que había chocado.

—Te explicas bien —dijo el hombre de bronce—. ¿Podrías decirme si has visto pasar por aquí un pequeñín que recorre la ciudad esta noche? Es un pícaro y un impertinente; si le cojo le enseñaré a tener buenos modales.

—Dicho sea con el debido respeto, le he visto pasar, Majestad —contestó el hombre de madera.

Al oír esta respuesta, el muchacho, que se había erguido debajo del sombrero y contemplaba al Rey por una grieta abierta en la madera, comenzó a temblar de miedo. Pero se tranquilizó al oír que el hombre de madera continuaba, diciendo:

—Vuestra Majestad sigue una mala pista. El muchacho parecía tener la intención de refugiarse en el astillero para esconderse mejor.

—¿Crees eso, Rosenbom? Pues bien, deja de permaner inmóvil sobre tu taburete y sígueme para ayudarme a dar con él. Cuatro ojos ven más que dos, Rosenbom.

Pero el hombre de madera respondió:

—Yo le suplico a V. M. que me deje donde estoy. Tengo todo el aspecto de una persona fuerte a causa del reciente barnizado; pero estoy viejo y podrido y no podría soportar un esfuerzo.

El hombre de bronce no parecía ser de los que toleran que se les contradiga.

—Déjate de historias y ven en seguida, Rosenbom. —Y levantando el bastón le dio un terrible golpe en las espaldas.

—Ya ves que aún te sostienes, Rosenbom.

Al punto pusiéronse en camino y atravesaron majestuosamente las calles de la ciudad hasta llegar a una pesada puerta que daba acceso al astillero. Estaba de guardia un marinero de la escuadra, del que el hombre de bronce no hizo el menor caso. Empujó la puerta con el pie y entraron el Rey y su acompañante. Ante ellos extendíase un puerto grande, dividido en compartimentos por medio de puentes sostenidos sobre pilares. Los diques estaban ocupados por barcos de guerra en preparación.

—¿Por dónde comenzaremos mejor nuestras pesquisas, Rosenbom? —preguntó el hombre de bronce.

—Un hombre tan diminuto como él se habrá ocultado, probablemente, en la sala de los modelos.

Sobre una estrecha franja de terreno que se extendía a lo largo del puerto, hacia la derecha, se elevaban algunos edificios antiguos; el hombre de bronce se aproximó a una casa de pequeñas ventanas y muy alta. Abrió la puerta golpeándola con su bastón y ascendió en seguida con retumbantes pasos por la vieja escalera de gastados peldaños. Los dos hombres entraron en una gran sala llena de pequeños barcos. El muchacho comprendió que eran los modelos de los navíos construidos para la flota sueca.

Había barcos de todas clases: viejos barcos de línea con los costados erizados de cañones, con altas construcciones a proa y popa, y cuyos mástiles soportaban un confuso cruzamiento de cuerdas y velas; pequeños guardacostas con bancos a todo lo largo para los remeros; cañoneras sin puente y fragatas suntuosamente doradas, modelos de las que se sirvieron los reyes para sus viajes. Había también, por último, grandes y pesados acorazados, con torres y cañones sobre el puente, tales como los que se emplean hoy, y finos y rectilíneos torpederos semejantes a largos y ágiles peces.

Nils no salía de su asombro: «¡Parece mentira que estos barcos tan grandes y tan bonitos hayan sido contruidos en Suecia!»

Tuvo tiempo para contemplarlos a sus anchas, porque el hombre de bronce, admirando los modelos, se olvidó de todo lo demás. Pasó revista a todos. Y Rosenbom, antiguo contramastre del *Intrépido*, tuvo que referir cuanto sabía referente a los constructores de navíos y los que los habían encargado, así como de la suerte que corrieron los buques. Habló de Chapman, y de Puke, y de Trolle; de las batallas de Hogland y de Svensksund, hasta 1809, época de su muerte. Él y su acompañante podían decir muchas cosas respecto a los antiguos barcos de madera tan adornados; pero no parecían comprender los nuevos acorazados.

—Veo, Rosenbom, que no sabes nada de estos barcos modernos —dijo el Rey—. Vamos a ver más cosas, porque todo esto me interesa, Rosenbom.

Habían dejado de pensar en el muchacho y éste se sentía tranquilo y a sus anchas debajo del sombrero de madera. Seguidamente recorrieron los grandes establecimientos del astillero, los talleres donde se cosen las telas, la fundición, los talleres de maquinaria y carpintería. Visitaron las grúas y los docks, los grandes almacenes de pertrechos, el parque de artillería, el arsenal, las dependencias donde se acondicionaban las cuerdas, la vasta cala abandonada, abierta en la roca. Salieron a los muelles donde estaban anclados los barcos de guerra, subieron a bordo, y contemplándolo todo como dos viejos lobos de mar, dudaron, censuraron, aprobaron y se enfadaron.

Nils, al abrigo del sombrero de madera, les escuchaba. Así pudo saber lo mucho que se había luchado y trabajado en tal sitio para armar todas las flotas de guerra salidas de aquel puerto. Supo quién había arriesgado su sangre y su vida, quién había sacrificado hasta su último ochavo para construir estos barcos de guerra, qué hombres de talento habían consagrado todos sus esfuerzos por mejorar y perfeccionar estos navíos, que habían sido la salvaguardia de la patria. Al muchacho le saltaron las lágrimas, dichoso por los informes que oía sobre tales cosas.

Acabaron por entrar en un patio abierto donde, bajo una galería, se hallaban alineados los mascarones de proa de los antiguos barcos de línea. Nils no vio nunca cosa más extraña; todas aquellas figuras tenían un aspecto imponente y terrible. Eran grandes, monstruosas, salvajes, inspiradas en el mismo espíritu de fiereza que había presidido el armamento de los grandes navíos. Y se sintió más pequeño que nunca.

Ante aquellas concepciones de la más monstruosa estatuaria, dijo el hombre de bronce:

—¡Quítate el sombrero, Rosenbom! ¡Todos presenciaron las luchas por la patria!

Rosenbom, como el hombre de bronce, había olvidado por completo el motivo que les llevara hasta allí. Y sin pensar en nada descubrióse, gritando:

—Me descubro en honor del que escogió el sitio para fundar este puerto, del que construyó el astillero e impulsó la marina, y por el Rey que dio su vida para crear todo esto.

—Gracias, Ronsenbom. Has dicho la verdad, eres un buen hombre... Pero, ¿qué es eso, Rosenbom?

Y señalaba a Nils Holgersson de pie, sobre el pelado cráneo de Rosenbom; pero Nils ya no tenía miedo, y agitando su gorra, gritó:

—¡Hurra, hurra, gran Rey!

El hombre de bronce golpeó la tierra con su gran bastón; pero el muchacho no supo jamás lo que se proponía con ello, porque en aquel instante apareció el sol y el hombre de bronce y el hombre de madera desaparecieron por ensalmo, como si fuesen hijos de la niebla. Cuando aún estaba buscando con los ojos a los interlocutores, los patos silvestres escaparon del tejado de la iglesia para volar sobre la ciudad. Súbitamente descubrieron a Nils Holgersson, y el gran pato blanco hendió los aires y descendió para recogerle.

X

VIAJE A OLAND

Domingo, 3 de abril

Los patos silvestres habían ido a un islote, próximo a la costa. Allí encontráronse con una patas grises que se quedaron muy sorprendidas al verles, sabiendo que sus parientes no suelen aproximarse a la costa. Como eran curiosas e indiscretas no cesaron de preguntar hasta que obligaron a los recién llegados a que refirieran la aventura de la zorra. Una vez referida la historia, una pata gris que parecía igualarse a Okka en edad y experiencia, les advirtió:

—Es una gran desgracia para vosotros que la zorra haya sido desterrada de su país. Ya veréis cómo mantiene su palabra y os persigue hasta la Laponia. De estar yo en vuestra piel no volaría sobre Esmaland; atravesando el camino exterior pasaría sobre la isla de Oland. De este modo perdería la pista. Y para despistarla todavía más, tal vez os conviniera deteneros dos o tres días en la parte sur de la isla. La comida es allí abundante y la compañía numerosa. Creo que no sentiríais hacer este viaje.

El consejo era prudente y los patos silvestres resolvieron seguirlo.

Una vez llenado el buche, volaron hacia Oland. Nadie de ellos había estado allí; pero la pata gris les había indicado los medios para orientarse. No tenían más que ir rectamente hacia el Sur hasta que encontrasen el camino de las aves de paso, de donde debían seguir a lo largo de la costa de Blekinge. Todos los pájaros que tienen su nido de invierno en el mar del Oeste y que al llegar la primavera van a Finlandia o Rusia, siguen la misma ruta; y al pasar hacen escala en Oland para reponerse de la fatiga. Los patos silvestres no carecían de guías.

Era un día propio de verano, encalmado y caluroso, un tiempo ideal para un viaje por mar, exceptuando que el cielo no estaba totalmente claro, sino más pronto gris y un poco velado. Aquí y allá algunas nubes descendían hasta la superficie del agua y dificultaban la vista.

Cuando las aves viajeras dejaron atrás el archipiélago, apareció el mar tan hermoso y cristalino que al mirar abajo creyó Nils que la tierra había desaparecido. En derredor no veía más que las nubes y el cielo. Y como le entrara vértigo, se agarró fuertemente a las espaldas del pato, más desesperado que el primer día.

Todavía fue peor cuando llegaron al camino que la pata gris les indicara. Sucedíanse las bandadas de pájaros, volando todos en la misma dirección. Las demás aves parecían un camino trazado. Eran ánades y patos grises, fulgas, fúlicas y otras variedades marinas. Sacando un poco la cabeza, Nils pudo ver toda aquella multitud de pájaros reflejada en el agua. La cabeza le daba vueltas; se hubiera dicho que todas estas bandadas de pájaros volaban al revés. Ahora, ¿qué es lo que está arriba y qué abajo? No lo sabía.

Los patos estaban fatigados e impacientes por llegar. Nadie cantaba ni bromeaba, y tan gran silencio contribuía a hacerlo más extraño e irreal. «¡Es que tal vez hayamos abandonado la tierra! –pensó Nils–. ¡Tal vez estamos ya en el cielo!»

En aquel momento oyó dos disparos de fusil y vio dos pequeñas humaredas que subían.

Los patos estremeciéronse y hubo entre ellos mucha agitación.

–¡Cazadores! ¡Cazadores! –gritaron–. ¡Volad más alto! ¡Volad más alto!

Nils cayó entonces en la cuenta de que estaban sobre el mar y no en el cielo, como había creído. En el agua veíase multitud de pequeñas embarcaciones llenas de cazadores que disparaban tiro tras tiro. Las primeras bandadas de patos, como no les habían descubierto, volaban a poca altura. Varios fueron abatidos por los disparos y cada vez que caía uno, los supervivientes lanzaban agudos gritos.

Nada tan extraño para quien por un instante creyóse transportado al cielo como despertar entre las exclamaciones que la sorpresa arrancara de los patos. Okka se elevó rápidamente con su bandada y a toda la velocidad posible. Los patos silvestres escaparon del peligro; pero Nils no abandonó por esto la indignación de que estaba poseído. ¿Cómo había gentes capaces de disparar contra Okka , Yksi y Kaksi y contra el pato y su compañero? Los hombres no saben lo que se hacen.

Las filas se habían estrechado y continuaban el viaje a través del espacio inalterable. Reinaba nuevamente el silencio y sólo de tarde en tarde oíase la voz de algún pato, abrumado por la fatiga, que preguntaba: «¿Cuándo llegaremos? ¿Estáis ciertos de que vamos bien?» Y los patos que volaban en primer término, contestaban: «Volamos rectos a Oland, rectos a Oland».

Los patos estaban cansados y otros pájaros más ligeros se les adelantaron.

–¡No os apresuréis tanto! –gritaron los patos–. Os lo vais a comer todo.

–Habrá suficiente comida para todos –respondían los más ligeros.

No estaban todavía a la vista de la isla cuando comenzó a soplar una brisa ligera que arrastraba masas compactas de humo blanquecino, como si hubiera un incendio en alguna parte. Las espirales de humo fueron espesándose y acabaron por envolverles. No se percibía ningún olor y la humareda no era negra ni seca, sino blanca y húmeda. Nils acabó por comprender que aquello no era más que niebla.

Los patos enloquecieron de terror cuando la niebla fue haciéndose tan espesa que no podían distinguir nada, más allá de su pico. Hasta allí habían volado con el mayor orden; pero ahora comenzaban a distanciarse unos de otros, separados por la niebla. Volaban en todas direcciones, extraviados.

–¡Mucho cuidado! ¡no deis tantas vueltas! ¡Desandad el camino! ¡Nunca llegaréis a Oland!

Todos los patos sabían muy bien dónde se encontraba la isla; pero hacían lo posible para comunicarse unos con otros.

—¡Mirad esas fúlicas! —gritaba una voz perdida en la niebla—. Se vuelven hacia el mar del Norte.

—¡Cuidado, patos grises! —decía otra voz—. Si continuáis por ese camino, llegaréis a la isla de Rugen.

Para los que conocen más o menos un camino no es cosa grave el desorientarse un momento; pero para los patos silvestres era esto un gran contratiempo, por no haber hecho nunca aquella travesía.

—¿Adónde vais, buenas gentes? —gritó un cisne que se dirigió hacia Okka con aire compasivo y grave.

—Vamos a Oland, pero no conocemos el camino —contestó Okka—. No hemos estado nunca.

Okka creyó que podía confiarse a aquel pájaro.

—Es lamentable —dijo entonces el cisne—. Vais extraviados. Por aquí voláis hacia Blekinge. Venid conmigo y os enseñaré el camino.

El cisne dio una vuelta y los patos le siguieron. Cuando ya les había llevado tan lejos del camino de paso que no les era posible oír los gritos de los pájaros viajeros, el cisne desapareció entre la niebla.

Los patos volaron un instante a la ventura. Al encontrar nuevamente a los otros pájaros, les dijo un pato:

—Haríais mucho mejor si permanecierais en el agua hasta que se desvaneciera la bruma. Ya se ve que no tenéis la costumbre de viajar.

Los miserables casi acabaron haciéndole perder la cabeza a Okka. Nils pudo ver que los patos volaron largo rato indecisos, describiendo un círculo.

—¡Cuidado! ¿No os dais cuenta de que no hacéis más que subir y bajar? —gritó otro pájaro que pasó volando rápidamente muy cerca de ellos.

Nils se agarró con fuerza al cuello del pato, revelando el temor que abrigaba desde hacía rato.

De no haberse oído en este momento una detonación que se extendía por los aires como un sordo rumor, nadie hubiera podido saber dónde se hallaban.

Okka extendió el cuello, batió sus alas y se lanzó en el espacio con toda velocidad. Por fin encontraban algo en que guiarse. La pata gris habíales aconsejado que no descendieran en la parte extrema de Oland, porque allí tenían los hombres un cañón con el que tiraban contra la niebla. Por fin sabía donde se hallaba y en adelante nadie conseguiría desviarla de su marcha.

XI

LA PARTE MERIDIONAL DE OLAND

4-6 de abril

En la parte oriental de Oland se eleva una antigua mansión real a la que se designa con el nombre de Ottenby. Es un vasto dominio que se extiende de una a otra parte de la isla y ha sido en todo tiempo el refugio preferido por multitud de animales. En el siglo XVII hubo allí una yeguada, donde se criaba nobles caballos de raza, y un aprisco donde se recogía a centenares de corderos. En nuestros días no hay en Ottenby caballos de raza ni ovejas. Sólo hay un gran número de potros destinados a los regimientos de caballería.

Difícilmente se encontraría en todo el país un lugar más a propósito para los animales. A lo largo de la costa se extiende en unos tres kilómetros el lugar que antiguamente se dedicaba al pastoreo de corderos; es el mayor prado de toda la isla; los animales pueden pacer, correr y divertirse a sus anchas. Allí está también el célebre bosque de Ottenby, con sus robles centenarios, bajo los cuales se descansa al abrigo del sol y del terrible viento de Oland. Tampoco hay que olvidar la larga tapia de Ottenby, que va de una a otra orilla del mar, separando el dominio del resto de la isla; esta tapia indica a los animales hasta dónde se extiende el antiguo dominio del rey, y les advierte que no deben aventurarse a través de otras tierras, donde no encontrarían una muy segura protección.

Y no son sólo los animales domésticos los que se encuentran bien en Ottenby. Se diría que los mismos animales salvajes abrigan el convencimiento de que en un viejo dominio real, todos, sin distición, pueden encontrar protección y abrigo: por esto es por lo que se reúnen allí en tan gran número. Además de los ciervos del antiguo coto que han logrado sobrevivir, y las liebres, y los ánades, y las perdices que aman esta tiera encuéntranse durante la primavera y el otoño millares de aves de paso. En la costa del Este, principalmente, baja y pantanosa, ante el sitio donde pacían los corderos, es donde descienden tales aves a picotear y descansar de los grandes vuelos.

Cuando los patos silvestres y Nils Holgersson llegaron, por fin, a Oland, descendieron en la playa, como todos los pájaros. La niebla que cubría la isla era tan espesa, como la que flotaba sobre el mar, lo cual no impidió que Nils quedase estupefacto al ver tan gran número de pájaros en el reducido espacio que sus ojos alcanzaban.

Era una costa baja sembrada de piedras y charcos de agua y medio cubierta por algas que arrojaba el mar. Si Nils hubiera tenido que escoger el terreno, no hubiesen descendido allí de ningún modo; pero los patos parecían estar en el paraíso. Muchos ánades y patos grises correteaban por el prado; en los arenales veíanse chochas y algunos otros pájaros que viven en las costas. Las gaviotas se bañaban en el mar y pescaban. Pero la animación mayor distinguíase sobre los bancos de algas, que recortaban la costa. Los pájaros se agrupaban estrechamente y todos picoteaban larvas y gusanos hasta hartarse, pues nadie se quejaba por falta de alimentación.

La mayor parte de las aves allí congregadas tenían que continuar su viaje, ya que sólo se habían detenido para descansar. Cuando el jefe de una bandada consideraba que sus compañeros habían restaurado suficientemente sus fuerzas, les decía:

—Si estáis preparados, volemos.

—¡No, no, esperad! Estamos lejos de encontrarnos satisfechos —gritaban los aludidos.

—¿Creéis acaso que vais a hartaros hasta no poder volar? —decía el jefe.

Tras esto desplegaba sus alas y emprendía el vuelo; pero muchas veces tenía que volver al punto de partida porque los demás se negaban a seguirle.

Más allá, tras los últimos bancos de algas, nadaba una bandada de cisnes. Como no tenían prisa por aterrizar, descansaban balanceándose sobre las olas. De tiempo en tiempo hundían su cuello en el agua y se lanzaban al fondo del mar en busca de su presa. Cuando encontraban algo particularmente agradable, lanzaban gritos semejantes a los sonidos de las trompetas. Cuando Nils supo que allí había cisnes, corrió presuroso hacia los bancos de algas. Jamás había visto cisnes silvestres y ahora ofrecíasele la ocasión de verles muy de cerca.

Además, no era él el único que contemplaba los cisnes. En torno a ellos congregábanse patos silvestres y patos grises, ánades y gaviotas. Los cisnes desplegaban sus plumas, levantaban sus alas a guisa de velas y erguían sus cuellos. A veces uno de ellos nadaba hacia una pata o una gaviota y le decía algunas palabras; el aludido apenas sí se dignaba levantar el pico para responderle.

Pero había allí un pequeño gato marino, un diablillo negro al que le enojaba tanta solemnidad. Nadó un poco y se escabulló en el agua. Momentos después lanzaba un grito uno de los cisnes, y corría con tanta velocidad que el agua no era más que espuma a su alrededor. Cuando hubo salvado una buena distancia se detuvo, recobrando un aire majestuoso. Tras un instante de calma gritó un segundo cisne como el primero, y tras él un tercero.

Desgraciadamente el gato marino no podía permanecer ya más tiempo bajo el agua y reapareció a flote, chiquito, negro, rebosando malicia. Los cisnes se precipitaron contra él; pero viendo la insignificancia del enemigo detuviéronse prontamente, considerándole indigno de merecer su atención. Entonces se escabulló nuevamente el gato marino y púsose a morderles la patas. Esto era harto desagradable; pero lo peor para los cisnes era no poder conservar su dignidad. De repente tomaron una resolución. Pusiéronse con gran ruido a golpear el aire con su alas, lanzáronse hacia adelante como si corrieran sobre el agua y cuando ya habían adquirido fuerzas suficientes se echaron a volar.

Se sintió mucho la ausencia de los cisnes; los que habían gozado con las travesuras del gato marino le reprendían ahora por su mal comportamiento.

El muchacho volvió a tierra y se puso a observar el juego de las chochas, que tenían el aspecto de grullas minúsculas. Su cuerpo era pequeño, sus patas largas, sus cuellos prolongados y sus movimientos eran ligeros y flotantes, como los de las grullas; pero no eran grises, sino oscuras. Formaban una larga hilera en el límite de la playa que las olas lamían y lavaban. Cuando se desbordaba una ola, las chochas retirábanse corriendo. Cuando la ola retirábase absorbida por el mar, la seguían dando chillidos. Y así continuaban durante horas.

Los pájaros más hermosos eran los ánades reales. Parecíanse mucho a los ánades vulgares; como ellos tenían el cuerpo pesado y rechoncho, el pico largo y las patas membranosas; pero estaban más soberbiamente vestidos. Su plumaje era blanco; circundábales el cuello una ancha banda amarilla; sus alas tenían adornos donde brillaban el verde, el rojo y el negro, y negras también eran sus puntas; su cabeza, de un verde oscuro, brillaba como la seda.

—¡Miradle qué emperifollado va!

—Si no fueran tan bellos no tendrían necesidad de abrir sus nidos en la tierra y podrían incubar sus huevos a plena luz del día, como nosotros —dijo un ánade oscuro.

—Ya pueden adornarse como quieran; con esa nariz jamás han de estar presentables —añadió la pata.

La observación era cierta. Los ánades reales tenían una gran bolsa en el nacimiento del pico que afeaba su figura.

A lo largo de la costa las gaviotas y golondrinas de mar revoloteaban y pescaban.

—¿Qué es lo que tomáis? —preguntó una pata silvestre muy curiosa.

—Pececillos de Oland. No los hay mejores en todo el mundo —contestó una gaviota—. ¿Queréis probarlos?

Y voló hacia la pata con el pico lleno de pececillos.

—¡Horror! ¿Crees que comería yo cosa tan repugnante? —replicó la pata.

Al día siguiente era también muy espesa la niebla. Los patos silvestres holgábanse en el prado. Nils había ido junto al agua a recoger almejas. Había muchas, y como pensara que al otro día estarían en otro punto donde no hubiera nada que comer, resolvió construir un saquito para llenarlo de almejas. Encontró en el prado unos junquillos secos y resistentes, y comenzó su trabajo, que le ocupó durante varias horas. Cuando lo hubo terminado se puso muy contento.

A mediodía todos los patos de la bandada corrieron a él para preguntarle si había visto al pato blanco.

—No, no ha estado conmigo —dijo Nils.

—Hace un momento estaba con nosotros —observó Okka—; pero ha desaparecido sin saber cómo.

Nils se puso en pie de un salto, muy asustado. Preguntó si por allí habían visto alguna raposa, algún águila u hombres. Nada sospechoso habían visto. El pato debía haberse extraviado a causa de la niebla.

Nils sintió profundamente la desaparición del pato. Y dedicóse a buscarle. La bruma parecía ser su protectora, ya que le permitía recorrer aquellos lugares sin que nadie le advirtiera; pero, al mismo tiempo, impedíale ver. Llegóse hasta la parte sur de la isla, donde se encuentran el faro y el cañón que dispara cuando hay niebla. Por todas partes el mismo pulular de pájaros; pero ni el menor rastro del pato blanco. Se aventuró hacia el patio del dominio de Ottenby, inspeccionando todos los robles plantados en el parque, y el pato sin aparecer.

Anduvo en su busca hasta que se hizo de noche. Entonces tuvo que regresar hacia la costa del Este. Marchaba lentamente, descorazonado. ¿Qué sería de él sin el pato? Al llegar al centro del gran parque surgió de la bruma una cosa blanca. Era el pato. Estaba sano y salvo y mostrábase muy contento de haber encontrado la bandada. Se había extraviado de tal modo por la niebla, que había pasado el día dando vueltas al parque, Nils arrojóse sobre su cuello para abrazarle y le suplicó que fuera más prudente, procurando no separse de los otros. El pato prometió que no lo volvería a hacer nunca más.

Pero a la mañana siguiente, hallándose Nils paseándose junto al mar, los patos corrieron en su busca nuevamente para preguntarle por el paradero de su amigo.

Nils no lo había visto. Había desaparecido otra vez. Como la víspera, habíase extraviado entre la niebla.

Nils muy afligido, dedicóse a buscarlo de nuevo. Llegó a un punto en el que la tapia de Ottenby estaba derruida, y esto le permitió franquearla. La isla extendíase más allá del cercado, donde había campos, prados y granjas. Y subió a una altura que ocupaba el centro de la isla, sobre la que no hay otras construcciones que molinos de viento. La hierba crece allí tan clara que apenas si cubre algún trozo de tierra blanca calcárea.

No se descubría el menor rastro del pato. Como la noche iba cayendo, tuvo que emprender el regreso en busca de los patos silvestres, convencido de que no le sería posible dar con su amigo. Estaba tan desesperado que le ahogaba la pena.

Había escalado el muro cuando oyó que a sus espaldas rodaba una piedra. Al volver la cabeza creyó distinguir algo que se movía entre un montón de guijas, junto al muro. Acercóse con toda prudencia y descubrió al pato que trepaba penosamente entre las piedras, llevando en el pico algunas raíces. El pato no se dio cuenta de la presencia del muchacho, y éste prefirió callar para espiarle, con objeto de saber a qué obedecían sus frecuentes desapariciones.

Pronto supo los motivos. En lo alto de un montón de piedras descansaba una pata gris, que lanzó un grito de alegría al ver al pato. Nils se deslizó lo más cerca posible para oír lo que se decían, enterándose entonces de que la pata no podía volar por tener herida un ala. Su bandada habíala abandonado, y sin el pato blanco, que la víspera había oído sus lamentaciones, hubiérase muerto de hambre. El pato continuaba llevándole comida. Los dos tenían la esperanza de que curaría antes de que partiera el pato; pero la pata aún no podía volar ni caminar. Estaba desolada y el pato consolábala diciendo que no se marcharía todavía. Por último le dio las buenas noches y se fue prometiéndole volver a la mañana siguiente.

Nils dejó que el pato se marchara, y cuando desapareció en la lejanía trepó hasta lo alto del montón de piedras. Estaba furioso por haber sido engañado y se disponía a decirle a esta pata gris que el pato le pertenecía a él, a él sólo, y que debía conducirle a Laponia, y que no era cuestión de quedarse allí por su causa. Pero al ver de cerca a la pata gris comprendió los motivos que había tenido Martín para llevarle comida y cuidarla durante los dos días últimos, y, también, por qué no había querido decirle nada. Tenía una cabeza preciosa; su traje de plumas era fino como la seda más suave y sus ojos eran dulces y suplicantes.

Cuando advirtió al muchacho, quiso salvarse volando; pero su ala izquierda, dolorida, no se elevó del suelo, impidiéndole todo movimiento.

—No tengas miedo —dijo Nils enternecido—. Soy Pulgarcito, el compañero de viaje del pato Martín.

Y calló, no sabiendo ya qué decir.

A veces hay en los animales algo que nos obliga a preguntar ante qué seres nos hallamos. Se llega a pensar incluso en la posibilidad de que sean seres humanos metamorfoseados. De esta clase era la patita gris. Cuando Pulgarcito le hubo dicho quién era, inclinó la cabeza marcando una reverencia con infinita gracia, y después, con una voz tan delicada que no parecía de pata, dijo:

—Estoy muy contenta de que hayas venido en mi socorro. El pato blanco me ha dicho que no hay en el mundo nadie tan bueno e inteligente como tú.

Hablaba con tanta dignidad que Nils quedó impresionado.

«No puede ser un pájaro —pensó—. Es una princesita encantada».

Se apoderó de él un gran deseo de socorrerla. Después de rozar con sus manos el rico plumaje, tentóle el hueso del ala lastimada. El hueso no estaba roto; el mal estaba en la articulación solamente. El muchacho hundió un dedo en una cavidad vacía.

—¡Un poco de valor! —dijo.

Y apretando vigorosamente hizo que el hueso volviera a su sitio. Hizo muy pronto y muy bien esta operación, no obstante ser la primera, pero, sin duda, debió hacerle mucho daño, por cuanto la pobre patita gris dio un grito y se desvaneció entre las piedras, sin dar señales de vida.

Nils tuvo miedo. Había querido socorrerla y la había matado. Y saltando del montón de piedras echó a correr. Parecíale haber matado a un ser humano.

Al amanecer el nuevo día, era magnífico el tiempo. La niebla había desaparecido. Okka dio orden de proseguir el viaje. El único que puso objeciones fue el pato. Nils comprendió que no quería abandonar a la patita gris; pero Okka se puso en camino sin prestarle atención.

Nils saltó sobre la espalda del pato, que siguió tras la bandada, aunque lentamente y a disgusto. Nils se mostraba muy feliz por haber abandonado la isla. Tenía sobre su conciencia la muerte de la patita gris y no se atrevía a comunicar al pato el resultado de su desgraciada intervención. Lo mejor era callar para que el pato no lo supiera nunca. Al mismo tiempo asombrábale que el pato hubiera podido abandonar a la patita gris.

De súbito, volvióse el pato y voló hacia la isla. Le atormentaba el recuerdo de la patita gris. Tanto peor para el viaje a la Laponia.

En un momento llegó al montón de piedras; pero la patita había desaparecido.

—¡Finduvet, Finduvet!, ¿dónde estás? —gritó el pato.

«La habrá cazado la raposa», pensó Nils, pero al punto se oyó una vocecita que decía:

—Estoy aquí, pato; estoy aquí. He venido a tomar el baño matinal.

Y la patita gris salió del agua sana y salva, refiriéndole alegremente que Pulgarcito le había vuelto el hueso a su sitio y que estaba curada y pronta a seguir a los otros.

Las gotas de agua parecían perlas desgranadas sobre su plumaje tornasolado, y de nuevo pensó Nils que era una verdadera princesita.

XII

LA MARIPOSA GRANDE

Miércoles, 6 de abril

Los patos volaron desde un extremo a otro de la isla, que desde arriba contemplaban a su sabor. El muchacho sentía el corazón aliviado de penas. Su alegría sólo era comparable a la pena que le atenazó la víspera, cuando no acertaba a dar con el pato. La isla parecíale una elevada llanura desnuda y rodeada de una anchurosa faja de tierra, rica y fértil, a lo largo de ambas costas. Nils comenzó a comprender el sentido de algo que había oído referir la noche antes.

Descansaba al pie de uno de los numerosos molinos de viento que se levantaban en la llanura, cuando se aproximaron dos pastores escoltados por sus perros y precedidos de un rebaño de corderos. El muchacho no se inmutó por eso, pues se hallaba bien oculto en las gradas del molino. La casualidad hizo que los dos pastores se sentaran en la misma escalera y Nils tuvo que permanecer en su sitio hasta que se marcharon.

Uno de los pastores era un joven cuyo aspecto no ofrecía nada particular; el otro era un viejo extraño. La pequeñez de su cabeza contrastaba con la grandeza de su desmedrado cuerpo; los rasgos de su cara eran dulces y reflejaban la dulzura de su corazón. Hubiérase dicho que aquella cabecita no pertenecía a tal corpachón.

El viejo permaneció un instante silencioso, fijando en la lejanía su mirada infinitamente cansada. Después se puso a conversar con su camarada. Éste había extraído de su saco pan y queso para cenar. Nada respondía a las palabras del otro, al que escuchaba pacientemente.

—Quiero decirte algunas cosas, Erik —dijo el viejo—. He reflexionado y creo que antiguamente, en los tiempos en que hombres y bestias eran más grandes que ahora, las mariposas debieron ser inmensamente grandes. Una vez hubo una mariposa que medía varias millas; sus alas eran anchas como lagos, azules como reflejos de plata, y tan bellas, que los otros animales se detenían a contemplarla cuando volaba.

»La desgracia quiso que llegara a ser demasiado grande. Sus alas sosteníanla difícilmente. Mas todo hubiera ido bien si hubiese tenido la prudencia de no volar más que sobre la tierra; pero un día se aventuró sobre el Báltico y a poco el aire de la tempestad azotaba sus alas. Ya adivinarás, Erik, lo que debía ocurrir, estando expuestas las gráciles alas de la mariposa al furor de una tempestad en el Báltico. Las ráfagas de viento le arrancaron las alas, arrastrándolas lejos, y la pobre mariposa cayó al mar. Y llevada y traída por las olas fue a morir sobre algunos escollos de la costa de Esmaland, donde yace tendida a lo largo.

»Yo supongo, Erik, que si el cuerpo de la mariposa hubiera reposado sobre la tierra, hubiérase podrido pronto y convertido en polvo; pero como cayó en el mar se ha impregnado de cal y sus restos son duros como la piedra. Recuerda las piedras que hemos encontrado en la ribera y que no son más que gusanos petrificados. Creo que esto mismo es lo que le ha pasado al cuerpo de la mariposa grande y hasta pienso que se ha transformado en una roca larga y estrecha que hay en medio del Báltico. ¿Qué te parece todo esto?

Callóse en espera de una respuesta; pero su camarada sólo dijo, tras un movimiento de cabeza:

—Continúa y dime adónde quieres ir a parar.

—Observa, Erik, que Oland, donde vivimos los dos, no puede ser otra cosa que el cuerpo de aquella mariposa. No hay más que fijarse un poco para ver que la isla es una mariposa. En el Norte se descubre el cuello estrecho y la cabeza redonda; el Sur es el abdomen, que primero se ensancha, después disminuye y acaba en punta.

Se detuvo un momento y miró inquieto a su camarada, deseoso de adivinar el efecto que hubiérale causado tal aseveración; pero el joven continuó comiendo pan y queso y sólo le hizo un signo invitándole a proseguir su relato.

—Cuando la mariposa se convirtió en roca calcárea, multitud de granos, de hierbas y árboles llevados por el viento, trataron de arraigarse; pero apenas pudieron germinar sobre la roca pelada y resbaladiza. En mucho tiempo no pudieron germinar allí más que las esparganiáceas. Después brotaron los heliantemos. Todavía hoy no hay bastantes plantas en esta llanura para ocultar la roca, que aparece por todas partes. La capa de tierra es tan superficial que nadie ha de laborar ni sembrar sobre estos terrenos.

—Si tú admites que la llanura y las alturas están formadas por el cuerpo de la mariposa, debes pensar también de dónde ha venido la tierra que se extiende en torno de ella.

—Eso mismo iba a preguntarte.

—Pues bien: piensa que la isla permanece en el mar desde hace muchísimos años y que durante este tiempo todas las cosas que arrastra el mar, las algas, la arena y las conchas, han sido depositadas por las aguas, amansándose poco a poco. Posteriormente, ha habido desprendimientos de piedra y tierra desde lo alto a la llanura. Y así han podido crecer a lo largo de ambas orillas, el trigo, las flores y los árboles.

»Aquí, en lo alto, sobre las espaldas de la mariposa, sólo se encuentran ovejas y vacas y caballitos; aquí no resisten más que las avefrías y sus congéneres; aquí no hay otras construcciones que los molinos de viento y las pobres edificaciones de piedra donde nosotros, los pastores, nos abrigamos. Pero en las riberas hay grandes poblaciones de campesinos, iglesias y presbiterios, cabañas de pescadores y toda una ciudad.»

Y se detuvo para mirar al otro. Éste había terminado de comer y se ocupaba en cerrar su saco de provisiones.

—Yo quisiera saber —dijo finalmente— adónde me quieres llevar.

—¡Ay! —exclamó bajando la voz. Y casi cuchicheando, mientras sus ojuelos cansados a fuerza de espiar lo que no existe, se perdían en la brumosa lejanía, añadió—: Lo que yo quisiera saber es si los campesinos que habitan allá, en la llanura, y los pescadores del arenque, y los comerciantes de Borholm, y los bañistas que vienen todos los veranos, y los viajeros que recorren las ruinas del castillo de Borholm, y los cazadores que en otoño vienen a cazar perdices, y los pintores que se instalan en esta cumbre y pintan los corderos y los molinos de viento; yo quisiera saber, repito, si alguno de éstos ha comprendido alguna vez que esta isla fue una mariposa que voló por los aires con sus grandes alas brillantes.

—Oh, sí —contestó el pastor—; cualquiera entre ellos que se haya sentado una tarde al borde del acantilado, que haya oído a los ruiseñores cantar en el boscaje bajo sus pies y contemplado el estrecho de Kalmar, habrá comprendido que esta isla no fue creada como las demás.

—Yo quisiera saber —prosiguió el viejo— si se le habrá ocurrido a alguien proveer a los molinos de alas tan grandes que pudieran llegar al cielo, tan grandes que tuviesen bastante fuerza para arrancar a la isla del mar y hacerla volar como una mariposa entre las mariposas.

—Algo de cierto debe de haber en tus palabras —repuso el joven—, porque en las noches de estío, cuando el cielo forma una inmensa bóveda azul sobre la isla, me ha parecido, a veces, que quería escapar de las aguas y volar.

Pero el viejo, que había instigado al joven a hablar, ya no le escuchaba.

—Yo quisiera saber —continuaba diciendo en voz muy baja, voz de misterio —si hay alguien capaz de explicarme por qué se experimenta aquí, en este sitio, esta nostalgia, nostalgia que he sentido todos los días de mi vida y que se insinúa en el pecho de todos los moradores de la isla.

Yo quisiera saber si alguno ha comprendido que esta languidez proviene, simplemente, de que la isla entera es una mariposa que suspira por sus alas...

XIII

EL ISLOTE DE KARL

LA TEMPESTAD

Viernes, 8 de abril

Los patos silvestres habían pasado la noche en la punta norte de la isla y se disponían a emprender el vuelo hacia la tierra firme. Un viento del Sur bastante fuerte, que soplaba en el estrecho de Kalmar, les había arrastrado hacia el Norte. Volaban a gran velocidad hacia la tierra; aproximábanse a los primeros islotes de la costa; de repente oyeron un fuerte rumor, como si tras ellos corriera una multitud de pájaros de alas poderosas; el agua se hizo negra súbitamente. Okka detuvo de golpe el movimiento de sus alas y se dejó caer sobre el mar. Pero la tempestad, que venía del Oeste, les sorprendió antes de que los patos tocasen el agua. Ante ellos surgían torbellinos de polvo, de espuma salada y pajarillos. El huracán se los llevó mar adentro, de tumbo en tumbo.

Fue una tempestad espantosa. Los patos trataron de volver atrás. Pronto les llevó la borrasca más allá de la isla de Oland. El mar se extendía ante ellos, vacío y desierto. No tenían más remedio que ceder a la violencia del viento.

Okka, dándose cuenta de que no había medio alguno capaz de volverles hacia atrás, resolvió, para no verse obligada a atravesar todo el Báltico, arrojarse al agua con el fin de no fatigarse tanto. La marejada era ya fuerte y crecía por instantes. Las olas, de un verde oscuro, corrían furiosas, cubiertas de espuma. La de delante era pronto alcanzada por la de detrás. Se hubiera dicho que luchaban por llegar cada una a mayor altura y por lanzar espumarajos más grandes. Pero los patos silvestres no tenían miedo al golpe y caída de las olas; hasta parecía divertirles. El nadar no les fatigaba. Se dejaban balancear en lo alto de las olas y se divertían como niños montados en un columpio. Su única inquietud obedecía al temor de que se dispersara la bandada. Los infelices pájaros de tierra que pasaban a gran altura arrastrados por la tempestad, gritaban, poseídos de envidia: «Vosotros no sois tan desgraciados porque sabéis nadar».

Los patos silvestres no estaban, sin embargo, fuera de peligro. Primeramente, el balanceo de las olas infundíales sueño. A cada instante volvían la cabeza hacia atrás para meter el pico bajo el ala y echarse a dormir. Y como nada era tan peligroso como ceder al sueño, Okka no cesaba de gritar a los patos silvestres:

—No os durmáis, patos silvestres; el que se duerma se alejará de la bandada; el que se aleje de la bandada está perdido.

Uno tras otro fueron durmiéndose y la misma Okka cabeceaba ya cuando de improviso vio que una cosa redonda y negra surgía de lo alto de una ola:

—¡Las focas, las focas, las focas! —gritó con voz aguda, elevándose rápidamente entre el rumor de su batir de alas. Y por aprisa que emprendieron el vuelo, aún fue alcanzado el último pato, que por milagro pudo escapar de las fauces de una foca.

De nuevo quedaron expuestos a ser arrastrados a través del mar por la tempestad. No había tierra a la vista; sólo el mar por todas partes, vasto y desierto.

Por fin se decidieron por abandonarse al agua otra vez; pero poco a poco de experimentar el balanceo, sentíanse dominados por el sueño. Y así cuando se iban durmiendo, aproximábanse las focas. Si la vieja Okka no hubiera velado por todos, ni un solo pato hubiera escapado a la voracidad del enemigo.

La tempestad continuó durante todo el día haciendo terribles estragos entre la multitud de pájaros, que en esta época del año realizan sus viajes anuales. Gran número de aves fueron apartadas lejos de su ruta y murieron de hambre; otras, agotadas por la fatiga, se desplomaron sobre el mar, ahogándose. Muchas fueron aplastadas contra las peñas y otras fueron pasto de las focas.

A la caída de la tarde, como la tempestad no amainaba, pensó Okka en la posibilidad de que ella y su bandada perecieran. Sentíanse en el límite de sus fuerzas y no descubrían ningún refugio. Además, no les era posible flotar un momento sobre el agua porque el mar estaba cubierto de grandes témpanos de hielo, que entrechocaban, y corrían el peligro de morir aplastados. Intentaron mantenerse sobre el hielo; pero el viento se los llevaba. Las focas, las terribles focas, trepaban por los bancos de hielo, persiguiéndoles.

Al ponerse el sol, los patos volaban todavía, angustiados ante la proximidad de la noche. Las tinieblas se extendieron por doquier aquella tarde tan llena de peligros, mucho antes que de ordinario.

Y siempre lejos de tierra. El cielo estaba cubierto por las nubes, la luna permanecía oculta y la obscuridad era más densa cada vez. La noche infundía espanto y hacía temblar a los corazones más valientes. Los gritos de los pájaros en retirada habían repercutido sobre el mar durante la jornada, sin que nadie les prestara atención; pero ahora, que no se sabía de dónde partían, sonaban más siniestros y espantables. Allá lejos, sobre el mar, entrechocaban los bloques de hielo con estrépito. Las focas hacían oír sus feroces cantos de caza. El cielo y la tierra parecían hundirse.

LOS CARNEROS

Hacía unos instantes que Nils tenía los ojos fijos en el mar cuando de repente comenzó a bramar más fuerte. Ante él, a algunos metros de distancia solamente, se levantaba un muro rocoso y pelado; las olas chocaban contra él, entre montañas de espuma. Los patos silvestres lanzáronse hacia allí con tanta prisa que Nils creyó que iba a morir aplastado fatalmente contra la dura muralla.

No tuvo tiempo ni para asombrarse de que Okka no se diera cuenta del riesgo; ya llegaban a la montaña y sólo entonces pudo ver que ante ellos se abría la cavidad semicircular de una gruta. Los patos penetraron sin vacilar; estaban salvados.

Lo primero que hicieron los viajeros, aun antes de alegrarse por su buena suerte, fue contarse. Okka, Yksi, Kolme, Nelja, Viisi, Kiisi, los seis patos jóvenes, el pato blanco, Finduvet y Pulgarcito, estaban allí; sólo faltaba Kaksi de Nulia, la primera pata de la derecha. Nadie sabía lo que había sido de ella.

Sin embargo, no se inquietaron mucho porque Kaksi era vieja y experimentada; conocía la ruta que llevaba y sus costumbres, y no tardaría en encontrarles.

Seguidamente comenzaron a examinar lo que a sus miradas ofrecía la caverna. De fuera entraba todavía bastante luz para que pudiesen ver cuán profunda y vasta era.

Alegrábanse ya de haber encontrado tan excelente nido, cuando uno de los patitos advirtió algunos puntos lucientes y verdes que brillaban en el fondo oscuro.

—¡Eso son ojos! —exclamó Okka—. Aquí hay animales grandes.

Precipitáronse hacia la puerta; pero Pulgarcito, que veía mejor en la oscuridad, les llamó.

—Nada temáis; son corderos que se han ocultado allá dentro.

Cuando los patos fuéronse habituando a la penumbra distinguieron muy bien a los corderos. Los grandes eran aproximadamente tan numerosos como los patos; también había algunos corderillos. El jefe del rebaño parecía ser un gran cordero de largos cuernos retorcidos. Los patos silvestres avanzaron hacia él con solemnes reverencias.

—Recibid nuestro más cariñoso saludo —dijeron; pero el cordero continuó inmóvil, silencioso, sin contestar ni aun con la menor inclinación de cabeza.

Los patos sacaron la convicción de que los corderos estaban descontentos por ser invadida su gruta.

—¿Estáis acaso enfadados por vernos en vuestra casa? —preguntó Okka—. Pues esto ha sido contra nuestra voluntad; porque hemos sido empujados a la deriva por el viento. Hemos pasado la jornada luchando con la tempestad y para nosotros sería un gran descanso pasar aquí la noche.

Pasó un buen rato antes de que los corderos se decidieran a responder, oíanse los hondos suspiros que lanzaban algunos de ellos. Okka sabía muy bien que los corderos son animales tímidos y raros, y, además, los allí congregados desconocían en absoluto las buenas formas, a juzgar por su comportamiento. Finalmente, una vieja borrega de cara larga y mirada triste, respondió con voz quejumbrosa.

—Nadie de nosotros ha de oponerse a que permanezcáis aquí; pero sabed que ésta es una lúgubre mansión y no podemos recibiros como teníamos costumbre de recibir a los huéspedes.

—No os inquietéis por esto —dijo Okka—. Si vosotros supiérais todo lo que hemos sufrido, comprenderíais cuán satisfechos quedaríamos si pudiésemos encontrar aquí un rincón seguro donde dormir.

A estas palabras repuso la borrega:

—Creo que valdría más para vosotros volar en medio de la más deshecha tempestad que permanecer aquí. Pero no partáis sin tomar al menos un pequeño refrigerio que os ofrecemos.

Y los condujo hasta un hoyo lleno de agua. Junto al hoyo había un montón de paja desmenuzada, y a su vista les hizo los honores de la casa.

—Nosotros hemos tenido este año un invierno muy riguroso de nieve —dijo—. Los campesinos que habitan la isla y que son nuestros dueños, nos han traído heno y paja de avena para que no muriésemos de hambre. Y ese montón es todo lo que nos resta.

Los patos se precipitaron sobre la comida. Mientras comían pensaban en lo bien que se encontraban allí y se manifestaban con el mejor humor posible. Observaban que los corderos andaban agitados; pero sabiendo lo asustadizos que son tales animales, no creían en la proximidad de ningún verdadero peligro. Cuando hubieron comido bastante dispusiéronse a dormir. Pero el viejo carnero se aproximó hacia ellos. Nils no había visto jamás un carnero de cuernos tan largos ni tan retorcidos. Era notable por diversos conceptos. Tenía una gran frente curvada, ojos inteligentes y un aspecto arrogante que indicaba su valerosa estirpe y fiereza.

—Mi conciencia no me permite que os deje dormir aquí sin advertiros que este lugar no es seguro —dijo—. Nosotros no podemos recibir huéspedes de noche.

Okka comenzó a comprender que se trataba de algo serio.

—Entonces, partiremos al punto; pero, ¿por qué no nos decís antes el peligro que nos amenaza? Nada sabemos, ni aun en qué sitio nos hallamos.

—Os encontráis en el islote de Karl —contestó el carnero—, ante la costa de Gottland; este islote está habitado por corderos y aves marinas.

—¿Sois vosotros, tal vez, corderos silvestres? —preguntó Okka.

—Casi, casi —dijo el carnero—. Nosotros apenas si tenemos el menor trato con los hombres. Existe un antiguo convenio entre nosotros y los moradores de una granja de Gottland por el que deben aprovisionarnos de forraje en tiempo de nieve; en pago de esto pueden disponer de algunos de nosotros cuando llegamos a ser muy numerosos. La isla es tan pequeña que sólo puede alimentar a un reducido número de animales. Por lo demás, nos bastamos, y jamás permanecemos encerrados en el interior de las casas, sino en las grutas.

—¿Y también permanecéis aquí durante el invierno? —preguntó Okka, no sin asombro.

—Claro está —respondió el carnero—; no nos faltan buenos pastos durante el invierno en estos parajes.

—Parece que lo pasáis mejor que los otros corderos —dijo Okka—. ¿Qué desgracia se ha cebado en vosotros?

—El último invierno ha sido muy frío. Se heló el mar y a través del hielo vinieron tres raposas que se han quedado aquí. Exceptuando éstos, no hay animales peligrosos en la isla.

—¿Y se atreven las raposas a atacar a animales tan grandes como vosotros?

—Durante el día no, porque tenemos defensa —dijo el carnero moviendo sus cuernos—. Pero durante la noche se deslizan entre nosotros mientras dormimos. Por eso tratamos de estar siempre despiertos; pero como alguna vez hay necesidad de dormir, nos atacan apenas cerramos los ojos. En las otras grutas han matado ya hasta el último cordero, y eso que había rebaños tan numerosos como el mío.

—No es nada agradable confesar nuestra impotencia —interrumpió la vieja oveja—. Nosotros no somos capaces de defendernos mejor que los corderos domésticos.

—¿Creéis que vendrán a atacaros, esta noche? —preguntó Okka.

—Es probable. En la noche de ayer ya vinieron y nos robaron un corderito. Nos perseguirán hasta que no quede uno de nosotros. Lo mismo han hecho en las otras grutas.

—Si continúan así van a exterminaros —añadió Okka.

—Sí; no vivirán mucho tiempo los pequeños corderos del islote de Karl.

Okka quedó un poco pensativa. Lanzarse a través de la tempestad no era nada agradable; pero, por otra parte ¿cómo continuar en un sitio donde eran esperados semejantes huéspedes? Después de reflexionar un momento, preguntóle a Nils:

—¿Querrías ayudarnos como otras veces?

Nils respondió que no aspiraba a otra cosa.

—Es algo molesto para ti, porque te impedirá dormir; pero yo te rogaría que permanecieras despierto y que nos avisaras de la llegada de las raposas para que podamos escapar.

El muchacho recibió con cierto agrado este encargo, por cuanto era esto preferible a volar en medio de la tormenta. Nils se comprometió pues, a permanecer en vela y fue a esconderse tras una piedra que había en la entrada de la gruta. A medida que la noche avanzaba parecía calmarse el viento. Aclarábase el cielo y reflejábase la luna en las olas juguetonas. La gruta estaba a bastante altura entre las escarpaduras de la montaña. Un estrecho y abrupto sendero conducía hasta allí. Por esta senda llegarían seguramente las raposas.

No se veía todavía ninguna de ellas; pero Nils descubrió algo que le alarmó extraordinariamente en el primer momento: en la estrecha playa, al pie de la montaña, había algo parecido a gigantes, unas moles de piedra que también podrían ser hombres de talla colosal.

Al pronto creyó soñar, por más que estaba convencido de no haber dormido; pero veíales tan claramente que no podía atribuir su vista a una ilusión de sus sentidos. Algunos se hallaban en el agua y los otros parecían estar dispuestos a escalar la montaña. Unos tenían grandes cabezas redondas, otros apenas si parecían tenerlas. Algunos eran mancos y otros tenían jorobas detrás y delante. Nils no había visto nunca nada tan extraño. Los observaba con tal espanto que llegó incluso a olvidarse de las raposas. De repente oyó el ruido de unas patas arrastrándose entre las piedras. Y descubrió tres raposas que se aproximaban furtivamente. Apenas se dio cuenta de que estaba ante un peligro real recobró la calma y se disipó su terror. Pensó que era lástima despertar tan sólo a los patos y abandonar a los corderos a su mala suerte, y que era necesario arreglar las cosas de otro modo. ¿Qué debía hacer?

Se dirigió corriendo al interior de la gruta, sacudió al carnero por los cuernos para despertarle y de un salto se puso sobre sus espaldas.

—Levántate, viejo carnero; vamos a hacerles un poco de miedo a las raposas —le dijo.

Aunque trataron de hacer el menor ruido posible, las raposas oyéronles, sin duda, por cuanto al llegar a la entrada de la gruta detuviéronse como para celebrar consejo.

—Alguien se ha movido aquí —dijo una—. Tal vez se hayan despertado.

—¡Bah, bah! —dijo otra—. ¿Qué mal pueden causarnos?

Entraron prudentemente, y a poco hacían alto para indagar mejor lo que pudiera ocurrir.

—¿A quién nos llevaremos esta noche? —preguntó la que iba al frente.

—Esta noche nos llevaremos al carnero grande —dijo la última—. De esta manera no podremos esperar ningún mal de los que queden.

El muchacho, cabalgando sobre el carnero grande, vio cómo se aproximaban.

—Da una cornada rectamente hacia delante —le dijo al oído.

El carnero obedeció y la primera raposa fue corneada y arrojada hacia la salida de la gruta.

—Ahora cornea hacia la izquierda —añadió el muchacho volviéndole la cabeza en la dirección indicada.

El carnero dio una terrible cornada que recibió de costado la segunda raposa. Ésta tuvo que dar varias volteretas antes de tocar tierra y poder huir. Nils hubiera querido dar buena cuenta de la tercera; pero había huido ya.

—Creo que no tendrán ganas de volver por esta noche —dijo Nils.

—Lo mismo creo —contestó el carnero—. Acuéstate, pues, en mi espalda, y te cubriré con mi lana. Mereces disfrutar del calor de un buen abrigo después de la tempestad que has arrostrado.

LA BOCA DEL INFIERNO

Sábado, 9 de abril

Al día siguiente el carnero hizo subir a Nils sobre sus espaldas y le llevó a dar la vuelta a la isla, que no era más que un peñasco enorme. Parecíase a una gran casa de paredes rectas y techo bajo. El carnero subió primero a lo más alto para mostrar a Nils los ricos parajes donde solían pastar. Nils tuvo que reconocer que la isla parecía creada expresamente para los corderos. Allí no crecían más que el tomillo y algunas otras de esas hierbecitas aromáticas que tanto gustan a los corderos.

Pero allí había muchas cosas que admirar. Ante todo, veíase el mar azulino y soleado, cuyas olas se deslizaban rumorosa y suavemente hacia la isla. Sólo en contados puntos se encrespaban y reventaban en espuma al chocar contra algún promontorio. Hacia el Este distinguíase la isla de Gottland con una franja de costa y al Sudoeste la gran isla de Karl, de aspecto parecido a la de Lil. El carnero llegóse hasta lo último de la llanura para que Nils pudiese ver los parajes montañosos cubiertos de nidos habitados por multitud de pájaros, cuervos marinos, ánades, urías, fulgas y pingüinos, que en excelente armonía dedicábanse a la pesca de sardinas.

—Esto es la tierra de promisión —exclamó el muchacho—. Vosotros, los carneros, disfrutáis de un magnífico alojamiento.

—Sí, estamos muy bien. Sólo que al pasear por aquí has de ir con mucho cuidado para no caer en uno de estos hoyos profundos —dijo el carnero suspirando. Parecía deseoso de añadir algo más; pero se calló.

La advertencia no dejaba de ser útil, porque los hoyos eran muchos y peligrosos. Al más grande se le denominaba Boca del Infierno. Su profundidad era tremenda y su anchura medía algunos metros de diámetro.

—Si alguien cayera ahí se mataría —dijo el carnero.

El tono con que fueron dichas estas palabras parecía envolver una intención particular. Eso llamó la atención de Nils.

El carnero llevóle después hasta la playa, donde el muchacho pudo ver de cerca los gigantes que tanto le habían alarmado la noche anterior. No eran otra cosa que rocas aisladas. El carnero las llamaba «raukar».

Nils no dejaba de mirarlas. Si alguna vez hubo gigantes y duendes que se convirtieron en piedras, no pudieron tener otro aspecto que el de aquellos peñascos.

Aunque resultaba agradable pasear por la playa, Nils prefería volver hacia lo alto. Por allí encontrábanse los restos de muchos corderos muertos. Era el sitio donde las raposas acostumbraban a celebrar sus festines. Había esqueletos muy pelados; pero también corderos medio devorados y otros en los que las raposas apenas si habían hincado el diente. El corazón oprimíase ante esta carnicería que las raposas habían realizado por el placer de cazar y matar.

El carnero ascendió con Nils a cuestas hasta lo más alto de la isla, y dijo deteniendo el paso:

—Si viera este crimen algún ser capaz e inteligente, no pararía hasta castigar a las raposas.

—Pero las raposas tienen que vivir también —contestó Nils.

—Sí —replicó el carnero—, tiene derecho a vivir el que mata por necesidad, por atender a su subsistencia; pero éstas son unas criminales; matan por el placer de matar.

—Los campesinos propietarios de la isla debieron haber venido en vuestra ayuda —dijo Nils.

—Varias veces vinieron a remo hasta aquí; pero las raposas se escondieron en grietas y agujeros tan profundos que fue imposible darles caza ni aun a tiros.

—¡Oh! ¿Crees que un pequeñín como yo podría matar a las raposas cuando no habéis podido vosotros ni los campesinos tampoco?

—Con astucia se pueden hacer muchas cosas, aun siendo pequeño —respondió el carnero.

Y no hablaron más. Nils fue a sentarse cerca de los patos silvestres, que picoteaban alegremente por los lugares más elevados de la isla. Aunque no lo había dado a entender, lamentaba muy de veras el desastroso fin de los corderos y deseaba correr en ayuda de los supervivientes.

—Es preciso que pida consejo a Okka y Martín.

Poco después dirigíase Nils hacia la Boca del Infierno, montado sobre el pato blanco.

Marchaba éste tranquilamente sobre la llanura descubierta, sin darse cuenta de que su blancura y su elevada talla le hacían visible desde muy lejos. Lo extraño era verle tan arrogante, siendo así que la tempestad de la víspera había hecho estragos en su cuerpo. Cojeaba de la pata derecha y su ala izquierda arrastrábase por tierra. Caminaba como si no le amenazara el menor peligro, mordisqueando aquí y allí las hierbas que le placían, sin tomarse la molestia de mirar a su alrededor. Pulgarcito, recostado sobre las espaldas del pato blanco, fijaba sus miradas en el cielo azul. Era tal su costumbre de ir sobre el pato, que lo mismo se mantenía de pie como tendido a la larga o como le diera la gana.

Como iban tan descuidados, ni el pequeño ni el pato se percataron de que las tres raposas habían trepado hasta la llanura. Las raposas sabían muy bien que es imposible atacar a un pato a campo descubierto; su propósito no era realmente el de cazar al pato de buenas a primeras, por lo que optaron por esconderse en una hondonada y llegarse hasta él rastreando con la mayor prudencia. Así pudieron aproximarse hasta el pato, que al verles intentó elevarse; batió las alas, pero no pudo volar. Esto excitó todavía más a las raposas. Una vez en la llanura corrieron hacia él, procurando ocultarse entre los pedruscos y los zarzales, llegando tan cerca del pato que no tenían más que dar un gran salto para atraparle.

Las raposas fracasaron en su primer intento porque el pato pudo apartarse a tiempo; pero este fracaso importaba poco porque la distancia que les separaba era muy corta y el pato cojeaba.

El pequeño, encaramado sobre el rabo del pato, burlábase de las raposas, gritando:

—Estáis tan hartas de carne de carnero, que no podéis atrapar a un pato que corre ante vosotros.

Las burlas del muchacho hicieron que las raposas se volvieran locas de rabia y se lanzaran furiosas en persecución del pato.

El pato corrió hasta la gran hondonada, y una vez allí saltó el hoyo de un salto. Las raposas casi le dieron caza en este momento.

Llegados a la otra orilla, aún continuó el pato en su carrera; pero Nils le dijo, acariciándole el cuello:

—Ya puedes detenerte, pato.

Al punto oyeron tras ellos gritos feroces, el roce de unas patas contra los muros de piedra y el golpe de unos cuerpos que caen pesadamente. Las raposas habían desaparecido.

Al día siguiente el torrero del faro de la gran isla de Karl encontró a su puerta una cortecita con la siguiente inscripción, grabada en letras inclinadas y angulosas:

«Las raposas de este islote han caído en la Boca del Infierno. Id a recogerlas».

XIV

LA CIUDAD SUBMARINA

La noche siguiente fue tranquila y serena. Los patos silvestres no se tomaron la molestia de buscar un abrigo en el interior de las grutas, sino que durmieron en lo alto de la explanada. Nils durmióse sobre la hierba, junto a ellos.

La luna brillaba de tal manera que Nils no podía cerrar los ojos, y dedicóse a pensar cuánto tiempo hacía que faltaba de su casa. Habían transcurrido tres semanas desde que abandonara a sus padres, y este recuerdo le hizo caer en la cuenta de que aquel día era la víspera de Pascua.

—En esta noche vienen las brujas de Bladulla —exclamó sonriendo, porque si bien temía algo a los duendes, no tenía miedo a las brujas.

De no encontrarse con los patos las hubiera podido ver. El cielo estaba tan resplandeciente y limpio de nubes, que hubiera podido distinguir el menor punto negro que cruzara por el espacio.

Hallábase entregado a estas reflexiones, tendido boca arriba, cuando apareció ante su vista algo muy bonito. El disco de la luna, redonda y llena, recorría la altura llevando delante un enorme pájaro. Éste no atravesaba la luna en su raudo vuelo; se hubiera dicho que el pájaro salía de ella. Parecía todo negro en el fondo claro y sus alas extendíanse de un extremo a otro del disco. Volaba de tal manera que creyérasele dibujado en medio del círculo luminoso. Su cuerpo era pequeño y su cuello largo y fino; las patas, colgantes, eran igualmente muy largas y muy finas. No podía ser más que una cigüeña.

Era el señor Ermenric. Descendió junto a Nils y le rozó con el pico para despertarle. Nils se irguió inmediatamente.

—No dormía, señor Ermenric. ¿Cómo lo pasáis en Glimminge? ¿Queréis hablar con la señora Okka?

—Hay demasiada claridad para dormir esta noche —respondió la cigüeña—, y por esto he emprendido el vuelo para venir a verte, amigo Pulgarcito. Una gaviota me ha dicho dónde estabas. Yo no me he instalado todavía en Glimminge; aún estamos en la Pomerania.

Nils se alegró infinito de ver al señor Ermenric. Hablaban como dos viejos amigos. El señor Ermenric acabó por proponer a Nils hacer un vuelo juntos en aquella noche tan hermosa.

Nils no deseaba otra cosa ni soñar nada mejor con tal de hallarse de regreso al apuntar el día. La cigüeña le prometió que estaría de vuelta a la hora deseada. Y pusiéronse en camino. El señor Ermenric voló recto a la luna. Subían y subían mientras el mar bajaba cada vez más; y el vuelo era tan extraordinariamente ligero que Nils recibía la impresión de flotar inmovilizado en el espacio.

No habían volado más que un leve momento, al parecer, cuando la cigüeña descendió en tierra. Arribaron a una playa desierta, cubierta de fina arena. A lo largo de la costa extendíase una serie de colinas de arena movediza coronadas de plantas gramíneas en profusión extraordinaria. No eran muy altas, pero sí lo suficiente para impedir a Nils ver lo que tras ellas se ocultaba.

El señor Ermenric situóse en una de las dunas, levantó una de sus patas, dobló el cuello hacia atrás para hurgarse con el pico una de sus alas, y dijo a Pulgarcito:

—Tú puedes pasearte un poco por aquí mientras yo descanso; pero no te vayas muy lejos, no sea que te pierdas.

Nils resolvió al punto deslizarse sobre una de las colinas para ver el paisaje. Al dar el primer paso su zapato tropezó con un objeto duro. Agachóse y vio entre las arenas una moneda tan corroída por el óxido que era casi transparente. Estaba en tal mal estado que no quiso tomarse el trabajo de recogerla y le dio un puntapié. Al erguirse de nuevo quedóse estupefacto al ver a dos pasos de distancia un alto muro de aspecto sombrío, coronado por una torre.

En el mismo sitio donde momentos antes extendíase el mar vasto y brillante, elevábase un muro almenado, coronado de torres y troneras. Y ante sus pasos, en el lugar en que hacía un instante sólo existían las arenas con sus gramíneas, abríase ahora la gran puerta de entrada.

Nils comprendió que aquella repentina transformación era cosa de brujería; pero no tuvo miedo. Ofrecían tan soberbio aspecto tanto la puerta como el muro, que resultaba difícil sustraerse a contemplar lo que pudiera haber en el interior.

Bajo la inmensa bóveda, un grupo de militares, vestidos con trajes multicolores, jugaban a los dados, teniendo al lado sus grandes lanzas. Tan enfrascados estaban en el juego que no repararon en el muchacho que se deslizó hacia el fondo con la mayor rapidez.

Atravesó otra puerta y hallóse en una gran plaza, pavimentada con anchas losas. En torno suyo elevábanse unas casas muy altas, entre las cuales abrían varias calles muy largas y estrechas.

La plaza rebosaba de gente. Los hombres llevaban largos mantos con forro de pieles sobre sus vestidos de seda; unos birretes adornados con plumas cubrían, ladeados, sus cabezas; sobre sus pechos pendían pesadas cadenas de oro. Todos eran hermosos como reyes. Las mujeres tocábanse con unos sombreros altos y puntiagudos y ostentaban largos vestidos de mangas estrechas. Iban magníficamente vestidas; pero lucían menos que los hombres. Cuanto presenciaba parecía surgir del viejo libro de cuentos que su madre sacaba a veces del cofre para mostrárselo. No podía creer lo que se representaba ante sus ojos atónitos.

La ciudad era todavía más maravillosa que los habitantes. Todos los edificios ostentaban magníficas fachadas, con tan bellos adornos que todas rivalizaban en esplendor. Cuando se contemplan de golpe cosas tan asombrosas, no es posible recordarlo todo; pero Nils acordábase después de haber visto fachadas en las que había escalinatas, en cuyos peldaños agrupábanse los Apóstoles en torno de la imagen de Cristo, otras cubiertas de imágenes colocadas en sus correspondientes hornacinas y no pocas ornadas de cristales de infinitos colores y cubiertas de rayas y cuadritos hechos de mármol blanco y negro.

Aunque atraído por cosas tan bellas, no dejaba de experimentar Nils cierta inquietud.

«Jamás contemplaron mis ojos nada semejante ni han de volver a contemplarlo nunca», se decía.

Y echó a correr hacia el interior de la ciudad subiendo y bajando a través de calles y calles. Eran éstas estrechas, muy estrechas; pero no estaban tan desiertas ni eran tan tristes como las de otras ciudades que había conocido. La gente se aglomeraba por todas partes. Algunas viejas hilaban su copo a la puerta de su casa. Trabajaban sin ayuda del huso, utilizando simplemente la rueca. Los puestos y las tiendas de los comerciantes estaban en medio de la calle, como las barracas de las ferias. Los obreros trabajaban al aire libre. Aquí se preparaba el aceite, allá se adobaban las pieles, acullá veíase una cordelería. De haberlo querido, hubiera podido aprender Nils todos los oficios. Los armeros martilleaban los metales para construir finas armaduras y corazas; los joyeros montaban piedras preciosas en sortijas y brazaletes; los zapateros ponían suelas a botas rojas muy flexibles; los que tejían hilo de oro lo trenzaban con suma habilidad y los tejedores bordaban los vestidos señoriales con oro y seda. Pero Nils no tenía tiempo para detenerse. Corría con la mayor rapidez posible a lo largo de las calles, para ver cuanto pudiera antes de que todo desapareciese.

Las altas murallas rodeaban a la ciudad por todas partes, encerrándola como una valla acota un campo; veíaselas siempre que se terminaba una calle, coronadas de torres y troneras. En lo alto del muro, soldados con ricos arneses montaban la guardia. Después de haber atravesado toda la ciudad, llegó Nils ante una segunda puerta. Al otro lado extendíase el mar con el puerto. Navíos de viejo aspecto con bancos para los remeros y altas construcciones a proa y popa, cargaban o descargaban variadas mercaderías. Trabajadores y comerciantes corrían en todas direcciones. Por todas partes reinaban una actividad y una animación verdaderamente extraordinarias.

Pero Nils no se paraba en ningún sitio. Volvió hacia atrás y pronto encontróse en la gran plaza. Allí elevábase la Catedral, con sus tres torres altísimas y sus portadas profundas y adornadas de estatuas. Los tallistas habían esculpido los muros de tal manera que apenas si se veía una piedra que no estuviese labrada. Frente a la Catedral destacábase un edificio con una torre muy alta que se remontaba hacia el cielo. Debía ser el Ayuntamiento. Alrededor de la plaza elevábanse magníficos edificios con fachadas maravillosamente decoradas.

Nils comenzaba a fatigarse y a sentir calor a fuerza de correr. Juzgaba haber visto las cosas más bellas del mundo. En esto llegó, marchando lentamente, a una calle donde había mucha gente parada frente a los escaparates de las tiendas; los comerciantes desplegaban ante sus clientes las rígidas sedas rameadas, los pesados tejidos de oro, los velos transparentes, las gasas ligeras y los encajes, finos como tela de araña.

Mientras el muchacho corrió a través de la ciudad, nadie reparó en él; se le hubiera podido tomar por un ratoncillo negro; pero ahora que andaba lentamente fue advertido por un comerciante, que se puso a hacerle señas para que se acercara.

En el primer momento el muchacho no tuvo otra idea que la de escapar para ponerse a salvo; pero el comerciante no cesaba de llamarle y sonreírle, mostrándole una pieza de damasco riquísimo, como para atraerle.

Nils movió la cabeza, diciendo para sí: «Jamás seré bastante rico para comprar un solo metro de esa tela».

Le miraban ya todos y le hacían señas desde la puerta de todos los comercios de la calle. Allá donde dirigiera sus miradas encontraba un comerciante haciéndole ademanes afectuosos. Todos abandonaban a sus clientes más ricos para no preocuparse más que de él. Veíales precipitarse hacia los rincontes más ocultos de sus tiendas para sacar las mercancías más apreciadas temblando sus manos de emoción al colocarlas de nuevo en los estantes.

Como Nils parecía dispuesto a proseguir su camino saltó el mostrador uno de los comerciantes y corrió hacia él presentándole una pieza de tejido de plata y tapices, en los que brillaban los colores más deslumbrantes. Nils no pudo contener su risa. ¿Cómo podía creer el comerciante que un pobre diablo como él adquiriese cosas semejantes? Detuvo el paso y extendió sus manos vacías para hacerle comprender que no poseía nada y que debía dejarle tranquilo.

El comerciante no quería saber nada: levantó un dedo, movió la cabeza y aproximó hacia Nils un montón de riquezas.
El comerciante sacó de su bolsa una pequeña moneda, lo más pequeña posible, muy gastada, y la mostró a Nils. Y en su afán por vender, aún añadió a la pila de mercaderías dos grandes y pesados cubiletes de plata.
«¿Sería posible que vendiese todo esto por una sola moneda de oro?», se preguntó Nils.
Nils comenzó a escarbarse los bolsillos, atraído por todo aquello. Sabía muy bien que no llevaba un céntimo; pero quería convencerse de ello.
Los otros comerciantes miraban intrigados para ver cómo acababa aquella operación; pero apenas vieron que el pequeñín tentaba sus bolsillos, lanzáronse hacia la calle saltando sobre los mostradores con las manos llenas de joyas de oro y plata, que le ofrecieron también. Y le aseguraban que no querían más que una pequeña e insignificante moneda a cambio de sus géneros.
Pero el muchacho tuvo que sacar el forro de sus bolsillos para demostrarles que no tenían un ochavo. Entonces todos aquellos ricos comerciantes derramaron una lágrima, muy decepcionados. Nils se impresionó tanto al ver su desolación que, angustiado, se llevó las manos a la cabeza para discurrir el medio de ayudarles. De repente se acordó de la pequeña moneda enmohecida que había encontrado entre la arena. Y echó a correr y la suerte le fue propicia. Pronto encontró la puerta por donde había entrado, y al salir de la ciudad dirigióse por el arenal en busca de la pequeña moneda de cobre.
La encontró, en efecto; pero cuando trató de volver hacia la ciudad no vio más que la mar inmensa, extendida ante él. Ningún muro, ninguna puerta; nada de soldados, ni calles, ni casas; nada más que el mar.
El muchacho no pudo contener sus lágrimas.
En este momento se despertó el señor Ermenric y se aproximó hacia él. Como Nils no reparara en su presencia, tuvo que tocarle con el pico para llamar su atención.
—Creía que dormías, como yo —le dijo.
—¡Ah, señor Ermenric! —gritó Nils—. ¿Qué ciudad era ésa que estaba aquí hace un instante?
—¿Has visto una ciudad? —preguntóle la cigüeña—. Te dormiste y has soñado, seguramente.
—No, no he soñado —afirmó Nils.
Y para convencerle le refirió cuanto había visto.
Después de oírle, dijo el señor Ermenric:
—No obstante lo que me dices, creo que te has dormido aquí sobre la arena y que has soñado; pero no por esto te ocultaré que Bataki, el cuervo, que es el pájaro más sabio del mundo, me dijo una vez que aquí, junto al agua, hubo antiguamente una ciudad llamada Vineta. Era tan opulenta y tan dichosa que jamás conocióse ciudad tan magnífica; pero, desgraciadamente, sus habitantes se dieron al lujo y a la codicia, en castigo de lo cual la ciudad de Vineta fue tragada por el mar durante una

violenta marea, según cuenta Bataki. Los habitantes de aquella población no pueden morir, ni la ciudad desaparecer por completo, por lo que una noche cada cien años surge de las olas del mar con todo su esplendor y permanece en la superficie de la tierra durante una hora.

—Sí, eso debe ser verdad, porque yo la he visto —añadió Nils.

Transcurrida esa hora la ciudad vuelve a hundirse en las aguas profundas, y así sucederá hasta que alguno de los comerciantes de Vineta pueda vender cualquier cosa a un ser viviente. Si tú hubieras tenido la moneda más ínfima para pagar a los comerciantes, permanecería ya para siempre sobre la superficie de la tierra, y sus habitantes, Pulgarcito, hubieran podido vivir y morir como los demás mortales.

—Señor Ermenric —objetó Nils—, ahora comprendo por qué ha venido usted a buscarme en medio de la noche. Ha sido porque, sin duda, creyó que yo podría salvar la ciudad. Me entristece mucho que vuestro plan haya fracasado, señor Ermenric.

Y llevándose las manos a los ojos, prorrumpió en sollozos. Tanto del muchacho como del señor Ermenric, se hubiera podido decir que estaban dominados por la congoja más terrible.

LA CIUDAD VIVIENTE

Lunes, 11 de abril

El lunes de Pascua los patos silvestres y Pulgarcito volaban a la caída de la tarde, por encima de Gottland.

La gran isla se extendía bajo ellos, maciza y plana. La tierra estaba dividida en cuadros y se veían muchas iglesias y granjas. Pero aquí, los pequeños bosques que bordeaban los campos eran más numerosos, aunque no se descubría ni un solo castillo con torres y vastos parques, como en la Escania.

Los patos silvestres habían escogido el camino de Gottland por Pulgarcito. Hacía dos días que ya no parecía el mismo y no había pronunciado ni una palabra alegre; pensaba siempre en la ciudad que se le había aparecido de una manera tan misteriosa. Jamás había visto nada más hermoso y le desesperaba no haberla podido salvar.

Okka y el pato blanco esforzábanse por hacerle comprender que había sido víctima de un sueño o de un espejismo; pero Nils no quería oír nada. ¡Estaba tan seguro de haber visto cuanto decía! Y nadie pudo convencerle de lo contrario, persistiendo de tal modo en su tristeza que sus compañeros de viaje comenzaron a preocuparse muy de veras.

En el momento en que Nils estaba más acongojado, llegó, por fin, la vieja Kaksi a reunirse con la bandada. Arrastrada por la tempestad hacia Gottland, había atravesado la isla en toda su extensión; algunas cornejas le habían hecho saber, finalmente, que sus compañeros encontrábanse en la pequeña isla de Karl. Todos la recibieron con muestras de satisfacción, y al enterarse Kaksi de los motivos de la tristeza de Nils, le dijo a éste:

—Si tú, Pulgarcito, lloras por una vieja ciudad, nosotros sabremos consolarte. Ven conmigo y te conduciré a un sitio que vi ayer, y te aseguro que después de verlo no ha de durarte mucho la tristeza.

Los patos habíanse despedido ya de los corderos y estaban nuevamente en camino.

Era una tarde bella y apacible. La temperatura era tibia y primaveral, los árboles echaban sus grandes vástagos y las flores cubrían los bosques y los prados; el amplio ramaje de los álamos flotaba al viento y en los pequeños jardines cultivados, frente a las casitas, florecían los groselleros.

El calor y la eclosión primaveral de los árboles y plantas habían hecho salir a los hombres por caminos y paseos, y por todas partes reinaba la algazara. No sólo eran los niños los entregados a los juegos, sino también las personas mayores. Muchas se ejercitaban tirando piedras, lanzando proyectiles con tal fuerza que casi alcanzaban a los patos. Daba gusto ver cómo se entregaban al juego las personas mayores, y Nils hubiera encontrado en ello un gran placer si le hubiese sido posible olvidar la pena que le embargaba por no haber salvado la ciudad de Vineta.

No obstante, no podía menos que reconocer que era éste un viaje encantador. El aire estaba lleno de cantos y sonoridades. Los niños bailaban en corro, acompañándose de sus cantos. El Ejército de la Salud había salido al campo. Nils vio multitud de gentes, vestidas de rojo y negro, sentadas en un bosque y tocando guitarras e instrumentos de metal. Por un camino avanzaban grupos numerosos. Eran los *Buenos Templarios* que regresaban de una excursión. Los reconoció por sus ricos estandartes con inscripciones de oro. Entonaban canción tras canción, y así caminaron largo rato sin que dejara de oírles.

Desde este día no pudo Nils acordarse de la isla de Gottland sin pensar en estos juegos y cantos.

Nils, que durante mucho tiempo había estado mirando hacia tierra, tuvo que levantar de repente la mirada. ¡Quién podría describir su asombro! Sin que él lo hubiera notado, los patos habían abandonado el interior de la isla y volaban hacia la costa del Oeste. El mar azul parecía ante su vista en toda su inmensidad. Sin embargo, no era el mar la causa de asombro, sino una ciudad que se elevaba junto al agua.

Nils venía del Este y el sol comenzaba a declinar hacia el Oeste. Tal como se iba aproximando hacia la ciudad, surgían las murallas, las torres, los altos edificios y las iglesias, que dibujaban su negra silueta en el fondo del cielo iluminado. Aunque no podía distinguir ningún detalle, parecióle a Nils, en el primer momento, que se trataba de una ciudad muy parecida en esplendor a la que se le había aparecido la noche de Pascua.

Cuando estuvo cerca pudo observar que aun siendo aquella ciudad semejante a la que había surgido del mar, era a la vez muy diferente.

Había entre ambas la misma diferencia que ofreciera un hombre a quien se ha visto cubierto de púrpura y resplandeciente de hojas, y a quien se encontrara después cubierto de harapos.

Ciertamente, esta ciudad debió parecerse a la que él evocaba. Como la otra, estaba rodeada de murallas con torres y puertas; pero las torres de esta ciudad no tenían cubiertas y estaban vacías y abandonadas. Las puertas no tenían hojas de madera para cerrar; los guardianes y soldados habían desaparecido. Todo el antiguo esplendor habíase desvanecido y no quedaba más que el esqueleto de piedra, silencioso y gris.

Cuando Nils hubo llegado a la ciudad, vio que estaba formada en gran parte de pequeñas casas bajas, entre las cuales subsistían todavía algunos altos edificios e iglesias. Las fachadas estaban enjalbegadas; pero Nils, que acababa de ver la ciudad hundida en el fondo del mar, imaginaba cómo estarían exornadas en otro tiempo. Lo mismo pensaba respecto a las iglesias. La mayor parte de ellas no tenían techumbre. Las ventanas carecían de cristales, la hierba crecía entre las losas y la hiedra trepaba por los muros. Mas Nils adivinaba cómo habían sido en otra época: cubiertas de imágenes y de pinturas, el coro ornado de altares y de cruces doradas ante las cuales oficiarían los sacerdotes revestidos de mantos de oro.

El pequeñín veía también las calles estrechas y desanimadas en aquel día de fiesta. Sabía muy bien qué bullicio reinaría en ellas antiguamente. Sabía también que habían sido como vastos talleres invadidos de obreros.

Pero lo que Nils no veía era que la ciudad continuaba siendo bella y magnífica. No veía ni el encanto de las casitas confortables en las calles retiradas con sus rojos geranios tras los encuadrados brillantes de las ventanas, ni los numerosos jardines con sus veredas bien cuidadas, ni la hermosura de las ruinas con guirnaldas de plantas trepadoras. Sus ojos, deslumbrados por el pasado esplendoroso, nada bueno podían descubrir en el presente.

Los patos revolotearon dos o tres veces sobre la ciudad con el fin de que Pulgarcito pudiera verla a sus anchas; pero acabaron por descender, instalándose, para pasar la noche, sobre las losas cubiertas de musgo de una iglesia en ruinas.

Dormían ya cuando Pulgarcito continuaba mirando a través de las bóvedas desplomadas el cielo rosa pálido del crepúsculo. Y, después de hondas reflexiones, acabó por convencerse de que no debía afligirse tanto por no haber podido salvar la ciudad sumergida.

No, ya no viviría afligido después de haber visto esta ciudad. Si la otra no hubiese desaparecido bajo el agua, hubiera presentado iglesias sin techumbre, casas sin adornos y calles vacías e inanimadas. Era mejor que permaneciese, con todo su esplendor intacto, en el fondo misterioso.

Hay muchos que, aun siendo jóvenes, piensan como Nils, porque cuando el hombre envejece y tiene que contentarse con poco, le satisface más la pobre realidad que la rica fantasía que, como la ciudad de Vineta, se halla sumergida en el mar.

XV

LA LEYENDA DE ESMALAND

Martes, 12 de abril

Los patos silvestres, después de atravesar felizmente el mar, descendieron en el cantón de Tjust, en el norte de Esmaland. El cantón de Tjust parece, por su aspecto, que no ha podido decidirse a ser mar o tierra. Por todas partes se hunden los fiordos hacia el interior, cortando la tierra en islas y penínsulas, en cabos y en itsmos. El mar es un intruso al cual sólo han podido resistir las colinas y las montañas: las tierras bajas han desaparecido bajo el agua.

Caía la tarde cuando uno tras otro fueron descendiendo los patos. El paisaje era bellísimo con sus pequeñas colinas rodeadas de brillantes brazos de mar. Nils pensó involuntariamente en Blekinge, la provincia donde tierra y mar se confunden de una manera suave y tranquila, mostrando una y otra sus más atrayentes aspectos.

Los patos fueron reuniéndose sobre un islote pelado de toda vegetación, en el fondo de una bahía profunda. Al primer golpe de vista pudieron comprobar en la ribera que la primavera había hecho ya notables progresos. Los altos y magníficos árboles no estaban todavía vestidos de hojas; pero la tierra que se extendía a sus pies aparecía sembrada de anémonas, de musgo y de hepática.

Al ver este tapiz de flores, los patos temieron haberse retrasado demasiado en el mediodía. Okka decidió al punto no detenerse en Esmaland. Al día siguiente, al amanecer, continuarían el viaje hacia el norte, a través de la Ostergötland.

Por lo tanto, Nils comprendió que no le sería posible ver nada en Esmaland, lo que no dejaba de causarle algún disgusto. Nunca había oído hablar de ninguna provincia tanto como de la de Esmaland, por lo que era grande su deseo de verla con sus propios ojos.

El verano anterior, siendo guardador de patos en casa de un campesino de los alrededores de Jordberga, encontrábase diariamente con dos pobres muchachos de Esmaland, también guardadores de patos, que despertaron en extremo su curiosidad con tanto hablar de Esmaland.

Cualquiera hubiese dicho que Asa, la guardadora de patos, le hubiese hecho rabiar con esta conversación; pero no había tal. La muchacha era demasiado discreta para ello. El que solía soliviantarlo era el hermano de aquélla, el pequeño Mats, muy burlón y revoltoso.

—¿Has oído hablar, guardador de patos, de cómo fueron fundados el Esmaland y la Escania? —preguntábale. Y si le contestaba negativamente, referíale al punto esta divertida historia:

—Érase el tiempo en que el Señor creaba el Mundo. Cuando más enfrascado se hallaba en su trabajo, acertó a pasar San Pedro por allí y se detuvo para mirar y preguntar si era aquél un trabajo muy difícil.

—No es muy fácil —respondió el Señor.

San Pedro estuvo mirándole un buen momento, y después viendo con qué facilidad disponía las tierras el Señor, cayó en la tentación de hacer él lo mismo.

—Tal vez os convenga descansar un momento —díjole al cabo—. Yo podría continuar el trabajo durante ese tiempo.

Pero el Señor no aprobó esta proposición.

—Creo —le replicó— que no estás al tanto de esta clase de trabajo.

Enfadóse San Pedro, y un tanto amoscado, le contestó que se creía tan capaz como el mismo Señor de fundar un país.

El Señor había comenzado ya la obra de fundar el Esmaland. Todavía no estaba ni a la mitad; pero lo hecho bastaba para darse cuenta de lo bello y extraordinariamente fértil que llegaría a ser aquel país. Nuestro Señor creyóse obligado a acceder a la petición de San Pedro, pensando que nadie podría estropear aquella obra tan bien comenzada. Y dijo:

—Pues bien; ya que lo quieres, vamos a ver cuál de los dos revela mayor habilidad. Tú, que eres novicio, continúas trabajando aquí; Yo crearé, mientras tanto, otra provincia.

San Pedro aceptó la proposición y se separaron para trabajar cada uno por su lado.

El Señor dirigióse un poco más hacia el Sur y puso manos a la fundación de la Escania. No duró mucho el trabajo, y una vez terminado fuese San Pedro en busca del Señor para rogarle que se llegase a ver las nuevas tierras.

—Hace mucho que yo terminé mi cometido —díjole San Pedro, revelando en el tono de su voz lo satisfecho que estaba de su obra.

Cuando San Pedro contempló la Escania, contestó que no podía hacer la menor objeción. Era un país fértil, fácil para el cultivo, con sus grandes llanuras y casi desprovisto de montañas. Evidentemente, el Señor había querido que aquel país fuese sumamente agradable a los hombres.

—Vamos a verlo —añadió el Señor.

Cuando San Pedro puso manos a la obra, la provincia estaba ya acabada al Norte y al Este. Las partes meridional y occidental eran, pues, obra de San Pedro. Apenas hubo dado unos pasos, Nuestro Señor se detuvo asombrado.

—¡Cómo! ¿Qué has hecho, Pedro?

San Pedro miraba y remiraba, demudado. Sabiendo que nada vale para la tierra tanto como el calor, había amasado y amontonado piedra sobre piedra y roca sobre roca y construido un altiplanicie para acercarse al sol todo lo posible. Sobre esta elevación rocosa había extendido una fina capa de humus, y abandonó su obra creyéndola perfecta.

En el intervalo para ir a la Escania habían caído fuertes aguaceros, y apenas si lo que restaba podía dar una idea del trabajo realizado. Cuando el Señor fue a ver el país de San Pedro, toda la tierra había sido arrastrada por la lluvia, y el fondo de granito aparecía por doquier. En los puntos mejor librados cubría las rocas una capa de hielo y de gruesa arena; pero veíase en seguida que aquella tierra no podía dar más que abetos, musgo y matorrales. No escaseaba el agua, que llenaba las hendiduras: por todas partes veíanse lagos, ríos y arroyos, sin contar las marismas y los estanques, que cubrían vastas extensiones. Lo peor era que el agua estaba mal repartida: algunos sitios la poseían superabundantemente y en otros faltaba en absoluto, hasta el punto de que campos inmensos no eran otra cosa que áridas llanuras, donde el polvo y la arena formaban remolinos al menor soplo de viento.

—¿Cuál fue tu intención al crear un país semejante? —preguntó el Señor.

San Pedro se excusó como pudo: él había querido construir un país tan elevado como fuese posible para que recibiese mucho sol.

—Pero tendrá que sufrir los rigores del frío y las heladas nocturnas —replicó el Señor—, porque el frío también viene del cielo. Temo mucho que lo poco que pueda crecer aquí se hiele.

San Pedro no había pensado en esto.

—Sí, éste será un país pobre y expuesto a las heladas —terminó el Señor—; habrá que dejarlo como está.

Al llegar Mats a este punto de su relato, le interrumpió su hermana, diciéndole:

—No puedo tolerar que sigas diciendo que todo es tan malo en Esmaland, por cuanto olvidas que hay mucha y muy buena tierra, como la de los campos de More, junto al estrecho de Kalmar; creo que no las hay mejores para cereales. Pueden compararse a las de la Escania, tan buenas que es posible que no haya nada que no pueda crecer aquí; a varios he oído decir que no hay costa más hermosa que la de Tjust.

—No es cuestión mía el averiguarlo —replicó Mats—; cuento las cosas como me las han dicho. Lo cierto es que todas las cosas bellas de Esmaland fueron hechas por el Señor antes de que a San Pedro se le ocurriera trabajar en ello.

El Señor mostrábase acongojado; pero San Pedro no se acobardó por esto y trató de consolar al Señor.

—No lo tomes tan a pecho —le dijo—. Espera al menos que tenga tiempo para crear un pueblo capaz de cultivar las marismas y de arreglar los campos.

El Señor, ya al cabo de su paciencia, le gritó:

—No, no; vete a la Escania, donde he creado un país bueno y fácil de cultivar, y crea los escanianos; quiero crear yo mismo los esmalandeses.

Nuestro Señor hizo el esmalandés vivo, despierto, alegre, trabajador y paciente para que se contentara con poco, con el fin de que pudiera ganarse el sustento en su miserable país.

Así acabó su relato el pequeño Mats; y si Nils Holgersson hubiera podido callar y contenerse, nada hubiese pasado; pero Nils no pudo menos que preguntarle cómo consiguió San Pedro crear los escanianos.

—¿Pero piensas que eso vale la pena? —respondíale el pequeño Mats con aire burlón.

Nils, irritado, se arrojó sobre él; pero Mats no era más que un pequeñuelo y Asa, su hermana, que contaba un año más, corría en su auxilio. Tenía un carácter muy dulce; pero en cuanto tocaban a su hermano, se convertía en una leona. Y como Nils Holgersson no quería pelearse con una muchacha, les dio la espalda y no volvió a mirarles en toda aquella jornada.

XVI

LAS CORNEJAS

LA VASIJA DE BARRO

En la parte sudoeste del Esmaland se extiende un cantón llamado Sunnerbo. El país es bastante llano y despejado; cualquiera que lo vea en invierno, cubierto de nieve, se imagina que debajo de ella existen campos labrados, centeno verde y tréboles floridos. Pero cuando comienza abril y la nieve se funde, aparece cuanto había enterrado la nevada: arenales áridos, rocas peladas y vastas marismas. Aparecen también algunos campos; pero tan desnudos de vegetación y faltos de cultivo, que apenas se les adivina. Se descubren, igualmente, algunas pequeñas cabañas grises o rojas, si bien disimuladas tras los grupos de álamos, como si temieran mostrarse.

En los límites del cantón y del Aland hay una llanura de arena tan vasta que de un extremo no se llega a ver el otro; los matorrales crecen profusamente, excepto en una baja colina pétrea que atraviesa la región y donde se encuentran enebros, serbales y hasta algunos grandes y frondosos abedules. En la época en que Nils Holgersson acompañaba a los patos silvestres, veíase también una pequeña cabaña rodeada de un pedazo de tierra labrada, pero abandonada por las gentes que habían habitado aquel lugar. La casita estaba vacía y el campo inculto.

Al abandonar la cabaña sus moradores habían cerrado la chimenea, las ventanas y las puertas; pero olvidaron que una de las ventanas tenía un cristal sólo, substituido por una tela, que fueron carcomiendo los años y pudriéndola las lluvias hasta que un día cedió bajo el pico de una corneja.

En efecto, la colina pétrea, que se elevaba en el centro de la llanura, no estaba tan desierta como se hubiera podido creer: la habitaba un numeroso pueblo de cornejas. Claro está que las cornejas no vivían allí todo el año. En invierno se iban al extranjero; en otoño visitaban los campos de Göttland, uno tras otro, para comer trigo; en verano se dispersaban y vivían en las proximidades de las granjas de Sunnerbo, alimentándose de castañas, de huevos y de pajarillos; pero a la primavera volvían siempre al arenal desierto a poblar sus nidos y cuidar sus crías.

La corneja que había arrancado el pedazo de tela era un macho viejo conocido por Pluma-Blanca, aunque siempre se le llamaba Fumla o Fumla-Drumla, porque era torpe, cometía tonterías y se prestaba al ridículo. Fumla-Drumla era más grande y más fuerte que las restantes cornejas; pero su fuerza no le servía para nada: era un eterno sujeto de risa. Ni aun el hecho de pertenecer a una familia aristocrática le granjeaba el respeto de los demás. En buena justicia él debía ser el jefe de la bandada, porque desde largos años pertenecía esta dignidad al mayor de los Pluma-Blanca. Pero, desde antes de nacer Fumla-Drumla, había sido desposeída su familia de tal poder, asumido al presente por una corneja cruel y salvaje. Se llama la Ráfaga.

El cambio de reinado debíase a que las cornejas habían abandonado su antigua manera de vivir. Tal vez se crea que todas las cornejas viven de la misma manera; pero esto es un error. Hay pueblos de cornejas que llevan una vida honrada, es decir, no comen más que granos, gusanos, orugas y algunos animales muertos; pero otras llevan una vida de pícaros, atacando a los lebratillos y a los pajarillos y devorando cuantos nidos se les presentan al paso.

Los antiguos jefes de la familia de los Pluma-Blanca habían sido severos y moderados; mientras ellos capitanearon la bandada, impusieron a las cornejas tan excelente conducta que jamás incurrieron en las censuras de los otros pájaros. Pero las cornejas llegaron a ser muy numerosas y la miseria reinaba entre ellas, por lo que acabaron rebelándose contra los Pluma-Blanca y confiriendo el poder a la Ráfaga, que era el más terrible perseguidor de los nidos que formaban los pajaritos y el mayor bribón que se pudiera dar, a no ser su mujer, conocida por la Borrasca, que era aún más terrible. Bajo su reinado las cornejas inauguraron un género de existencia que las hacía más temibles y odiosas que los gavilanes y halcones.

Fumla-Drumla no significaba nada en la bandada. Todas las cornejas convenían en que no tenía nada de sus antecesores y que jamás podría ser su jefe. Nadie se hubiera ocupado de ella de no cometer tantas tonterías. Algunos decían que tal vez fuera una suerte para ella ser tan torpe y estúpida; de otro modo la Ráfaga y su mujer no hubieran retenido en la bandada un miembro de la familia de los antiguos jefes.

Al presente todas se mostraban muy consideradas con ella y le llevaban frecuentemente a sus cacerías. Todo el mundo podía convencerse de que no había nadie menos hábil e intrépido que ella.

Ninguna de las cornejas sabía que hubiese sido Fumla-Drumla la que había quitado la tela o trapo de la ventana, y de haberlo sabido hubiérales causado gran extrañeza. Nadie podía atribuirle la audacia de aproximarse tanto a una vivienda humana. Él mismo lo había ocultado, para lo que no le faltaba razones. La Ráfaga y la Borrasca le trataban bien siempre durante el día y en presencia de las otras cornejas. Pero una noche sombría, cuando todas las cornejas habíanse entregado al sueño, fue atacada arteramente por las dos cornejas que a poco más la matan.

Después de este atentado había tomado la costumbre, apenas llegaba la obscuridad, de abandonar su antiguo puesto para refugiarse en la cabaña vacía.

Una tarde de primavera, cuando las cornejas habían instalado sus respectivos nidos, hicieron un extraño descubrimiento. La Ráfaga y la Borrasca habían descendido con otras dos cornejas al fondo de un gran hoyo situado en un rincón de la vasta llanura. El hoyo estaba lleno de arena y las cornejas no llegaban a comprender por qué habían hecho los hombres aquella excavación. Poseídas de viva curiosidad, todo eran idas y venidas, vueltas y revueltas y un constante remover de los granos de arena. De improviso desprendióse sobre ellas una avalancha de grava. Entre las piedras y el ramaje de los matorrales desprendidos, descubrieron una vasija de barro. Trataron de averiguar lo que la vasija contenía; pero fue inútil su intento de arrancar la tapa y de romperla a golpes de pico.

Contemplaban la vasija algo inmutados, cuando oyeron una voz que les decía:

—¿Queréis que os ayude, cornejas?

Levantaron la cabeza sorprendidas y vieron una raposa junto al hoyo abierto. Era la raposa más hermosa de color y de aspecto que pudieran ver. Su único defecto consistía en la falta de una oreja.

—Si deseas prestarnos tu ayuda, no la rechazaremos —dijo la Ráfaga echando a volar rápidamente con todos sus compañeros.

La raposa saltó al fondo del hoyo y se puso a morder la vasija y a tirar de la tapa para arrancarla; mas no consiguió abrirla.

—¿Acertarías lo que tiene dentro? —preguntó la Ráfaga.

La raposa hizo rodar la vasija, aplicando su oído.

—No puede contener más que monedas de plata —dijo.

Esto era infinitamente superior a lo que las cornejas habían podido pensar.

—¿Crees verdaderamente que es dinero lo que encierra? —preguntaron con los ojos desmesuradamente abiertos por la codicia, por cuanto, aunque parezca extraño, nadie ama más el dinero en el mundo que las cornejas.

—Escuchad y oiréis cómo suenan las monedas —añadió la raposa haciendo rodar nuevamente la vasija—. Desgraciadamente, no sé de qué medio valerme para hacerme con ellas.

—No, no hay ningún medio a nuestro alcance —suspiraron.

La raposa se rascaba la cabeza con su pata izquierda, mientras reflexionaba. Y pensaba que, con la ayuda de las cornejas, tal vez pudiera apoderarse de aquel pequeñuelo que volaba con los patos silvestres y al que no lograba atrapar nunca.

—¿Sabéis quién es el que podría abriros la vasija? —dijo al fin.

—¿Quién? Decid el nombre —gritaron las cornejas, que en su ardor volaron hasta el fondo del hoyo.

—No os lo diré mientras no aceptéis mis condiciones —respondió.

La raposa les habló de Pulgarcito, afirmando que sería capaz de abrir la vasija, por lo que debían obligarle a venir. A cambio de este buen consejo la raposa exigía que las cornejas le entregasen a Pulgarcito después que les prestase el deseado servicio. Las cornejas, que no tenían por qué ocuparse de Pulgarcito, aceptaron la proposición.

Pero faltaba lo más fácil: faltaba saber dónde estarían los patos silvestres y Pulgarcito. La Ráfaga se puso en camino acompañada de cincuenta cornejas. Prometió volver pronto; pero pasaron los días sin que las cornejas la vieran de regreso.

RAPTADO POR LAS CORNEJAS

Miércoles, 13 de abril

Los patos silvestres se despertaron con la aurora y dispusiéronse a comer un poco antes de emprender la travesía de la Ostergötland. El islote donde habían dormido era estrecho y pelado; pero en las aguas que lo bañaban había bastantes plantas para alimentarse bien. El pequeño, por el contrario, no encontraba nada que comer.

Hambriento y transido por el frío de la mañana, entreteníase mirando en torno suyo cuando descubrieron sus ojos dos ardillas que trepaban en sus juegos de uno a otro árbol, en una punta de terreno que se destacaba frente a la isla. Imaginando que las ardillas no habrían consumido, seguramente, sus provisiones de invierno, Nils rogó al pato que le llevara allí para pedirles un par de nueces.

El pato blanco accedió a ello, nadando inmediatamente a través de las aguas y llevando consigo a Pulgarcito; pero, por desgracia, tan entregadas a su juego estaban las ardillas, que no oyeron las súplicas del muchacho. Saltando de árbol en árbol internáronse cada vez más en el bosque y Nils, que quiso seguirlas, no tardó en perder de vista al pato, que se había quedado junto al agua.

Pulgarcito avanzaba penosamente entre algunas anémonas blancas que le cubrían hasta la cabeza cuando, súbitamente, se sintió cogido por detrás: alguien trataba de detenerle. Volvióse rápidamente y vio una corneja que le había agarrado por el cuello de la camisa. Nils debatíase con toda su energía; pero una segunda corneja que llegaba en auxilio de la primera, le atrapó por las piernas, haciéndole caer.

Si Nils Holgersson hubiese llamado inmediatamente en su ayuda al pato blanco, éste hubiera logrado desembarazarse de las cornejas; pero el muchacho pensó que él de por sí bastábase para desprenderse de las cornejas. Por muchos puntapiés y puñetazos que diera, no consiguió deshacerse de sus enemigos, que acabaron elevándose por los aires con él a cuestas. Emprendieron el vuelo de un modo tan imprudente, que la cabeza de Nils chocó con violencia contra una rama. El choque fue tan fuerte, que a Nils se le nubló la vista y perdió el conocimiento.

Cuando pudo abrir los ojos hallábase muy lejos de tierra. Al volver en sí no se dio cuenta de dónde estaba ni de lo que había pasado. Bajo sus pies extendíase algo así como un tapiz de lana, de trazos negruzcos y verdes, que parecía roto y sumergido en el agua; entre sus roturas y orificios brillaba un cristal muy luciente; hubiérase dicho que el tapiz estaba extendido sobre un espejo.

Después vio cómo ascendía el sol hacia el cielo. Entonces fue cuando el cristal, sin las desgarraduras del tapiz, comenzó a despedir destellos rojos y dorados. Era magnífico. En este momento bajaron las cornejas y Nils pudo ver que el gran tapiz era la tierra, cubierta de bosques y las roturas y orificios eran los lagos y marismas.

A su mente acudía un tropel de preguntas. ¿Cómo no se hallaba sobre las espaldas del pato blanco? ¿Por qué volaban en torno de él todo un enjambre de cornejas? ¿Por qué, en fin, sentíase dolorido como si le hubieran sacudido con un palo, con todos los miembros dislocados?

De repente lo comprendió todo; le habían raptado las cornejas. El pato blanco le esperaba en la ribera y los patos preparábanse para partir aquel mismo día hacia Ostergötland. En cuanto a él, conducíanle al Sudoeste: el sol quedaba a sus espaldas.

—¿Cómo lo pasará el pato blanco sin mí? —Y entre lamentos pidió a las cornejas que le llevasen adonde estaban los patos silvestres; pero las cornejas no hacían el menor caso de sus súplicas.

Volaban en línea recta y a toda velocidad. Inopinadamente una de ellas aleteó con fuerza, indicando un peligro; rápidamente descendieron sobre un bosque de abetos, hundiéndose a través de las ramas entrecruzadas y, por último, dejaron a Nils en tierra, bajo un árbol tan copudo que no le hubiera descubierto un halcón.

Cincuenta cornejas rodearon al muchacho, dirigiendo hacia él sus picos amenazadores.

—Ahora, señoras cornejas, espero que me digáis los motivos que habéis tenido para raptarme —dijo él.

Apenas si tuvo tiempo para acabar su pregunta. Una corneja crascitó:

—Cállate si no quieres que te saque los ojos.

Nils tuvo que callar porque la corneja mostrábase dispuesta a poner en práctica su amenaza. Permanecía sentado, contemplando las cornejas mientras éstas le contemplaban a él.

Cuando más las miraba menos simpáticas las encontraba. Su plumaje aparecía asquerosamente polvoriento y mal cuidado. Su terrible aspecto daba a entender que no conocían el baño ni el aceite que abrillantaba las plumas. Sus patas y garras estaban recubiertas de barro endurecido; en las comisuras de sus picos había restos de comida. Eran pájaros muy distintos de los patos silvestres. Nils creía ver en ellos un aire de crueldad, de avidez, de ferocidad y de atrevimiento, propio de malhechores o vagabundos.

«He caído en poder de una banda de ladrones», pensaba.

En este momento oyó sobre su cabeza el grito de llamada de los patos silvestres.

—¿Dónde estás? Yo estoy aquí. ¿Dónde estás? Yo estoy aquí.

Comprendió al punto que le iban buscando sus compañeros de viaje; pero no pudo responder. La corneja grande, que actuaba de jefe de la bandada, le croajó al oído: «Piensa en tus ojos». Y Nils no tuvo más remedio que callarse.

Los patos silvestres no podían saber que estaban tan cerca de él; después de emitir dos o tres nuevos gritos de llamada, sus voces perdiéronse a lo lejos.

«Ahora, Nils Holgersson —se dijo el muchacho para sí—, tendrás que componértelas tú solito. Se trata de demostrar si has aprendido algo durante estas semanas de vida salvaje.»

Al cabo de un instante las cornejas adoptaron una actitud propicia a emprender el vuelo; pero como parecían tener el propósito de llevarle entre dos de ellas, pues una le tenía por el cuello de la camisa mientras otra sujetábale por los calzones, gritó el muchacho:

—¿Pero es que entre vosotras no hay una sola capaz de llevarme sobre sus espaldas? Me habéis maltratado ya de tal manera que me siento dolorido. Tomadme a horcajadas; no me tiraré a tierra, os lo prometo.

—Si tú crees que te dejaremos ir solo para escaparte, estás equivocado —dijo el jefe.

Pero surgió entonces un pajarraco erizado, que tenía una pluma blanca en una de sus alas, y que, saliendo del grupo, dijo:

—Oye, Ráfaga: ¿No es preferible que Pulgarcito llegue entero, en una pieza, que no partido por nuestros tirones? Yo trataré de llevarlo sobre mis espaldas.

—Si tú puedes, Fumla-Drumla, tanto mejor —dijo el jefe—. Pero cuidado con dejarte caer.

Nils experimentó gran contento, porque aquélla representaba una partida ganada.

«No porque haya sido robado por las cornejas voy a acobardarme —pensó—. Yo sabré dar buena cuenta de estos miserables.»

Las cornejas continuaban siempre en la misma dirección, hacia el Sudoeste. Era una bella mañana de calma y de sol; por doquiera cantaban los pájaros sus lindas canciones de amor. En lo alto de un sombrío bosque, un mirlo, con sus alas colgantes y el cuello hinchado, puesto sobre la copa de un abeto, decía:

—¡Qué hermosa, qué hermosa! ¡Ninguna tan hermosa, tan hermosa!

Y acabada su estrofa volvía a comenzarla de nuevo.

Nils, que pasaba por allí en tal momento, oyó la canción, y juntando sus manos en forma de bocina, gritó:

—¡Ya te hemos oído! ¡Ya te hemos oído!

—¿Quién es? ¿Quién es? ¿Quién se burla de mí? —gritó el mirlo.

—De ti se burla el que ha sido raptado por las cornejas y a quien no le gusta tu canción —respondió el muchacho.

El jefe de las cornejas volvióse hacia Nils, colérico:

—¡Cuidado con tus ojos, Pulgarcito!

Pero Nils pensó:

«Ya verás; ya te demostraré que no te tengo miedo.»

Cada vez avanzaban más hacia el interior del país; por todas partes surgían florestas y lagos. En un pequeño bosque de álamos blancos, un palomo silvestre se había posado sobre una rama desnuda; ante él erguíase una paloma torcaz. El palomo hinchaba sus plumas, pavoneándose, haciendo ondular su cola, moviendo su cuerpo de aquí para allá; las plumas de su cuello suavizábanse al rozar las de una paloma, a la que arrulllaba con su pico.

—Eres tú, tú, tú, la más vella de la floresta. Ninguna tan bella como tú, tú, tú...

El muchacho, que entonces pasaba, gritó, desde lo alto, no pudiendo callar:

—¡No lo creas! ¡No lo creas!

—¿Quién, quién, quién me calumnia? —preguntó la paloma.

—Es el apresado por las cornejas el que te calumnia —respondió el muchacho.

De nuevo miróle la Ráfaga con ojos amenazadores, ordenándole el silencio; pero Fumla-Drumla intervino:

—Dejadle. Los pájaros pequeños van a creer que nosotras, las cornejas, nos hemos hecho traviesas e ingeniosas.

—Ellos no son tan tontos —dijo el jefe, a quien esta idea le había complacido tanto, que ya no dirigió nuevas reprimendas al muchacho.

Volaban casi siempre por encima de florestas y de pequeños bosques; pero a veces cruzaban también sobre aldeas, iglesias construidas en los alrededores de los bosques. Al fin descubrióse una bonita y antigua posesión. La casa, adosada a la floresta y precedida de un lago, estaba pintada de rojo; su tejado estaba hecho de tejas planas; enormes arbustos rodeaban el patio, y el jardín rebosaba de groselleros copudos. Un estornino, desde la veleta del edificio, cantaba con todas sus fuerzas para que la hembra, que incubaba sus huevos en un peral, pudiera oír cada una de sus notas:

—Nosotros tenemos cuatro hermosos huevecillos —cantaba el estornino—. Nosotros tenemos cuatro hermosos huevecillos. Nosotros tenemos el nido lleno de huevos soberbios.

El estornino repetía su canción por milésima vez cuando acertaron a pasar las cornejas. Nils llevóse sus manos a la boca en forma de bocina, y gritó:

—La urraca os lo tomará; la urraca os lo tomará.

—¿Quién es el que quiere asustarme? —preguntó el estornino, batiendo sus alas poseído de gran inquietud.

—Es el arrebatado por las cornejas quien te asusta —gritó el muchacho.

Esta vez el jefe de las cornejas no intentó hacerle callar. Por el contrario, él y toda la bandada, sin excepción, se estremecían de placer y no ocultaban su regocijo.

Cuanto más penetraban en el interior del país, mayor era el número de lagos extensos y abundantes en islas y cabos. En un arenal un ánade macho acariciába tiernamente a un ánade hembra.

—Yo te seré fiel toda mi vida; yo te seré fiel toda mi vida.

—Por lo menos hasta el fin del verano —dijo el muchacho al pasar.

—¿Quién eres tú?

—Soy el prisionero de las cornejas —gritó Nils.

Hacia el mediodía las cornejas descendieron en un prado, dispuestas a comer. Ninguna de ellas pensaba darle la menor cosa al muchachito. Al poco rato Fumla-Drumla se aproximó al jefe para ofrecerle una rama de rosal silvestre en la que quedaban algunas semillas encarnadas.

—Esto es para ti, Ráfaga —le dijo.

La Ráfaga hizo un mohín de menosprecio.

—¿Acaso crees que quiero comer semillas secas?

—Sólo aspiraba a serte agradable —exclamó Fumla-Drumla con visible desencanto, arrojando la rama al suelo.

La rama fue a caer a los pies de Nils, que se abalanzó sobre ella dispuesto a darse un hartazgo.

Cuando hubieron comido suficientemente, las cornejas entregáronse a la conversación.

—Ráfaga, ¿en qué piensas? ¿Te has vuelto muda? —le preguntó una.

—Pienso en una gallina que vivió hace tiempo en este lugar; amaba mucho a su compañera y para causarle placer puso un cesto de huevos, que ocultó en la granja, bajo tierra. La compañera se asombró, naturalmente, de la ausencia de la gallina, y por mucho que la buscó fue en vano. ¿Adivinarías tú, Pico-Largo, quién encontró la gallina y los huevos?

—Creo que sí, Ráfaga. Yo también puedo referirte una historia semejante a ésa. ¿Te acuerdas de la gran gata negra del presbiterio de Hinneyrd? Estaba muy descontenta de sus dueños, que a cada cría le arrebataban sus gatitos y los ahogaban. Una vez logró dejarlos en sitio donde nadie podría descubrirlos: bajo un haz de heno, en pleno campo. La gata mostrábase encantada ante la seguridad de sus gatitos, pero yo estaba tanto o más encantada que ella.

Todas las cornejas tenían historias que contar. Se excitaban al escuchar los relatos y hablaban todas a la vez.

—Robar huevos o gatitos no es hazaña por la que pueda uno vanagloriarse. Eso no es nada. Yo di caza una vez a un lebratillo que era casi una liebre. Lo perseguí de matorral en matorral hasta que le eché el diente.

Otra corneja le cortó la palabra:

—Es muy divertido dar buena cuenta de huevos y gatitos; pero es mucho más admirable que una corneja pueda darle que hacer a un hombre. Yo robé una vez una cuchara de plata.

Nils les interrumpió súbitamente, muy indignado. Ya había oído bastante.

—Callaos, cornejas —gritó—. ¿No sentís vergüenza de lo que estáis diciendo? He vivido durante tres semanas entre los patos silvestres y no he visto hacer ni he oído contar tales cosas. Entre ellos presencié buenos ejemplos. Vosotras debéis tener por jefe a un ser malvado cuando os deja robar y matar de esa manera. Sería mucho mejor que comenzárais una nueva vida, porque tal vez los hombres, cansados de vuestros desafueros, se decidan a exterminaros por todos los medios.

Al oír esto, fue tal la rabia de que se sintieron poseídas la Ráfaga y sus compañeras, que estuvieron a punto de abalanzarse sobre el muchacho para hacerle trizas; Fumla-Drumla, asustada, pero queriendo contener a sus compañeros con su sonrisa, se puso ante él:

—¡No, no, no! —gritaba, poseída de espanto—. ¿Qué diría la Borrasca si mataseis a Pulgarcito antes de prestarnos el servicio que deseamos?

—Sólo tú, Fumla-Drumla, eres capaz de tener miedo a las hembras —exclamó la Ráfaga; pero, no obstante, dejó tranquilo a Pulgarcito.

Poco después poníanse las cornejas en camino. Hasta entonces había creído Nils que la Esmalandia no era el país pobre y deshabitado que había oído decir. Había, ciertamente, muchas florestas y montañas; pero junto a los ríos y los lagos se extendían campos cultivados. El país no le había parecido desierto hasta allí; pero los pueblos y aun las casas, comenzaban a echarse de menos y ya no veía más que marismas, arenales y colinas cubiertas de enebros.

Cuando llegaron a la llanura, el sol ya se había puesto, pero aún quedaba resplandor del día. La Ráfaga expidió primero una corneja para anunciar el éxito completo del rapto y apenas fue conocida la nueva, la Borrasca y centenares de cornejas acudieron volando para ver a Pulgarcito. En medio de los gritos ensordecedores que hacían oír los dos grupos, Fumla-Drumla susurró a Nils al oído:

—Te has mostrado tan digno y valeroso durante el viaje, que te he tomado mucho cariño. Por lo tanto, voy a darte un consejo: apenas lleguemos te pedirán que ejecutes cierto trabajo que tal vez te sea fácil llevarlo a cabo; pero pon mucho cuidado.

Algunos minutos después Fumla-Drumla le dejaba en el fondo de un gran agujero. El pequeñín se dejó caer por tierra como agotado por la fatiga. Sobre su cabeza revoloteaban tan gran número de cornejas que el aire vibraba como en una tempestad; pero Nils no levantaba la cabeza.

—Pulgarcito —dijo la Ráfaga—, levántate. Vas a hacernos una cosa que te será muy fácil.

Pero Nils no se movió. Parecía dormir profundamente. Entonces la Ráfaga le cogió de un brazo y le arrastró sobre la arena hasta el sitio donde había una vasija de tierra, de un modelo antiguo, colocada en medio de un orificio.

—Levántate, Pulgarcito, y abre esta vasija —le ordenó.

—Déjame dormir —respondió el muchacho—. Estoy muy fatigado y no puedo hacer nada esta tarde. Espera a mañana.

—¡Abre la vasija! —gritó la Ráfaga, sacudiéndole con el pico.

El pequeño se levantó de mala gana y examinó la vasija.

—¿Crees posible que un pequeñín como yo pueda abrir vasija semejante? Es más grande que yo.

—¡Ábrela! —ordenó nuevamente la Ráfaga con voz imperiosa—. Abre si estimas en algo tu vida.

El muchacho se levantó, aproximóse hacia la vasija tambaleándose y tras intentar abrirla dejó caer los brazos en señal de vencimiento e impotencia.

—Nunca me he sentido tan cansado como hoy. Si me dejaras descansar hasta mañana, creo que podría conseguir lo que deseas.

Pero la Ráfaga estaba impaciente y lanzándose hacia él le dio un picotazo en una pierna. Sufrir tal trato de una corneja era ya demasiado. El muchacho se irguió bruscamente, dio algunos pasos atrás, sacó de la vaina su cuchillo y dispúsose a defenderse.

—¡Ten cuidado! —gritó a la Ráfaga.

Pero le cegaba de tal modo la cólera que no se fijó en el cuchillito de su rival, y al abalanzarse sobre el muchacho le entró por un ojo, penetrándole hasta el cerebro. Nils retiró rápidamente el arma; pero no pudo evitar que la Ráfaga cayera a sus pies entre los estertores de la agonía.

—¡La Ráfaga ha muerto! ¡El extranjero ha matado a nuestro jefe! —exclamaron las cornejas.

La terrible confusión que siguió no es para describir. Muchas gemían desoladas; otras pedían venganza. Todas las cornejas corrieron y volaron hacia el muchacho, precedidas de Fumla-Drumla. Ésta se condujo mejor que las demás, como siempre. Revoloteaba por encima del muchacho batiendo sus alas e impidiendo a todo trance que las cornejas le mataran a picotazos.

Nils comprendía el peligro en que se hallaba, mirando desesperadamente en torno suyo en busca de un lugar donde refugiarse. Parecíale imposible poder escapar a la venganza de las cornejas cuando de repente descubrió la vasija. De un golpe logró arrancar la tapadera y saltó para ocultarse. La vasija no le ofrecía un buen regugio por hallarse llena hasta el borde de pequeñas monedas de plata. No había manera de esconderse allí. Nils comenzó a tirar monedas para hacerse un hueco.

Las cornejas le rodeaban formando un enjambre espeso; pero cuando vieron rodar las monedas ante sus ojos atónitos, olvidaron su sed de venganza para coger la pequeñas piezas. El muchacho arrojaba el dinero a manos llenas y las cornejas, sin excluir a la Borrasca, lucharon por atraparlo. Y apenas una corneja se apoderaba de alguna moneda volaba presurosa a esconder su tesoro.

Nils no se atrevió a levantar la cabeza hasta que hubo arrojado al suelo todas las monedas de plata; en el hoyo que formaba el terreno sólo quedaba una corneja. Era Fumla-Drumla, con su pluma blanca en el ala, la que había llevado a Pulgarcito.

—Tú me has prestado un servicio más grande de lo que puedes imaginar, Pulgarcito —díjole con un tono de voz muy distinto—; yo te salvaré la vida. Salta sobre mis espaldas y te conduciré a un sitio donde pasarás la noche con absoluta seguridad. Mañana ya procuraré que te reúnas con tus patos silvestres.

LA CABAÑA

Jueves, 14 de abril

Cuando el muchacho despertóse con el alba al siguiente día, vio con sorpresa que se hallaba entre cuatro paredes, bajo techado, y creyó al momento que había vuelto a su casa. Y pensó:

—Dentro de un ratito vendrá mi madre a traerme el café.

Pero al punto de hacerse esta reflexión cayó en la cuenta de que se encontraba en una casita abandonada, a donde Fumla-Drumla, la de la pluma blanca, le había transportado la tarde anterior. Como se sentía dolorido, encontró delicioso reposar un poco más mientras esperaba a Fumla-Drumla, que había prometido volver a reunirse con él. Ante el lecho había cortinas de algodón a cuadros, e incorporándose las separó para contemplar la pieza. Inmediatamente pudo convencerse de que jamás había visto una casa construida como aquélla. Las paredes no eran más que unas cuantas traviesas de madera, coronadas por una mala cubierta. No había cielo raso y podía verse hasta la techumbre. La casita era tan pequeña que antes parecía haber sido construida para seres como él que para hombres. Sólo el hogar y el horno eran grandes, los más grandes que había visto. No había casi muebles en la cabaña; un banco en uno de los largos costados de la casa y la mesa colocada junto a la ventana y pegada al muro, lo mismo que la cama donde había dormido, y la alacena pintada de colorines.

Nils se preguntaba quién podría ser el propietario de la casa y por qué se hallaba deshabitada. Observando las cosas echábase de ver que las gentes que la abandonaron pensaban volver. La cafetera y el puchero habían quedado en el hogar y en un rincón veíase la leña cortada. El hurgonero y la pala para meter el pan en el horno se arrinconaban al otro lado; la rueca estaba sobre un banco; encima de la ventana, sobre la pequeña estantería, veíanse paquetes de lino y estopa, algunas madejas de lana, una candela y cerillas.

Ciertamente, los habitantes de la casita pensaban volver. Habían dejado las sábanas sobre la cama y sobre las paredes extendíanse unos lienzos en los que había pintados tres hombres a caballo, llamados Gaspar, Melchor y Baltasar. El grupo de los tres hombres repetíase en todo lo largo del lienzo. Cabalgaban en torno de toda la pieza y su cabalgada continuaba hasta llegar a las traviesas de la techumbre.

Pero allá en lo alto descubrió el muchacho algo que le hizo saltar de la cama. Era un par de panes secos, que colgaban de un palo colocado al efecto entre las traviesas. Tenían todo el aspecto de unos panes duros y enmohecidos; pero el pan siempre es pan. Empuñó el hurgonero y consiguió hacer caer unos cuantos pedacitos. Comió y llenó su saco de repuesto. ¡No se puede imaginar lo bueno que es el pan!

Buscó todavía más, por si encontraba aún algo que pudiera serle útil.

—Voy a apoderarme de todo lo que pueda necesitar, porque nadie parece quererlo —se dijo.

Pero no había muchas cosas que escoger; la mayor parte de los objetos que allí había eran demasiado pesados o demasiado grandes para poder cargar con ellos. No pudo llevarse más que unas cuantas cerillas.

Saltó sobre la mesa y con ayuda de la cortina ascendió al estante que había encima de la ventana. Cuando estaba guardando las cerillas en su saco, la corneja de la pluma blanca entró por la ventana.

—¡Ya estoy aquí! —dijo, colocándose sobre la mesa—. No he podido venir antes porque hemos tenido que elegir el jefe que ha de sustituir a la Ráfaga.

—¿Quién ha sido elegido? —preguntó Nils.

—Ha sido elegido un jefe que no permitirá el pillaje ni el robo. Ha sido elegido Pluma-Blanca, llamado hasta aquí Fumla-Drumla —respondió la corneja, adoptando un aire majestuoso.

—Es una buena elección —dijo Nils, felicitándola por ello.

En este momento el muchacho oyó una voz en la ventana que creyó reconocer.

—¿Es aquí donde se encuentra? —preguntó Esmirra, la raposa.

—Sí, aquí es donde está —respondió una voz de corneja.

—Cuidado, Pulgarcito —advirtió Pluma-Blanca—. La Borrasca está en la ventana con Esmirra, que quiere devorarte.

En efecto, Esmirra comenzaba a golpear la ventana. La vieja madera podrida cedió al punto y apareció Esmirra. Pluma-Blanca no tuvo tiempo de ponerse a salvo y Esmirra la mató de un golpe. Seguidamente saltó a tierra y comenzó a husmear, buscando al muchacho. Éste trató de ocultarse detrás de un paquete de estopa; pero Esmirra le había descubierto y se preparaba a darle caza. La casita era tan baja y estrecha que Nils comprendió que la raposa no tendría que esforzarse mucho para alcanzarle. Pero él no estaba del todo indefenso; rápidamente frotó una cerilla, la aplicó a la estopa, que instantáneamente se inflamó, y arrojóla sobre la raposa. Loca de terror, huyó ésta fuera de la cabaña.

Desgraciadamente, Nils, para escapar de un peligro había caído en otro. La estopa inflamada había prendido en las cortinas de la cama. Nils saltó a tierra y trató de apagar el fuego, pero era tarde. Las cortinas ardían ya. La cabaña se llenaba de humo y Esmirra, la raposa, que permanecía asomada detrás de la ventana, se daba cuenta de lo que estaba sucediendo.

—Muy bien, Pulgarcito —gritaba—. ¿Qué es lo que prefieres? ¿Dejarte asar o salir de ahí? Yo hubiera preferido devorarte; pero de cualquier manera que mueras no dejaré de sentirme menos contenta.

Nils estaba convencido de que la raposa sentiría viva satisfacción al ver la espantosa rapidez con que el incendio se propagaba. La cama ardía ya y el fuego extendíase de un extremo a otro de las cortinas. Nils saltó hasta el hogar cuando oyó rechinar una llave en la cerradura. A pesar del peligro en que se hallaba desechó el miedo y llegó a alegrarse. Se precipitó hacia la puerta y cuando llegó a ella se abrió como por encanto. Ante él aparecieron dos niños y, sin fijarse en ellos, se lanzó fuera.

No se atrevió a separse mucho de la casa. Esmirra debía estar vigilándole y era necesario permanecer cerca de los niños. Volvióse hacia la casa y apenas vio a los niños, corrió hacia ellos sin poder reprimir un grito:

—¡Buenos días, Asa, guardadora de patos! ¡Buenos días!

Al verlos, Nils olvidó completamente dónde se hallaba. Las cornejas, la casa incendiada, los animales parlantes, todo se había borrado de su memoria. Estaban en un campo de rastrojos de Bemmenhög y en el campo vecino los dos pequeños esmalandeses cuidaban de sus patos. En seguida saltó sobre un montón de piedras, gritándoles:

—¡Buenos días, Asa, guardadora de patos! ¡Buenos días, pequeño Mats!

Ante aquella miniatura de hombre que corría hacia ellos con los brazos abiertos, los dos niños se cogieron de la mano y retrocedieron algunos pasos, como aterrorizados. Al ver su espanto, Nils despertó de su sueño y recordó dónde estaba: nada le podía acontecer más terrible que llegar a ser visto por estos niños bajo el aspecto de un duende. La vergüenza y el dolor de no volver a ser hombre se apoderaron de su ánimo. Volvió la espalda y escapó sin saber adónde dirigise.

Al llegar a la llanura, el muchacho tuvo un buen encuentro: entre la bruma entrevió algo de color blanco; el pato, acompañado de Finduvet, iba hacia él. Al verle corre con tanta precipitación, el pato creyó que Nils era perseguido. Volando rápidamente pudo alcanzarle, y sobre sus espaldas se lo llevó velozmente por los aire.

XVII
LA VIEJA CAMPESINA

Viernes, 15 de abril

Tres viajeros, fatigados, caminaban bajo la luz del crepúsculo de la tarde, buscando un refugio donde pasar la noche. Atravesaban una parte pobre y desierta de la Esmalandia septentrional. Después de lo mucho que habían andado debían haber hallado un lugar de reposo, porque no se trataba de gentes refinadas que exigen lechos confortables y habitaciones dotadas de todo género de comodidades.

—Si entre esas altas crestas de las montañas hubiera algún pico lo suficientemente escarpado para que no pudiera ser escalado por una raposa, podríamos pasar la noche tranquilamente —dijo uno.

—Si una de esas grandes marismas se hubiera deshelado lo bastante para que una raposa no se arriesgara a entrar en ella sería un refugio —añadió el segundo.

—Si el hielo de uno de esos lagos que atravesamos se hubiera desprendido de la orilla, de manera que una raposa no pudiera alcanzarlo, tendríamos lo que nos falta —dijo el tercero.

Para colmo de desgracias, apenas comenzó a ponerse el sol, dos de los viajeros se sintieron de tal modo dominados por el sueño, que a cada instante temían caer rendidos sobre el frío suelo. El tercero, que podía mantenerse despierto, se inquietaba más y más a medida que avanzaba la noche.

—¡Qué desgracia —pensaba— que hayamos llegado a un país donde las marismas y los lagos permanecen todavía helados y donde la raposa puede correr por todas partes! En otros sitios los hielos se han fundido ya; pero en la alta Esmalandia aún no ha comenzado la primavera. ¿Cómo encontrar un buen refugio? De no encontrarlo, Esmirra nos hará blanco de sus iras antes del amanecer.

El que había hablado miraba a través de la obscuridad; pero no encontraba un cobijo seguro. La noche era sombría y triste, noche de viento y de frío, en que la fina llovizna se calaba hasta los huesos. Los viajeros sentían crecer a cada instante la angustia y el terror que les dominaba.

Cualquiera que les hubiese observado, hubiérase extrañado al ver que los viajeros no parecían dispuestos a buscar albergue en alguna casa de las que encontraban al paso. Habían atravesado las calles de varios pueblecitos sin llamar a una sola puerta. Tampoco les llamaban la atención las pequeñas chozas que se levantan en el lindero de los bosques y cuya vista tanto alegra al pobre viandante. Alguien hubiera dicho que merecían sufrir los rigores del tiempo inclemente por negarse a solicitar los auxilios que se les brindaba.

Por último, cuando la noche era impenetrable y no brillaba en el firmamento el más leve resplandor, cuando los soñolientos viajeros proseguían su camino, más necesitados de descanso llegaron a una granja solitaria, muy alejada de todas las demás granjas. No sólo estaba aislada, sino que, además, parecía deshabitada; no salía humo por la chimenea, ni se veía una sola ventana iluminada, ni se notaba el menor movimiento en el corral. Cuando el único de los tres que podía tenerse despierto descubrió la casa, gritó:

—Vamos, compañeros. Es preciso que nos refugiemos aquí; seguramente no encontraremos nada mejor.

Pronto se hallaron en el corral. Dos de los viajeros se durmieron apenas llegados; pero el tercero se desolaba buscando un lugar adecuado para dormir.

No se trataba de una pequeña granja. Además del cuerpo de edifico, la cuadra y el establo, había extensos cobertizos, eras, hangares y almacenes; pero tenía un aspecto pobre y ruinoso. Las paredes de los diversos edificios, ennegrecidas, cuajadas de líquenes, parecían próximas a derrumbarse. Los techos mostraban grandes agujeros y las puertas pendían ladeadas, sostenidas milagrosamente por los goznes destrozados. Era evidente que hacía muchos años que allí no se había hecho la menor cosa por salvar aquella construcción en ruina.

A pesar de todo, el viajero que permanecía despierto, había imaginado dónde estaba el establo, hacia donde condujo a sus compañeros después de despertarles. La puerta estaba cerrada con un picaporte y logró abrirla con ayuda de una pértiga. Ya podía respirar tranquilo; pero he aquí que de pronto, apenas cedió la puerta con un chirrido agudo, mugió una vaca desde el fondo del establo:

—¿Por fin has vuelto, mi ama? Creí que tenías ya el propósito de no darme de comer esta noche.

Los tres viajeros paráronse en seco al ver que el establo no estaba vacío; pero al darse cuenta de que allí no había más que una vaca y tres o cuatro gallinas, se tranquilizaron.

—Somos tres pobres viajeros que sólo deseamos un abrigo donde pasar la noche para que la raposa no pueda atacarnos y para que los hombres no puedan atraparnos —dijo uno—. ¿No estaríamos bien aquí?

—Me parece que sí —respondió la vaca—. Las paredes están en mal estado; pero, aun así, no podrá entrar por ellas la raposa, y la granja sólo está habitada por una viejecita incapaz de hacer mal a nadie. Pero, ¿quiénés sois? —añadió, volviéndose un poco para ver a los recién llegados.

—Yo soy Nils Holgersson, de Vestra Vemmenhög, y he sido transformado en duende —respondió el primero de los visitantes—, y conmigo vienen un pato doméstico, que me sirve de cabalgadura, y una pata gris.

—Es la primera vez que recibo visitas tan ilustres —respondió la vaca—. Os doy la bienvenida, aunque os confieso que más hubiera deseado la llegada de mi ama con la cena, que estoy esperando todavía.

El muchacho hizo entrar a los patos en el establo y les instaló en un pesebre vacío, donde al punto quedaron dormidos. Seguidamente preparóse un montoncito de paja y se dispuso a seguir el ejemplo de sus camaradas; pero era inútil tratar de dormirse, porque la pobre vaca, que no había cenado, no estaba tranquila un solo instante. Agitaba el rabo, pateaba y se lamentaba de tener hambre. Nils, que no podía pegar un ojo, se dio a pensar en lo que había sucedido durante los últimos días pasados.

Pensó en Asa, la pequeña guardadora de patos, y en el pequeño Mats, que tan inopinadamente había encontrado: imaginaba que la cabaña, a la cual había prendido fuego, debía ser su vieja casita de Esmalandia. Recordaba haberles oído hablar de una pequeña casita situada al borde de una llanura. Asa y Mats habían ido hacia su antiguo refugio y habían encontrado la casita ardiendo. Nils les había causado, seguramente una gran pena. Estaba desolado y resuelto, si alguna vez volvía a ser hombre, a reparar en lo posible el daño que les había hecho.

Después dedicó su pensamiento a las cornejas y a Fumla-Drumla, que le había salvado y que había encontrado la muerte apenas elegida jefe de la bandada; las lágrimas se asomaron a sus ojos.

Sí; había sufrido mucho durante los últimos días y para él era una suerte que el pato y Finduvet le hubieran encontrado. Martín le había referido que los patos silvestres, apenas notaron la desaparición de Pulgarcito, dedicáronse a interrogar a los animalitos de la floresta sobre su suerte. Por ellos habían sabido que una bandada de cornejas de la Esmalandia lo habían raptado; pero nadie sabía hacia qué sitio se habían dirigido las cornejas. Okka había ordenado entonces que todos los patos se dispersaran en su busca de dos en dos. Después de un par de días de pesquisas, le encontraran o no, debían reunirse todos en la parte noroeste de Esmalandia, en la cumbre de un monte que parecía una fortaleza desmantelada, el Taberg. Después de darles indicaciones precisas sobre el modo de encontrar esta montaña, Okka les deseó buena suerte y todos partieron.

El pato había escogio a Finduvet como compañero de viaje y se pusieron en camino, muy inquietos. Errando a la ventura oyeron a un mirlo, puesto sobre la copa de un árbol, gritar y decir pestes contra alguien que había dicho llamarse «raptado-por-las-cornejas», y que le había insultado. El pato y Finduvet trabaron conversación con el mirlo, por quien supieron la dirección tomada por las cornejas. Más allá habían encontrado una paloma torcaz, un estornino y, por último, un ánade silvestre, que se lamentaba de que un malvado había interrumpido su canto y esparcido el terror entre ellos y que se llamaba «raptado-por-las-cornejas». De este modo habían logrado seguir las huellas de Pulgarcito hasta la llanura del cantón de Sunnerbo.

Cuando el pato y Finduvet sonsiguieron hallar a Pulgarcito, encamináronse hacia el Taberg para reunirse con los patos silvestres. Era largo el vuelo y la noche les había sorprendido.

—Pero mañana, cuando nos hallemos entre los patos, nuestros apuros habrán terminado —suspiró Nils, hundiéndose en la paja para buscar calor.

La vaca no había cesado de moverse. De improviso dirigió la palabra al muchacho:

—Recuerdo que uno de vosotros me dijo, al entrar, que era un duende. De ser verdad, sabría cuidar una vaca.

—¿Qué es lo que te falta? —preguntó Nils.

—Me falta todo —dijo la vaca—. No se me ha ordeñado. Mi lecho de heno no ha sido arreglado y no se me ha traído el pienso de la noche. Mi dueña ha venido esta tarde para cuidarme, pero se ha sentido enferma y se ha marchado; y no ha vuelto todavía.

—Yo siento ser tan pequeño y tan débil —contestó el muchacho—. No creo que te pueda ayudar.

—No me convencerás de que eres débil, aunque seas pequeño —respondió la vaca—. Todos los duendes de que yo he oído hablar eran tan fuertes que arrastraban solos una carreta de heno y mataban un toro de un puñetazo.

Nils no pudo reprimir una carcajada.

—Ésos son duendes de otra especie —dijo—. Todo lo que yo puedo hacer es desprenderte de tu cadena y abrirte la puerta del establo. Así podrás salir a beber al corral. Mientras tanto, yo podría subir hasta el henar y tratar de echarte un poco de comida en el pesebre.

—Eso me parece muy bien —dijo la vaca.

Nils hizo cuanto había dicho, y cuando la vaca quedó reinstalada ante su pesebre lleno, creyó que le sería posible dormir. Pero apenas volvió a hundirse en la paja, la vaca comenzó a hablarle nuevamente:

—¿Te molestarás si te pido todavía otra cosa?

—No, si puedo satisfacerte.

—Te ruego que vayas a la casa de enfrente a ver cómo está mi ama. Tengo miedo de que le ocurra alguna desgracia.

—Eso es imposible —respondió el muchacho—. No me atrevo a comparecer delante de los seres humanos.

—¿Tienes miedo de una pobre vieja enferma? —dijo la vaca—. Para eso no tienes necesidad de entrar; bastará sólo con que te acerques a la puerta y mires por la rendija.

Levantóse y salió del corral. La noche era imponente, sin luna y sin estrellas, con el viento que parecía rugir y la lluvia que caía implacable. Lo más terrible era que bajo el alero de la casa se alineaban siete búhos. Su graznar y sus lamentaciones por el mal tiempo eran algo siniestro, y Nils se preguntaba qué sería de él si alguno de aquellos búhos llegaba a descubrirle.

—¡Perra suerte la de los pequeños! —musitó el muchacho, lanzándose fuera.

No se engañaba. El viento le derribó dos veces al suelo antes de que pudiera llegar a la casa de enfrente; y cayó en un charco de agua tan profundo que estuvo a punto de ahogarse. Por fin logró llegar al término de su viaje.

Trepó por la escalera, escaló penosamente el umbral y entró en el vestíbulo. La puerta de la cocina estaba cerrada; pero en uno de sus ángulos inferiores había un agujero para dar paso al gato de la casa. Nils no tuvo que hacer grandes esfuerzos para mirar al interior de la pieza.

Pero al primer golpe de vista recibió tal susto que retiró bruscamente la cabeza. Una vieja de cabellos grises yacía tendida en tierra, sin dar la menor señal de vida. Ni un movimiento, ni un gemido, su rostro, singularmente pálido, brillaba de un modo extraño: parecía iluminado por la mortecina claridad de una luna invisible.

Nils recordó que al morir su abuelo reflejaba en la cara esta blancura extraña y comprendió que la vieja mujer tendida sobre el suelo estaba muerta. La muerte debió sorprenderla antes de que pudiera llegar a la cama.

Sentía un miedo terrible ante la idea de encontrarse solo en medio de la noche con una muerta. Descendió precipitadamente la escalinata y regresó a la granja, corriendo de una manera desenfrenada.

Y le refirió a la vaca cuanto había visto. La vaca dejó de comer.

—¡Ah! ¡Mi ama ha muerto! —suspiró—. Pronto me tocará a mí.

—No te apures; siempre habrá alguien en el mundo que velará por ti —decíale Nils, tratando de consolarla.

—Tú no sabes —replicó la vaca— que yo tengo dos veces la edad de las vacas a las que se lleva al matadero. Ya no puedo esperar nada de la vida, una vez muerta mi pobre ama que tanto me cuidaba.

Y calló un instante. Nils observaba que no dormía ni comía. A poco reanudó la conversación.

—¿Dices que está tendida sobre el duro suelo?

—Sí —respondió Nils.

—Tenía la costumbre de venir aquí a contarme sus penas; yo comprendía muy bien lo que decía, aunque no fuese capaz de responderle. Estos días me hablaba del miedo que tenía a morir abandonada y sola.

Lamentábase de que no hubiese aquí ninguna persona que le cruzara las manos sobre el pecho cuando le sobreviniera la muerte. ¿Serías tú capaz de hacerlo?

Nils vacilaba. Recordó que, al morir su abuelo, su madre había tenido gran cuidado de que todo se hiciera convenientemente. Sabía que esto es una cosa que hay que hacer, y, no obstante, faltábanle las fuerzas para llegar de nuevo adonde estaba la muerta. No dijo sí ni no; pero no daba un solo paso hacia la puerta.

La vaca permaneció un momento silenciosa, como esperando una respuesta. Viendo que no le contestaba, se abstuvo de repetir su pregunta; pero comenzó a hablar de su ama.

Podía contar muchas cosas de ella. Primeramente habló de los hijos que había criado. Venían al establo todos los días y en verano llevaban a pacer el ganado a las marismas y tierras de pastoreo, por lo que la vieja vaca les conocía bien. Eran todos muy buenos, alegres y laboriosos. Una vaca sabe lo que valen estos guardianes.

También tenía que contar multitud de cosas referentes a la granja. Aquella posesión no había sido nunca tan pobre como al presente. Comprendía vastas extensiones de terreno; la mayor parte eran marismas, bosques y prados pedregosos. No había muchos campos donde poder cultivar el trigo; pero abundaban los pastos excelentes. Había conocido un tiempo en que ningún pesebre estaba vacío y en que el establo destinado a las vacas, ahora abandonado, rebosaba de ejemplares magníficos. La alegría y la actividad reinaban en todas partes. Cuando la dueña venía al establo reía y cantaba, y todas las vacas mugían gozosas al verla venir.

El dueño murió cuando los hijos eran todavía pequeños y no podían servir para nada, y la buena mujer tuvo que encargarse de la granja, de todo el trabajo de la casa y de los cuidados que se debía dispensar a los pequeñuelos. Había sido fuerte como un hombre y laborado las tierras y recogido las cosechas. Por la tarde, cuando venía a ordeñar las vacas, sentíase tan fatigada que lloraba. Pero bastábale pensar en sus hijos para recobrar el valor necesario. Con un movimiento brusco e indiferente al mal enjugaba sus lágrimas, vencía al sueño e infundíase nuevas energías, diciendo:

—¡Qué más da! Ya me desquitaré cuando mis hijos sean mayores. ¡Ah, cuando mis hijos sean mayores!

Pero cuando los hijos crecieron se apoderó de ellos una extraña nostalgia: no querían permanecer en casa; su ilusión era marchar al extranjero. Su madre no recibió de ellos ninguna ayuda. Algunos de los hijos casáronse antes de partir y al hacerlo dejaban a sus hijos en la casa. Últimamente, eran estos pequeñuelos los que seguían al ama por el establo, como en otros tiempos lo hicieron sus propios hijos. Llevaban las vacas al pastoreo y se convirtieron también en muchachos buenos y capaces para el trabajo. Y llegada la noche, durmiéndose abrumada por la fatiga mientras ordeñaba las vacas, nuestra ama recobraba fuerzas para la labor al pensar en ellos.

—Ya llegará el buen tiempo para mí —decíase, sacudiendo la cabeza— cuando sean mayores.

Pero he aquí que estos niños, una vez hechos hombres, siguieron la huella de sus padres hacia el extranjero. Nadie volvió del país lejano ni nadie quedó aquí. La vieja y buena ama permanecía sola en la granja.

Jamás rogó a ninguno de los suyos que se quedara en casa.

—¿Piensas tú, Rubia, que he de pedirles que se queden a mi lado cuando pueden hacer su camino allá abajo? —decíame—. Aquí, en Esmalandia, no pueden esperar más que la pobreza.

Cuando partió el último de sus nietos, el ama disgustóse mucho. En poco tiempo se encorvó su cuerpo y blanquearon sus cabellos; su paso vacilaba como si ya no pudiese caminar. Tuvo que abandonar todo trabajo. Ya no cuidaba de la granja, las paredes se iban desmoronando, fue vendido el ganado y sólo guardó esta vieja vaca amiga. Si la dejó con vida fue porque todos sus hijos y sus nietos la habían llevado a pacer.

Hubiera podido tomar a su servicio criados y campesinos; pero no toleraba la presencia en su casa de gente extraña cuando todos los suyos la habían abandonado. Nada importaba que la granja se deshiciera en ruinas, porque ninguno de sus descendientes había de cuidarla.

Los hijos y los nietos le escribían frecuentemente, rogándole que fuese a reunirse con ellos; pero no accedía a tales súplicas. No quería ver el país lejano que le había arrebatado su cariño.

Sólo pensaba en que sus hijos y sus nietos habían debido partir en busca de mayor bienestar. Cuando llegaba el verano, llevábame el ama a pacer junto a la gran marisma. Permanecía la jornada entera sentada a la orilla de la marisma, con las manos cruzadas sobre sus rodillas, y reconcentrando sus pensamientos, los resumía así:

—Mira, Rubia, si hubiera habido aquí campos fértiles en lugar de esta gran marisma que no se puede cultivar, no hubiesen tenido necesidad de marchar.

Se encolerizaba contra la marisma, que se extendía tan lejos y que no servía para nada. Murmuraba contra ella, acusándola de ser la causa de que sus hijos la hubieran abandonado.

Esta última tarde se había presentado en el establo más temblorosa y débil que nunca. No había podido acabar de ordeñarla. Apoyada un momento sobre el pesebre, le había hablado de dos campesinos que habíanla visitado para pedirle precio con objeto de comprarle la marisma. Pensaban cubrirla de tierra, laborarla y recoger allí buenas cosechas.

—¿Comprendes, Rubia, comprendes? Me han dicho que pueden convertir la marisma en un campo de centeno. Voy a escribir en seguida a mis hijos para que vuelvan. No tienen necesidad de permanecer en el extranjero; pueden encontrar el pan aquí.

Y para escribir esta carta es por lo que ha ido a la casa...

El muchacho no escuchó lo que la vaca seguía relatando. Abrió la puerta del establo y volvióse a la casa donde estaba la muerta.

Permaneció un momento pensativo en el vestíbulo.

La casa no era tan pobre como él había creído. Había gran número de objetos de esos que se encuentran generalmente en la casa de los que tienen parientes en América. En un rincón había una mecedora americana; la mesa, colocada frente a la ventana, lucía un tapete de peluche; cubría el lecho una bonita colcha; de las paredes pendían los retratos de los hijos y los nietos, encerrados en hermosos cuadros dorados; sobre el cofre había grandes jarros de cristal y un par de candelabros con gruesas bujías estriadas.

Nils buscó una cerilla y encendió las bujías, no porque no viese en la oscuridad, sino porque creyó con ello honrar a la muerta.

Después se aproximó a ella, le cerró los párpados, le cruzó los brazos sobre el pecho y apartó de su frente los lacios mechones de cabellos blancos.

No le inspiraba temor alguno. La idea de que había vivido una vejez solitaria y triste le apenaba profundamente. Velaría su cadáver aquella noche por lo menos.

Halló el libro de los Salmos, sentóse y se puso a leer a media voz. Mediaba su lectura cuando se detuvo al sobrevenirle de repente el recuerdo de su padre y de su madre.

Todos los padres suspirarían por sus hijos como aquella mujer. La vida puede darse por terminada cuando parten los hijos. En su casa, su padre y su madre lamentarían su marcha, tanto como aquella anciana había lamentado la de sus hijos. Estos pensamientos dábanle un gran consuelo; pero no se atrevía a retrasar lo que consideraba un deber. No quería conducirse de manera que se le pudiera reprochar.

Lo que no había sido nunca podía serlo en el porvenir.

A su alrededor veía los retratos de los ausentes. Eran hombres altos y vigorosos y mujeres de caras graves; eran esposas cubiertas de largos velos y señoras en traje de ciudad, y también niños de cabellos rizados, con elegantes trajes blancos. Nils creyó que todos le miraban fijamente con un aire en los ojos ciegos como si no quisieran ver.

—¡Pobres gentes! —dijo Nils a los retratos—. Vuestra madre ha muerto. Nunca se os podrá perdonar haber marchado tan lejos de ella. ¡Pero mi madre vive!

Interrumpiéndose, movió la cabeza y sonrió:

—¡Mi madre vive! —repitió—. ¡Mi padre y mi madre! ¡Los dos viven!

XVII

DEL TABERG A HUSKVARNA

Sábado, 16 de abril

El muchacho permaneció despierto toda la noche; pero ya próximo al amanecer durmióse y soñó con sus padres. Apenas si podía reconocerles. Los dos habían encanecido y tenían las caras arrugadas. Le dijeron que habían envejecido tanto por lo mucho que habían sufrido. Se mostraba conmovido al par que sorprendido, porque siempre había creído que estarían contentos por haberse desembarazado de él.

Cuando Nils despertó, la mañana estaba hermosa y clara. Comió un pedazo de pan, que encontró en la cocina, dio en seguida forraje a la vaca y comida a los patos y abrió por último la puerta del establo para que la vaca pudiera ir a la granja de al lado. Al verla comprendieron los vecinos que algo que había ocurrido a su ama. Corrieron en su busca y al encontrar su cadáver se dispusieron a darle sepultura.

Los patos y el muchacho se elevaron por los aires; pronto advirtieron una montaña muy alta con los flancos casi verticales y la cumbre como truncada; comprendieron que debía ser el Taberg. En lo más alto, Okka con Yksi y Kaksi, Kolme y Nelja, Viisi y Kiisi, y los seis patos jóvenes, les esperaban. Cuando vieron que el pato y Finduvet conducían a Pulgarcito, se desbordó el júbilo entre cloqueos, gritos y un batir de alas indescriptible.

El bosque ascendía a bastante altura por los flancos del Taberg; pero la cumbre estaba desnuda de vegetación. Desde lo alto descubríase un vasto panorama. Al Este, al Sur y al Oeste, no se veía más que una llanura bastante pobre, sombreada por extensiones de abetos y hornagueras negruzcas; los lagos estaban todavía helados y las crestas de las montañas eran de un tono azulado. Este horizonte revelaba un trabajo apresurado en el que el Creador no se había preocupado gran cosa. Pero si se miraba hacia el Sur, el espectáculo era diferente. El paisaje aparecía ordenado con gran cariño y esmero. Por todas partes bellas montañas, valles soñadores y ríos serpenteantes que se deslizaban hasta el gran lago de Vettern, que, libre de los hielos, brillante de claridad, parecía no lleno de agua, sino de luz azulina.

El lago de Vettern embellecía todo el Norte; se hubiera dicho que un reflejo azul surgía y se esparcía sobre la tierra. Los grupos de árboles, las alturas, las techumbres, las veletas, la ciudad de Jönköping, bañándose en una claridad azulada que era una caricia para los ojos.

Al día siguiente, prosiguiendo su viaje, los patos remontaron el valle azul. Estaban del mejor humor y gritaban tanto que nadie que tuviera orejas podía dejar de oírles.

Era en aquella región el primer día hermoso de primavera. Hasta entonces la primavera había avanzado entre lluvias y tempestades: por este espléndido tiempo, la nostalgia del verano, del calor y de las verdes florestas, se apodera de los hombres y les hace muy penoso el trabajo cotidiano. Cuando los patos silvestres pasaban, libres y alegres, altos, muy altos, por encima de la tierra, no había nadie que no interrumpiera el trabajo para seguirlos con la mirada.

Los primeros que descubrieron los patos aquel día fueron los mineros de Taberg, ocupados en arrancar el mineral a flor de tierra. Al oír los gritos de los patos, cesaron de excavar los hoyos de las minas y uno de los obreros gritó:

—¿Adónde vais? ¿Adónde vais?

Los patos no comprendían estas palabras: pero el muchacho contestó, inclinando su cuerpo:

—Donde no hay azadones ni martillos.

A estas palabras, los mineros creyeron que era su propia nostalgia la que les hacía oír los gritos de los patos como una voz humana.

—¡Dejadnos ir con vosotros! ¡Dejadnos ir con vosotros! —decían.

—¡No este año! —gritaba Nils—. ¡No este año!

Los patos silvestres, siempre en medio de la algazara que promovían, seguían por el río Taberg hacia el Munksjö. Sobre la estrecha lengua de tierra entre el Munksjö y el Vettern, se eleva la ciudad de Jököping, con sus grandes fábricas. Los patos pasaron primeramente sobre la fábrica de papel de Munksjö. Era precisamente la hora de entrada al trabajo después de la comida, y grupos de obreros se dirigían hacia la puerta de la fábrica. A los gritos de los patos silvestres se detuvieron un momento para escucharles.

—¿Adónde vais? ¿Adónde vais? —preguntó un obrero.

Los patos silvestres no comprendieron lo que decían; pero el muchacho contestó:

—Donde no hay máquinas ni calderas.

Los obreros creyeron oír la voz de su propia nostalgia.

—¡Dejad que vayamos con vosotros!

—¡No este año! —gritó Nils—. ¡No este año!

Los patos pasaron por encima de la célebre fábrica de cerillas situada a las orillas del Vettern y que, grande como una fortaleza, eleva hacia el cielo sus altas chimeneas. En el patio no había nadie; pero en una gran sala muchas jóvenes obreras se ocupaban en llenar las cajas de cerillas. Dado el buen tiempo, habían abierto una ventana y por ella llegaron los rumores de la bandada de patos. Una jovencita se asomó con una caja en la mano y gritó:

—¿Adónde vais? ¿Adónde vais?

—¡Al país donde no hay necesidad de luz ni de cerillas! —gritó Nils.

La jovencita estaba segura de haber oído el grito de los patos; pero como había creído percibir el eco de algunas palabras, respondió:

—¡Dejadnos ir con vosotros! ¡Dejadnos ir con vostros!

—¡No este año! —gritó Nils—. ¡No este año!

Al este de las fábricas se eleva Jönköping, en el sitio más bello que pueda desear una ciudad. El estrecho lago de Vettern tiene unas riberas altas y escarpadas, tanto al este como al oeste; pero en la parte sur las pendientes de arena parecen haber sido quitadas para ofrecer una gran puerta por la que llega al mar. En medio de esta puerta, entre montañas al este y montañas al oeste, con el lago de Munksjö detrás y el Vettern delante, se extiende la ciudad. Al pasar sobre Jönköping, los patos iban promoviendo el mismo ruido de siempre; pero nadie reparó en ellos en la ciudad. No cabe esperar que los hijos de las ciudades se detengan en plena calle para lanzar gritos al paso de los patos silvestres.

El viaje continuó a lo largo de la orilla del Vettern; los patos llegaron a la altura del sanatorio de Sanna. Algunos enfermos que para gozar del aire primaveral habían salido a una galería, oyeron a los patos.

—¿Adónde vais? ¿Adónde vais? —preguntó uno de los enfermos con una voz tan débil que apenas si se le oía.

—Al país donde no hay penas ni dolores —respondió el muchacho.

—¡Dejadnos ir con vostros!

—¡No este año! —gritó Nils—. ¡No este año!

Un poco más allá, y los pájaros llegaron a Huskvarna.

Huskvarna está situada en el fondo de un valle. La rodean unas hermosas montañas escarpadas. Un curso de agua se precipita en una serie de largas y estrechas cascadas. Grandes talleres y fábricas surgen en los flancos de las montañas; en el valle se elevan las viviendas de los trabajadores, rodeadas de jardincitos, y en el centro se levantan los grupos escolares. En el momento en que llegaron los patos silvestres se oyó una campana; multitud de niños salieron de la escuela, formando hileras. Eran tantos que llenaron el patio de recreo.

—¿Adónde vais? ¿Adónde vais? —preguntaron los niños, al darse cuenta de los patos silvestres.

—Donde no hay libros ni lecciones —respondió el muchacho.

—¡Llevadnos con vosotros! ¡Llevadnos con vosotros!

—¡No este año! ¡Otro año! —respondió Nils—. ¡No este año! ¡Otro año!

XIX

LA GRAN LAGUNA DE LOS PATOS

La gran laguna situada al oeste de Dangsmosa y que fue en la antigüedad mucho mayor que hoy, se llama Takern. Hace muchos siglos creyeron las gentes que podrían cultivar la gran extensión de terreno que cubría y se dedicaron a desecarla para hacer plantaciones. No consiguieron secarla toda; pero lograron que bajase tanto el nivel de sus aguas que en ningún punto alcanza una profundidad mayor de dos metros y de trecho en trecho emergen gran número de verdes islotes y sus orillas son tan fértiles para el crecimiento de juncos y cañas, que forman alrededor de la laguna espeso y alto muro, sólo franqueable cuando, a fuerza de penosos esfuerzos, se consigue abrir un paso o camino.

Si estos juncos cerraron el agua a las gentes, ofrecen, en cambio, un gran abrigo para toda clase de patos que allí anidan, encuentran su alimento y crían a sus hijuelos.

La laguna de Takern es la mayor y mejor que en el país existe para abrigar a millares y millares de las diversas especies de palmípedos, que pueden darse por dichosos al habitar este hermoso refugio que no se sabe si podrán disfrutar mucho tiempo. El hombre no olvida que estas aguas cubren una tierra laborable de las mejores, y así cuando él llegue, tendrán que abandonar su sitio las aves que allí se encuentran.

Por el tiempo en que Nils Holgersson andaba rondando con los patos silvestres, había en la laguna de Takern uno al que llamaban Jarro. Era un pato jovenzuelo, que no había vivido más que un verano, un otoño y un invierno. Era ésta su primera primavera. Había regresado del norte de África y se hallaba una tarde jugando en la laguna con otros compañeros suyos cuando un cazador disparó un par de tiros y Jarro fue alcanzado y herido en el pecho. Creyó morir; pero para no caer en manos de quien le hirió, hizo un esfuerzo y siguió volando sin rumbo, con el solo objeto de alejarse lo más posible de aquel sitio; pero las fuerzas le faltaron y fue a caer junto a la entrada de una gran alquería.

Salió de ella poco después un criado, que lo recogió del suelo; pero como quiera que Jarro ya no deseaba otra cosa que morir tranquilo, haciendo un esfuerzo le dio un picotazo en el dedo para que le dejase allí. Entonces vio el criado que el pájaro vivía y tomándolo con cuidado, se lo llevó a las habitaciones donde se hallaba la dueña de aquella quinta, que era una mujer joven, de semblante afable, la cual tomó al pato de las manos del criado y, después de acariciar al pobre animal, le enjugó la sangre que corría por sus plumas. Lo observó minuciosamente y al ver lo bonito que era con su plumaje tornasolado y cuello azul, parecióle una lástima dejarle morir y dispuso que se le arreglase un canasto, donde lo acomodó al punto.

Jarro, en un comienzo, se esforzó por escapar; pero al comprender que no querían matarle, se instaló tranquilamente en su canasto, puesto por la dueña de la casa en un rincón de la cocina. Quedó dormido; pero algún tiempo después notó que algo suave le rozaba, y al abrir los ojos fue tal su terror que estuvo a punto de desvanecerse. Se hallaba en presencia de algo mucho más temible que el hombre y que las aves de rapiña. Ahora sí que podía darse por perdido. Allí se hallaba el mismo perro César, un perro de caza de pelo largo, que, lleno de curiosidad, le olisqueaba rozándole con su hocico. El pobre Jarro recordó que siendo muy pequeño oía gritar entre juncos: «¡Que viene César! ¡Que viene César!», y su presencia era considerada como un presagio de muerte.

—¿Qué clase de bicho eres? —preguntábale César, con el sonido gutural que en los perros corresponde al ladrido—. ¿Cómo te las has arreglado para llegar hasta aquí? ¿No tienes tu sitio allá, entre los juncos y cañaverales de la laguna?

Difícil le fue al pobre Jarro reunir fuerzas para poder contestar:

—No te incomodes conmigo porque yo haya entrado en esta casa. No es culpa mía, fui herido y los hombres me colocaron en este cesto.

—¿Conque ha sido el hombre el que te trajo aquí?—replicó César—. Entonces no hay duda de que llevan la intención de curarte. En todo caso, no necesitas poner una cara tan asustada; aquí disfrutas de hospitalidad, puesto que ya no estamos en la laguna.

Y, dicho esto, fuese César y se acostó junto a las brasas del hogar.

Una vez pasado el terror sufrido, cayó Jarro en profundo sueño y al despertar vio a su alcance un plato de avena cocida y agua. Aunque se hallaba muy débil, sentíase hambriento y al empezar a comer acercósele el ama de la casa, que le acarició con complacencia. Durmióse Jarro tranquilo ante estas manifestaciones de afecto y durante varios días no hizo más que comer y dormir.

Una mañana sintióse el pato Jarro tan fuerte, que saliendo del canasto dio algunos pasos; pero no bien había conseguido andar algún trecho cayó debilitado, quedando tendido en el suelo.

El perro César, que se hallaba próximo, le recogió entre sus dientes. El pobre Jarro creyó que César iba a matarle y con gran extrañeza observó que, sin hacerle ningún daño, le condujo de nuevo al cesto.

Después de esto quedaron buenos amigos, se buscaban uno a otro y a diario pasaba Jarro algunas horas tendido entre las patas de César.

El mayor agradecimiento y confianza sentíalo el pato para con la dueña de la casa, a la que alargaba el cuello para acariciarla cuando ésta le extendía la mano con el alimento.

Jarro llegó a olvidar por completo el miedo sufrido y a cambiar el concepto que antes había tenido de los perros y de las personas. Parecíale que eran buenos y cariñosos y llegó a amarlos. Deseaba hallarse completamente bueno para poder volar a la laguna y referir a sus jóvenes compañeros que sus antiguos enemigos no eran peligrosos y que no debían tener miedo alguno.

Había, sin embargo, en la casa un gato que, si bien no le causaba ningún daño, no podía trabar con él una buena amistad, porque se burlaba de él con frecuencia acusándole de estimar al hombre.

—¿Crees tú —le decía— que te cuidan porque te quieren? Ya verás cómo cuando engordes te retuercen el pescuezo; yo conozco a esas gentes.

Jarro tenía, como todas las aves, un corazón sensible y sentimental y se entristecía en extremo cuando oía estas palabras. No podía concebir que el ama de la casa le matara, y mucho menos que pudiera hacerlo su hijo, un pequeñuelo que pasaba horas y horas junto a su cesto y con el que mantenía la charla propia de un niño de su edad.

Cierto día en que Jarro y César se hallaban reunidos, empezó el gato, que se había colocado sobre el banco de la cocina, a hacer rabiar a Jarro, diciéndole:

—¿Qué haréis vosotros, patos, cuando la laguna se convierta en tierra de labor?

—¿Qué es lo que quieres decir? —extrañóse Jarro.

—Si tú entiendes —siguió diciendo el gato— el lenguaje de los hombres, como César y yo, hubieses podido enterarte de que los que anoche estuvieron en casa hablaron de que la laguna Takern será desecada el año próximo, a fin de poder hacer plantaciones en su fondo.

—Eso no es verdad —dijo, indignado, el pato—. ¿Qué sería de nosotros al encontrarnos sin hogar y sin los medios de vida que allí tenemos? Que lo diga César, que nunca miente —y mirando al perro, dijo: —Di que no es verdad cuanto afirma el gato.

Pero César calló.

A este perro le sucedía lo mismo que a todos los de su especie. Nunca quieren reconocer que el hombre pueda hacer algo que no sea justo.

Ya en varias ocasiones se había tratado de desecar la laguna, sin que se llegase a hacerlo, y César, que conocía esto, pensó para sus adentros que se dejaría como estaba.

EL RECLAMO

Domingo, 17 de abril

Un par de días después se hallaba el pato Jarro tan completamente repuesto que podía volar por toda la casa. Era objeto de muchas antenciones por parte de la dueña y de su hijo, que en seguida corrió al patio en busca de las primeras hierbas que allí crecieron. Por más que se hallaba lo suficientemente fuerte para volar en busca de la laguna, no deseaba separarse de las personas y no hubiese tenido inconveniente alguno en vivir siempre allí.

Pero una mañana temprano ordenó la dueña de la casa que se le pusiese un lazo que le impidiese volar. El criado que lo recogiera se lo llevó hacia la laguna de Takern.

El hielo había desaparecido durante los días en que Jarro había estado enfermo y sobre las aguas cristalinas del lago destacábanse los islotes y la orilla cubierta por los brotes de juncos y cañas. Las aves acuáticas hallábanse, en su mayoría, de regreso.

El criado embarcó en un pequeño bote y puso en su fondo al pato, dirigiéndose hacia el centro de la laguna. Jarro, que ya se había acostumbrado a vivir junto a los hombres, dijo al perro César que también les acompañaba, que estaba agradecido al criado por haberle llevado a la laguna, pero que no había necesidad de que le tuviese tan fuertemente atado por cuanto no tenía intención de escapar. El perro no contestó; hallábase meditabundo aquella mañana.

Lo que sí llamó la atención del pato fue que el criado llevase consigo la escopeta, por cuanto nunca pudo pensar que las buenas gentes de aquella finca disparasen contra los patos y mucho menos en aquella época, en que, según César, era tiempo de veda, por más que aquello no rezaba con él.

Pronto llegó el criado a uno de los pequeños islotes que las plantas del lago cubrían; desembarcó, hizo un gran montón de juncos y colocóse tras del mismo, mientras dejaba nadar a Jarro, siempre con las alas ligadas y sujeto al bote por medio de una larga cuerda.

Jarro no tardó en ver a algunos de sus jóvenes compañeros con los que había nadado, y aunque se hallaban lejos, llamóles con sus gritos. Contestaron ellos y una hermosa bandada de pájaros dirigióse hacia el sitio donde Jarro estaba. Había comenzado a referir de qué modo tan raro fue salvado y a contar las bondades de los hombres cuando un par de disparos hechos de cerca derribaron a tres patos entre los juncos, lanzándose tras ellos César para recogerlos y llevárselos al criado.

Entonces comprendió el pobre Jarro que los hombres le habían salvado con el objeto de emplearlo como ave de reclamo. Tres compañeros suyos habían muerto por su culpa y hallábase tan afligido que creyó morir de vergüenza y dolor. Parecíale que hasta el mismo perro César le miraba con desprecio, y tanto era así, que ya de regreso en casa no se acostó junto a él como otras veces.

A la mañana siguiente fue Jarro llevado nuevamente a la laguna y tratado como el día anterior; pero al observar que algunos compañeros dirigían su vuelo hacia él, empezó a gritar, diciéndoles:

—No os acerquéis. Yo no soy más que un pájaro de reclamo; el cazador se encuentra escondido entre los juncos.

Y así consiguió que los patos no se pusiesen a tiro.

Aquel día el criado regresó sin haber cazado nada. El perro, no obstante, no parecía tan malhumorado como el día anterior, y cuando hubo llegado la noche hizo, como de costumbre, que el pato durmiera entre sus patas delanteras.

Jarro, a pesar de ello, ya no se encontraba a gusto en aquella alquería. Le agobiaba la idea de que los hombres no le hubieran querido, y cuando la dueña de la casa o su pequeño hijo se acercaban para acariciarle, metía el pico debajo del ala y parecía dormir.

Durante varios días más lleváronlo a la laguna, donde, apenas llegado, comenzaba a gritar advirtiendo a sus compañeros del peligro que corrían. Una de estas veces, cuando con más fuerza gritaba, vio venir hacia él uno de esos nidos que sobre juncos flotantes construyen los cazadores, observando con sorpresa que una leve figura de hombre, la más pequeña que había visto, se hallaba sobre el nido y lo guiaba. Al aproximarse, le dijo:

—Estáte listo para volar; pronto serás redimido.

Un momento después llegaron los juncos a su lado, y al propio tiempo que una bandada de pájaros, volando a gran altura, llamaba la atención del criado, que, aun temiendo no alcanzarles, disparó dos veces contra ellos, saltó el pequeñín sobre el pato y rápidamente cortóle con su pequeño cuchillo la ligadura de las alas, y tras esto, la cuerda que le sujetaba al bote. Saltó presto a su escondite y una vez seguro, díjole al pato:

—Escapa, echa a volar antes de que pueda cargar de nuevo y disparar contra ti.

El perro César, que había estado alerta, saltó rápido y consiguió atrapar a Jarro por el cuello; pero Pulgarcito le reconvino, diciéndole:

—Si eres tan noble como pareces, no pretendas que un pato de buenos sentimientos sirva de reclamo para que maten a sus compañeros.

El perro gruñó al oír esto; pero dejando su presa, le dijo:

—Vuela y vete; eres demasiado bueno para servir de reclamo.

LA DESECACIÓN DE LA LAGUNA

Miércoles, 20 de abril

El vacío que al huir dejó el pato en aquella casa fue muy sensible para todos, y, en particular, para el hijo de la dueña, Per Ola. Era éste un pequeñín de cuatro años e hijo único, que nunca hasta entonces había tenido para sus juegos nada que le hubiese divertido tanto como el pato Jarro. Cuando supo que éste había vuelto a reunirse con los suyos, no pudo resignarse y pensó cómo se las arreglaría para que el pato volviese. Pidió a su madre que le acompañase para ir en busca de Jarro, a fin de convencerle de que volviese a su casa; pero la madre, como puede suponerse, no accedió a la petición. Sin embargo, no abandonó el pequeño su idea, y dos días después de haber desaparecido Jarro salió acompañado de su madre al patio, donde solía quedar solo jugando.

Al pasar la madre el umbral de la puerta, dijo, dirigiéndose al perro César que allí estaba tendido:

—Cuida del pequeño Per Ola mientras esté solo aquí.

César se encontraba de mal humor. Sabía que los labradores que tenían sus tierras junto a la laguna trataban seriamente de desaguarla, con lo que los pájaros se marcharían y ya no podría disfrutar del entretenimiento de la caza. Encontrábase tan preocupado con estas ideas que no pensó en el chiquillo, el cual cayó en la cuenta de que, de no presentarse nadie que le detuviera, era ésta la ocasión propicia para ir en busca de Jarro. Y así lo hizo, dirigiéndose a la laguna. Apenas llegado comenzó a gritar desde la orilla llamando al pato repetidas veces, y como éste no compareciera tomó la determinación de ir en su busca. Con tal fin saltó a una barquichuela allí abandonada de puro vieja y cuyo fondo llenábalo el agua; pero no reparó en esto el pequeño. Como no podía utilizar los remos, se contentó con hacerla dar bandazos, con lo que la embarcación se separó de la laguna. El chiquillo, sentado sobre la proa, seguía llamando a Jarro a grandes voces. El pájaro se percató, por último, de que le llamaban, y al oír el nombre que tuvo entre las personas, comprendió al punto que era el chiquillo de la casa que había salido en su busca.

Se dirigió a él y, alegrándose de haberle encontrado, púsose a su lado y se dejó acariciar, quedando ambos muy satisfechos de haberse vuelto a ver.

Apenas habían transcurrido unos momentos descubrió el pato que la embarcación estaba casi llena de agua y corría peligro de hundirse.

El pato dio a entender al pequeño Per Ola que como no podía volar ni andar, era necesario ponerse a salvo de algún modo. Y echando a volar volvió al poco rato llevando sobre su lomo a Pulgarcito, que resultaba tan minúsculo que, de no haber sido por sus movimientos y palabras, hubiera podido creerse que era un muñequito. El pequeñín ordenó a Per Ola que empleara como percha una larga rama que en el interior del bote había, hasta ganar los juncales de un islote próximo. Apenas hubo llegado saltó el muchacho a tierra y hundióse el bote sin otras consecuencias.

Asaltóle al punto el terror de que sus padres le castigaran y ya estaba próximo a romper en amargo llanto cuando le distrajo la presencia de una gran bandada de patos, que le fueron presentados por Pulgarcito, el cual fue traduciendo cuanto decían y revelando sus nombres, con lo que Per Ola se distrajo y olvidó todo lo demás.

Entretanto, las gentes de la alquería, que habían echado de menos al pequeñín de la casa, empezaron a buscarlo por todas partes, aunque en vano, llegando hasta la misma laguna.

El perro César comprendió muy bien lo que pasaba: pero, malhumorado, no se cuidó de poner a la gente sobre la pista. Algunos de los que llegaron a la orilla del lago, descubrieron la huella de las pisadas del pequeñín y la desaparición del bote, y tomando otras embarcaciones recorrieron la laguna en todas direcciones, sin encontrar vestigios del pequeño. Todos temieron entonces que Per Ola habríase ahogado al hundirse el bote.

La angustiada madre vagó hasta bien entrada la noche por la orilla del lago, pudiendo oír cómo los patos y millares de aves le llamaban, se reunían y entendían sus lamentos y exclamaciones de alegría, tales como pudieran expresar las mismas personas. Y su pena la indujo a pensar que aquellas aves manifestaban su disgusto por la próxima desecación de la laguna, que las obligaría a dejar el sitio predilecto de sus hijuelos, a perder su rico sustento y aun la vida.

La madre, que no había perdido la esperanza de encontrar a su hijo, diose a pensar que lo sucedido fuese un aviso del cielo, por cuanto al siguiente día debía resolver el asunto de la desecación del lago. Impresionada por esta creencia corrió en busca de su esposo, y al referirle sus ideas tuvo el consuelo de ver que también las compartía. Y por más que el solo hecho de cubrir la laguna representase aumentar en un doble la extensión de su finca, convinieron en hablar con los interesados para manifestarles que la laguna quedaría como estaba, porque renunciaban a enmendar la plana a la sabia naturaleza.

El perro César, que, tendido en la habitación y con la cabeza levantada, había escuchado atentamente la conversación que sus amos sostuvieron, levantóse de repente y agarrando con sus dientes la falda de la señora, comenzó a tirar hacia la puerta. El ama quiso en un principio desasirse del perro; pero al ver que éste insistía en su propósito exclamó:

—César, ¿sabes acaso dónde está mi hijo?

Y abriendo la puerta corrió tras el perro, y llegados que fueron a la orilla del lago experimentaron gran consuelo y sobresalto al oír que el niño lloraba, aguas adentro.

El pequeño Per Ola, que había pasado un gran día con Pulgarcito, Jarro y los demás pájaros, empezó a llorar al sentir los retortijones del hambre y el miedo a la oscuridad. Y por esto fue tanta su alegría al ver a sus padres, acompañados del perro César, llegando en su busca.

XX
LA PREDICCIÓN

Viernes, 22 de abril

Nils dormía una noche sobre un islote del lago de Takern cuando fue despertado por el golpe de los remos sobre el agua. Apenas hubo abierto los ojos vio una luz deslumbrante que le hizo parpadear. De momento no comprendió desde dónde se reflejaba sobre el lago tan inmensa claridad, mas pronto vio una barquilla junto a los cañaverales. Detrás de la embarcación veíase una antorcha embreada, sujeta a un pico de hierro. La llama rojiza de la antorcha se reflejaba en las negras aguas del lago, y este hermoso resplandor atraía, sin duda, a los peces, porque en torno de la embarcación movíanse y se agitaban multitud de rayitas negras.

Dos viejos estaban en la barquilla. Uno, sentado, sosteniendo los remos, y el otro, de pie sobre el banco de atrás, tenía en la mano un arpón, con redes burdamente tejidas. El remero ofrecía el aspecto de un pobre pescador. Era pequeño, seco y de tez curtida por el viento, y llevaba un traje delgado y raído por el uso. Echábase de ver al punto que salía a pescar en todo tiempo, y que no temía al frío. El otro, bien portado y bien vestido, tenía el aire autoritario de un acomodado aldeano.

—Para —ordenó el aldeano, cuando llegaron junto al islote donde estaba durmiendo el muchacho. Con un movimiento rápido echó el arpón al agua. Cuando hubo pescado una gruesa angula, dijo:

—He aquí una que no es pequeña. Creo que ya hay bastante para esta noche y que podremos regresar.

Su compañero no movía los remos; miraba como encantado en torno suyo.

—¡Qué bien se está esta noche en el lago! —dijo.

En verdad que era así. Todo estaba en calma; el agua se extendía inmóvil, a excepción de la estela que el bote dejaba al marchar; los resplandores de la antorcha la hacían relucir, como un camino de oro, y en el cielo, de azulada oscuridad, brillaban las estrellas a millares. Las riberas desaparecían bajo la frondosidad de los cañaverales, exceptuando la parte oeste. En este lado se elevaba la montaña de Omberg, sombría y alta, que, más importante que durante el día, ocultaba en forma de triángulo una parte del cielo.

El otro volvió la cabeza para no quedar deslumbrado por la antorcha, y miró a su alrededor.

—Sí, es un hermoso país —dijo al fin—; pero la belleza no es lo principal de nuestra Ostergötland.

—¿Qué otra cosa es mejor? —preguntó el remero.

—Ha sido siempre ésta una provincia rica y estimada.

—Eso puede ser verdad —asintió el otro.

—Así es y así será siempre.

—¿Qué sabemos? —replicó el remero.

El aldeano se irguió y apoyándose sobre el arpón, dijo:

—Sé una vieja historia que en nuestra familia se transmite de padres a hijos. Nosotros no se la contamos a cualquiera: pero a un viejo camarada como tú se le puede confiar. En Ulvâsa, aquí en Ostergötland, —añadió con un tono que revelaba haberlo oído de otros y saberlo de memoria—, vivía hace mucho tiempo una dama que tenía el don de leer el porvenir y anunciar a las gentes lo que les iba a acontecer con la misma seguridad y certeza que si se tratase de hechos consumados. Era famosa en todas partes y de muy lejos venían a consultarla.

Un día la dama de Ulvâsa hilaba en su gran sala como se acostumbraba en otros tiempos: un aldeano entró inopinadamente y se sentó en un banco, en el fondo de la estancia, junto a la puerta.

—Quisiera saber en qué estáis pensando, estimada señora —dijo, después de un instante de silencio.

—Pienso en cosas elevadas y santas —respondió ella.

—¿Sería indiscreto preguntaros una cosa que me preocupa mucho?

—Sin duda quieres saber si tu campo te dará mucho trigo...; pero has de saber que yo he recibido requerimiento del emperador, inquieto por la suerte de su corona, y del Papa para saber el porvenir de sus llaves.

—Ya sé que son cosas sobre las cuales es difícil responder —contestó el aldeano—; pero no he de ocultaros que he oído decir que de aquí se sale siempre disgustado por lo que decís.

Al oír eso la dama de Ulvâsa se mordió los labios y se afirmó en su asiento:

—¡Ah! ¿Conque tú has oído decir eso? Muy bien; entonces interrógame, a ver si no sé responder de una manera cierta y satisfactoria para que tú quedes contento.

El aldeano declaró que había venido con la esperanza de conocer el porvenir de Ostergötland. Nada amaba en el mundo tanto como su país y se consideraba dichoso hasta el último momento con oír una buena respuesta.

—Si no quieres saber otra cosa —respondió la prudente dama de Ulvâsa— creo que quedarás contento, porque yo puedo decirte ahora, sin temor a equivocarme, que Ostergötland poseerá siempre algo de lo que podrá enorgullecerse por encima de las otras provincias.

—Es una buena respuesta, mi querida señora —dijo el aldeano—, y quedaría completamente satisfecho si supiera, al menos, cómo ha de ser eso posible.

—¿Por qué no ha de ser posible? —contestó la dama de Ulvâsa—. ¿No crees que Ostergötland es ya una provincia célebre? ¿Crees tú que hay en Suecia otra que pueda envanecerse de poseer dos monasterios como los de Alvastra y Verta y una catedral como la del Linköping?

—Es verdad —afirmó el aldeano—; pero yo soy viejo y sé que el espíritu de los hombres es tornadizo. Temo que llegue un tiempo en que no se nos conceda honor ni gloria por Alvastra ni por Verta, ni aun por nuestra misma catedral.

—Hay algo de verdad en lo que dices —confesó la dama de Ulvâsa—; pero no tienes necesidad por eso de poner en duda mi predicción. Yo voy a construir un nuevo monasterio en Vadstena que será el más renombrado del Norte. Nobles y villanos vendrán en peregrinación y todos alabarán esta provincia por poseer entre sus fronteras un lugar tan santo.

El aldeano se consideró feliz al conocer la buena nueva. Pero como todo es pasajero en este mundo, aspiraba a saber cómo se mantendría el renombre de la provincia si el monasterio de Vadstena caía en decadencia.

—Tú no eres fácil de contentar —respondió la dama de Ulvâsa—; pero yo puedo misteriosamente ver bastante lejos en la noche de los tiempos para asegurarte que antes de que el monasterio de Vadstena haya perdido su prestigio, se elevará un castillo en sus proximidades; este castillo, que será el más hermoso de la época, lo visitarán reyes y príncipes y constituirá un gran motivo de orgullo para la provincia poseer un tesoro semejante.

—Creo firmemente cuanto decís —repitió firmemente el aldeano—; pero yo soy viejo y sé de la vanidad de las cosas de este mundo. Y si llegara un día en que el castillo se desmoronase, ¿qué podría entonces atraer la mirada de los hombres sobre esta provincia?

—Eres muy curioso —dijo la dama de Ulvâsa—; pero yo veo bastante lejos para descubrir una maravillosa animación en los bosques en torno de Fispâng. Veo construir grandes hornos y herrerías, y creo que la provincia será muy considerada por su arte en trabajar el hierro.

El aldeano confesó que esto le satisfacía mucho.

—Pero aun no decayendo nunca los talleres de Fispâng, ¿habría todavía algo más de que la provincia pudiera enorgullecerse?

—Es muy difícil que se te pueda satisfacer —dijo nuevamente la dama de Ulvâsa—; pero veo aún bastante lejos para decirte que vastas construcciones como castillos surgirán en las orillas de estos lagos, erigidas por grandes señores después de haber guerreado en el extranjero. Creo que estos castillos adornarán grandemente la provincia.

—Eso es hermoso y bueno: pero, ¿y si llega un tiempo en que los castillos caigan en ruinas? —objetó el aldeano.

—No sientas la menor zozobra —dijo la dama de Ulvâsa—. Veo surgir fuentes de agua mineral en los prados de Medeví, no lejos de Vettern. Creo que estas fuentes reportarán a nuestra provincia toda la celebridad que pueda desear.

—Bueno es saberlo; pero —prosiguió el aldeano con terca insistencia—, ¿y si llega un tiempo en que las gentes busquen la curación de sus dolencias en otras aguas?

—No te inquietes —respondió la dama—. Yo veo un hormiguero de hombres entre Motala y Mem. Construyen un canal de comunicación a través del país y, cuando quede terminado, vendrán las alabanzas de todas partes.

El aldeano manifestaba siempre su aire intranquilo e incrédulo.

—Veo que las caídas de agua de Motala hacen girar ruedas —continuó la dama de Ulvâsa, pintándose en sus mejillas dos grandes rosetas que denotaban que iban perdiendo la paciencia—. Oigo resonar los martillos de Motala y oigo los telares de Norköping.

—Es una feliz nueva —dijo el aldeano—; pero pienso en que todo pasa y temo que eso llegue a olvidarse algún día.

La paciencia de la dama de Ulvâsa llegó a su término.

—Tú dices que todo pasa. Muy bien. Yo te revelaré algo que no cambiará. En este país habrá hasta el fin del mundo aldeanos tan testarudos y orgullosos como tú.

Entonces se levantó el aldeano radiante y satisfecho y le dio las gracias calurosamente.

—Al fin me voy contento —dijo.

—En verdad, no comprendo tu pensamiento —dijo la dama de Ulvâsa.

—Pues bien; pienso, mi estimada señora —explicó entonces el aldeano—, en que todo lo que los reyes y las gentes de los monasterios y los señores y los hombres de las ciudades puedan fundar y construir, no durará más que algunos años; pero me habéis dicho que en Ostergötland habrá siempre aldeanos honrados y tenaces. Así que yo sé que el país conservará siempre su antiguo honor. Sólo los que doblen el cuerpo en el constante trabajo de la tierra podrán mantener de siglo en siglo la prosperidad y la gloria de mi provincia.

XXI

LA LLANURA DE OSTERGÖTLAND

Sábado, 23 de abril

Nils volaba muy alto; bajo sus pies se extendía la gran llanura de Ostergötland. Gozaba en contar las iglesias blancas, cuyos campanarios surgían entre los grupos de árboles. Pronto llegó a contar cincuenta; pero, al equivocarse, no quiso continuar.

La mayor parte de las granjas eran grandes casas blancas de dos pisos, de aspecto tan soberbio, que Nils no salía de su asombro.

«Habrá que creer que no hay aldeanos en este país —pensaba—, porque aquí no hay granjas de labradores.»

De repente, los patos silvestres pusiéronse a gritar:

—¡Aquí los aldeanos viven como señores! ¡Aquí los aldeanos viven como señores!

En la llanura la nieve y el hielo habían desaparecido; los trabajos de la primavera habían comenzado.

—¿Qué son esa especie de cangrejos que se arrastran por el suelo? —preguntaba Nils.

—¡Arados y bueyes! ¡Arados y bueyes! —respondieron los patos al unísono.

Los bueyes avanzaban tan lentamente, que apenas si se observaba en ellos movimiento alguno; los patos les gritaron:

—No llegaréis hasta el año próximo. No llegaréis hasta el año próximo.

Los bueyes no anduvieron remisos en la respuesta, y levantando la testuz, dijeron:

—En una hora hacemos nosotros más trabajo útil que vosotros en toda la vida.

Aquí y allá veíanse caballos que tiraban del arado. Caminaban con mayor rapidez que los bueyes, pero los patos no pudieron resistir el deseo de meterse con ellos:

—¿No os da vergüenza hacer un trabajo de bueyes?

Y los caballos relincharon:

—¿No sentís vergüenza de ser tan holgazanes?

Mientras los caballos y los bueyes se dedicaban al laboreo de los campos, el carnero permanecía en casa, paseándose por el corral. Recién esquilado y ágil divertíase embistiendo a los muchachos, obligando al perro guardián a guarecerse en su garita y pavoneándose con el orgullo que le daba el creerse amo del lugar.

—Carnero, carnero, ¿qué has hecho de tu lana? —gritaban los patos silvestres al pasar.

—La he enviado a las fábricas de Drag, en Norköping —respondía el carnero con un largo balido.

—Carnero, carnero, ¿qué has hecho de tus cuernos?

El carnero, muy a pesar suyo, no los había tenido jamás y no se le podía inferir mayor afrenta que preguntarle por ellos. Se puso tan furioso, que durante un rato corrió enloquecido en torno del corral, dando embestidas contra el aire.

Un hombre caminaba por la carretera; le precedía un pequeño ganado de lechoncitos de Escania, que no contaban más que algunas semanas y que esperaba vender en el Norte. Los lechoncitos trotaban vivamente, a pesar de lo pequeños que eran, y se apretujaban unos contra otros para protegerse.

—¡Uf! ¡Uf! ¡!Uf! ¡Qué pronto nos han separado de nuestro padre y de nuestra madre! ¡Uf! ¡Uf! ¡Uf! ¿Qué va a ser de nosotros, tan pequeños? —gritaban con un gruñido agudo.

Los mismos patos silvestres no pudieron menos que compadecerse de los lechoncitos.

—Ya veréis como todo os irá bien —les dijeron para consolarles.

Cuando atravesaron esta inmensa llanura, Nils pensó de repente en un relato que había leído hacía tiempo y que recordaba vagamente. Tratábase de una prenda de vestir parecida a una falda, cuya mitad era de terciopelo bordado en oro y la otra mitad de paño burdo de color gris. Alguien había cubierto el paño burdo con tantas perlas y piedras preciosas que brillaban con mayor belleza y suntuosidad que el terciopelo bordado en oro.

Y recordó el paño burdo, viendo Ostergötland desde su altura, porque esta provincia la forma una inmensa llanura, rodeada de regiones montañosas llenas de bosques que se extienden al Norte y al Sur. Estas alturas, de un azul magnífico, resplandecen en la claridad de la mañana bajo los ligeros velos de oro; la llanura, que extendía hasta el infinito sus campos desnudos, no presentaba menos atractivo a la mirada que el paño burdo.

Por esto los hombres, evidentemente, se encontraban bien en la llanura, que era generosa y buena, y a la que habían adornado del mejor modo posible. A Nils, que volaba muy alto, parecíale que las villas y las granjas, las iglesias y las fábricas, los castillos y las estaciones ferroviarias que se destacaban en las llanuras eran joyas. Brillaban las techumbres de azulejos y las vidrieras de las ventanas relucían como piedras preciosas. Carreteras amarillentas, rieles lucientes y canales azulados corrían como una red de seda. Linköping ostentaba su catedral como un diamante rodeado de perlas, y en la campiña las casitas parecían pequeños broches y botones preciosos. El trazado no era muy regular, pero era tal su esplendor que no causaba fatiga contemplarlo.

Los patos habían abandonado el rincón de Omberg y remontaban su vuelo por el canal de Pota hacia el Este. El canal comenzaba a revestirse también de sus galas veraniegas. Muchos obreros reparaban los escarpados de las riberas y embreaban las grandes puertas de las esclusas. Por doquier se trabajaba de firme para recibir dignamente a la primavera, aun en las mismas poblaciones. Los pintores y los albañiles, subidos a los andamios, se ocupaban en revocar las fachadas; las criadas, montadas sobre el alféizar de las ventanas abiertas, lavaban los marcos de madera. En los puertos se reparaban los veleros y vapores.

Al llegar a Norköping, los patos silvestres abandonaron la llanura y dirigieron su vuelo hacia las florestas de Kolmarden. Un instante después seguían un viejo camino vecinal abandonado, que serpenteaba a lo largo de las resquebrajaduras, al pie de las pendientes abruptas, cuando Nils lanzó una exclamación. Se había entregado durante este vuelo a la distracción de balancear los pies y acababa de caérsele uno de su zuecos.

—Pato, pato, he perdido mi zueco —gritó.

El pato volvió hacia atrás y descendió hasta el suelo; pero Nils se había percatado de que dos muchachos que caminaban por la carretera habían recogido el zueco.

Abajo, parados en medio del camino, Asa, la guardadora de patos, y su hermano, el pequeño Mats, contemplaban curiosamente un zueco que había caído del cielo.

—Lo han perdido los patos silvestres —dijo el pequeño Mats.

Asa, la guardadora de patos, permaneció un momento contemplándolo silenciosamente. Al fin, dijo lentamente y con acento reflexivo.

—¿Te acuerdas, pequeño Mats, de que al pasar por Evedkolster, junto a una granja, oímos relatar que había sido visto un duende vestido con pantalones de cuero y que llevaba zuecos como un simple obrero? Más tarde encontramos a una muchachita que había visto a un duende con zuecos, que cabalgaba sobre un pato. Y cuando llegamos a nuestra casa, pequeño Mats, vimos muy bien a un hombrecito vestido de este modo y que escapó volando a caballo de un pato. Tal vez sea el mismo, que al pasar ha perdido el zueco.

—Debe ser el mismo —contestó Mats.

Los dos niños daban vueltas y más vuetas al zueco, examinándolo atentamente, porque, en realidad, no siempre se encuentra el zueco de un duende en medio del camino.

—Espera un poco, Mats —gritó apresuradamente Asa, la guardadora de patos—. Hay algo escrito en este lado.

—Sí, es cierto; pero las letras son tan pequeñitas...

—Déjamelas ver. Aquí dice... dice... Nils Holgersson, de Vestra Vemmenhög.

—Nunca he visto nada más extraordinario —exclamó el pequeño Mats.

XXII

LA LEYENDA DE KARR Y PELO GRIS

EL BOSQUE DE KOLMARDEN

Al norte del golfo de Barviken, en la frontera de Ostergötland y Sudermania, se yergue una montaña de varias millas de anchura. De elevarse en la misma proporción, sería una de las montañas más imponentes que pudiera verse; pero no es así.

Vese allí un edificio comenzado a base de tan vasta extensión, que el constructor no hubiera podido acabarlo jamás: se ven fundamentos sólidos y fuertes bóvedas, pero no paredes ni tejados; esta construcción se eleva algunos metros del suelo. Nada daría una idea mejor de esta montaña fronteriza; diríase que era aquello el fundamento de una montaña antes que una montaña acabada. Surge de la llanura en forma de pendientes escarpadas; por todas partes se acumulan grandes masas rocosas, que parecen destinadas a soportar salones inmensos. Todo es fuerte y de grandiosas proporciones, pero falto de altura. El constructor se ha cansado y ha abandonado su trabajo antes de edificar esas largas pendientes, esas puntas y crestas que forman las murallas y las cumbres de las montañas ordinariamente.

En compensación, esta gran montaña está revestida de árboles gigantes. En todo tiempo han crecido los robles y los tilos en los vallecitos que allí existen; los álamos y los alisos a orillas de los lagos, los pinos en las laderas y los abetos allí donde hubiera un poco de tierra vegetal.

Todos estos árboles forman el gran bosque de Kolmarden, en

otro tiempo tan temido, que quien tuviera necesidad de atravesarlo encomendábase a Dios y se preparaba para su última hora.

Era una magnífica guarida para los animales silvestres y los pilluelos que saben trepar, arrastrarse y deslizarse a través de la maleza. Para la gente seria ofrecía pocos atractivos. Era sombrío y siniestro, inexplorado y engañador, espinoso e inextricable, y abundaba en árboles centenarios que semejaban trojes con sus troncos musgosos y sus ramas cubiertas de largas rebanadas de líquenes...

Los hombres lanzaban miradas sombrías sobre el bosque que, con su vegetación desbordante, parecía burlarse de su pobreza y debilidad; no obstante, acabaron por creer en la posibilidad de sacar de allí algún provecho.

Pusiéronse a explotarlo, a extraer maderas, tablas y vigas, que vendían a los habitantes de la llanura que, por su parte, habían abatido ya sus árboles. Y descubrieron que el bosque podía darles el alimento lo mismo que los campos. De este modo acabaron por mirarlo de otro modo, aprendiendo a cuidarlo y amarlo y llegando a olvidar por completo su vieja hostilidad al comprender que tenían que considerar al bosque como su mejor amigo.

KARR

Unos doce años antes de que Nils Holgersson realizara su gran viaje, ocurrió que un propietario de Kolmarden pensó en deshacerse de uno de sus perros de caza. Envió a buscar a uno de sus guardas y le dijo que no podía tener aquel perro, que no cesaba de dar caza a los corderos y gallinas; por lo tanto, se lo debía llevar al bosque y una vez allí pegarle un tiro.

El guarda ató el perro y se lo llevó al punto en que era costumbre matar y enterrar a los perros inútiles. A pesar de que no se trataba de un hombre perverso, el guarda experimentaba cierto placer ante la proximidad de deshacerse de aquel perro, porque sabía que el animal, además de dar caza a los corderos y las gallinas, se escapaba con frecuencia para atrapar alguna liebre o gallo silvestre.

El perro, pequeño y negro, tenía el pecho y las patas de delante amarillos. Se llamaba Karr y era tan inteligente que comprendía todo lo que decían los hombres. Cuando el guarda le conducía a través del bosque, diose cuenta del final que le esperaba; pero no dio a entender nada. No doblaba la cabeza ni se metía el rabo entre piernas; mostraba la misma resolución que de ordinario. ¿No atravesaba el bosque donde había sido el terror de los pequeños animales que lo habitaban?

«¡Qué alegría sentirían muchos de los que están entre esa maleza si supieran lo que me espera!», se decía.

Y se puso a menear el rabo y a dar alaridos de contento para que no se sospechara nada.

Pero, de pronto, cambió su estado de ánimo: extendió el cuello y levantó la cabeza como para aullar. Y en vez de ir al paso del guarda, fuese quedando atrás; echábase de ver que le dominaba una idea desagradable.

El verano apenas si había apuntado. Los ciervos acababan de dar al mundo sus pequeños y la víspera por la noche había conseguido Karr arrebatar a su madre un cervatillo que no tendría más allá de cinco días y que arrastró hacia una marisma. Allí lo había perseguido de otero en otero, no para darle caza, sino simplemente por el placer de ver el terror que le infundía. La madre, que sabía que en esta época del año, poco tiempo después del deshielo, no tiene fondo la marisma y, por tanto, apenas si puede sostener un gran animal como ella, permaneció cuanto le fue posible sobre la tierra firme; pero como su pequeño se alejaba más y más, se lanzó de golpe en la marisma y poniendo en fuga al perro recogió a su hijo y volvió hacia la orilla. Los ciervos son más hábiles que los otros animales para avanzar a través de las marismas y evitar el hundirse en el fango; los dos animales no revelaban temor por hallarse aún distantes de la tierra; pero, llegados cerca de la orilla, se hundió un otero sobre el cual acababa de poner el pie la cierva madre, y ésta se hundió también en el limo. Fue en vano todo su esfuerzo, pues se hundía más y más. Karr miraba lo que estaba sucediendo sin atreverse a respirar; viendo que la cierva no aparecía se alejó de allí lo más aprisa que pudo. No ignoraba que le esperaba una paliza terrible si se llegaba a descubrir que había sido la causa de la muerte de una cierva. Y le entró tal miedo, que sólo dejó de correr al llegar a su casa.

Tal es la aventura cuyo recuerdo acababa de asaltar a Karr; ninguna otra de sus antiguas hazañas le había afligido de tal manera. Sin querer causar el menor mal a la cierva ni a su pequeño, habíales causado la muerte.

«Tal vez no hayan muerto —pensó al cabo—. Puede que se hayan salvado.»

Sintió un deseo violento de saberlo. El guarda no sujetaba el lazo muy fuerte; Karr dio un salto brusco y escapó, corriendo libremente a través de la marisma; estaba ya lejos cuando el guarda se repuso de su sorpresa. Corrió tras él y logró alcanzarle en la marisma, de pie sobre un otero, a algunos metros de la tierra firme, aullando con todas sus fuerzas. Deseoso de saber lo que ocurría, avanzó arrastrándose sobre el hielo a cuatro patas. No tardó en descubrir una cierva ahogada en el limo. Junto a ella estaba su pequeñuelo, aún con vida, pero agotado, sin fuerzas para seguir lanzando su gemido. Karr se acercó al cervatillo y tan pronto lanzaba un aullido en demanda de socorro como le lamía.

El guarda llevó a tierra al pobrecito animal. El perro estaba loco de contento. Saltaba en torno del guarda dando ladridos y lamiéndole las manos.

El guarda llevóse al cervatillo y lo encerró en su establo. Inmediatamente requirió el auxilio de otros hombres para sacar a la cierva grande de la marisma; pasó bastante tiempo sin acordarse de que tenía que pegar un tiro a Karr. Por fin llamó al perro y se lo llevó nuevamente al bosque.

Una vez en camino debió cambiar de propósito, porque, dando la vuelta, regresó al castillo.

Karr le había seguido tranquilamente; pero viendo que le conducían de nuevo a casa de su amo, se alarmó. Sin duda había comprendido el guarda que él, Karr, era la causa de la muerte de la cierva, y ahora le aplicarían una buena porción de azotes antes de matarle.

Ser azotado parecíale a Karr la peor de las cosas. Le faltó el valor; llevaba la cabeza colgando y parecía no reconocer a nadie.

El amo estaba en la escalinata, Karr se encogió cuanto pudo y se ocultó entre las piernas del guarda cuando éste comenzó a hablar de los ciervos. Pero el guarda no relató la historia de la manera que temía el perro. Hizo el elogio de Karr. Este había sabido que los ciervos estaban en peligro y había querido salvarlos.

—Que el señor me perdone —acabó diciendo—; pero yo no puedo matar este perro.

Karr levantó las orejas. ¿Habría oído bien? Aunque no hubiera querido revelar su inquietud, no pudo retener un débil ladrido lastimero. ¿Era posible que el simple hecho de haber querido salvar los ciervos le valiera la vida?

El dueño contestó que no podía por menos que reconocer que Karr se había portado bien; pero como estaba decidido a no tenerlo un día más, pensó un poco acerca del partido que debía tomar.

—Si tú te encargas de él y me garantizas que no volverá a cometer ninguna fechoría, le dejaré con vida —dijo al fin.

El guarda aceptó, y he aquí por qué Karr fue a habitar la casa forestal.

LA HUIDA DE PELO GRIS

Desde entonces dejó Karr de cazar furtivamente, no por miedo, sino por no disgustar al guarda que le salvara la vida y al que le había tomado un gran cariño. Seguíale por todas partes y cuando el guarda cumplía su misión precedíale para vigilar el camino; cuando se hallaba descansando en su casa, Karr permanecía tendido a la puerta, inspeccionando a todos los que iban y venían.

Cuando todo estaba en calma y ningún paso resonaba en la carretera, cuando el guarda cuidaba sus plantas y sus legumbres, Karr íbase a jugar con el cervatillo.

En un principio, Karr no había tenido el menor deseo de ocuparse de él; pero como seguía a su dueño por todas partes, acompañábale también al establo a las horas que correspondía dar la leche al pequeñuelo. Karr sentábase delante del abrevadero y se entretenía viendo beber al cervatillo. El guarda había bautizado a éste con el nombre de Pelo Gris, porque no creía que el cervatillo mereciera un nombre más bonito. Karr era en absoluto de la misma opinión. Siempre que le veía pensaba que nunca había visto nada más feo ni peor hecho. El cervatillo tenía unas largas patas desgavilladas y tan mal puestas, que hubiera podido decirse que iba montado sobre zancos. La cabeza era enorme, vieja y arrugada, y caminaba siempre ladeado hacia uno u otro costado. La piel, demasiado floja, formaba pliegues y bolsas como una pelliza harto holgada. Tenía un aspecto triste y desolado; pero, cosa extraña, apenas veía a Karr se levantaba rápidamente, como contento de estar con él.

El animalito parecía enfermo, no crecía y su estado empeoraba cada vez más; por último, acabó no levantándose del suelo ni aun al ver a Karr. El perro saltaba entonces sobre el abrevadero; una débil lucecilla iluminaba los ojos de la pobre bestia. Desde entonces Karr hacíale todos los días una visita; pasaba a su lado horas enteras, jugando y saltando con él, al par que le enseñaba lo que necesitaba saber un animal del bosque.

Poco a poco se fue registrando un hecho notable: el cervatillo comenzó a mejorar y a crecer. Su crecida fue tan rápida, que a las dos semanas no podía entrar donde estaban los becerritos y hubo necesidad de trasladarle a un pequeño lugar de pastoreo cercado con una valla. Dos meses más tarde tenía unas patas tan largas que podía saltar la cerca sin dificultad. El guarda recabó entonces autorización para construirle una alta empalizada junto a un pequeño bosque donde el ciervo vivió algunos años, llegando a ser un ejemplar soberbio. Karr iba algunos ratos a hacerle compañía, no ya por piedad, sino por afecto. El ciervo continuaba siendo melancólico y parecía indolente y desmayado; sólo Karr conseguía divertirle y hacerle jugar.

Pelo Gris llevaba ya cinco años en casa del guarda forestal cuando el propietario de aquel terreno recibió una carta del director de un jardín zoológico del extranjero proponiéndole la venta del animal. El guarda quedó desolado; pero nada podía hacer. La venta del ciervo quedó resuelta. Karr supo pronto lo que se tramaba y corrió a instruir a su amigo. El perro estaba afligido ante la idea de perderlo; pero el ciervo aceptó su suerte con calma y no parecía contento ni descontento.

—¿Es que piensas dejarte llevar sin resistencia? —le preguntó Karr.

—¿Para qué resistir? —replicó el ciervo—. Ciertamente, prefiero continuar aquí; pero como me han comprado no tardarán en llevárseme.

Karr miró largo rato al ciervo, midiéndole con los ojos. Veíase que no había alcanzado todavía el límite de su talla; no tenía los retoños muy desarrollados, tampoco jiba muy alta ni la crin tan espesa como los ciervos adultos, aunque no era menos fuerte que ellos para defender su libertad.

«Ya se ve que has estado siempre cautivo», pensó Karr. Pero nada le dijo.

Karr no volvió a ver al ciervo hasta después de medianoche, a la hora en que sabía que Pelo Gris, luego de un sueño, hacía su primera comida.

—Haces bien, Pelo Gris, dejándote llevar —le dijo—. Serás guardado en un jardín grande y gozarás de una vida sin sobresaltos. Lo único triste es que tengas que abandonar el país sin conocer el bosque. Ya conoces la divisa de los tuyos: «Los ciervos y el bosque son una misma cosa», y tú no has visto el bosque.

El ciervo apartó la cabeza del trébol que comía.

—De haber querido, hubiese visto el bosque; pero yo no puedo salir del encierro —contestó con su acostumbrada indolencia.

—En efecto, es imposible cuando se tienen las patas tan cortas —dijo Karr.

El ciervo le miró con el rabillo del ojo. Karr, siendo tan pequeño, saltaba la empalizada varias veces al día. Pelo Gris se aproximó a la cerca, dio un salto y sin saber cómo, se vio libre.

Karr y Pelo Gris se encaminaron hacia el bosque. Era una hermosa noche, iluminada por la luna; finalizaba el verano; los árboles proyectaban sus grandes sombras. El ciervo caminaba lentamente.

—Tal vez sea mejor volvernos —dijo Karr—. Tú no tienes la costumbre de correr por el bosque y puedes romperte las patas.

El ciervo pareció no comprenderle; pero apresuró su marcha e irguió la cabeza.

Karr le llevó a la parte del bosque donde crecían enormes abetos, tan juntos que el viento casi no podía penetrar.

—Aquí es donde los miembros de tu familia se ponen al abrigo de la tempestad y del frío —dijo Karr—. Pasan el invierno a pleno aire. Tú te alojarás mejor. Durante el invierno te meterás en un establo, como si fueras un buey.

Pero Gris no respondió; había detenido el paso y aspiraba con delicia el fuerte aroma resinoso que se desprendía de los pinos.

—¿Tienes algo más que enseñarme —dijo al fin— o me lo has mostrado todo?

Karr le condujo a una gran marisma, donde le mostró los islotes y las laderas abruptas.

—Cuando los ciervos son perseguidos se salvan a través de esta marisma —dijo Karr—. No sé cómo lo consiguen siendo tan grandes y pesados; pero no se hunden en el limo. Tú no podrías marchar por un terreno tan peligroso; pero, felizmente, no tendrás necesidad de intentarlo, porque a ti no te perseguirán jamás los cazadores.

Pelo Gris no respondió; pero de un salto se lanzó a la marisma. Sentíase feliz al percibir el temblor de los islotes bajo sus pies y corrió en todos sentidos por las laderas; después volvió al lado de Karr.

—¿Hemos visto ya todo el bosque? —preguntó.

—Todavía no —respondió Karr.

Y condujo al ciervo hacia el arenal, donde crecían hermosos árboles llenos de hojas: robles, álamos y tilos.

Es aquí donde los de tu raza vienen a comer hojas y cortezas —dijo Karr—. Consideran eso como un regalo; pero tú tendrás en el extranjero mejor alimento.

El ciervo contempló con admiración los árboles que extendían sobre su cabeza sus copas verdes. Y saboreó las hojas de los robles y la corteza de los álamos.

—Esto es bueno y amargo —dijo—. Es mejor que el trébol.

—Al menos lo habrás probado una vez —dijo el perro.

Más arriba condujo al ciervo junto a un pequeño lago, cuyas aguas dormidas reflejaban las riberas envueltas de ligeras brumas vaporosas. Pelo Gris se detuvo de pronto.

—¿Qué es esto? —gritó.

Él no había visto nunca un lago.

—Es un lago —respondió Karr—. Tu gente tiene la costumbre de atravesarlo nadando de una a otra orilla. Tú no sabrás hacerlo; pero podrías darte un baño.

Apenas dijo esto, Karr se echó al agua y se puso a nadar. Pelo Gris permaneció en tierra un buen momento; pero acabó por seguir al perro. Cuando el agua fresca envolvió blandamente su cuerpo, experimentó una voluptuosidad que le hizo jadear; quería hundir su espalda bajo el agua y se alejó de la orilla; al observar que al agua le sostenía, se puso a nadar. Nadaba cerca de Karr y parecía en su elemento. Cuando salieron a la otra orilla Karr le propuso arrojarse al agua nuevamente.

—Aún está lejos la mañana —objetó el ciervo—. Demos otra vuelta por el bosque.

Penetraron otra vez en el bosque. Pronto llegaron a un pequeño claro iluminado por la luna; la hierba y las flores brillaban bajo el rocío; allí pastoreaban grandes animales. Había un ciervo y varias ciervas, algunos más jóvenes y otros más pequeños. Al verlos se detuvo Pelo Gris. Apenas se fijó su mirada en las ciervas y los cervatillos; parecía fascinado ante un ciervo viejo, jefe de la tribu, que ostentaba un bosque de cuernos y una alta jiba en sus espaldas; una barba recubierta de largos pelos pendía de su cuello.

—¿Quién es aquél? —preguntó Pelo Gris. Su voz temblaba de emoción.

—Se llama el Coronado —contestó Karr— y es pariente tuyo. Tú también, también tendrás un día, como él, un bosque de cuernos y una crin, y si te quedaras en el bosque conducirías un rebaño como ése dentro de algún tiempo.

—Puesto que es de mi familia —añadió Pelo Gris— voy a verlo más de cerca. Yo no había imaginado ver un animal tan soberbio.

Aproximose hacia el rebaño; pero al punto volvió corriendo hacia Karr, que se había quedado esperándole bajo un árbol.

—¿Acaso no te ha querido recibir? —preguntóle Karr.

—Le he dicho que era la primera vez que veía a mis padres y él me ha amenazado con los cuernos.

—Has hecho bien retirándote —dijo Karr—. Un joven como tú, que apenas si tiene los primeros cuernos, no puede medir sus fuerzas con los viejos ciervos. Hubiera sido otra la canción del bosque si él hubiera cedido sin resistencia. Pero esto, ¿qué puede importarte a ti, que no te has de quedar en él, y vas a vivir en el extranjero?

No había acabado Karr cuando Pelo Gris le volvió la espalda para marchar al lugar de donde venía. El viejo ciervo se puso ante él y comenzó la lucha. Cruzaban sus cuerpos y embestíanse con todas sus fuerzas. Pelo Gris retrocedía a lo largo del claro del bosque, sin que al parecer supiera valerse de su fuerza; pero al llegar a los linderos del bosque hundió más firmemente sus pies en el suelo y arqueándose hizo un vigoroso esfuerzo y consiguió rechazar a su adversario. Luchaba en silencio, mientras su viejo rival resoplaba y rechinaba sus dientes. De pronto se oyó el ruido de algo que se resquebrajaba. Era un retoño que saltaba del bosque de cuernos del viejo ciervo. Retrocedió bruscamente y huyó hacia el bosque.

—Ahora ya has visto lo que hay en el bosque —díjole a Pelo Gris al regresar—. ¿Quieres que volvamos a casa?

—Sí, ya es hora —respondió el ciervo.

Caminaron en silencio. Karr suspiró varias veces, como víctima de una decepción. Pelo Gris marchaba con la cabeza alta, contento de su aventura. Avanzó hacia su encierro sin vacilación; pero al llegar, se detuvo. Recorría con su mirada el estrecho lugar donde había vivido, fijábase en el suelo tantas veces pisado, en el heno pasado, en el pequeño abrevadero y en el sombrío rincón donde había dormido.

—Los ciervos y el bosque son una misma cosa —gritó.

Y tras esto echó atrás su cabeza y huyó precipitadamente hacia el bosque.

LA MUERTE DE PELO GRIS

Una tarde Okka y su bandada descendieron a la orilla de un lago del bosque. Estaban todavía en Kolmarden, Sudermania.

La primavera se había retrasado, como ocurre siempre en las montañas. El hielo cubría el lago en toda su extensión, excepto una pequeña franja de agua en todo a lo largo de la tierra. Los patos se precipitaron sobre el agua para lavarse y buscar alimento. Nils Holgersson, que había perdido un zueco por la mañana, corría entre los alisos y los álamos de la orilla, buscando algo con que resguardar su pie.

Debió ir bastante lejos para encontrar lo que buscaba. Había encontrado un pedazo de corteza de álamo que se ajustaba bien a su pie, cuando escuchó a sus espaldas un rumor de hojas secas. Volvióse y advirtió una culebra que avanzaba hacia él. Era muy larga y muy gruesa. Nils vio que tenía una mancha clara en cada mejilla, y permaneció quieto.

«No es más que una culebra —pensó— y no llegará a hacerme daño.»

Pero la culebra se abalanzó sobre él y le asestó tal golpe en el pecho que le echó de espaldas. Nils dio un salto y echó a correr; mas la culebra lanzóse en su persecución. El suelo era pedregoso y abundaba en maleza y no le era posible avanzar gran cosa. Y al descubrir una roca escarpada se apresuró a escalarla, viendo con sorpresa, ya en lo alto, que el animal trataba de seguirle.

Junto al muchacho, en la cumbre de la roca, había una piedra casi redonda, gruesa como una cabeza de hombre, situada junto a la pendiente y que parecía suelta. Viendo que se aproximaba la culebra, corrió Nils a ponerse tras la piedra y la empujó con toda su fuerza. La piedra rodó recta hacia la culebra, tropezó con ella y le aplastó la cabeza.

—Ya estoy salvado —dijo Nils exhalando un suspiro, mientras la culebra hacía algunos movimientos bruscos hasta quedar inmóvil—. Creo que no he corrido tanto riesgo como ahora en todo el viaje.

Apenas se había repuesto del susto oyó un batir de alas y vio un pájaro que descendía cerca de la culebra. Este pájaro tenía la altura y el aspecto de una corneja; pero su plumaje era negro completamente y con reflejos metálicos. El muchacho se ocultó prudentemente en un hoyo. Guardaba muy vivo recuerdo de su aventura con las cornejas.

El pájaro negro describió algunas vueltas en torno del cadáver y, por último, le empujó con el pico. Tras esto batió dos o tres veces las alas y gritó con voz sobreaguda:

—Es Indefensa, la culebra; la he encontrado muerta aquí mismo.

Todavía dio otra vuelta alrededor del cadáver y se entregó, al parecer, a profundas reflexiones mientras se rascaba la nuca con una pata.

—No es posible que en el bosque haya dos culebras tan grandes —dijo al fin—. No puede ser más que ella.

Y se dispuso a hundir su pico en el cuerpo de la culebra; pero se contuvo de pronto.

—No hagas el bestia, Bataki —murmuró—. ¿Cómo es posible que pienses en comerte la culebra antes de haber llamado a Karr? No querrá creer que Indefensa, su enemiga, ha muerto, si no lo ve con sus propios ojos.

Nils trataba de mantener su serenidad: pero el pájaro estaba tan solemnemente ridículo, yendo y viniendo y hablando consigo mismo, que el muchacho no pudo reprimir la carcajada que se le escapó.

Oyóle el pájaro y de un vuelo se plantó sobre la roca. Nils se levantó y fue hacia él.

—¿No eres tú el llamado Bataki, el cuervo amigo de Okka? —le preguntó.

El pájaro se le quedó mirando y agitó tres veces su cabeza.

—¿Serás tú, acaso, el que vuela en compañía de los patos silvestres y al que llaman Pulgarcito?

—Soy el mismo —contestó Nils.

—¡Qué suerte haberte encontrado! ¿Podrás decirme quién ha matado esta culebra?

—La ha aplastado una piedra que he hecho rodar desde lo alto de la roca —dijo Nils. Y acto seguido le refirió cuanto había acontecido.

—Eso está muy bien para un hombrecito como tú —dijo el cuervo—. Yo tengo por aquí un amigo que se pondrá muy contento cuando sepa la muerte de la culebra y, por mi parte, me consideraría muy feliz si pudiera prestarte algún servicio.

Bataki había vuelto la cabeza y aguzaba el oído.

—¡Escucha! —prorrumpió de pronto—. Karr no está lejos. ¡Qué contento se pondrá!

Entonces Nils aguzó el oído.

—Habla con los patos silvestres.

—Habrá venido a la orilla del lago para enterarse del paradero de Pelo Gris.

El muchacho y el cuervo se dirigieron rápidamente hacia la orilla. Todos los patos habían salido del agua y habían entablado conversación con un perro viejo, tan cansado y tan débil, que se esperaba verle caer de un momento a otro.

—Ese perro es Karr —dijo Bataki a Nils—. Dejémosle que oiga lo que cuenten los patos y después le diremos que la culebra ha muerto.

Okka decía:

—Fue, como te digo, cuando hicimos nuestro viaje de primavera. Habíamos partido una mañana Iksi, Kaksi y yo del lago Siljan, en Dalecarlia, y atravesábamos los grandes bosques situados en la frontera entre Dalecarlia y el Halsingland. A nuestros pies no veíamos más que los árboles, de un verde sombrío. La nieve estaba todavía dura y los ríos helados, con algunos agujeros negros aquí y allá: a lo largo de las riberas, la nieve se había fundido ya. De pronto distinguimos tres cazadores. Se deslizaban sobre esquíes y llevaban perros de caza, pero no escopetas. La superficie de la nieve era muy dura y firme, y como no tenían por qué seguir los caminos torturosos, corrían rectamente delante de ellos. Parecían saber muy bien hacia dónde iban.

»Nosotros volábamos muy alto y vislumbrábamos todo el bosque. Habiendo visto a los cazadores sentíamos grandes andes deseos de ver la caza. Dimos algunas vueltas sobre el bosque para ver mejor entre los árboles. De súbito, en una espesura descubrimos algo parecido a gruesas piedras enmohecidas. Aquello no podían ser piedras porque no estaban cubiertas de nieve; así que nos dejamos caer en medio de la espesura. Los tres bloques de piedra se movieron. Eran tres ciervos, un macho y dos hembras. El macho se puso en pie ante nuestra proximidad. No he visto jamás animal más grande ni más hermoso. Al ver que sólo eran tres pobres patos silvestres los que le habían despertado, se volvió a acostar.

»No, no, abuelo, no vuelvas a dormirte —le dije—. Salvaos lo antes posible, porque tres cazadores se dirigen hacia aquí.

»Os doy las gracias, madre pata; pero habéis de saber que la caza del ciervo está prohibida en esta época. Estos cazadores habrán salido a cazar zorras.

»Por todas partes hay huellas de zorras; pero los cazadores no se fijan en eso. Creedme. Saben dónde estáis y vienen a mataros. No llevan escopetas y van armados de cuchillos y venablos porque no se atreven a disparar una escopeta en esta época del año.

»El ciervo permanecía en calma; pero las dos hembras comenzaban a impacientarse.

»—Los patos pueden tener razón —dijeron, incorporándose a medias.

»—Estad tranquilas —dijo el ciervo—: no vendrán cazadores por aquí; podéis estar seguras.

»No podíamos conseguir nada y nos elevamos sin alejarnos mucho de aquel lugar. Cuando estaríamos a la altura a que acostumbramos a volar, vimos salir al ciervo de la espesura. Husmeó en torno suyo y se fue hacia los cazadores. Al marchar pisaba las ramas secas, que se rompían con estrépito. Una gran marisma descubierta surgió ante su paso. Y fue a apostarse en sitio muy visible, en el centro precisamente.

»Permaneció hasta que los cazadores desembocaron en el bosque. Entonces echó a correr para ponerse a salvo; pero no hacia el lugar de donde había salido. Los cazadores achucharon a los perros y corrieron rápidamente tras ellos, montados en sus esquíes.

»El ciervo, con la cabeza tendida sobre su espalda, corría a toda velocidad; la nieve volaba en grandes copos a su alrededor. Perros y cazadores se quedaron muy atrás. Entonces se detuvo como para escucharlos, y cuando los vio venir escapó nuevamente. Comprendimos que trataba de llevar a los cazadores lejos del sitio donde estaban las ciervas.

»La caza duró dos o tres horas. Nosotros nos asombrábamos de ver tan obstinadamente a los cazadores tras semejante corredor, siendo así que no llevaban escopetas. ¿Cómo podían esperar cogerle?

»Mas pronto observamos que el ciervo no corría ya con tanta rapidez. Ponía los pies sobre la nieve con mayor prudencia y cuando los sacaba dejaba huellas de sangre.

»Entonces comprendimos por qué le perseguían tanto los cazadores y por qué no se descorazonaban. Contaban con la nieve. El ciervo era pesado y a cada paso se hundía más y la superficie endurecida de la nieve le rascaba las piernas, arrancándole los pelos y la piel.

»Los cazadores sobre sus esquíes y los perros que corrían con bastante ligereza sobre la helada superficie, le seguían siempre. El ciervo huía, huía; pero sus pasos eran cada vez más inciertos y tropezaba y soplaba violentamente. Sufría mucho y se agotaba de fatiga en la nieve endurecida.

»Al fin perdió la paciencia y se detuvo para que se aproximaran los perros y los cazadores y luchar con ellos. Mientras los esperaba lanzó una mirada hacia el cielo y nos descubrió.

»—¡Vais a ver mi fin, pájaros silvestres! —gritó—. Cuando atraveséis el bosque de Kolmanden, buscad a Karr, el perro, y decidle que su viejo amigo Pelo Gris ha muerto bellamente.

Al llegar el relato a este punto se levantó el perro y se dirigió hacia Okka:

—Pelo Gris ha llevado una buena vida —dijo—. Me conocía mucho. No ignoraba que soy un perro valiente y que me satisfacía saber que ha tenido una muerte digna. Cuéntame ahora...

Levantó el rabo e irguió la cabeza para recobrar su aspecto fiero y valeroso pero decayó pronto su ánimo esforzado.

—¡Karr, Karr! —gritó en este momento una voz humana desde el bosque.

—Es mi amo que me llama —dijo— y no puedo retardar mi vuelta. Hace un momento le he visto cargar su escopeta. Hemos venido al bosque por última vez. Te doy las gracias, pato silvestre. Ahora sé cuanto necesitaba para marchar contento hacia la muerte.

XXIII

EL BELLO PARQUE

Domingo, 24 de abril

Al día siguiente dirigiéronse los patos silvestres hacia el Norte, atravesando la Sudermania. El pequeño dirigía su mirada hacia tierra y contemplaba el paisaje pensando que éste no era igual a los que anteriormente había conocido. No había grandes llanuras como en la Escania y en la Ostergötland, ni tampoco existían grandes extensiones forestales como en Esmaland; no parecía sino que todo anduviese revuelto y mezclado, como si se hubiese tomado un gran lago, un gran río, un gran bosque y una gran montaña y, ya en pedazos, extendido sin orden ni concierto sobre la superficie del suelo. No veía el muchacho por parte alguna otra cosa que vallecitos, lagunas, montecillos y bosquecitos. Todo era pequeño. Nada llegaba a desarrollarse allí. Tan pronto comenzaba a extenderse una llanura surgía un montículo que le cerraba el camino, y si el monte quería extenderse en cordilleras, oponíase a ello el llano. Y lo mismo sucedía con las llanuras y los lagos.

Como quiera que los patos volaran tan cerca de la costa que el muchacho podía ver el mar, observó que tampoco éste podía extender su superficie sin que le dividiesen una porción de isletas que, a su vez, tampoco podían desarrollarse, porque las oprimía el mar.

Había cambios constantes: el tupido bosque con el bosque claro; los sembrados con las praderas; las grandes casas señoriales con la cabaña humilde.

Allí no había gentes que trabajasen los campos; pero, en cambio, las había en buen número a lo largo de los caminos y veredas. Las gentes salían de las pequeñas viviendas esparcidas por la ladera de la montaña, vestidas de negro, con un libro y un pañuelo en la mano.

«Hoy es domingo», pensaba para sí el chicuelo.

Y dirigió sus miradas hacia las iglesias, vio en un par de sitios cortejos nupciales que, seguidos de gran acompañamiento, iban en carruajes hacia la iglesia, mientras que por otro marchaba con paso lento un entierro. Vio también coches de grandes señores, así como modestos vehículos campesinos, e igualmente pequeñas embarcaciones en el mar, todas en marcha hacia la iglesia.

El chiquillo pasó sobre Björkviks, Bettna, Blacksta, Vadsbro, Sköldinge y Floda, y por todas partes oyó los repiques de las campanas. Sonaban maravillosamente allá en la altura: parecía que el aire no fuese más que vibraciones y sonidos.

—En todo caso puedo asegurar —decía el chiquillo— que a cualquier parte de esta tierra que me dirija, he de oír siempre el toque de las campanas.

Y estaba seguro de que no podía extraviarse, porque el repique de las campanas había de guiar siempre sus pasos.

Habíase adentrado bastante en Sörmland cuando pudo observar un punto negro que se movía por debajo de ellos. Pensó primero si sería algún perro; pero al ver que saltaba atravesando zanjas, brincando por encima de los arbustos, sin que nada fuese obstáculo a su paso, cayó en la cuenta de que podría ser la zorra; y los patos hiciéronse entonces el propósito de alejarse de ella desviando el vuelo, aumentando su velocidad hasta perderla de vista.

Al anochecer de aquel día volaron hacia los terrenos de Sörmland y un sitio llamado Stora Djulö. Allí estaba la gran casa blanca con su parque de álamos detrás del edificio y delante un lago de forma irregular y accidentadas riberas. Aquello presentaba un aspecto de cosa antigua y atrayente, por lo que al cruzar por encima suspiró el chicuelo, diciendo:

—¡Qué bien me encontraría yo en un sitio así para descansar después de la caminata del día, en vez de ir a parar sobre una húmeda piedra o un frío pedazo de hielo! —Pero no había que pensar en ello.

Los patos aterrizaron a bastante distancia de la parte norte del lindero del bosque, que se hallaba tan inundado que sólo algunos terruños asomaban de trecho en trecho sobresaliendo de las aguas. No tenía duda de que la noche que le esperaba iba a ser la peor de todas las que había pasado durante el viaje.

Permaneció un buen rato sobre las espaldas del pato sin saber cómo arreglárselas; pero saltando por fin a tierra, empezó a brincar de terruño en terruño, rápidamente, en dirección a la vieja casona.

Aconteció que justamente aquella noche algunos hombres hallábanse sentados en torno del fuego en una cabaña perteneciente a Stora Djulö, hablando acerca del sermón, de los trabajos del campo durante la primavera y del tiempo. Y conforme el tema de la conversación se fue agotando pidieron a una vieja, que era madre del dueño de la cabaña, que les relatara alguna historia de duendes.

Ya es sabido que en ningún sitio de Suecia hay tantos dominios señoriales ni se refieren tantas historias de duendes como en Sörmlandia.

La vieja, en su juventud, había servido a grandes señores y conocía tantas cosas extraordinarias que podía pasar día y noche contando historias. explicábase de un modo tan claro que cuantos la oían sentíanse inclinados a dar por cierto cuanto refería.

Después de varios relatos, preguntáronle si Stora Djulö no tenía también su leyenda, y como contestase afirmativamente, quisieron todos saber lo que se decía de aquel dominio.

Y la vieja comenzó diciendo que hubo un tiempo en que existía un castillo con un bello parque sobre un montículo, en cuyo sitio sólo veíase hoy el bosque.

Y sucedió que un señor, que se llamaba Carlos y que en su tiempo dominaba toda la Sörmlandia, había llegado de viaje al castillo. Después de comer y beber marchó a dar un paseo por el parque, donde permaneció largo rato contemplando el hermoso paisaje que desde allí se divisaba. Pero cuando más tranquilo se hallaba en la contemplación del mismo, pensando en que no había visto tierra más hermosa que aquélla, se percató de que alguien suspiraba a sus espaldas. Volvióse y pudo ver que un viejo jornalero hallábase trabajando la tierra.

—¿Eres tú el que suspira de ese modo? —le preguntó—. ¿Qué te obliga a suspirar?

—¿No os parece que tengo motivo para ello cuando día tras día véome obligado a trabajar la tierra? —contestó el interpelado.

Pero el caballero Carlos, que era brusco de temperamento y no gustaba de oír lamentos, le dijo:

—¿No tienes ninguna otra cosa de qué quejarte? Yo te puedo decir que me daría por muy satisfecho si pudiese siempre venir a cavar esta nuestra tierra de Sörmlandia.

—Dios quiera que suceda como deseáis —contestó el jornalero.

Cuentan las gentes que el caballero, solamente por haber dicho estas palabras, no tuvo sosiego en su sepultura después de muerto y que todas las noches acostumbraba a ir a Stora-Djulö para trabajar la tierra de su parque.

Bien es verdad que ahora no hay allí castillo ni parque. Donde estuvieron éstos sólo existe un bosque; pero si alguien quisiera atravesarlo durante la noche obscura, pudiera muy bien darse el caso de que llegara a ver el bosque.

Aquí suspendió la vieja su relato y miró en dirección a un obscuro rincón, diciendo:

—¿No hay ahí algo que se mueve?

—No, madre —contestó la nuera—. Prosiga su relato; no es nada. Ayer vi que los ratones hicieron un agujero; pero como tuve tantas otras cosas de qué ocuparme, no hubo tiempo de taparlo. Díganos si ha visto alguien el tal parque alguna vez.

—Sí —contestó la vieja—. Mi mismo padre lo vio en cierta ocasión. Atravesaba el bosque una noche de verano cuando de modo inesperado hallóse frente a una tapia, por encima de la que sobresalían los árboles más raros, tan cargados de frutas y flores, que sus ramas se inclinaban sobre el muro. Mi padre continuó con gran cuidado su marcha, pensando cómo había podido surgir aquel parque. Abrióse entonces rápidamente un portón y apareció el jardinero que le preguntó si quería ver el parque. Tenía el jardinero su legón en la mano y cubríase con una blusa como las que usan los de su oficio. Disponíase mi padre a seguirle cuando se fijó en la cara, viendo con asombro que aquella cara era la misma, con su misma frente invadida por los cabellos y la misma barca que había visto en los retratos del caballero Carlos que existían en todas las casas señoriales que poseyera.

Nuevamente suspendió la vieja el relato. Una chispa había saltado de la chimenea iluminando la estancia por un momento, y entonces creyó ver junto al agujero de los ratones algo minúsculo que se movía y que se apresuró a desaparecer.

—Continúe, madre —dijo la nuera.

Pero la vieja no quiso.

Dijo esto con una voz tan extraña que, si bien los presentes querían continuar oyendo el relato, fue entonces la misma nuera la que se opuso, porque la veía palidecer y porque veía también cómo temblaban sus manos.

—No, madre, ya hay bastante por esta noche; debe estar cansada y le conviene dormir.

Después de haber pasado algunas horas en el templado ambiente de la cabaña, volvía el pequeño Nils al bosque donde se hallaban los patos. Daba mordiscos a una zanahoria que había encontrado y que saboreaba como una espléndida cena.

«¡Si yo pudiese encontrar ahora dónde pasar la noche!» pensó para sí.

Entonces se le ocurrió que quizá fuese lo mejor buscar refugio en las tupidas ramas de un abeto que se hallaba junto al camino. Trepó hacia lo alto, unió dos ramas y allí dispuso su cama para dormir. Durante un rato permaneció despierto, reflexionando sobre lo que había oído respecto al caballero Carlos, durmiéndose después. Y hubiese dormido tranquilamente hasta bien entrada la mañana si a poco no le despertara el ruido de una verja que se abría a sus pies.

Se incorporó al momento, restregóse los ojos y miró en derredor. Junto a él vio una gran tapia, por encima de la cual sobresalían unos árboles tan cargados de frutas y flores que sus ramas se inclinaban a su peso.

Aquello parecióle muy raro, porque recordaba que al llegar no vio allí ninguna clase de árboles frutales; pero pronto cayó en la cuenta, por los recuerdos que acudían a su memoria, de lo que debía ser aquel huerto. Lo más extraño fue que, en vez de sentir miedo, sentía un vivísimo deseo de entrar en él.

Allá, en las altas ramas del abeto en que se había refugiado, era grande la obscuridad y se sentía frío; pero en el huerto había luz y parecíale ver brillar las flores y los frutos bajo los vivos reflejos solares. ¡Qué bien disfrutar de este calor veraniego cuando tanto tiempo había sentido el frío y las inclemencias del tiempo!

Para llegar hasta el parque no había obstáculo alguno. El portón del muro estaba al pie del mismo árbol y un viejo jardinero acababa de abrir, asomándose como si esperara a alguien. En un breve instante bajó del árbol y gorro en mano, saludó al jardinero, preguntándole si podría ver el parque.

—Sí, señor —contestó el jardinero con voz algo bronca—. Puede usted pasar.

Cerró luego el portón con llave y guardó ésta en su cinturón mientras le contemplaba el muchacho.

El jardinero internóse en el parque a largos pasos y esto obligó al muchacho a correr para seguirle.

Conforme iban llegando a unas y otras veredas del jardín, que era en verdad maravilloso, el bueno del jardinero iba dando explicaciones al muchacho, diciéndole:

—Este jardín se llama Sörmlandia.

Y tan contento se hallaba el chicuelo, que de buena gana hubiérase quedado en cuantos sitios visitaba.

Llegaron a un sitio denominado el palacio de Eriksberg, preguntándole el jardinero si quería penetrar en él, sin dejar de advertirle que de hacerlo debía llevar cuidado con la mujer del casero.

Contemplaba atónito el muchacho las riquezas que en cuadros, tapices, libros y otros ornatos ostentaba aquel castillo, cuando oyó la voz del jardinero invitándole a salir, lo que se apresuró a hacer sin ver más que una mitad del castillo.

—¿Cómo te ha ido? —preguntóle el jardinero—. ¿Has visto a la mujer del casero?

—No he visto a ningún ser viviente —contestó el pequeño.

La contrariedad reflejóse en el semblante del jardinero, que dijo:

—La mujer del casero encontró descanso y yo no.

La misma escena se repitió en otro edificio, donde el jardinero le encargó que buscara a la dama blanca, a la que tampoco pudo encontrar, lo que motivó que fuese en aumento la contrariedad del jardinero, exclamando como antes:

—La dama blanca encontró descanso y yo no.

Llegaron también ante una iglesia y penetró en ella, no sin haberle encargado el jardinero que tratase de ver al obispo Rogge. Tampoco lo encontró, y el jardinero dijo:

—El obispo Rogge descansa y yo no.

Y llegaron a un bello islote, y le dijo:

—Entra en él si te place: pero lleva cuidado de no encontrarte con el rey Erik.

Y Nils tampoco vio al rey Erik y el jardinero dijo:

—El rey Erik encontró descanso y yo no.

Y así fueron pasando por unos sitios y otros, hasta que advirtió el muchacho que se iban acercando hacia el sitio de salida.

Quiso darle el muchacho las gracias al jardinero cuando se hallaban junto a la puerta; pero el jardinero no se cuidó de oírle; pedíale sólo que le sostuviera el legón mientras él abría la puerta; pero el muchacho, llevado del deseo de no molestarle, le dijo que no era necesario, pues era tan pequeño que podía pasar cómodamente entre los barrotes sin necesidad de que la puerta se abriese. Y así lo hizo.

Esto llevó al jardinero a la mayor desesperación, que se tradujo en un violento pataleo y fuertes sacudidas cogido a los hierros de la puerta.

—¿Qué es eso, qué es eso? ¿Por qué os disgustáis tanto? —preguntó el chiquillo—. Yo sólo quise evitaros molestias.

—¿No crees que tengo motivos para ello? —replicó el viejo jardinero—. Si tú hubieses tomado el legón, hubieras quedado aquí guardando el parque y yo me vería libre del encantamiento. Ahora ya no sé cuánto tiempo más tendré que permanecer en este sitio.

—No debéis disgustaros por ello, caballero Carlos de Sörmlandia —contestóle—, pero no habrá nadie que venga a cuidar de vuestro parque como vos lo hacéis.

Apenas hubo concluido Nils de expresarse así, quedó como silencioso y quieto el jardinero, y poco a poco se fue desvaneciendo el parque hasta desaparecer con sus flores, sus frutos y su luz, cual si hubiese sido una neblina, quedando todo sumido en la más completa obscuridad.

XXIV

EL NARKE

Así se llama una gran extensión de terreno rodeada de montañas con espesos bosques y que tan sólo tiene una salida al nordeste.

Atribúyese esto a la duende Kaisa, que tenía allí su sitio predilecto. Muchas mañanas, cuando se hallaba sobre alguno de los altos montes, en invierno, y si el tiempo era bueno y veía gentes que se dedicaban a hacer excursiones en trineo, divertíale levantar fuertes rachas de viento que arrastraban la nieve, cubriendo los caminos de modo tal, que nadie podía después fácilmente volver a su casa.

Si era verano, cuando lucen los hermosos días de la recolección, mostrábase tranquila hasta el punto y hora en que los primeros carros, ya cargados de paja, disponíanse a emprender la marcha. Y entonces, con sus artes mágicas, hacía caer grandes chubascos que interrumpían el trabajo durante aquel día.

Acostumbraba también a molestar a los carboneros de Kilsberg, avivando el fuego de las carboneras apenas se descuidaban: y a los mineros que se retrasaban transportando los minerales de Laxa y Svarta, hacíales igualmente víctimas de sus maquinaciones, produciendo por la noche tan densas nieblas que ni hombres ni caballerías acertaban a saber dónde iban.

Si en un domingo ocurríasele al ama del cura servir el café en el jardín, allá iba una racha de viento que se llevaba el mantel, haciendo rodar por los suelos la vajilla.

Si volaba el sombrero del alcalde obligándole a correr para darle alcance; si los boteros de la isla de Vinöd embarrancaban en Hjelmar con sus barquitas llenas de verduras; si las ropas puestas a secar volaban llevadas por el viento y se cubrían de polvo; si el humo no encontraba su salida por la chimenea algunas noches y llenaba la casa, ya se sabía que todo esto era debido a que la duende iba haciendo de las suyas.

Aunque la duende Kaisa cometía todas estas travesuras, no era mala en el fondo y se observaba que siempre hacía blanco de sus ataques a los avaros y a los perversos, amparando, por el contrario, a los buenos y a los niños pobres: y contaban los viejos que en cierta ocasión en que la iglesia de Asker estaba ardiendo fue Kaisa la que vino volando y, echándose sobre el tejado, apagó el incendio.

Las gentes de aquellos lugares hallábanse muy cansadas de todas estas travesuras; pero ella no lo estaba.

Cuando, sentada sobre el borde de una nube, contemplaba el Narke rebosante de bienestar con sus hermosos campos en la llanura, con sus ricas minas y fábricas en la región montañosa, con las aguas del Svarta, con lagunas rebosantes de peces y la hermosa población de Orebro con su antiguo y hermoso castillo almenado, pensaba que las gentes pasarían el mayor aburrimiento si ella no atravesase allí, pues vivirían de una manera monótona e indolente. «Es preciso que haya alguien que, como yo, los reanime y vivifique».

Se dice que la duende Kaisa debe haber muerto como todos los de su raza; pero esto apenas puede creerse, pues a tanto equivaldría que el viento no soplase allí, que el ábrego no fuese de uno a otro sitio con sus rumores y sus chubascos.

Aquellos que crean que Kaisa ha desaparecido, pueden enterarse de lo que le ocurrió a Nils en el Narke el año en que pasó por aquella comarca y formar juicio después.

LA VÍSPERA DEL MERCADO

Miércoles, 27 de abril

Era la víspera del mercado de ganado de Orebro y llovía tanto que parecían haberse abierto las nubes. Caía una lluvia nunca vista y eran muchos los que pensaban:

—Parece que estamos en los tiempos de la duende Kaisa, a la que tanto divertía causar estos trastornos en la época del mercado.

Cuanto más se aproximaba la noche, más aumentaba la lluvia. Los caminos estaban intransitables y aquellas gentes que salieron de Orebro temprano para llegar a tiempo al mercado, quedaron malparadas.

Las vacas resistíanse a caminar, y había algunas que se arrojaban al suelo porque ya no podían más. Todos los que vivían a lo largo del camino tuvieron necesidad de abrir sus puertas para albergar a los que dirigíanse al mercado y que invadían, no sólo las habitaciones, sino también los establos y los pajares. Cuantos pudieron hacerlo llegaron hasta las ventas, si bien se lamentaron después porque ya no podían allí dar albergue a nadie, tal era la aglomeración. Tanto los toros como los caballos quedaron a la intemperie, y gracias que sus dueños pudieron refugiarse bajo techado.

En los corrales había tanto fango y suciedad que los pobres animales no podían tenderse en el suelo. Hubo campesino que consiguió alguna paja para ellos, mientras no faltaban los que entregábanse al juego y a la bebida, sin cuidarse de su ganado.

El pequeño Nils había llegado aquella misma noche con los patos silvestres a un islote próximo a aquel lugar, al que se llegaba fácilmente durante la marea baja.

Nils no podía dormir a causa de la fuerte lluvia y por esto determinó dar vueltas al islote, pues creía que así se mojaría menos. Apenas hubo dado la primera vuelta oyó chapotear en el agua y observó que un caballo caminaba entre los arbustos, dirigiéndose hacia donde él estaba. Era tan viejo y esquelético que el chico no había visto nunca cosa igual. Podían contarse sus huesos y no llevaba riendas ni silla; sólo un pedazo de viejo y podrido ramal, que de seguro no le costó ningún trabajo romper. Temiendo que pudiese pisar a los patos, le preguntó:

—¿Adónde vas? Ve con cuidado.

—¡Ah! ¿Eres tú? —contestó el caballo—. He andado muchas millas para dar contigo.

—¿Es que has oído hablar de mí? —interrogóle Nils con extrañeza.

—Yo, aunque viejo —contestó el caballo—, tengo orejas y son muchos los que ahora hablan de ti. Quisiera saber si podrías ayudarme en cierta empresa.

Resultábale algo violento seguir a un caballo de tan miserable aspecto en una noche como aquella.

—No te irá peor cabalgando sobre mi lomo que pasando la noche en este sitio; pero lo que quizá suceda es que no te atrevas a acompañar a un caballo tan desvencijado como yo.

— Pues me atrevo a ello a pesar de lo que dices —dijo el chiquillo.

—Despierta, entonces, a los patos para que yo pueda decirles dónde te han de recoger mañana.

Momentos después hallábase el pequeño a lomos del caballejo, que trotó durante un largo rato hasta llegar junto a una venta.

Presentaba ésta triste aspecto. El camino tenía baches tan hondos que el chicuelo temió ahogarse si se apeaba del caballo y caía en ellos. A la empalizada que rodeaba la venta había sujetos unos treinta o cuarenta caballos y bueyes, sin nada que les resguardara de la lluvia. Detrás de la empalizada había bastantes carros y debajo de éstos refugiábanse corderos, terneras, cerdos y gallinas. Paróse el caballo junto a la empalizada y Nils, con la buena vista que tenía por la noche, pudo ver cuán malamente lo pasaban todos por allí.

Aumentaba la inclemencia de la noche y la nieve se mezclaba con la lluvia que el viento arrastraba.

Entonces explicóse Nils la causa de haberle llevado allí el caballo.

—¿No ves allá enfrente —díjole éste— una hermosa casa de campo?

—Sí, la veo —contestó el chiquillo— y no me explico que no se os haya ofrecido allí albergue. ¿Será, sin duda, porque también estará llena?

—No —replicó el caballo—, allí no hay nadie más que los que pertenecen a la casa. Los que viven allí son tan avaros y tan poco amigos de ayudar a nadie, que no nos atrevemos a pedir auxilio.

—Ah, ¿conque eso es lo que ocurre? Pues en este caso no tendremos más remedio que continuar aquí.

—Pero es que yo he nacido y me he criado en ese sitio y sé que allí hay grandes establos y grandes pajares y quisiera saber de qué modo podría arreglarlo para que nos fuera posible pernoctar en aquella casa.

Pero diole tanta lástima aquel caballo que no quiso dejar de intentarlo.

El dueño era un hombre de unos treinta años. Su madre había

concluido de quitar la mesa después de cenar, y viendo que su hijo tardaba en acostarse, permaneciendo pensativo junto al fuego, le preguntó si le ocurría algo.

—Sólo pienso en cosas que ya pasaron —contestó.

Lo que le preocupaba era que un marchante le había ofrecido un caballo tan deplorable y maltrecho, que hubo de contestarle que debía estar loco para proponerle la compra de tal desecho.

—No hay tal —dijo el marchante—. Es que como este caballo ha sido de su propiedad, le he hecho la oferta por si quería proporcionarle una vejez tranquila, porque el pobre animal bien lo merece.

Efectivamente, aquel caballo era el que él había criado y del que se había servido; pero él no era de aquellos que tiraban en vano su dinero. Mas como se despertaron en él algunos recuerdos, éstos le quitaban el sueño y no tenía ganas de acostarse. Recordaba que estuvo tan ufano de su caballo que quiso que su padre le comprase nuevos arreos y mejor carruaje, para evitar lo cual, el padre, inesperadamente, vendió el caballo. La determinación de su padre fue muy dolorosa para él, tanto, que formó el propósito de que cuando su padre muriese y heredara la casa y el campo, compraría, antes que nada, el caballo.

Dos años después de la muerte de su padre no sólo habíase olvidado del caballo, sino que estaba convencido de que su padre había procedido muy bien. No ignoraba que la gente hablaba de él tachándole de avaro: pero prefería encontrarse dueño de una hacienda libre de toda deuda que no contraerlas para que se le considerara amigo de la esplendidez, como sucedía con otros terratenientes.

El pequeñín se hallaba junto a la verja pensando cómo se las arreglaría para entrar en la casa, cuando vio avanzar por el camino dos pequeñuelas que se detuvieron ante la posada. Comprendió muy pronto que éstas se hallaban necesitadas y al acercarse a ellas, por si algo podía servirlas, oyó cómo una decía:

—Britta, no llores más; ya hemos llegado a la posada y aquí no hay duda de que nos dejarán entrar.

Apenas Nils hubo oído esto, les dijo:

—No podéis entrar en la posada, porque está completamente llena; pero en la casa de enfrente no hay ningún huésped y allí podréis recogeros.

Las pequeñas entendieron claramente las palabras; pero no acertaban a ver, dada la obscuridad de la noche, quién las profería. La mayor de ellas contestó al momento:

—Nosotras no podremos entrar en esa casa porque los que allí viven son egoístas y malos; justamente por su causa tenemos necesidad de ir mendigando por los caminos.

—Podrá muy bien ser lo que decís —dijo el pequeño Nils—; pero llamad y ya veréis cómo os va bien.

—Probaremos, aunque no nos admitirán —dijeron las dos pequeñas subiendo los dos escalones que conducían a la puerta de la casa. Y llamaron.

El dueño continuaba ante el fuego de la chimenea pensando en su caballo, cuando oyó los aldabonazos. Levantóse para enterarse de quién pudiera ser, a la vez que se afirmaba en su propósito de no dejar entrar a nadie. Tenía puesta la mano sobre la llave y, al darle la vuelta, una fuerte racha de viento abrió la puerta de par en par y las pequeñas se apresuraron a entrar.

Cuando hubo conseguido cerrar la puerta dirigióse a las pequeñas mendigas que, demacradas y sucias, inclinaban sus espaldas bajo un zurrón tan grande como ellas, y les dijo:

—¿Quién sois vosotras que a esta hora de la noche andáis por ahí vagando?

—Somos Ann y Britta Maja, de Engarda —dijo la mayorcita— y quisiéramos que nos dejase pasar aquí la noche.

Púsose fosco el dueño de la casa y se disponía a echarlas a la calle cuando un nuevo recuerdo asaltó su memoria. ¿No fue en una pequeña choza de Engarda donde una viuda pobre había vivido con sus cinco hijos?

Esta viuda, según recordaba, debía a su padre algunos centenares de coronas y para cobrarse había hecho que la choza se vendiese, motivando que la pobre viuda, con los hijos mayores, emigrara hacia el norte en busca de trabajo, mientras que los dos menores quedaban en el lugar.

Este recuerdo malhumoró al dueño, por cuanto sabía que su padre había sido muy censurado por esto.

—¿Qué hacéis ahora? —dijo dirigiéndose en tono severo a las pequeñas—. ¿Por qué vais mendigando? ¿Acaso no se ha preocupado de vosotras la beneficencia pública?

—No es nuestra la culpa —contestó la mayor de las niñas—; las gentes que nos recogieron dijéronnos que saliéramos a pedir.

—No podéis tener queja. Vuestros sacos están llenos —dijo el campesino—. Lo que podéis hacer ahora es comer de lo que lleváis; aquí no hay ahora mujeres que os den de comer; y, luego, os acostáis en un rincón, junto a la chimenea, y así no pasaréis frío.

Y al decir esto adquiría su mirada cierta expresión de satisfacción, por lo que parecía expresar la idea de hallarse contento de que su padre hubiese sido avaro de su propiedad, porque, en caso contrario, quizá hubiese tenido necesidad de pedir limosna también.

Se tendieron las pequeñas, la una junto a la otra, sobre el duro suelo en el rincón que se les indicó, y como las oyera murmurar, díjoles el campesino enfadado, dispuesto incluso a pegarles:

—¿Queréis callaros?

—Es que —dijo entonces la más pequeña con voz grave— cuando nuestra madre nos dejó le prometimos que todas las noches le rezaríamos una oración; pero le aseguro que apenas hayamos rezado, nos dormiremos.

Quedóse quieto el campesino hasta que terminó el rezo; después dio muestras de gran inquietud y empezó a ir de un lado para otro a grandes pasos, frotándose las manos mientras meditaba acerca del mal proceder de su padre, culpable de que aquellas dos pequeñas anduviesen mendigando y su precioso caballo decrépito y abandonado.

Sentóse en su sillón, apoyó la cabeza entre las manos y las lágrimas empezaron a correr sobre sus mejillas.

Su madre, que desde una habitación próxima había observado lo que pasaba, se acercó a su hijo, y le dijo:

—Déjame cuidar de esas niñas y conservarlas en mi poder.

—Pero, madre, ¿qué es lo que dice? —le replicó, queriendo contener el llanto.

—He sufrido por ellas muchos años —dijo la madre— desde que tu padre desposeyó a la madre de éstas de su hogar, y quiero ahora hacer de ellas dos buenas muchachas. Son demasiado buenas estas niñas para que sigan mendigando.

El campesino no pudo ni supo qué contestar. Estalló en sollozos y acabó acariciando la rugosa mano de la anciana.

Cuando se hubo tranquilizado, díjole la madre:

—Has tratado de parecerte a tu padre, dejando de ser el que tú eres en realidad. Tu padre tuvo que luchar con tiempos difíciles que le amedrentaron, y ante el temor de caer en la pobreza no vaciló en sacrificarlo todo al bien de sí mismo; pero tú no has tenido nunca dificultades con que luchar y que hubieran podido endurecer tu corazón; tienes más de lo que necesitas y debes pensar en los que sufren.

Seguidamente le habló de la conveniencia de acostarse, a lo que se opuso el hijo, diciendo:

—No; tengo todavía algo que hacer; hay otro huésped digno de ese albergue. —Y cogiendo las llaves se dirigió hacia donde se hallaban los pajares.

Nils, que se había metido en la habitación cuando lo hicieron las pequeñas, enteróse de todo lo sucedido y al salir el dueño siguió tras él y pudo ver que otra racha de fuerte viento había abierto la puerta de un pajar, en el que se hallaban tendidos los animales que poco antes habían sufrido las inclemencias del tiempo.

Muy incomodado por ello, prorrumpió el campesino en denuestos contra ellos, sin que nadie le hiciese caso. Sólo un viejo caballo dirigióse hacia él y, al reconocerle a la luz de un farol, dejó caer la cabeza sobre uno de sus hombros. El campesino reconoció también a su antiguo caballo y no pudo menos que acariciarle, diciendo: —¡Querido caballo mío! ¡Querido caballo mío! Yo te compraré de nuevo y no saldrás ya de esta casa; tendrás lo que quieras y los demás animales que te han seguido podrán quedarse aquí; pero a ti te llevaré al mismo sitio en que estuvo tu cuadra. Te daré tanta cebada como puedas comer y cuando te repongas volverás a ser el caballo más hermoso de esta comarca.

XXV

EL DESHIELO

Jueves, 28 de abril

Era primera hora de la mañana, cuando Asa, la guardadora de patos, y el pequeño Mats, caminaban por la carretera que de Sudermnia conduce al Narke. Esta carretera se extiende a lo largo de la ribera sur del lago Hjelmar, y los niños contemplaban el hielo que aún cubría la mayor parte del lago. El sol de la mañana esparcía su claro resplandor y el hielo no tenía el aspecto sombrío y engañador que tan frecuentemente ofrece durante la primavera; lucía blanco y refulgente. En toda la extensión que dominaba la mirada parecía firme y seco. La lluvia que cayera la víspera abundantemente, habíase derramado por las hendiduras y los hoyos del camino, siendo absorbida por los hielos. Los niños no veían más que una espléndida superficie de hielo.

Asa, la guardadora de patos, y el pequeño Mats, caminaban hacia el norte pensando en los muchos pasos que se ahorrarían si pudieran atravesar el gran lago en vez de darle la vuelta. No ignoraban los peligros que ofrece confiarse al hielo de la primavera; pero el que estaban viendo parecía completamente sólido. Fijábanse también en que había trazado un camino y que la otra orilla del lago parecía tan próxima que bastaría una hora de caminata para alcanzarla.

—¡Intentémoslo! —repuso el pequeño Mats—. Sólo con que procuremos no caer en ningún agujero creo que podremos llegar muy bien.

Se aventuraron a través del lago. El hielo no estaba muy resbaladizo y se mantenía firme bajo los pies. Sin embargo, había un poco más de agua de lo que imaginaban; a trozos presentábase el hielo poroso y dejaba pasar el agua con cierto gorgoteo. Estos eran los escollos que había que evitar, pero nada más fácil en pleno día y bajo tan hermoso sol.

Los niños avanzaban rápidamente, sin experimentar fatiga, felicitándose de la buena ocurrencia de atravesar el lago, lo que les permitía evitar un gran rodeo por caminos reblandecidos por la reciente lluvia.

Habían llegado cerca de la isla de Vinöd. Una vieja mujer que les vio desde su ventana salió a toda prisa, haciéndoles señales desesperadas con los brazos y diciendo algo que no entendían. Sin embargo, comprendieron que la mujer les indicaba la conveniencia de no continuar su camino. Pero ellos, que estaban sobre el hielo, veían mejor que nadie que no corrían ningún peligro. Hubiera sido una cosa estúpida abandonar tan buen camino.

Al pasar la isla apareció ante ellos una vasta extensión de dos o tres leguas por lo menos; por allí había ya lagunas tan grandes que era preciso bordearlas; y encontraron una diversión en ver cuál de los dos daba mejores pasos. No sentían hambre ni fatiga. A veces, mirando a la otra orilla, asombrábanse de verla todavía tan lejos a pesar de que llevaban caminando una hora larga.

—Creo que la orilla se aleja de nosotros —dijo el pequeño Mats.

En medio de esta gran llanura de hielo, nada había que pudiera protegerles contra el viento oeste que a cada minuto aumentaba su violencia y les plegaba los vestidos contra su cuerpo, de tal manera, que hacíales bastante penosa la marcha. Este viento frío y penetrante era el primer motivo de disgusto que encontraron.

Lo que les causaba un gran asombro era que el viento llegara con mucho ruido, como si trajera hasta allí el estruendo de un gran molino o de una fábrica. ¿De dónde podía llegar tal batahola?

Habían pasado a la parte izquierda de la gran isla de Valen y les parecía ya próxima la costa septentrional; pero al mismo tiempo iba haciéndose el viento más molesto y aumentaba el ruido casi ensordecedor que le acompañaba.

Hubo un momento en que creyeron que este ruido nacía de las olas que se estrellaban contra la ribera entre borbotones de espuma. Pero, ¿cómo había de ser esto posible si el lago permanecía helado?

Detuvieron el paso y miraron en torno de ellos. Entonces descubrieron a lo lejos, hacia el Oeste, una blanca muralla de escasa altura que cortaba el lago de parte a parte. En el primer momento la tomaron como un montículo de nieve que bordeara un camino; pero no tardaron en comprender que aquello no era otra cosa que la espuma de las olas que se lanzaban contra el hielo.

Al ver esto cogiéronse de la mano y echaron a correr sin pronunciar palabra. El lago se había abierto allá abajo, en el Oeste, y habíanse dado cuenta de que la línea blanca avanzaba rápidamente hacia el Oeste. ¿Iría a deshelarse el lago por todas partes? Presentían la magnitud del peligro.

Ante su paso levantábase el hielo de improviso: se hinchaba y después se hundía, como si alguien lo empujara desde abajo. Al mismo tiempo oíase un golpe seco que partía del hielo y abríanse muchas grietas en todas direcciones. Las veían extenderse por la superficie.

Siguió un momento de calma y luego otra vez la hinchazón y el lento hundimiento de la capa de hielo. Las grietas convertíanse en hendiduras y el agua borbollaba a través de las mismas. Después las hendiduras convertíanse en hoyos y el hielo iba reduciéndose a grandes bancos flotantes.

—Asa —dijo el pequeño Mats—, esto es el deshielo.

—Sí, es el deshielo: pero aún podremos llegar a tierra. Corre, corre.

En efecto, al oleaje y al viento aún les quedaba mucho que hacer para desembarazar el lago de hielo. Lo más costoso había quedado hecho al abrirse la capa de hielo; pero los grandes bancos habían de quedar reducidos a pedazos, y los pedazos desmenuzados, pulverizados, fundidos. Quedaban todavía grandes extensiones de hielo resistente y endurecido.

Lo que aumentaba el peligro para los niños era el no ver un vasto horizonte: les era imposible saber dónde les cortarían el paso las ranuras recién abiertas. Corrían al azar y en vez de aproximarse se alejaban de la tierra. Extraviados, espantados ante el hielo que crujía y se fundía, detuviéronse al fin y echáronse a llorar.

En este momento pasó sobre sus cabezas una bandada de patos silvestres cortando el aire en vuelo rápido. Gritaban hasta ensordecer. Los niños creyeron oír en medio de este griterío unas palabras, que decían:

—Id hacia la derecha, hacia la derecha, hacia la derecha, rápido.

Siguieron este consejo, pero pronto detuviéronse de nuevo ante una gran laguna, indecisos.

Los patos gritaron nuevamente y los niños creyeron oír estas palabras.

—Esperad donde estáis, esperad donde estáis.

Los niños no contestaron, pero obedecieron. Los bancos de hielo no tardaron en unirse, facilitándoles el paso de este modo. Otra vez se dieron la mano para correr juntos. El extraño socorro que les prestaban los patos les infundía tanto temor como el peligro.

Cuando vacilaron de nuevo ante el camino a seguir, dijo la misma voz:

—Seguid adelante, seguid adelante.

Así continuaron durante media hora. Por último llegaron a la punta de Sunger y pudieron abandonar el hielo y ganar la orilla a través del agua poco profunda. Era tan grande el miedo que se había apoderado de ellos, que al llegar a tierra firme no se detuvieron a contemplar el lago, donde las olas comenzaban a golpear los bloques de hielo. Pasó un momento antes de que Asa se detuviera.

—Espera un poco aquí, pequeño Mats —le dijo—. Yo he olvidado una cosa.

Y al llegar corriendo a la orilla se puso a buscar en su zurrón y sacó un pequeño zueco, que colocó bien visible sobre una piedra. Tras esto corrió hacia su hermano.

Apenas hubo vuelto la espalda, un gran pato blanco descendió hasta la piedra y, tras apoderarse del zueco, se remontó rápidamente.

XXVI

LA HERENCIA

Cuando los patos silvestres dieron por terminada su ayuda a Asa y Mats, emprendieron el vuelo hacia el norte hasta llegar a Vatsmanlandia, donde descendieron en medio de un gran prado para comer y descansar. El pequeño Nils también sentía hambre: pero no acertaba a ver cómo podría saciarla. Dirigía su mirada a todos lados, hasta que descubrió dos hombres que araban un poco más allá. De pronto terminaron su trabajo y se sentaron para almorzar. El chicuelo dirigióse hacia ellos esperanzado de recoger algunas migajas o que le dieran algún pedazo de pan cuando ya hubiesen terminado.

Junto al campo pasaba un camino por el que avanzaba un viejo, el cual, al ver a los dos labradores, les dijo:

—Yo también iba a almorzar.

Y sacando de su saco un pedazo de pan con manteca, se sentó próximo a ellos, añadiendo:

—Es más grato comer en compañía que hacerlo uno solo, sentado al borde de un camino.

Al punto entraron en conversación, refiriendo el anciano que había trabajado en las minas de Norberga, pero que ahora, ya en plena vejez, no podía dedicarse a trabajos pesados y que tenía una hija casada en aquella comarca, a la que había visitado, rogándole ésta que se quedase con ella, si bien no pudo conseguirlo porque él quería volver a su tierra.

—¿Es que no crees que podrías encontrarte aquí tan bien como pudieras estar en Norberga? —le preguntó uno de sus oyentes.

—¿Crees que yo podría vivir en un llano como éste?

Y en buena amistad comenzaron a alabar unos y otros las excelencias de la tierra que habitaban. No quiso el viejo dejarse convencer, y para evidenciarles la razón que le asistía les refirió un cuento que había oído a los viejos, hacía muchos años, siendo niño:

—Hace muchos años, muchos, vivían aquí, en Esmalandia, una señora de familia de gigantes, que era propietaria de todos estos terrenos. Lo pasaba, claro está, perfectamente bien y por no saber cómo podría repartir la herencia entre sus tres hijos de un modo equitativo, repartió sus tierras en tres partes. La primera era de cultivo y abundante en cereales; la segunda, era propia para pastoreo, con sus llanuras, lagos y ríos que desembocaban en el mar después de formar grandes islotes.

A los hermanos parecióles bien esta división.

—He procurado —decía la madre— hacerla lo mejor posible; pero ahora llegamos a un punto que me preocupa, porque habiendo repartido la parte más provechosa de la herencia, sólo me restan para formar la tercera, bosques y montañas, y temo que aquél a quien pueda corresponder esta última parte, pueda conocer la pobreza y mirar con disgusto a sus otros hermanos. Sé —continuó diciendo la madre— que este tercer lote no puede compararse con los otros, y si yo no fuese tan vieja me esforzaría en modificar este reparto; pero a mi edad esto es imposible, y ahora que mi vida se acaba me encuentro intranquila y malhumorada porque no sé a quién dar esta parte tan inferior. Los tres habéis sido buenos hijos para mí y no quiero ser injusta con ninguno de vosotros.

Viendo las grandes preocupaciones de la madre, el hijo menor, que era quien más la quería, díjole un día:

—No te apures, madre; yo me quedo con la peor parte. Yo me conformo con lo que sea, porque lo primero que deseo es verte contenta.

Y como los otros dos lotes eran igualmente buenos, quedó la pobre vieja tranquila y dispuesta a bien morir, si bien pudo apreciar que el hijo menor era quien más la quería, por lo que prometió tener siempre presente la prueba de cariño que le había dado.

Muerta la madre, tomó cada cual posesión de sus terrenos. El hijo menor se encontró con tierras incultas, con montañas rocosas, si bien no tardó en comprender que su madre no le había olvidado, porque en aquellos montes desolados encontró minerales de hierro y hasta de plata y cobre, con lo cual llegó, después de ponerlo todo en explotación, a ser más rico que sus hermanos.

Y como aquellos montes, con sus rincones abruptos y sus hondas cañadas, eran también muy hermosos, vivió feliz bendiciendo a su madre.

XXVII

EN LAS LADERAS DE LA MONTAÑA

Los patos tuvieron una travesía pesada. Después de haber almorzado en Fellingsbro, dirigiéronse al norte atravesando Vastmanlandia; pero como el fuerte viento del oeste fuese en aumento, sintiéronse arrastrados hacia el este en dirección a Uppland.

Los patos volaban a gran altura y el viento, con su violencia, hacíales adelantar rápidamente. El pequeño Nils, sobre su pato, alargaba el cuello cuanto podía para ver mejor el aspecto de la región de Vastmanlandia; pero no le era posible distinguir nada. Pudo observar, sin embargo, mas no acertaba a comprender lo que eran ciertos surcos que iban de norte a sur, atravesando el llano. Lo que más le extrañaba era que los surcos fuesen casi rectos y marchasen en línea paralela.

—Esta tierra —decía Nils— tiene rayas como el delantal de mi madre. Quisiera saber qué clase de rayas son esas de ahí abajo.

—Riachuelos y arroyos, caminos y vías férreas —contestaron los patos.

—Nunca vi tantos caminos que partieran de un mismo sitio —continuó diciendo—. Habrá muchas mercancías procedentes del norte para llevar a través de esta tierra.

Al mismo tiempo consideraba esto muy extraño, porque creía que al norte de Vastmanlandia finalizaba el territorio de Suecia o que más allá sólo habría bosques y lugares desiertos.

Al ser arrastrados los patos por el viento hasta Sagan, comprendió Okka que habían llegado a sitio muy distinto del que se proponían visitar, y con la bandada volvióse hacia el oeste, luchando pesadamente contra el viento, pasando de nuevo sobre los mismos terrenos a rayas que acababan de atravesar y continuando su camino más al oeste hasta llegar a terrenos montañosos cubiertos de bosques.

Mientras volaron sobre los llanos fijóse mucho Nils, sacando la cabecita por junto al cuello del pato, en cuanto veía; pero ahora que ante su vista sólo aparecían montes cubiertos de bosques, echóse hacia atrás para volar más cómodamente, ya que el aspecto de aquel paisaje no le ofrecía interés.

Volaban ya un buen rato cuando a oídos de Nils llegaron rumores que parecían quejidos y que subían de tierra. Instigado por la curiosidad sacó la cabeza y miró hacia abajo. Ahora volaban lentamente por las dificultades del viento contrario, que acentuaba su violencia, y pudo ver muy bien lo que había bajo sus pies.

Lo primero que observó fue un gran agujero que profundizaba rectamente en la tierra. En el agujero había un gran ascensor que descansaba sobre grandes troncos. Este ascensor llevaba en aquel mismo momento un barril cargado de piedras.

Alrededor de aquel agujero había grandes montones de piedras y una máquina de vapor que resoplaba en un cobertizo. Mujeres y niños se encontraban esparcidos sobre el terreno, escogiendo las piedras, y por una estrecha vía eran arrastrados por caballerías algunos vagones cargados de pedruscos rojizos. Junto a los linderos del bosque existían modestas viviendas obreras.

Nils no adivinaba lo que aquello pudiese ser, y a voz en grito, preguntó:

—¿Qué sitio es éste del cual se sacan tantas piedras de la tierra?

—¡Mira el tonto! ¡Mira el tonto! —exclamaron unos gorriones nacidos en aquellos lugares y que estaban al tanto de lo que ocurría por allí—. ¡Ese no sabe distinguir la piedra mineral de la piedra ordinaria!

Entonces comprendió el chicuelo que lo que tenía delante era una mina, y en verdad que se extrañó, porque creía que las minas sólo existían en las altas montañas y no en terreno llano, entre dos riachuelos que descendían de los montes.

Pronto dejaron tras sí estos terrenos llenos de abedules y abetos, y el pequeño sintió un gran calor que emanaba de la tierra y que le indujo a asomarse de nuevo para cerciorarse de lo que aquello pudiera ser. Allí abajo vio grandes montones de carbón y minerales y en medio de éstos elevábase una construcción octogonal pintada en rojo, que lanzaba hacia el cielo un gran penacho de llamas.

En un principio no pudo creer que fuese otra cosa que un incendio; pero al fijarse en que las gentes paseaban tranquilamente por las cercanías, sin preocuparse para nada del fuego, no acertaba a explicarse lo que estaba viendo.

—¿Qué sitio es éste —gritaba el chiquillo— en donde a nadie le llama la atención que arda una casa?

—Mirad, ahí tenéis a uno que tiene miedo al fuego —dijeron unos pajaritos que se encontraban junto al bosque y conocían cuanto ocurría en la comarca—. Ese no sabe cómo se convierte en hierro el mineral; no sabe distinguir unos altos hornos de un incendio.

Pronto quedaron estos hornos a lo lejos y el chiquillo volvió a mirar otra vez hacia delante creyendo que no habría nada más que observar entre aquellos terrenos forestales; pero apenas se habían separado un poco oyeron un estrépito formidable que provenía de tierra. Al mirar hacia abajo pudo observar un pequeño torrente que, en forma de cascada, salía con fuerza de la ladera de una montaña. Junto a la cascada había un gran edificio de obscura techumbre y alta chimenea que lanzaba humo espeso salpicado de chispas, y contiguo al edificio, hierro en barras y planchas y montículos de carbón. Todo el terreno parecía ennegrecido y lo atravesaba una red de vías. Del edificio salía un ruido ensordecedor. No parecía sino que algún gigante trataba de defenderse contra los ataques de un rugiente animal salvaje. Pero lo más extraño era que allí nadie se preocupase de lo que pasaba.

No muy lejos de aquel sitio, y bajo frondosos pinos, tenían su vivienda los trabajadores, y un poco más allá se elevaba una casa señorial.

—¿Qué sitio es éste —gritaba el chiquillo— en que nadie se cuida de que dentro de esta casa se están matando?

—¡Ja, ja, ja! —rió una paloma blanca—. ¡Ahí va uno que no sabe que aquí no hay nadie que se mate ni se haga pedazos, sino que el hierro hace ese ruido cuando se le golpea con el martillo!

Pronto se alejaron también de la fundición, y el chiquillo cabalgaba sobre el pato convencido de que nada más quedaba por ver en el bosque.

Habían volado ya un buen rato después de esto cuando oyó el sonido de una campana y miró hacia abajo para ver de dónde procedía. Entonces vio una casa de labor como no había visto nunca. La casa-vivienda era larga con tejado rojo, y aunque no muy grande, llamó en extremo su atención el buen número de dependencias bien construidas que contenía.

El chicuelo sabía cuántas dependencias puede haber en una casa de campo; pero no acertaba a saber por qué aparecía allí en número doble o triple que en otros sitios. Tal exceso nunca pudo imaginárselo, y no adivinaba a qué pudieran estar destinadas porque en las cercanías no había campos de labor.

Sobre la techumbre de la dependencia destinada a cuadra y bajo un pequeño cobertizo estaba la campana que le había llamado la atención. El amo, seguido de un gran número de criados, dirigíase hacia la cocina. Y movido de la curiosidad que sentía, gritó:

—¿Qué clase de gente es ésta que construye tan grandes casas de labor en medio del bosque, no habiendo tierras de labranza en derredor?

Un gallo que se hallaba sobre un montón de basura, le contestó:

—Esto es la antigua vivienda de un minero; las tierras de labor están en el subsuelo.

Y entonces comprendió el chicuelo que aquellos bosques que había atravesado no eran como muchos otros sobre los que había volado ya. En todas partes existen verdaderamente bosques y montañas; pero no todos ofrecían cosas tan nobles ni riquezas tan grandes como aquéllos. Allí había extensos cotos mineros atravesados por túneles que llevaban a distintas direcciones para efectuar los trabajos; allí había viejas herrerías abandonadas, cuyas derruidas techumbres dejaban ver las herramientas abandonadas; allí había grandes talleres de nueva construcción donde se trabajaba dando tan fuertes martillazos que la tierra retumbaba; allí había albergues silenciosos que parecían no saber nada del movimiento que cerca de ellos se desarrollaba; allí había cables aéreos cuyas vagonetas, llenas de material, se deslizaban suavemente. En todos los torrentes oíase el ruido de las ruedas; conductores eléctricos cruzaban los bosques por todas partes, y grandes convoyes que arrastraban sesenta o setenta vagones cargados de mineral de carbón, raíles, planchas o alambres de acero, circulaban en distintas direcciones.

Cuando ya llevaba un buen rato contemplando todo aquello, no pudo reprimir su silencio y prorrumpió diciendo, por más que presumiese que los pájaros pudiesen burlarse de él:

—¿Qué tierra es ésta en la que solamente crece el hierro?

Entonces despertó de su sueño una vieja lechuza que dormía en una casucha abandonada, y sacando su redonda cabeza, le contestó:

—Esta tierra se llama Bergslagerna, y si aquí no creciera el hierro no habría, aun en estos tiempos, más que búhos y osos.

XXVIII
LA FUNDICIÓN

Durante el día en que los patos silvestres atravesaron las montañas de Bergslagerna, sopló un fuerte viento oeste que llegó a tal extremo de violencia que, cuando aquéllos trataron de dirigirse hacia el norte, sintiéronse arrastrados hacia el este.

Como Okka temía que la zorra anduviese por la parte este de aquellas tierras, se resistía a seguir tal dirección y obstinábase en orientar su vuelo hacia el norte. En su lucha contra el viento no pudieron los patos adelantar gran cosa, por lo que al sobrevenir la tarde hallábanse a escasa distancia del lugar de partida.

Declinaba el sol cuando el viento dejó de soplar, y los patos, abrumados de fatiga, creyeron que su vuelo haríase más fácil y que podrían hacer un buen recorrido antes de que desapareciera por completo la luz solar. Mas de repente desencadenóse un irresistible huracán que arrastró a los patos, lanzándolos por los aires como si fuesen pompas de jabón. El chicuelo, que ya creíase seguro y que habíase aposentado tranquilamente sobre el lomo del pato predilecto, fue arrebatado por el viento, y su cuerpecito, dado su poco peso, fue llevado a impulsos del viento, por lo que en vez de caer al suelo verticalmente, quedó largo rato a merced del aire que soplaba con furia, cayendo finalmente a tierra como si fuese débil hoja desprendida de un árbol.

Pulgarcito cayó de espaldas, y como tuvo la suerte de que el descenso fuese lento, no se hizo ningún daño. Repuesto del susto consiguiente, levantóse del duro suelo, recogió su gorro y empezó a hacer señales con el mismo para llamar la atención de sus compañeros de viaje, sin dejar de repetir a voz en cuello:

—Estoy aquí. ¿Dónde estáis vosotros? Estoy aquí.

Como transcurriera el tiempo y Okka no apareciese, trató de consolarse haciéndose algunas reflexiones. Pensó que el viento debió llevarse los patos muy lejos y decidióse a marchar en su busca apenas amainase.

Ya más tranquilo y sin abandonar esta idea, comenzó a mirar en derredor suyo, pudiendo observar entonces que no había caído en terreno llano, sino en lo más profundo de unas excavaciones que allí se practicaban, cubiertas en su mayor parte de pinos y arbustos, y que en uno de sus extremos presentaban un orificio que conducía al interior de la tierra.

Por lo que vio anteriormente pudo comprender que aquello era una mina que debió estar en explotación años atrás, y disponíase a trepar hacia lo alto para salir del hoyo en que había caído cuando oyó un sordo bramido al par que le sujetaban por la espalda:

—Ya puedes decirme quién eres —le preguntaron.

Volvióse, y en el primer momento de su asombro creyó ver ante él una gran piedra gris; pero pronto pudo observar que lo que tomó por una piedra era un ser viviente que tenía cuatro patas, unos ojos brillantes y una boca enorme. Pulgarcito recibió tal impresión que no pudo articular palabra. Era un oso.

Este parecía dispuesto a devorarlo, a engullirlo sin más averiguaciones; pero así como fue contemplándole cambió de opinión, y acabó llamando a gritos a dos oseznos que tenía, diciéndoles:

—Venid, venid, que tengo algo bueno para vosotros.

No tardaron en aparecer, con paso incierto, los cachorritos, que tenían una piel suave como si fueran perritos, y dirigiéndose a su madre, le preguntaron:

—¿Qué es lo que has encontrado para nosotros? Enséñanoslo.

—Ahí lo tenéis —contestó. Y dándole una patada a Pulgarcito, lo lanzó hacia sus hijos.

Uno de los cachorros lo cogió con su boca por el pescuezo y se lo llevó corriendo, aunque sin apretar demasiado los dientes, porque quería divertirse con aquel monigote antes de matarlo.

El otro cachorro, que no quería verse desposeído, corrió tras su hermanito para arrebatarle la presa, entablándose entre los dos una lucha que le devolvió a Nils la libertad. Y mientras los oseznos encontrábanse en su lucha, el pequeño comenzó a trepar con gran ansia por entre los arbustos, buscando en éstos su salvación; pero los oseznos, que adivinaron sus intenciones, abalanzáronse sobre él, consiguiendo hacerle caer de nuevo en el fondo de la hendidura donde se hallaban. Por su actitud hiciéronle comprender al pequeño Nils cómo debe ser tratado un pobre ratón cuando cae en las garras de un gato.

Y los osos jugaron con el infeliz Nils como los gatos con los ratoncillos.

—Corre otra vez —le decía cuando, tras correr mucho, caía el pobrecito muerto de cansancio, sin poder moverse—. Como no corras más, te comemos.

—Ya podéis hacerlo —contestaba Nils—. No tengo fuerzas para continuar corriendo.

Ante esta contestación y viendo que Nils apenas si daba señales de vida, fueron a contárselo a su madre, diciéndole:

—Ya no quiere jugar más.

A lo que les contestó la madre:

—Entonces os lo podéis comer, haciendo dos partes iguales.

Pero la orden de la madre no fue cumplimentada. Los cachorros habíanse divertido tanto con el pequeño, que prefirieron guardarlo para el día siguiente, y para que no pudiese escapar llevaríanlo con ellos con objeto de que se durmiera junto a su madre; y los dos pusiéronle una pata encima para que no se moviese.

Pronto quedaron todos dormidos. El cansancio y el agotamiento de Nils sobrepasaban lo angustioso de su situación. Pasó algún tiempo hasta que el rodar de unos pedruscos les despertó a todos, viendo entonces Nils con verdadero espanto que junto a ellos hallábase un gran oso, que, muy irritado, decía:

—Olor a carne humana siento por aquí.

—¿Cómo puedes suponer tal cosa? —contestó la madre.

—He andado buscando nuevo albergue para nosotros. El hombre parece que quiera quedar solo en la tierra. Hasta ahora nos hemos alimentado de bayas y plantas, no hemos molestado a ganados ni a personas, y, a pesar de ello, no se nos deja tranquilos en el bosque.

—En las abandonadas galerías de estas minas lo hemos pasado bastante bien durante muchos años —añadió el oso—; pero ahora que se han hecho en estas cercanías instalaciones tan ruidosas, no nos dejan vivir las gentes y en estos días estuve dando vueltas por las montañas de Garpenberg, donde hay también buenos escondrijos y podríamos evitar el encuentro del hombre.

Apenas el oso hubo dicho esto, se levantó dando señales de inquietud, diciendo:

—Es extraño. Cuando hablo del hombre percibo de nuevo el mismo olor de antes.

—Ve y busca por ti mismo si es que no te fías de lo que yo digo —replicó la osa.

El oso salió y regresó después de olfatear por todos los rincones.

La casualidad quiso que uno de los cachorros se moviese y colocase una de las patitas sobre las narices de Nils, con lo que el chicuelo no pudo menos que estornudar.

Apenas lo hubo hecho, el oso, fuera de sí, separó a los hijuelos del regazo de su madre y descubrió al pobre Nils antes de que éste pudiera moverse, y de seguro lo hubiera devorado si la osa no se hubiese interpuesto, gritando: —No lo toques; es propiedad de nuestros hijos. Han estado jugando con él toda la tarde y no lo han comido por guardarlo hasta mañana.

—No te mezcles en asuntos que no conoces —dijo el oso—. ¿No ves que esto es un hombre y si nos descuidamos nos hará alguna mala pasada?

Ya había abierto la boca para dar el primer bocado, cuando recurriendo Nils a los fósforos de azufre que siempre llevaba consigo, encendió uno rapidísimamente, frotándolo sobre el pantalón, y se lo aproximó al oso.

Este, molestado por el olor y extrañado por aquella luz, retrocedió y, lleno de curiosidad, le preguntó al chicuelo:

—¿Tienes otras muchas lucecitas como ésa para poder encender?

—Tantas —dijo el chiquillo para amedrantar al oso— que con ellas podría incendiar todo el bosque.

—Entonces —le replicó el oso—, ¿podrías incendiar igualmente casas y fábricas?

—Eso sería para mí fácil en extremo —contestó con petulancia el chicuelo.

—Me alegro, porque entonces podrás hacerme un favor y me alegraré de no haberte comido.

Puestos de acuerdo, cogió el oso entre sus dientes con gran cuidado al chicuelo y rápidamente lo llevó a una altura próxima, desde la que se dominaban las fábricas y fundiciones, y preguntó: —¿Podrías incendiar unos talleres tan grandes como éstos?

—El hecho de que sean grandes o pequeños, oso, no tiene para mí importancia alguna —manifestó el pequeño Nils jactándose de su poderío.

—Oyeme, pues —dijo el oso—; hace años no había aquí más que un par de herrerías que trabajaban sólo algunas horas al día; pero hoy se han hecho tan grandes estas fábricas que se trabaja sin parar de noche y de día, y es ya tanta la gente que hay en ellas que no nos es posible vivir aquí como no destruyamos esto. —Y cogiendo de nuevo con la boca al chiquillo, lo llevó con sigilo hasta las tapias de las fábricas, las que le mostró, diciendo: —Si las haces arder, te perdono la vida; pero si no, acabo contigo.

El chiquillo comprendió que aquello no era fácil. La techumbre era de teja y pidió al oso un poco de tiempo para reflexionar. Quería con ello ver de ingeniarse un medio para salir del atolladero; pero, por más que pensaba, nada se le ocurría.

El oso, que en un comienzo accedió a su petición, se inquietaba, exigiéndole una pronta resolución.

—¿Quieres o no quieres? —le preguntaba.

El chicuelo, pensativo, llevóse la mano a la frente; estaba convencido de que no debía intentar nada que redundase en perjuicio del hierro que tan buen auxiliar ha sido siempre del hombre, tanto rico como pobre, y que proporcionaba el pan a muchísimos obreros de aquella comarca.

—No quiero —contestó Nils con decisión.

El oso se abalanzó sobre él, oprimiéndole fuertemente entre sus patas.

—No conseguirás —continuó diciendo el muchacho— que yo destruya fábricas en las que se trabaja el hierro, que tan grandes beneficios proporciona a la humanidad.

—Entonces no habrá salvación para ti —le replicó el oso.

—Ni la espero —exclamó Nils, dirigiendo una mirada de rabia al formidable oso que le sujetaba.

Tan entregados estaban ambos en su disputa, que ninguno de los dos advirtió la presencia de un hombre que se había aproximado al lugar donde estaban, hasta que el bruñido cañón de una escopeta brilló muy cerca de ellos. Al darse cuenta de la proximidad del arma salvadora, le gritó al oso:

—Huye; de lo contrario, morirás.

El oso salió escapado, pero no sin llevar entre sus dientes al chicuelo.

—Nunca he sido tan tonto como ahora —pensaba Nils mientras corría el oso—. Si no le hubiese dicho nada, el oso hubiera sido muerto y yo recobrado la libertad.

Tan acostumbrado estaba a hacer el bien a los animales, que aun sin proponérselo había salvado al oso.

Cuando el fiero animal hubo recorrido un buen trecho a través del bosque, detuvo su marcha y dejó a Nils sobre el suelo con todo cuidado. Y le dijo:

—Muchas gracias, pequeñín; esas balas me hubiesen alcanzado de no haberme advertido a tiempo.

Tras esto dijo unas palabras al oído del chicuelo y salió de estampía como si le persiguiese un grupo de cazadores o una jauría. Y Nils quedó completamente solo, sin poder darse cuenta de lo que le había sucedido.

Los patos silvestres volaron toda aquella noche en busca de Nils, hasta que el cansancio les rindió, aterrizando profundamente entristecidos. Poco después hallábanse entregados al sueño. Ninguno de los patos dejaba de creer que su compañero habíase estrellado en la caída, porque temían no encontrarle ya nunca.

Así es que a la mañana siguiente, al despertarse con el amanecer, fue extraordinario el júbilo de la bandada de patos al ver que Nils dormía entre ellos.

Sentían tales ansias de saber lo que le había acontecido a Nils, que nadie pensó en levantar el vuelo para ir en busca de alimento. Y allí permanecieron todos hasta que Nils terminó de referirles lo que había sucedido con el oso.

—Y ya sabéis cómo he llegado hasta vosotros —terminó diciendo.

—No, no lo sabemos; te equivocas. Nosotros no sabemos nada. Creíamos que te habías estrellado al caer.

—Oídme, pues, y os lo contaré.— Y tras una pausa, añadió:

—Al dejarme el oso, trepé a lo alto de un abeto y me dormí. A los primeros albores del día observé que aproximábase hacia mí una gran águila, que, cogiéndome entre sus garras, me llevó consigo. ¡Y entonces sí que creí llegado mi último momento! Pero no fue así, porque el águila no hizo más que traerme directamente, en rápido vuelo, hasta donde estábais y entre vosotros me dejó.

—¿Y no te dijo el águila quién era? —le preguntó Okka.

—No —contestó Nils—. Marchó tan ligera que no me dio tiempo ni para darle las gracias.

Okka miró a sus compañeros como interrogándoles acerca de lo que pudiera pensarse del suceso; pero todos miraban hacia el espacio como si no les importase lo que acababan de oír.

—No debemos olvidar que todavía no hemos almorzado esta mañana —dijo Okka.

XXIX

EL RÍO DEL VALLE

Viernes, 29 de abril

En este día vio Nils el sur de la Dalecarlia. Los patos silvestres pasaron sobre las grandes minas de Grängesberg, de los grandes establecimientos de Ludvika, y continuaron hasta las llanuras de Stora Tuna y el Dal Elf. Al ver Nils tantas chimeneas de las fábricas destacándose tras cada cresta de montaña creyóse todavía en Vestmanland; pero apenas hubo llegado cerca del gran río se le apareció un espectáculo completamente nuevo. Era, en realidad, el primer gran río que Nils había visto hasta entonces. Quedó estupefacto al ver esta extensión de agua deslizarse suavemente a través de todo el país.

Cuando los patos llegaron al puente flotante de Torsang, volviéronse hacia el noroeste a lo largo del río, que parecía servirles de guía. Nils tuvo el placer de contemplar sus riberas cubiertas en muchos trechos por largas hileras de edificios. Vio los grandes saltos de agua de Domnavet y de Kvarnsveden y las grandes fábricas que hacen funcionar. Vio los puentes flotantes que descansan sobre el agua del río, las barcas de pasaje, las grandes cantidades de troncos que la corriente arrastra, los caminos de hierro que le siguen y atraviesan, y comprendió que era aquél un grande y maravilloso curso de agua.

El río se curvaba hacia el norte. En la parte de la curva el terreno estaba desierto y poco habitado; y los patos se posaron sobre un prado para alimentarse. El chicuelo corrió hacia el río y púsose a la orilla para contemplar la corriente que se deslizaba formando allí un amplio remanso. Muy cerca había un camino que conducía al río. Los viajeros que necesitaban atravesarlo hacíanlo por medio de una barca sujeta a una cuerda. Esto resultaba algo nuevo para el chicuelo; pero, por más que le interesara, encontróse pronto invadido por un gran cansancio. Y díjose para sí:

—Tendré necesidad de dormir un rato; apenas si he cerrado los ojos la pasada noche.

Y metiendo su cuerpecillo en un matorral, quedó dormido entre la hierba y los juncos. Le despertaron unos hombres que hablaban junto a él. Eran viandantes que no podían atravesar el río en el bote por impedirlo grandes témpanos de hielo que flotaban sobre el agua. Mientras esperaban habíanse sentado en un ribazo próximo adonde estaba Nils y conversaban acerca de los daños que el río suele causar.

Uno de los viajeros, que era campesino, refirió que una vez, durante una gran avenida, cubrió el agua los postes telefónicos.

—En la primavera última no fue tanta la crecida ni causó tantos daños, si bien el año anterior llevóse un pajar de mi propiedad —objetó otro.

—Yo no olvidaré nunca la noche que cubrió el puente grande de Domnavet —añadió un obrero ferroviario—. Ninguno pudo dormir aquella noche.

—Sí, tenéis razón —dijo un hombre alto y fornido—. Causa muchos daños el río; pero al oíros hablar mal de él, no puedo menos que recordar lo que le oí decir al cura de mi pueblo, en ocasión en que todos nos quejábamos de lo mismo.

Requiriéronle sus compañeros que refiriese el hecho, y, entonces, dijo:

—Junto a nuestros límites con Noruega había un lago entre unos montes, del que nacía un riachuelo, que ya desde su origen corría de una manera impetuosa. Aunque pequeño, se le llamaba río Grande, por cuanto podía esperarse que alcanzaría gran importancia. Al formarse, y apenas salido del lago, descubrió que aquel terreno, lleno de colinas en que abundaban los árboles y que después se transformaban en desnudas crestas, era poco propicio para su desarrollo. Al tropezar con tantos obstáculos pensó que lo mejor tal vez fuese volverse a la laguna; miró a todos lados y viendo las dificultades insuperables que había para ello, determinó lanzarse en busca del mar, abriéndose un camino. Buscó en la primavera la ocasión por cuanto en esta época del año sobrevienen los deshielos y el agua baja a torrentes desde las altas cumbres.

Cierta vez en que este curso de agua dedicábase, como de costumbre, a abrirse paso, oyó unos fuertes ruidos en la lejanía del bosque, y como interrogara a éste acerca de ellos, contestóle el bosque que aquel estrépito debíase a otro curso de agua que acababa de conseguir el libre acceso a través de un hermoso valle y que, sin duda, llegaría al mar antes que el que le interrogaba.

—No lo creo de ese pequeñín —contestóle con cierto desdén—. Pregúntale si quiere que le ayude.

No atrevíase el bosque a cumplir el encargo, dadas las ínfulas con que se mostraba el curso de agua aludido, que se consideraba superior al otro; pero el caso fue que ambos riachuelos habían llegado al siguiente día a un punto en el que confluían sus corrientes y habían unido sus fuerzas para continuar su marcha hacia el mar, formando a su paso remansos y lagunas en los sitios bajos, de donde salían con más ímpetu, a veces por las aguas que a ellos afluían y también porque a la corriente de ambos uníanse otros, no sin entablar previamente largas polémicas acerca de la importancia de los unos y las otras y del nombre común que para designarles debía elegirse, polémicas en las que siempre mediaba el bosque, animado de un propósito conciliador.

Así llegaron estas corrientes hasta muy cerca del Mjalgen, con el nombre de río Storan.

—Bonito río —exclamó éste al contemplar la corriente del Fulu.

En esto intervino el bosque para proponerles que se unieran, y ellos accedieron con agrado, a condición de que cada uno de los dos conservara el nombre que le era propio.

Eso motivó una viva pelea, que estuvo a punto de malograr el trato convenido en principio, lo que hubiera sucedido de no intervenir el bosque, que, finalmente, les convenció de que debían renunciar al nombre, como lo hicieron, en efecto, llamándose desde entonces uno el del Valle del Oeste y el otro el del Este y juntos el río del Valle, bajo cuya designación desembocaron en el mar.

XXX

LA MEJORA DE LA HERENCIA

LA VIEJA POBLACIÓN MINERA

Entre las poblaciones de Suecia ninguna le gustaba tanto al cuervo Bataki como la ciudad de Falun, y apenas llegada la primavera, en que quedaba libre de hielo la tierra, hacia ella volaba con objeto de permanecer unas semanas en las cercanías de la vieja mina.

Levantábase la población a ambas orillas del río, pero de tal modo que mientras por un lado hay edificios tan grandes y bonitos como las dos iglesias, y el ayuntamiento, el de la dirección de las minas, el del banco, el hospital, numerosos chalets y viviendas particulares, no tiene el otro más que calles en pendiente con pequeñas casas de un solo piso pintadas de rojo, y allá, en el fondo, la mina de Falun, con su maquinaria, sus ascensores y sus bombas.

Atraíale al cuervo todo cuanto aparecía como extraño y misterioso, y en vez de fijarse en la hermosura del paisaje próximo, prefería meter la cabeza por la boca de las minas y por las hendiduras del terreno, procurando averiguar cómo se las arreglan los hombres por allá abajo a través de las galerías invadidas por un homiguero humano, dedicados a la extracción del mineral, y tratando de saber a qué se debía que en aquel paraje tan pedregoso no creciese planta alguna ni flor, cuando aparecían extraordinariamente frondosos otros sitios.

En uno de éstos casos llamáronle mucho la atención algunas viviendas en estado ruinoso, cerca de una casa vieja llamada de Svavelkoket, porque en ella se preparaba el azufre durante un par de meses cada año.

Esta casa vieja, que no tenía ventana alguna, a las que sustituía una especie de grandes ranuras con puertas pintadas de negro, aumentó aún más la curiosidad del cuervo, que, deseoso de saber lo que habría dentro, comenzó a dar vueltas y brincos por todas partes, llegando hasta el tejado, donde más de una vez subióse a la chimenea para mirar por el agujero.

Cuando esto sucedía, Nils, con la bandada de patos, hallábase en la orilla de un lago próximo.

Quiso la casualidad que una fuerte racha de viento abriese una de las puertas de las ranuras y el cuervo se precipitó por ella con tan mala fortuna que apenas hubo entrado cerró el viento la puerta, quedando dentro, con la esperanza, mantenida durante horas y horas, de que el viento volviese a abrir la puerta, lo que no sucedió.

La curiosidad del cuervo quedó muy pronto satisfecha al ver que allí dentro no había más que un hogar con un par de calderas empotradas en la pared, y tan prolongada y triste soledad hizo que el cuervo comenzara a dar gritos y graznar en demanda de auxilio, consiguiendo llamar la atención de unos pajarillos que volaban por los alrededores de la casa y que llevaron la noticia de lo que sucedía a otras aves, que vinieron en tropel dispuestas a hacer todo lo posible para libertar al acongojado cuervo.

—Callad y oíd lo que os digo —gritábales desde dentro—. De la única manera que lograréis salvarme es enviando a buscar a la vieja Okka, de la bandada de patos silvestres, que no debe estar lejos, refiriéndole lo que pasa. Okka lleva consigo a quien puede salvarme de apuros.

Pronto llevó el aviso una paloma y no tardó en presentarse Okka llevando sobre sus espaldas a Nils, los cuales después de consultar con su amigo salieron en dirección a un caserío cercano, donde recogieron hilo, un martillo y un punzón, objetos que, olvidados junto a la casa, habían servido de juego a unos niños, y en un vuelo volviéronse hacia la casa del azufre.

Una vez allí ató Nils el hilo en lo alto de la chimenea y se deslizó hacia el interior, llevando consigo los otros adminículos enumerados.

Aunque las paredes no eran muy gruesas, costóle mucho abrir un boquete. El cuervo, que no concedía a Nils un momento de reposo, daba muestras de la impaciencia que sentía con sus gritos, y como observase que el muchacho diera señales de fatiga, díjole, con el propósito de hacerle más llevadero el trabajo:

—¿Quieres que te cuente un cuento?

—Sí —contestó el muchacho, que merced a esto había logrado vencer la fatiga que apenas le permitía sostener la herramienta en la mano.

EL CUENTO DE LA MINA DE FALUN

—Yo he pasado en esta vida horas buenas y horas malas —comenzó diciendo el cuervo—, y como más de una vez he sido prisionero del hombre, de ahí que haya logrado conocer su lenguaje y aprender este cuento.

Hace muchos, muchísimos años, que en este sitio vivía un gigante que tenía dos hijas, y como era viejo y se sentía morir, llamólas y les dijo:

—Mi principal riqueza consiste en unas montañas llenas de mineral de cobre; pero antes de dejaros esta herencia tenéis que prometerme que si algún extraño llegase a descubrirlas, lo mataríais antes de que pudiese dar cuenta a nadie de su hallazgo.

La mayor de las hijas, de corazón duro y sentimientos perversos, prometió cumplirlo sin vacilar. La otra, de condición más humana y sensible, reflexionó antes de formular promesa alguna, y esto bastó para que el padre redujera su herencia a un tercio, mejorando en un doble la de la mayor.

Ya muerto el gigante, acaeció que algún que otro leñador o cazador llegaba a descubrir el mineral de cobre; pero cuando, vueltos a sus casas, hablaban de ello, no tardaban en morir de desgracia.

Por entonces descubrió un campesino que al volver por la noche el ganado a los corrales, un macho cabrío traía los cuernos colorados y que, por más que se los lavaron, volvieron a aparecer igualmente colorados al siguiente día.

A la otra salida del ganado tuvo el campesino especial cuidado en vigilar al macho cabrío, logrando descubrir que, apenas llegado al bosque, restregaba el animal sus cuernos sobre unas piedras rojizas. Tomó el campesino algunas de ellas, las gustó y olió, y, por último, dedujo que había dado con alguna clase de mineral.

Meditaba acerca de esto al pie de la colina donde había hecho el hallazgo, cuando inesperadamente, vio que desde la cumbre desprendíase una gran piedra que, rodando, fue a caer sobre el macho cabrío, que quedó aplastado.

Como viese en lo alto a la hija del gigante, preguntóle el campesino:

—¿He hecho algo contra alguno de los tuyos para que quieras matarme?

—Ya sé que nada me has echo —contestó la giganta—; pero he de matarte porque has descubierto esa mina de cobre, que es mía.

Dijo estas palabras en tono tan lastimero que el campesino llegó a creer que de matarlo lo haría contra su voluntad. Esto movióle a razonar con ella, consiguiendo que la giganta le refiriese lo relacionado con la herencia.

—Me entristecía tanto el tener que matar a cuantos inocentes descubrieran la mina, que de buena gana hubiese renunciado a la herencia. Pero lo que se promete hay que cumplirlo.

Y dicho esto trató de hacer rodar el pedrusco nuevamente.

—No tengas tanta prisa en matarme— replicó el campesino—. Además, para cumplir tu promesa no debes matarme a mi, puesto que fue el macho cabrío el que descubrió la mina, y a éste ya le mataste.

Total, que fue tan hábil el campesino, que acabó convenciendo a la giganta. Y al salir con vida de aquel trance dedicóse a trabajar la mina y, una vez rico, construyó allí una hermosa finca, a la que puso el nombre del macho cabrío muerto.

Pasó mucho tiempo sin que nadie pensase en buscar el otro filón comprendido en la mejora con que había sido favorecida la hija del gigante. Tal era el temor que entre los naturales del país se había esparcido a causa de la leyenda. Sólo algunos aventureros que tenían en muy poca estima la vida, anduvieron buscando por aquellos montes, sin que después se llegase a saber nada de ellos. Sólo se dice que dos criados refirieron una noche a su amo que habían encontrado en el bosque un gran filón y que habían marcado el camino para llegar a él. Como el siguiente día era domingo prefirió el amo ir a la iglesia, atravesando para ello uno de los pequeños lagos cubiertos por el hielo. Le seguían sus criados a cierta distancia. A la ida les fue bien; pero no así al regreso, durante el cual perecieron ahogados los criados al romperse el hielo en las lagunas.

La gente atribuyó entonces tal desgracia a la posibilidad de haber encontrado la riqueza que mejoraba la herencia de la giganta.

En otra ocasión, un capataz minero, alemán, mostróse muy contento al creer que había encontrado el filón codiciado, y festejando el hallazgo embriagóse tanto que tuvo una cuestión con sus compañeros, que le mataron de una puñalada.

El último del cual se tenía noticia de que hubiera podido ver el filón que mejoraba la herencia, era un joven minero, natural de Falun, de rica familia, que poseía casa en el campo y casa en la ciudad. Quería casarse con una joven campesina muy bella, de Leksand, y allá marchó a hacerle el amor; pero fue rechazado por el único motivo de no querer ella vivir en Falun, donde el humo de las chimeneas daba un aspecto tan triste a la población que sólo de pensarlo se entristecía.

El joven quería tanto a su prometida que regresó profundamente preocupado. Había pasado toda su vida en Falun, y nunca pensó que dejase de ser grato vivir en su ciudad; pero ya cerca de ella observó que, efectivamente, el humo escapado de las numerosas chimeneas envolvíala como si fuese espesa niebla y que la vegetación no prosperaba allí, y por eso las tierras que la rodeaban estaban desprovistas de verdor. Así llegó a la conclusión de que aquella muchacha, que había vivido siempre en la luminosa y alegre Leksand, no podría avenirse en la otra población.

Le entristeció tanto el aspecto de su ciudad que no tuvo interés en marchar a su casa, y desviándose del camino que a ella conducía vagó inconscientemente hasta el anochecer, en cuya hora, al último resplandor del crepúsculo, vio algo extraño que atraía su mirada y hacía lo cual se aproximó descubriendo que era un hermoso filón de cobre.

—¡Hoy me persigue la desgracia! El haber descubierto esta riqueza me costará la vida.

Y pensando en ello dirigióse hacia su casa. Cuando apenas había echado a andar, se le presentó la mayor de las hijas del gigante.

—Me llama la atención lo que tú puedas hacer por acá —le dijo—, porque he observado que durante todo el día has rondado por estos lugares.

—Lo he hecho —contestó el joven minero— buscando un sitio ameno donde vivir, porque la muchacha a quien amo no quiere vivir en Falun.

—¿Es que no piensas venir a explotar el filón que acabas de descubrir?

—No; quiero acabar con mis trabajos mineros, porque, de no hacerlo, no podría conseguir la mujer que amo.

—Atente a tu propósito, y yo te aseguro que no te sobrevendrá daño alguno.

Con esto terminó el cuervo su relato, y si bien Nils se mantuvo en vela, no adelantó mucho su trabajo.

—¿Y qué sucedió luego? —preguntó Nils con interés.

—Ya te lo diré cuando termines el agujero y pueda yo salir. —Nils continuó su tarea. El cuervo le dijo, al fin, que el joven minero cumplió su palabra y se casó con la joven de Leksand; pero que aún podría contarle más cosas si terminaba pronto el agujero, porque conocía todo lo de aquellos alrededores, incluso el punto donde estaba el filón.

Arreció Nils con su trabajo y el agujero pronto fue suficiente para que saliese el cuervo y escapase en un vuelo, dejando a Nils entristecido, no sin decirle antes que renunciaba a revelar el lugar del filón para evitarle la desgracia que a otros había reportado.

Y momentos después refería Nils todo esto a la vieja Okka, que había estado esperándole.

XXXI

LA NOCHE DE LA SANTA VALBORG

Sábado, 30 de abril

Hay un día que los niños esperan casi con la misma impaciencia que la Nochebuena: es la noche de la Santa Valborg, durante la cual suelen encender grandes hogueras al aire libre.

Varias semanas antes los chicos y chicas no piensan más que en almacenar madera para las hogueras de la Santa Valborg. Van al bosque a recoger haces de leña y piñas, a buscar virutas al taller del carpintero y trozos de corteza y troncos nudosos donde trabajan los leñadores. Todos los días asedian al tendero pidiéndole los cajones viejos; si alguien ha podido hacerse con un tonel de alquitrán vacío lo guarda como un tesoro y no lo muestra hasta el momento en que va a ser arrojado a la fogata. Las estacas en las que se apoyan y trepan los guisantes y habichuelas, se ven en peligro, así como las vallas derribadas por el viento, las herramientas rotas y los secadores de heno olvidados en los campos.

Llegada la ansiada noche, los niños de cada lugar recogen ramas, troncos y cuantos objetos combustibles hallan a mano, y forman grandes montones, que después hacen arder sobre las colinas o junto a algún lago. En algunos lugares se encienden dos, tres o más hogueras, lo que suele obedecer a que los chicos y chicuelas no llegan a un acuerdo en cuanto a la aportación del combustible; o ya también a que los niños que habitan en la parte sur de un pueblo quieran la hoguera hacia su lado, mientras que los del norte la quieran hacia el suyo.

El montón de madera está dispuesto, generalmente, desde las primeras horas de la tarde, y los niños se pasean a su alrededor, provistos sus bolsillos de cajas de cerillas, en espera de que sobrevenga la oscuridad de la noche. La claridad del día se prolonga terriblemente en esta época del año en Dalecarlia. A las ocho de la tarde apenas si ha comenzado el crepúsculo. Queda uno transido de frío y se siente molesto cuando se pasea por las afueras en estas frías primeras jornadas de primavera. Como la nieve se ha fundido en los campos y las tierras quedan al descubierto, casi hace calor cuando el sol cae de lleno a mediodía; pero la floresta está nevada aún, los lagos cubiertos de hielo y por la noche desciende la temperatura a varios grados bajo cero. Por esto ocurre que allá y acullá surja alguna hoguera antes de tiempo. Pero sólo proceden así los niños más pequeños o los más impacientes. Los otros esperan a que cierre la noche para que las fogatas luzcan.

Al cabo llega el deseado instante. Está allí hasta el que ha aportado el más leve ramaje, y el muchacho de más edad enciende un hachón de paja que sepulta bajo la madera. Surgen las llamaradas; se oye crepitar el ramaje; las ramas más finas enrojecen y se hacen transparentes y el humo se eleva en espirales negruzcas e imponentes. Al fin se eleva la llama hasta la cumbre, alta y clara, y se agita a varios metros en pleno aire; se las distingue en todo el contorno.

Entonces, los niños sólo tienen tiempo de mirar a su alrededor. ¡He allí una hoguera! ¡Mira allá otra! Brilla una sobre la colina, allá abajo, y otra en la cima de la montaña. Todos esperan que su hoguera sea la más grande y más bella; tienen miedo de que la suya no sobrepase a las otras, y a última hora corren aún hacia sus casas a implorar de sus padres algún trasto viejo o unas tablas de madera que quemar.

Cuando el fuego está en todo su apogeo, las personas mayores, sin faltar los viejos, acuden a contemplarlas. La fogata no sólo es buena para ser vista, sino que, además, proporciona un calor muy agradable en la noche fresca, y por esto se van colocando todos sentados sobre las piedras próximas. Permanecen allí con los ojos fijos en la fogata hasta que alguien tiene la idea de hacer un poco de café, puesto que se tiene tan buen fuego. Y a veces, mientras el agua del café hierve, no falta quien refiera una historia, y cuando acaba uno, otro empieza.

Las personas mayores sólo piensan en el café y las historias, mientras que los niños no tienen otra idea que la de hacer llegar muy alto el resplandor de su hoguera y hacer durar el fuego todo lo posible. ¡Ha tardado tanto en llegar la primavera con el deshielo y la fusión de las nieves! Los niños creen contribuir a ello con sus hogueras, porque de lo contrario tal vez se retrasaran los brotes y no se abrieran las hojas.

* * *

Los patos silvestres habían descendido sobre el hielo del lago Siljan para dormir, y como el viento que venía del Norte a lo largo del lago era glacial, Nils habíase refugiado bajo el ala del pato. Apenas cerró los ojos despertóle el estampido de un tiro de escopeta. Se asomó por debajo del ala y miró en torno suyo, muy asustado.

Sobre el hielo todo estaba en calma. Era buen ojeador y no veía nada que le indicara la presencia de los cazadores. Pero, al mirar hacia las riberas del lago, quedó desvanecido y creyó en una visión fantástica como la de Vineta o la del jardín encantado de la isla de Djulö.

Por la tarde habían atravesado el lago volando varias veces antes de decidirse los patos a pasar allí la noche. Mientras volaban le habían mostrado varias iglesias y aldeas situadas en las proximidades del lago. Había visto Leksand, Rattvik, Mora y la isla de Sollerö. Toda aquella región le había parecido dulce y sonriente, en mayor grado de lo que hubiera podido creer. No había nada siniestro ni aterrador.

Mas de pronto, he aquí que en medio de la noche, y en la misma orilla, surgía una corona de hogueras. Las veía alumbrar en Mora, al norte del lago, en las orillas de la isla Sollerö, en Vikarbyn, en las alturas, sobre la aldea de Sjurberg, en la punta de tierra donde se eleva la iglesia de Rattvik, sobre la montaña de Lerdalen, sobre las colinas y salientes de Leksand. Contó más de cien hogueras, sin adivinar el significado que aquello pudiera tener, si bien lo atribuía a arte de magia.

Los patos silvestres fueron también despertados por los destellos; pero Okka, viendo al punto lo que pasaba, dijo:

—Son los hijos de los hombres que se divierten.

Y los patos no tardaron en dormirse con la cabeza bajo el ala.

Nils permaneció largo rato contemplando las hogueras que ornaban la ribera como una larga cadena de eslabones de oro. Sentíase atraído por la luz y el calor como un mosquito, y de buena gana se hubiera aproximado a las fogatas. Oía una detonación tras otra, y comprendiendo que esto no constituía ningún peligro, sentíase sugestionado por todo aquello más y más. Las gentes de allá abajo que se movían en torno de las hogueras mostrábanse tan contentas que no bastándoles con gritar y llamarse unos a otros, recurrían a sus escopetas. Y lo más bonito era que alrededor de una hoguera que resplandecía en lo alto de una montaña, lanzábanse al aire cohetes voladores. La hoguera era ya grande y hermosa y sus llamas subían a gran altura; pero la querían todavía mayor; la alegría de aquellas gentes hubiera sido que la hoguera llegara hasta el cielo.

Nils se aproximó poco a poco a la orilla, y de súbito llegaron a sus oídos las notas de un canto. Entonces echó a correr.

En el fondo del golfo de Rattvik hay un largo embarcadero que avanza hacia el agua; en su parte extrema había un grupo de cantores; sus voces repercutían en la paz nocturna del lago. Se hubiera dicho que la primavera dormía, como los patos silvestres, sobre el hielo del lago Siljan y querían despertarla.

Comenzaron cantando: «Conozco un lejano país del Norte», y acabaron por «En Dalecarlia vive, en Dalecarlia vive todavía» y «Cuando el hermoso verano...». Como en el embarcadero no brillaba hoguera alguna, los cantores no podían ver a cierta distancia. Pero, al conjuro de aquellas notas surgía ante ellos y ante todos la imagen de su país, más luminosa y dulce que la luz del día. Parecía querer encantar a la primavera.

¡Mira la tierra que te espera!
¡Mira qué hermosa! ¿Y no vendrás
en nuestra ayuda? ¿Dejarás
que otra invernada traicionera
hiera a la tierra que te espera?

Mientras duró el canto, Nils Holgersson prestó oído atento; al terminar, siguió corriendo hacia tierra. Una hoguera resplandecía sobre la arena de la orilla. Se aproximó tanto, que pudo ver a su antojo a los hombres que estaban, sentados o de pie, cerca de la pira. Pensó de nuevo si aquello no sería un milagro. Jamás había visto gentes vestidas de tal modo. Las mujeres llevaban cofias negras y puntiagudas como cucuruchos, chaquetillas cortas de cuero blanco, pañoletas rameadas al cuello, corsés de seda verde y jupas negras, cuya pechera estaba adornada con rayas blancas, rojas, verdes y negras. Los hombres cubríanse con sombreros bajos y redondos y vestían blusas azules muy largas, cuyas costuras estaban ribeteadas de rojo y pantalones de cuero amarillo sujetos a las rodillas por cintas encarnadas, de las que pendían unas borlas de lana. Por su manera de vestir, vio Nils que aquellas gentes no se parecían a los habitantes de las otras provincias; tenían un aspecto más atrayente y noble. Nils recordaba los trajes que su madre guardaba en el fondo del cofre grande y que no llevaba nadie en Escania desde hacía mucho tiempo. ¿Le era dado, acaso, el don de ver a las gentes de otros tiempos, a las que habían vivido cien años antes?

Esto no fue más que una idea que le pasó por la mente. Los hombres y mujeres que había ante él, estaban vivos y muy vivos; pero los habitantes de Dalecarlia han guardado tanto de su pasado en el lenguaje, en sus costumbres y en sus trajes, que no tenía por qué asombrarse de su breve ilusión.

Relataban los viejos cosas de su juventud y recordaban las grandes caminatas que tuvieron que hacer en busca del pan de la familia. De todos estos relatos, el que más impresión le causó fue el que refirió una vieja, y que es como sigue:

«Mis padres tenían un pequeño campo en Osterbjonka; pero éramos tantos hermanos y los tiempos eran tan malos que al cumplir los dieciséis años tuve que abandonar mi casa. Éramos unas veinte chicuelas las que salimos de Rattvik, dispuestas a buscar en Estocolmo donde servir. Fue el 14 de abril de 1845 y como provisiones llevaba yo en un saco algunos panes, un pedazo de ternera y un poco de queso. Unas cuantas monedas de cobre eran todo mi capital para el viaje. Entregué a un ordinario una muda de ropa y otras provisiones que me habían dado, y a pie salimos de Falun y emprendimos el camino.

»Solíamos andar tres o cuatro millas cada jornada y tardamos siete días en llegar a Estocolmo. No era como en los tiempos actuales, en los que nuestras chicas toman cómodamente asiento en el tren y llegan a Estocolmo en nueve horas.

»Cuando llegamos oímos que las gentes se decían unas a otras, a nuestro paso: "Ahí va un regimiento", tal era el ruido que armábamos con nuestros zapatos de tacón ancho, en los que el zapatero había clavado más de quince clavos, clavos que nos hacían resbalar y caer, por no estar acostumbradas al empedrado de la capital.

»Nos instalamos en la posada del Caballo Blanco, y era natural que sintiese deseos de ganar pronto algo, por haber disminuido en un tercio las monedas que tenía. Una de mis compañeras me dijo que fuese a ver a un profesor de equitación para ver si me admitía a su servicio. Me admitió por cuatro días para cavar y plantar su huerto, asignándome diariamente una corona, sin manutención. Poco podía hacer con esta cantidad; pero las pequeñuelas de los señores de la casa, que se fijaron en lo demacrada que yo estaba, cuidábanse de proporcionarme comida, que sacaban de la cocina, con lo que llegaba a saciarme. Luego estuve en casa de una señora que vivía en la calle de Norrland, donde encontré tan mal alojamiento que los ratones comiéronse mi corpiño y el pañuelo que me anudaba al cuello. Allí trabajé catorce días tan sólo, teniendo que volver a casa con un capital que no pasaba de dos coronas. En mi camino atravesé Leksand y dormí un par de días en un caserío llamado Ronnas, donde la gente era tan pobre que no comía más que gachas de harina de avena, mezcladas con cortezas de árboles molidas.

»Aquel año fue malo en realidad: pero aún fue peor el siguiente. Tuve necesidad de salir de nuevo, porque de no haberlo hecho mis padres no hubiesen podido comer.

»Marché luego a Huidksvall, con un morral a la espalda, en el que llevaba mi comida. Creí poder encontrar trabajo en las faenas del campo, lo que me costó mucho de conseguir porque aún no había sobrevenido el deshielo, y puedo aseguraros que experimenté hambre y fatiga. Hasta el mes de julio no pude trabajar en los huertos de la ciudad. Sentía un vivo deseo de volver a casa; pensaba siempre en mis hermanitos; si me daban para el café dos terrones de azúcar, guardaba uno para ellos, y asimismo algún bollo que otro. Mis zapatos se habían roto, y para no invertir dinero en otros y conservar mis ahorros, anduve descalza hasta llegar a casa.

»Las chicas de ahora lo pasan mejor, y hay que dar gracias a Dios que les depara ese bien. Las jovenzuelas de Dalecarlia tenían necesidad, en aquellos tiempos, de marchar a la capital para ganarse el sustento, y allí trabajaban, ya en los huertos, ya también como remeras de las embarcaciones que navegan entre los islotes, con lo que conseguíamos llevar algún dinero a nuestros queridos padres, que sin esto no hubiesen podido vivir. Tan reducido era el terreno que cultivaban que en ocasiones comíamos un pan hecho de cebada y paja muy triturada, tan difícil de engullir que se hacía preciso beber agua a cada bocado.

»En la capital contraje relaciones con un hombre, en cuyo corazón no hubo nunca falsía, y cuando hubo reunido suficientes ahorros nos casamos. A nuestro matrimonio siguió la alegría de algunos años, que, desgraciadamente, no fueron muchos, pues en 1873 murió mi esposo y quedé con cinco pequeños. Pero no lo pasé mal del todo, por cuanto los tiempos de Dalecarlia comenzaron a ser mejores y había patatas y granos en abundancia. La diferencia entre estos y aquellos tiempos es grande. Compré unos pedazos de tierra y tuve mi casita propia. Así pasaron los años; los pequeñuelos hiciéronse mayores, y hoy, a Dios gracias, lo pasan bien, sin sospechar cuán escaso anduvo el pan cuando su madre era joven.»

La abuela calló al decir esto. El fuego habíase casi extinguido y todos se levantaron, dando por terminada la velada.

El pequeño Nils volvió al hielo en busca de sus compañeros, alegre al oír los cantos de aquellas gentes que ensalzaban el honor y la fidelidad de los moradores de aquellas tierras, a pesar de su pobreza; cantos que terminaban con una estrofa que decía que los hombres poderosos encontraron el mejor apoyo en los hombres que con frecuencia comían el pan mezclado con la corteza del pino.

Y con esto recordó Nils algo que había oído referente a la historia del rey Gustavo Vasa.

XXXII

EN TORNO DE LAS IGLESIAS

Domingo, 1 de mayo

Cuando despertó a la mañana siguiente no pudo Nils contener la risa. Durante la noche había caído una gran cantidad de nieve y aún continuaba nevando; el viento arrastraba tales copos de nieve que dijérase eran las alas de las palomas muertas de frío, lo que caía. Sobre el lago Siljan la nieve formaba una capa de varios centímetros de espesor; las riberas también estaban nevadas, y los patos silvestres tenían tanta sobre sus espaldas que presentaban el aspecto de montoncitos de nieve.

De tiempo en tiempo, Okka, Yksi y Kaksi despertaban un poco; pero viendo que la nieve no cesaba de caer, hundían de nuevo la cabeza bajo el ala. Estaban convencidas de que ante un tiempo semejante no había cosa mejor que dormir, y Nils no opinaba de otro modo.

Algunas horas más tarde se despertó de nuevo; las campanas de Rattvik llamaban a los fieles a los oficios divinos. La nieve había dejado de caer; pero el viento del norte soplaba muy fuerte, y en el lago hacía un frío terrible. Nils experimentó mucha alegría al ver que los patos se sacudían la nieve y volaban hacia tierra en busca de alimento.

Era el día de la primera comunión en la iglesia de Rattvik, y los comulgantes, llegados al alba, conversaban en pequeños grupos ante la iglesia. Todos ostentaban el traje del país, y sus vestidos eran de colores tan vivos y variados que se veían desde lejos.

—Querida madre Okka, vuela un poco lentamente para que pueda ver a esos jovenzuelos —suplicó Nils cuando se aproximaba a la iglesia.

El pato guía juzgó razonable la petición y descendiendo cuanto pudo describió tres vueltas sobre la iglesia. Nada más fácil que decir cómo eran de haberles visto de cerca; pero vistos desde lo alto, tanto los niños como las niñas parecieron a Nils los más hermosos que había visto.

—No creo que haya príncipes más bellos ni más hermosas princesas en el palacio del rey —gritó Nils.

En Rattvik la nieve cubría los campos y Okka no encontraba un sitio donde reposar. Después de vacilar un momento dirigióse hacia el sur, a la parte de Leksand.

Los jóvenes de Leksand habían partido en busca de trabajo, como era costumbre al llegar la primavera. No quedaban allí más que los viejos al cuidado de sus casas. Cuando los patos pasaron volando, encaminábase por la soberbia avenida de álamos, hacia la iglesia, una larga fila de viejas. Avanzaban sobre el blanco suelo, vestidas con sus chaquetillas de piel de carnero, deslumbrantes de blancura, sus faldas de piel blanca y sus delantales blancos con rayas amarillas y negras, y tocadas de cofias blancas que encuadraban sus cabelleras encanecidas.

—Querida madre Okka, vuela lentamente para que pueda ver a esas viejecitas —suplicó Nils.

El pato guía juzgó razonable y descendiendo cuanto le fue posible dio tres vueltas sobre la avenida de álamos. Nada más fácil que decir cómo eran, de haberlas visto de cerca; pero vistas desde lo alto parecióle a Nils no haber visto nunca mujeres ancianas de aspecto tan inteligente y respetable.

—Se diría que tienen por hijos e hijas reyes y reinas —pensó Nils.

En Leksand había tanta nieve como en Rattvik. Okka resolvió ir más hacia el sur, por la parte de Gagnef.

En Gagnef habíase verificado un entierro aquel día, antes del oficio divino. La comitiva fúnebre había llegado tarde y se retrasó el acto del sepelio. Cuando llegaron los patos silvestres aún no había tenido tiempo toda la gente de entrar en la iglesia, y eran muchos los que se encontraban fuera, en el cementerio, contemplando la sepultura de los suyos. Iban vestidas las mujeres con sus corpiños verdes de mangas encarnadas, cubriendo sus cabezas con pañuelos de color con franjas multicolores.

—Querida Okka, no vueles tan aprisa. Quiero ver a estas buenas gentes.

Y a ello accedió Okka pasando tres veces sobre el cementerio. Desde las alturas parecíanle a Nils las mujeres delicadas flores entre los árboles del cementerio, cual si fuesen macizos floridos de los jardines del rey.

Como en Gagnef no encontraban sitio para aterrizar, dirigieron su vuelo hacia el sur, hacia Floda.

En Floda las gentes estaban en la iglesia cuando los patos llegaron; pero como debía celebrarse una boda después del oficio divino, el cortejo nupcial estaba reunido ante la iglesia. La novia llevaba una corona de oro sobre su suelta cabellera; iba ataviada con alhajas, flores y cintas de colores, y su conjunto era tan deslumbrador que hería la vista. El novio llevaba una larga levita azul, pantalones y una gorra roja. Distinguíanse las damitas de honor por las guirnaldas de rosas y tulipas bordadas en torno de su talle y en los bordes de sus faldas. Parientes y vecinos formaban la cola del cortejo y todos vestían los trajes multicolores que se acostumbraban llevar en la parroquia.

—Querida madre Okka, vuela lentamente para que pueda ver a esos recién casados —dijo Nils.

El pato guía descendió cuanto pudo y dio tres vueltas alrededor del templo. Vistos de cerca hubiera sido difícil decir cómo eran; pero vistos desde lo alto jamás novia alguna fue más bella, esposo más ufano, ni cortejo de boda más magnificente.

—¿Llevarán el rey y la reina trajes tan suntuosos en palacio? —preguntóse Nils.

En Folda encontraron los patos, finalmente, campos sin nieve y pudieron hacer alto para comer.

XXXIII

LA INUNDACIÓN

1 al 4 de mayo

Durante varios días hizo un tiempo espantoso al norte del lago Mälar. El cielo estaba gris, el viento silbaba y la lluvia azotaba el suelo. Hombres y mujeres sabían que no se tiene por menos la primavera; pero tal tiempo no dejaba de agotar su paciencia.

La nieve acumulada en los bosques de abetos comenzaba a fundirse rápidamente; los arroyuelos que la primavera forma precipitaron su curso. Por todas partes el agua estancada en los aguazales de los caminos, el agua de los barrancos, el agua oculta en los islotes de las marismas y en las barrancadas, poníase en movimiento hacia los arroyos.

Los arroyuelos corrían llevando sus aguas a cauces mayores, que a su vez los conducían al lago Mälar. Mas de golpe, en un mismo día, los numerosos y pequeños lagos del Uppland y las laderas de las montañas se desprendieron de sus capas de hielo y llenando de éstas los ríos, aumentaban el caudal del agua hasta cubrir por completo los cauces. Bajo esta afluencia de aguas, las corrientes se precipitaron en el Mälar, que no tardó en recibir tanta agua como buenamente podía contener. El Norrstrom, en el que vierte sus aguas, es un pasaje estrecho, y en semejante caso no puede asegurar una corriente bastante rápida.

Para colmo de desdichas soplaba un fuerte viento Este, que arrastraba el agua del mar hacia la orilla, oponiendo un dique a la corriente, al conducir ésta las aguas dulces al mar Báltico. El gran lago se desbordó.

Su caudal subió lentamente, como si se resistiera a perjudicar sus bellas riberas, y como éstas son bajas en general, el agua no tardó en ganar terreno. No era preciso más para causar el mayor desorden. Con el Mälar sucede algo especial.

Está formado de extensiones de agua rodeadas de tierra, de golfos y de estrechos. Parece creado para las excursiones, paseos en barcas de vela y alegres partidas de pesca.

Posee muchas islas e islotes cubiertos de árboles frondosos que ofrecen sinnúmero de lugares amenos. Carece de riberas rocosas y desnudas de vegetación, como destinado solamente para castillos, villas de verano, residencias señoriales y lugares de recreo. Seguramente, por este su atrayente y dulce aspecto es por lo que causa tanta extrañeza cuando en algunas primaveras se despoja de estos atractivos para presentarse amenazador.

Cuando parece inminente la inundación, las embarcaciones y las barcas que han estado al abrigo de tierra durante el invierno, se preparan a toda prisa, calafateándolas y alquitranándolas para lanzarlas al agua lo antes posible. Al mismo tiempo se retiran las embarcaciones de la orilla y se refuerzan los puentes. Los guardabarreras encargados de vigilar la vía del tren a lo largo de la orilla, van y vienen noche y día, sin atreverse a descansar. Los campesinos que guardan el heno en las pequeñas granjas de los islotes bajos, se apresuran a llevárselo a tierra. Los pescadores salvan sus redes y aparejos. Las barcas se llenan de viajeros deseosos de volver a sus casas o de partir antes que la inundación sobrevenga.

No sólo se alarman los hombres porque el Mälar pudiera desbordarse. También los ánades que guardaban sus huevos entre los juncos de la orilla, los topos que viven a lo largo de la ribera y que tenían pequeñuelos que no se podían valer, sentíanse dominados por una gran angustia. Todos, hasta los grandes y altivos cisnes, comenzaban a temer la desaparición de sus nidos y sus huevos.

Sus temores estaban fundados: la crecida del agua duró varios días. Los prados bajos de Grifolm quedaron inundados de tal modo que el gran castillo no se separaba de tierra por ningún estrecho cabal, sino por una amplia extensión de agua.

El bello paseo de la ribera que existe en Strängnas quedó transformado en un torrente; en Vasterâs preparábanse a cruzar las calles en barca. Dos ciervos que habían pasado el invierno en una isla del Mälar, tuvieron que ganar la tierra a nado al ver su refugio inundado por el agua. Depósitos enteros de madera, gran cantidad de tablas, tinas y cubos flotaban a la deriva, y por todas partes dedicábanse los hombres al salvamento de sus bienes.

Por esta época, Esmirra, la zorra, andaba husmeando por un pequeño bosque de álamos, al norte del Mälar. Pensaba siempre en los patos y en Pulgarcito: habiendo perdido sus huellas, preguntábase constantemente de qué manera lograría atraparles.

Hallábase en un momento de abatimiento cuando advirtió a Agar, la paloma mensajera, sobre una rama.

—Estoy encantada de verte, Agar —díjole Esmirra—. Tal vez tú puedas decirme dónde se encuentran en este momento Okka y su bandada.

—Es posible que lo sepa —respondió Agar—; pero ten la seguridad de que no te lo diré nunca.

—No me importa gran cosa —respondió Esmirra con indiferencia— con tal de que accedas a transmitirle un mensaje que se me ha confiado. Ya sabes en qué deplorable estado se encuentran las riberas del Mälar. La inundación es tan grande que el numeroso pueblo de los cisnes, que habita en la bahía de Hjelsta, está a punto de perder sus nidos y sus huevos. Luz del Día, el rey de los cisnes, ha oído hablar de un hombrecito que acompaña a los patos y que conoce el remedio para toda clase de males; me han encargado que rogara a Okka que vaya con Pulgarcito a la bahía de Hjelsta.

—Puedo transmitirle el mensaje —dijo Agar—; pero no veo el modo de que ese hombrecito pueda socorrer a los cisnes.

—Ni yo tampoco —añadió Esmirra—; pero se asegura que sabe vencer todo género de dificultades.

—Lo que me causa también gran asombro es que el rey de los cisnes envíe sus mensajes por medio de una zorra —objetó Agar.

—Efectivamente, nosotros somos enemigos en tiempo ordinario —confesó Esmirra con una voz muy dulce—; pero en los grandes desastres es preciso apoyarnos mutuamente. En todo caso, tal vez convenga que no le digas a Okka que este mensaje te lo ha transmitido una zorra, porque de lo contrario abrigaría sospechas.

LOS CISNES DE LA BAHIA DE HJELSTA

El refugio más seguro para todas las aves acuáticas en el Mälar, es la bahía de Hjelsta; se llama así a la parte más profunda del golfo de Ekolsund, prolongación del manto de agua de Björko, que es la segunda de las largas sinuosidades por las cuales se hunde el Mälar en el Uppland.

La bahía de Hjelsta tiene unas riberas muy bajas; el agua poco profunda se ve invadida por los cañaverales. Esta bahía ofrece una excelente residencia a los pájaros que allí viven en paz. Hay un pueblo numeroso de cisnes, el propietario del antiguo dominio real de Ekolsund, situado a corta distancia, ha prohibido la caza en la bahía con el fin de no inquietarles.

Apenas le fue transmitido el mensaje, Okka voló hacia la bahía de Hjelsta. Al llegar con su bandada por la tarde, se dio cuenta de la magnitud del desastre. Los grandes nidos de los cisnes, arrancados por las aguas, flotaban a merced del viento. Algunos se habían deshecho ya, dos o tres habíanse volcado y los huevos que contenían brillaban en el fondo del agua.

Los cisnes habíanse reunido en un rincón del este, donde estaban mal al abrigo del viento. Aunque habían sufrido mucho con la inundación, su excesivo orgullo no les permitía demostrar su pena.

—¿Para qué lanzar gemidos? —se decían—. Las fibras y las briznas de hierba no nos faltan. Reharemos nuestros nidos y en paz.

Como ninguno de ellos había tenido la idea de pedir socorro, no sospechaban ni remotamente que Esmirra hubiese enviado un mensaje a los patos silvestres por mediación de Agar.

Ascendían a varios centenares y se hallaban formados respetando el rango que concede la edad: los jóvenes en la periferia, los mayores y los más sabios en el centro, alrededor de Luz del Día, el rey, y de Nieve Serena, la reina, quienes además de tener el privilegio de los reyes consideraban a la mayoría de los cisnes como descendientes suyos.

Luz del Día y Nieve Serena casi podían recordar los días en que los cisnes de su raza no vivían silvestres en ninguna parte de Suecia y sí sólo domesticados en los lagos de los castillos. Pero un día se evadió una pareja de cisnes que fue a instalarse en la bahía de Hjelsta. Y de éstos fueron naciendo todos los que habían llegado a reunirse allí. Ahora había cisnes de su familia en varios de los golfos del Mälar, así como en Täkern y en el lago de Hornberg. Los cisnes de la bahía de Hjelsta estaban muy orgullosos de ver a su familia propagándose de lago en lago.

Los patos silvestres habían descendido al oeste de la bahía, y Okka inició seguidamente su nado hacia los cisnes. El mensaje habíale causado mucha sorpresa; pero, considerándolo como un gran honor, no podía dejar de prestarles su ayuda por nada del mundo.

Ya cerca de los cisnes miró hacia atrás para ver si los patos que le seguían nadaban a distancias iguales y en línea recta.

—Ahora nadad vivamente y bien —dijo a todos—. No miréis a los cisnes como si no hubiérais visto jamás nada bello, y no os preocupéis de lo que os puedan decir.

No era la primera vez que hacía una visita al viejo rey y a la reina de los cisnes. La habían recibido siempre con la distinción a que tenía derecho un pato tan notorio y que había viajado tanto. No obstante, resistíase a cruzar entre todos los cisnes que formaban su acompañamiento. Jamás considerábase tan pequeña, gris y humilde como cuando estaba con ellos, y a su paso les había oído más de una vez llamarle raro y pobre animal; pero, prudentemente, nunca se había dado por aludida.

Esta vez todo parecía marchar conforme a sus deseos. Los cisnes se apartaban deferentemente y los patos silvestres nadaban como en una avenida en la que los grandes pájaros, blancos y sedosos, abrían calle. Estaban verdaderamente hermosos cuando extendían sus alas como velas para presentarse más bellos ante los visitantes. No hicieron ninguna manifestación de desagrado, y Okka no salía de su asombro ante su comportamiento.

—El rey ha debido darse cuenta de sus modos incorrectos y les habrá llamado la atención —pensó para sí Okka.

Mas, de repente, descubrieron los cisnes al pato blanco que nadaba el último de la larga fila. Un murmullo de sorpresa y de desprecio se escapó de los cisnes, que, con su delicadeza de modales, comenzaron a agitarse.

—¿Cómo es eso? —gritó uno—. ¿Es que los patos silvestres tratan de llevar también plumas blancas?

—¡No vayan a imaginarse que con eso van a ser cisnes! —añadió otro.

Y todos gritaban más y mejor, haciendo gala de sus voces fuertes y sonoras. Imposible resultaba convencerles de que era un pato doméstico el que les acompañaba.

—Ese debe ser el rey de los patos en persona.

—¡Qué insolencia!

—Eso no es un pato, es un ánade doméstico.

Los gritos se cruzaban; el gran pato blanco, recordando la orden de Okka, se hacía el sordo y nadaba todo lo rápidamente que podía. Los cisnes, cada vez más exasperados, volvíanse agresivos.

—¿Qué es esa rana que lleva a la espalda? —preguntó uno—. Los patos creían, sin duda, que no reconoceríamos que esto es una rana vestida de hombre.

Los cisnes, tan bien alineados al principio para dejar paso a los patos, agitábanse y nadaban en todas direcciones, empujándose para ver mejor al pato blanco.

Okka había llegado justamente frente al rey de los cisnes y se disponía a informarse sobre la ayuda que se había solicitado de ellos, cuando el rey observó la agitación que dominaba entre los suyos.

—¿Qué ocurre? ¿No he ordenado que os mostréis amables con los patos? —dijo con voz desabrida.

La reina partió para apaciguar a su pueblo y Luz del Día volvióse de nuevo hacia Okka. Pero la reina regresó al punto, poseída de verdadero enojo.

—Hay un pato blanco allá —gritó—. Esto es vergonzoso. No me asombra que se revuelvan los nuestros.

—¡Un pato silvestre blanco! —exclamó el rey—. ¡Qué locura! No hay ninguno. Tú has debido equivocarte.

En torno del pato los empujones habían llegado al límite. Okka y los demás patos trataban en vano de nadar hacia él. Entonces el viejo rey, que era más fuerte que todos, se lanzó adelante, apartando los cisnes y abriéndose camino hacia el pato. Pero cuando vio al gran pato blanco, montó en cólera como los demás cisnes. Furioso, se precipitó sobre el pato y le arrancó algunas plumas.

—Esto te enseñará, pato, lo que cuesta venir adonde están los cisnes ataviado de esta manera —gritó.

—¡Echa a volar, pato, echa a volar! —ordenóle Okka, comprendiendo que los cisnes le arrancarían hasta su última pluma.
—¡Echa a volar, pato, echa a volar! —gritó también Pulgarcito.
Pero el pato, cercado por los cisnes, no tenía bastante sitio para extender las alas. Por todas partes le tendían los cisnes sus fuertes picos para desplumarle.
El pato defendíase como podía, dando picotazos a diestro y siniestro. Los patos atacaron también a los cisnes; pero el resultado del combate no hubiera sido dudoso de no recibir los patos un refuerzo inesperado.
Una curruca, que veía lo que estaba sucediendo, lanzó un agudo piido como el que sirve a los pajaritos para advertir la presencia de un gavilán o un halcón. Apenas hubo lanzado el mismo piido por tercera vez, todos los pequeños que volaban por allí lanzáronse como flechas, en forma de un enjambre ruidoso, hacia la bahía de Hjelsta.
Los débiles pajarillos lanzáronse sobre los cisnes. Les picoteaban los oídos, les cegaban con sus alitas y les hacían perder la cabeza, gritándoles:
—¡Tened vergüenza, cisnes! ¡Tened vergüenza, cisnes!
El ataque de los pajarillos fue de corta duración; pero cuando los cisnes pudieron reponerse de la sorpresa, los patos silvestres ya habían escapado y habíanse echado a volar hacia la otra ribera.

EL NUEVO PERRO GUARDIÁN

Afortunadamente para los patos, los cisnes eran demasiado soberbios para perseguirles. Así es que pudieron dormir con toda tranquilidad en un campo convertido en cañaveral.
En cuanto a Nils Holgersson, era tan grande el hambre que sentía que no podía cerrar los ojos.
—Es preciso que yo encuentre algo que comer —se decía.
En este tiempo de inundación no era difícil encontrar un barquichuelo para ganar la orilla próxima. El muchacho saltó sobre una tabla que las olas habían empujado hacia los cañaverales, y provisto de un pequeño palo logró navegar perchando hacia tierra.
La alcanzaba ya cuando oyó cierto chapoteo a su lado. Mantúvose quieto un momento, ojo avizor, y no tardó en descubrir un cisne hembra que dormía en su gran nido, a escasos metros de distancia. Vio también una zorra que se adentraba por el agua con el propósito de sorprenderle.
—¡Ea, ea! ¡Todos de pie! —gritó Nils. Y con la percha dio varios golpes sobre el agua. El cisne dio un salto, pero la zorra hubiera tenido tiempo de atraparle de no haber preferido lanzarse sobre el muchacho.
Nils vio venir la zorra y echó a correr a la desesperada. Ante él extendíanse extensos y continuados campos. Ningún árbol al que poder subir, ningún boquete donde guarecerse: no tenía más remedio que escapar como pudiera de la persecución. El chicuelo corría bien; pero comprendió que no podía habérselas con la zorra.

Felizmente, era corta la distancia que le separaba de dos ventanas iluminadas. Nils corrió hacia la luz, convencido de que la zorra podría alcanzarle por el camino. La zorra iba a echarle la pata encima; pero Nils se escabulló con brusco ademán. La zorra perdió con esto un poco de tiempo, y en este instante tuvo Nils la suerte de tropezar con dos hombres que volvían del trabajo.

Los dos hombres parecían fatigados. No hubieran visto a la zorra ni al muchacho, aunque ambos hubieran pasado ante sus narices. Nils no se creyó obligado a pedirles socorro. Contentábase con seguirles muy de cerca, creyendo que la zorra no se atrevería a aproximarse a los hombres.

Estos caminaron hasta llegar a una de las cabañas, donde entraron. Nils proyectaba seguir tras sus pasos; pero ya en la puerta vio un grande y temible perro guardián, muy peludo, que avanzó al encuentro de su amo. Esto le hizo cambiar de idea, quedando a la parte de afuera.

—¡Escucha, perro guardián! —dijo en voz baja, una vez hubieron cerrado la puerta los hombres—. ¿Quieres ayudarme a atrapar una zorra?

El perro guardián tenía la vista cansada; habíase hecho muy arisco y perverso a la fuerza de permanecer atado. A las palabras de Nils respondió con un ladrido furioso:

—¿Atrapar una zorra? ¿Quién eres tú para burlarte de mí? Acércate más y te enseñaré a no burlarte de mí.

—No temo acercarme —respondió Nils, corriendo hacia él. Al verle, quedóse el perro tan estupefacto que no pudo decir palabra—. Yo soy el que llaman Pulgarcito y que acompaña siempre a los patos silvestres. ¿No has oído hablar de mí?

—Creo, en efecto, que los gorriones han gorjeado algo referente a ti —dijo el perro—. Parece que has hecho grandes cosas.

—He tenido, realmente, mucha suerte hasta aquí —respondió el muchacho—; pero esta vez puedo darme por muerto si tú no me salvas. Me persigue una zorra, que se ha ocultado.

—Ya la olfateo —respondió el perro—. Pronto saldrás de este peligro.

El perro comenzó a gruñir, llegando todo lo lejos que le permitía la cadena.

—Ya no aparecerá por aquí en toda la noche —dijo contento de sí mismo, volviendo al lado de Nils.

—Es preciso hacer algo más que ladrar para comerse esa zorra —respondió Nils—. Va a volver y yo me he prometido que tú la has de escarmentar.

—Te burlas de mí —dijo el perro.

—Vamos a tu garita y te expondré mi plan.

El muchacho y el perro entraron en la garita. Pasó un momento, durante el cual se les oyó cuchichear.

Algunos minutos después, la zorra avanzaba el hocico tras una de las esquinas de la casa. Como todo estaba en calma, se deslizó al corral. En busca del muchacho husmeó hasta cerca de la garita, y sentándose sobre sus patas, a una distancia prudente, se dio a reflexionar sobre el modo de hacer salir a Nils de su escondite. De repente, sacó el perro su cabeza y gruñó:

—¡Vete, si no te muerdo!

—Estaré aquí hasta que quiera. No serás tú el que me haga levantar el campo —respondió la zorra.

—¡Vete! —gruñó el perro otra vez—. Si no, será esta la última noche que trates de cazar.

Pero la zorra no hizo más que reír con sorna y permaneció quieta.

—Yo sé muy bien hasta dónde llega tu cadena —dijo.

—Ya te he advertido tres veces —aulló el perro saliendo de la garita—. ¡Tanto peor para ti!

Dichas estas palabras dio un salto y alcanzó la zorra sin ninguna dificultad, pues estaba suelto. El muchacho le había desprendido de su cadena.

Hubo algunos instantes de lucha; pero la victoria fue del perro; la zorra yacía en tierra sin movimiento.

—Quieta, porque si no te mato —gruñó el perro. Y cogiendo a la zorra con sus dientes, por el cuello, la arrastró hacia su garita. El muchacho se aproximó con la cadena, la puso al cuello de la zorra y la sujetó bien. La zorra no se atrevía a hacer el menor movimiento.

—Creo, Esmirra, que serás un buen perro guardián —dijo Nils a guisa de despedida.

XXXIV

LA LEYENDA DEL UPPLAND

La lluvia cesó al día siguiente; pero la tempestad continuó y la inundación aumentaba. Poco después de mediodía hubo un brusco cambio y el tiempo se presentó soberbio; hacía calor y la calma era completa.

Cómodamente echado de espaldas sobre un blando campo de sauces acuáticos en plena floración, Nils contemplaba el cielo; dos pequeños escolares cargados con sus libros y sus saquitos de provisiones pasaron por un estrecho sendero a lo largo de la ribera. Caminaban lentamente y revelaban un aire de tristeza e inquietud. Al llegar muy cerca de donde estaba Nils, sentáronse sobre las piedras y comenzaron a hablar de sus desgracias.

—La madre se enfadará mucho cuando sepa que tampoco hemos sabido hoy la lección —dijo uno de los niños.

—Y el padre —añadió el otro tristemente.

Y comenzaron a llorar al mismo tiempo.

Nils pensaba de qué manera podría consolarles cuando vio una viejecita que marchaba muy encorvada, que tenía una cara bondadosa y dulce y que avanzando por el sendero, se detuvo frente a los muchachos.

—¿Por qué lloráis, pequeños? —les preguntó.
Los niños le refirieron que no habían sabido la lección y que tenían vergüenza de regresar a casa.
—¿Qué lección ha sido esa tan difícil?
Y los niños le contestaron que la lección había sido la de Uppland.
—Eso tal vez no sea tan fácil aprenderlo en los libros —dijo la anciana—; pero yo voy a contaros lo que me enseñó mi madre acerca de este país. Yo no he ido nunca a la escuela y no he tenido instrucción, por lo tanto; pero he recordado siempre lo que mi madre me enseñó.
—Pues bien —comenzó la viejecita, sentándose sobre una piedra—; me decía mi madre que hace mucho tiempo era el Uppland el país más pobre y más humilde de toda Suecia. Estaba formado solamente de unos pobres campos arcillosos y de unas pequeñas colinas pedregosas y bajas, como quedan todavía algunas en ciertos sitios, si bien nosotros, que habitamos cerca del Mälar, no las hemos visto. En fin, siempre había sido éste un país pobre y miserable. El Uppland sentíase despreciado por las otras provincias; pero esto llegó a su término. El Uppland se echó unas alforjas a la espalda y, empuñando un bastón en la mano, partió a implorar una limosna de los que eran más ricos.
El Uppland marchó primero hacia la Escania, al sur. Se lamentó de su pobreza y pidió un pequeño pedazo de tierra.
—No se sabe verdaderamente qué dar a todos estos mendicantes —respondió la Escania—. Pero esperad. Yo acabo de excavar algunos marjales y tú puedes llevarte la tierra que he sacado, si has de poder emplearla.
El Uppland aceptó, dio las gracias, reanudó su marcha y subió hasta Vastergotland. Allí proclamó de nuevo su miseria.
—No puedo darte tierras —respondió Vastergotland—. No hago el regalo de mis ubérrimas campañas a los mendigos; pero si quieres uno de esos pequeños ríos que serpentean en mi gran llanura, puedes tomarlo.
El Uppland, aceptó, dio las gracias y marchó hacia el Halland.
—No soy mucho más rico que tú en tierras —dijo el Halland—; pero si estimas que pueden serte de alguna utilidad, desprende del suelo algunos montículos pedregosos y te los llevas.
El Uppland, doblegándose bajo su alforja, fue a ver al Bohusländ. Allí obtuvo permiso para recoger cuantos islotes pelados quisiera.
—Eso no resuelve gran cosa —dijo el Bohusländ—; pero son buenos para abrigarse contra el viento. Podrán serte útiles porque tú vives como yo, en la costa.
El Uppland se mostraba reconocido a todas estas limosnas; no rechazaba nada, si bien lo que todos le daban eran cosas de las que no tenían necesidad. El Vermland le dio un poco de su suelo montañoso; el Vestmanland una parte de las largas montañas que lo atraviesan: Ostergötland le hizo el regalo de un rincón de su salvaje floresta de Kôlmarden, y el Esmaland casi le llenó la alforja de marismas, de pedazos de tierra y de matorrales.
La Sudermania no quiso deshacerse más que de algunas bahías de

Mälar; la Dalecarlia quería demasiado a sus tierras para darlas; en cambio, le ofreció una parte del río Dal.

Finalmente, el Uppland recibió del Narke algunas de sus tierras de secano de las riberas de Hjalmär. Sus alforjas estaban ya tan llenas que decidió no seguir vagabundeando; y volvióse hacia su casa.

Después de vaciar sus alforjas hizo el inventario de cuanto había recogido. Al verlo todo pensó que era una gran colección de barreduras las que había recibido, y se preguntaba suspirando qué destino iba a dar a todo aquello.

Pasó tiempo. El Uppland no abandonaba su casa, ocupado en arreglar sus asuntos.

Por entonces comenzóse a discutir dónde debía habitar el rey y dónde habría de establecerse la capital de Suecia. Todas las provincias se reunieron para deliberar y, como era de esperar, todas pretendían acaparar al rey, lo que motivó la más viva discusión.

—Mi opinión es que el rey debe elegir, entre todas, las provincia más capaz y la más sabia —dijo el Uppland.

Todo el mundo se mostró conforme con esta proposición y decidióse al punto que la provincia que manifestara la mayor inteligencia y aptitud alojara al rey y tuviera la capital.

Apenas volvieron a sus casas, las provincias recibieron una invitación del Uppland para asistir a un banquete.

—¿Qué es lo que esa pobre zona puede ofrecernos? —dijeron desdeñosamente.

No obstante, aceptaron la invitación.

Llegadas al Uppland, no salían de su asombro al ver lo que se les iba mostrando. Encontraron la provincia transformada: en el interior elevábanse granjas soberbias, las costas estaban adornadas de villas y chalets y las aguas repletas de navíos.

—Es una vergüenza mendigar cuando se vive de este modo —murmuraban.

—Os he invitado para agradecer vuestros regalos —dijo el Uppland—; porque gracias a vosotras, conozco la prosperidad que actualmente disfruto. A mi regreso comencé a trabajar para encauzar el río Dal hacia mis dominios. Me las arreglé de modo que me proporcionase dos saltos de agua magníficos: uno en Soderförs y el otro en Elfkerleby. Al sur del río, en Danemora, he colocado el suelo rocoso que me había dado el Vermland. Supongo que el mismo Vermland no se fijó bien en lo que me regalaba, porque estas rocas no son más que excelente mineral de hierro. Allí también he plantado el bosque que me dio el Ostergötland. De esta manera yo tengo en el mismo punto mineral, saltos de agua y un bosque que me abastecerá de carbón vegetal, lo que evidentemente hará que sea éste un rico distrito minero.

Después de haber arreglado igualmente el norte, he extendido las montañas del Vestmanland hasta el Mälar, formando promontorios, cabos e islas, que se han cubierto de verduras y se han hecho bellas como jardines. Las bahías que me concediera la Sudermania las he hecho entrar muy profundamente, como si fueran fiordos, en el país que, merced a esto, ha quedado abierto a la navegación y al comercio del mundo.

Ya el norte y el sur acabados, me he dedicado a la costa del este, de donde he sacado gran provecho de los escollos, de los pedregales, de los matorrales y los arenales que me habíais dado, y que he lanzado al mar. De ahí todas mis islas y mis islotes que tan útiles me han sido para la pesca y la navegación y que cuento entre mis bienes más apreciados.

Hecho esto, no me quedaba de vuestros regalos más que las tierras pantanosas que había recibido de la Escania. Las he extendido en medio de los campos y ahora forman la fértil llanura de Vaksala. Al perezoso riachuelo que me dio Ostergötland, le he trazado un camino a través de esta llanura para establecer una comunicación cómoda con el Mälar.

Las otras provincias comprendieron entonces lo que había pasado; no sin despecho reconocieron que el Uppland había sabido atender sus asuntos.

—Has hecho grandes cosas con pocos medios —dijeron—. De todas nosotras eres la que ha sabido demostrar mayor capacidad y mayor aptitud.

—Acepto vuestras palabras —dijo el Uppland—. Y ya que habláis así seré yo la que aloje al rey y ostente la capitalidad.

Las otras provincias mostráronse furiosas; pero no pudieron desdecirse de sus palabras y de lo que entre ellas habían decidido.

Y el Uppland tuvo el rey y la capital y se convirtió en la primera de las provincias. Y con esto no se hizo más que justicia porque la inteligencia y la aptitud son las cualidades que todavía hoy hacen un príncipe de un mendigo.

XXXV

EN UPSALA

LOS ESTUDIANTES

Jueves, 5 de mayo

En la época en que Nils Holgersson recorría el país en compañía de los patos silvestres, vivía en Upsala un joven y ejemplar estudiante. Habitaba en una pequeña buhardilla y era tan frugal en su alimentación que, al decir de la gente, apenas si probaba bocado. Ponía todo su entusiasmo en el estudio, con lo cual lograba aprender sus lecciones antes que los demás, sin que su aplicación le impidiera pasar buenos ratos al lado de sus camaradas. Era lo que debe ser un estudiante. No tenía defectos graves, pues no puede contarse como tal ser mimado por la suerte, a lo cual es difícil sustraerse, al menos en la primera edad.

Cierta mañana, al despertarse, comenzó a reflexionar sobre lo bien que lo pasaba. Todos le querían, lo mismo sus compañeros que sus profesores, y, además, ¡le iba tan bien en sus estudios...! «Hoy –se decía– es mi último examen; pronto habré terminado y, en seguida, obtendré una colocación y con ella un buen sueldo. ¡Pero qué suerte tengo!»

Los estudiantes de Upsala no estudian reunidos, como los chicos en la escuela, sino cada uno en su casa y en su habitación. Una vez sabida la asignatura acuden al profesor para que les examine. A este examen le llaman «téntame», y era precisamente el último y el más difícil el que aquel día iba a sufrir nuestro estudiante.

En cuanto se hubo vestido y tomado el desayuno, se sentó a su mesa de estudio para echar una postrera ojeada a sus libros. «Es innecesario –pensaba–, porque estoy bien preparado pero no quiero dejar de seguir estudiando hasta el último momento para no tener nada que reprocharme.»

Poco después oyó llamar a su puerta y vio entrar a un compañero con un paquete bajo el brazo. Este muchacho era de muy distinta condición que la del que estaba estudiando. Era retraído y vergonzoso y de mísero aspecto. Se había dado por completo a los libros, que eran su única afición. Se decía de él que era muy inteligente pero tan medroso y apocado que jamás se atrevió a sufrir un examen. La opinión general era la de que no haría camino.

Su visita tenía por objeto invitar a su compañero a leer un libro que había escrito y acerca del cual deseaba que le indicara su parecer.

El que podía llamarse afortunado, prometió a su camarada leer las cuartillas tan pronto como le fuera posible, y el paquete quedó sobre la mesa. –Guárdalo bien –decía el interesado–; me ha costado cinco años de trabajo, y si desapareciera no podría escribirlo de nuevo.

–No temas –replicó su compañero–; no saldrá de casa. –Con esto el visitante se despidió contento.

Al quedar solo nuestro estudiante abrió el legajo, atraído por la curiosidad, y vio que dichas páginas tenían por epígrafe «Historia de la ciudad de Upsala», cosa que le fue muy grata. Como quiera que el consultado amaba muy especialmente a tal ciudad, púsose acto seguido a leer el manuscrito, diciéndose: «No importa que dedique un rato a estas cuartillas, ya que insistir en mis estudios no me será provechoso».

Con tanta avidez leyó, que no levantó la vista de las cuartillas en varias horas. Al concluir se hallaba muy satisfecho, y se decía: «¡Vaya un muchacho de talento! Cuando el libro se publique, su porvenir quedará asegurado. ¡Con qué placer le diré cuánto me ha gustado su libro!»

Reunía las cuartillas para dejarlas sobre la mesa cuando sonó el reloj.

–¡Caramba, es la hora de acudir al examen! –y se dispuso a recoger de otra habitación de la buhardilla su traje negro. Como sucede a menudo cuando se lleva prisa, hubo de perder un buen rato, pues la cerradura no funcionaba bien.

Cuando reapareció dio un grito de sorpresa. Al salir había dejado abierta la puerta y la ventana que estaba junto a la mesa, y la corriente se había ido llevando las cuartillas del manuscrito. Se apresuró a poner la mano sobre las cuartillas; pero sólo quedaban ya sobre la mesa una docena escasamente. Las restantes bailaban por el patio y los tejados.

Vio que en ellos yacían algunos papeles que acaso hubiese podido salvar de no depender de los exámenes; pero considerando que ante todo debía ocuparse de lo suyo, por tratarse de su porvenir, cambió de traje y fue en busca de su profesor.

Comenzó el examen sin que el estudiante pudiese olvidar lo ocurrido con las cuartillas. «¿Qué diré ahora a mi pobre compañero, que ha estado trabajando en ellas cinco años y no se halla con fuerzas para escribirlas de nuevo? No sé cómo darle esa triste noticia.»

Era tanta su preocupación, estaba tan apesadumbrado que no se enteraba de las preguntas del profesor ni sabía lo que se decía. El profesor quedó extrañado y no pudo por menos que suspenderlo.

Al pisar de nuevo la calle se sintió muy desdichado. «Ahora voy a perder mi colocación, y de ello tiene la culpa mi compañero. ¿Por qué diantre se le ocurriría venir con el manuscrito precisamente hoy? He aquí lo que tiene ser servicial.»

Mientras esto pensaba dio con su compañero. No se atrevía a declararle la desaparición de las cuartillas, e intentó pasar por su lado sin dirigirle la palabra; pero como viera que el otro se hallaba a su vez inquieto por el concepto que hubiera podido merecerle el libro, le cogió por el brazo y le preguntó si había comenzado a leerlo. «He estado de exámenes», contestó el interrogado, intentando continuar su camino; pero como el otro imaginara que su compañero esquivaba hablarle por que el libro no le había gustado, dijo a su amigo y compañero, un poco triste: —Fíjate en lo que te digo: si el libro no sirve, no quiero volver a verlo. Léelo cuanto antes y dame tu opinión, y, si es desfavorable, quémalo.— Y dicho esto alejóse de su compañero.

Al quedar éste solo quiso llamar al que partía; pero se contuvo. Se fue a casa y poniéndose el traje de diario se lanzó por las calles, plazas, parques y patios en busca de cuartillas perdidas, sin poder dar ni siquiera con una de ellas.

Después de dos horas de buscar en vano, sintió tanta hambre que hubo de marcharse a comer, y en el restaurante donde solía hacerlo volvió a encontrar a su amigo. Este fue en seguida a preguntarle por el libro. —Prometo buscarte esta noche y hablarte de él —díjole para terminar cuanto antes. El otro, demudado, pues seguía creyendo que el libro le había hecho mala impresión, le dijo: —Ten presente que si no te gusta es preciso que lo quemes.— Y se fue.

El estudiante que perdiera las cuartillas siguió buscándolas por la ciudad hasta bien oscurecido, y cuando dirigíase desalentado a su casa se encontró con un par de camaradas que regresaban de la fiesta de primavera. —¿Dónde te has metido —le preguntaron— que no te hemos visto en la fiesta? —¡Ah, maldito de mí si me acordaba de ello! —Y mientras hablaba acertó a pasar junto a ellos una linda muchacha que siempre le había gustado. Sin mirarle siquiera se puso a hablar muy afablemente con otro estudiante, y, entonces, nuestro protagonista recordó que había convenido en encontrarse con ella en la fiesta de la primavera y había faltado a la cita. —¿Qué pensará esa muchacha de mí? —se decía.

Quiso seguirla para darle explicaciones cuando oyó a uno de sus compañeros que Stemberg, el muchacho escritor, había enfermado de repente aquella tarde. —No es cosa grave —dijo el otro—; es algo relacionado con el corazón: un ataque que puede reproducirse. El médico cree que algún disgusto ha de haberlo motivado, y que su curación podría alcanzarse con hacer desaparecer la causa. —Poco después, nuestro estudiante se reunía con su compañero, el joven escritor, el cual se hallaba postrado en el lecho, pálido y desencajado. —He venido a hablarte de tu libro; es una gran obra: no conozco otra mejor.

El escritor, al oír esto, con supremo esfuerzo se incorporó, y dijo con asombro a su compañero: —Si es así, ¿cómo has podido expresarte esta tarde del modo que lo has hecho?

—Es que me encontraba de mal humor porque me han suspendido en los exámenes. Por lo demás, no creía que dieras tanta importancia a mi opinión.

El enfermo fijó en él una mirada interrogativa. —Esto lo dices porque sabes que he enfermado y quieres consolarme.

—No tal, tu obra es una gran obra; puedes creerlo.

—¿Entonces no la has destruido como te pedí?

—Ni que estuviera loco.

—Traémela, pues, y te creeré.

Y diciendo esto reclinó la cabeza en la almohada con tal abatimiento que nuestro estudiante temió que a su compañero le repitiera el ataque.

Acongojado, tomó las manos del enfermo entre las suyas y le relató el suceso de las cuartillas, lamentando el gran perjuicio que le proporcionaba.

—Eres demasiado bueno —contestaba el enfermo—. No me vengas con historias. Comprendo bien que hayas cumplido mis instrucciones destruyendo mi manuscrito por carecer de valor, y que ahora no quieras confesarlo ante el temor de que yo no pudiese soportar la noticia.

El estudiante insistía en que le decía la verdad y el enfermo en no creerlo, a menos que le presentara el manuscrito; y viendo que éste empeoraba, nuestro estudiante se marchó por miedo a perjudicarle.

Cuando llegó a su casa estaba rendido; casi no podía sostenerse en pie. Tomó una taza de té y se fue a acostar, sin esperanzas de conciliar el sueño. Mucho había sufrido; pero esto no le atormentaba tanto como pensar que había causado la desgracia de otro.

A pesar de su estado de ánimo se durmió en seguida sin haber llegado a apagar la lamparilla que ardía sobre la mesa de noche.

FIESTA DE LA PRIMAVERA

Gracias al cuervo Bataki, el liliputiense Nils Holgersson se hallaba en Upsala. Cierta noche en que el pequeñuelo se hallaba contemplando los cielos, vio venir volando entre las nubes a Bataki, que entabló conversación con él como si fueran los mejores amigos.

Díjole el cuervo que tenía una deuda con él por no haberle dicho dónde se hallaban los filones de cobre de la herencia que constituyeron la mejora de la hermana, y que venía ahora para revelarle, en compensación, otro secreto que le permitiría volver a ser hombre.

El cuervo creyó que el chiquillo mordería fácilmente el anzuelo, en lo cual se equivocó de medio a medio, porque éste le contestó que no tenía interés en saberlo, ya que conocía muy bien que, después de viajar con el pato blanco hasta Laponia y de regresar con él a la Escania, volvería a convertirse en hombre.

El cuervo le dijo que era conveniente conocer algún otro medio para conseguir lo que deseaba; y asintiendo a ello el liliputiense, le invitó a montar sobre su espalda y a seguirle en su vuelo.

El chiquillo se halló un poco perplejo, por no inspirarle el cuervo una completa confianza; pero éste le dijo:

—¿Acaso no te atreves a venir conmigo? —Y él, por mostrarse valiente, montó al punto.

Le llevó a Upsala y le colocó sobre un tejado, diciéndole que mirase bien en derredor, y preguntándole quién podría dirigir aquella ciudad.

Era grande y hermosa y ocupaba el centro de una llanura muy bien cultivada. Tenía muy hermosos edificios y en un pequeño montículo un castillo con dos grandes torres.

—¿Vivirá aquí algún monarca con su corte?

—Así fue en la antigüedad —contestó el cuervo—; pero aquello ha concluido.

Se fijó en la iglesia, cuyas elevadas torres brillaban a la luz de la tarde, y dijo:

—¿Reside aquí algún obispo?

—Existieron, sí, arzobispos tan poderosos como los reyes y, aunque hoy sigue siendo sede arzobispal, no es ya el arzobispo quien manda.

—Entonces no sé quién puede ser...

—Aquí manda la sabiduría, y todos esos grandes edificios que estás viendo han sido erigidos en honor de aquélla y de los hombres —y Bataki le mostró por las ventanas abiertas la gran biblioteca colmada de libros, la suntuosa Universidad con sus hermosas aulas, el llamado Gustavianum, con su gran observatorio astronómico.

El cuervo hizo observar a Nils Holgersson cuán hermoso era aprender a curar las enfermedades, saber lo que había sucedido en el mundo, hablar todos los idiomas, conocer la ruta del sol, la luna y las estrellas en los espacios celestes, distinguir el bien del mal y la verdad del error. Luego le hizo ver la fiesta anual de la primavera que celebraban los estudiantes.

Iban en procesión hacia el Jardín Botánico, donde debía verificarse la fiesta. Sus gorras blancas lucían como flores de igual color en la penumbra de la calle. Un blanco estandarte, recamado de oro, les servía de guía y ellos iban detrás entonando cantos a la primavera. Era esto de un efecto tan sorprendente que Nils Holgersson llegó a creer que no eran ellos los que cantaban, sino la primavera la que cantaba a los estudiantes. Nunca hubiese creído que la voz humana fuera capaz de reproducir sonidos que tuvieran tal encanto. Traían el recuerdo del susurro del viento en las copas de los árboles y el murmullo de las olas del mar.

Cuando los estudiantes entraron en el jardín, donde los verdes macizos servían de base al alumbrado y los brotes de los árboles estaban a punto de abrirse, detuviéronse ante una tribuna, a la que subió un joven muy apuesto para pronunciar un discurso.

Esta tribuna se alzaba junto al invernadero y en su techumbre colocó el cuervo a Nils Holgersson para que pudiera oír los discursos.

Después del primero hablaron otros varios oradores, y tras éstos ocupó la tribuna un caballero ya anciano quien dijo que la mayor felicidad de la vida consistía en ser joven y pasar en Upsala la juventud. Dijo también que entre camaradas de nobles sentimientos, lo denso se hacía ligero, lo triste se olvidaba fácilmente y las esperanzas se fomentaban.

Tras los discursos reprodujéronse los cantos, y después de éstos pronunciáronse nuevos discursos. El pequeño nunca hasta entonces había podido imaginar que unas palabras engarzadas con otras pudieran tener la virtud de causar tanta alegría y tan estimable estusiasmo.

No todos los que pululaban por el jardín eran estudiantes. Había también lindas jóvenes con trajes claros y sombreros propios de la temporada, y muchos hombres que habían acudido deseosos de presenciar la fiesta estudiantil.

A veces había pausas entre los cantos y los discursos, y entonces diseminábanse las gentes por el Botánico, hasta que un orador congregaba en torno suyo a los pasantes. Y así discurrió la fiesta hasta el anochecer.

Entonces, dijo el cuervo a Pulgarcito:

—Voy a decirte ahora cómo podrás ser hombre de nuevo. Bastará con que encuentres a alguien que te diga que quisiera hallarse en tu lugar y hacer un viaje con los patos silvestres.

—No puedo creer que sea posible encontrar a nadie que se ofrezca a ocupar mi sitio —dijo el chicuelo como resumen de aquella conversación.

—No es tan imposible como crees —replicó el cuervo. Y tomándole sobre sus espaldas llevóle hacia la ciudad y detúvose en un tejado, frente a la ventana de una habitación iluminada por una lamparilla. La ventana estaba entreabierta y en ella permaneció un buen rato nuestro liliputiense pensando en la felicidad que aparentaba el estudiante que dormía allí.

En esto despertóse el estudiante, y cuál no sería su extrañeza al ver que la lamparilla que dejara encima de la mesita de noche, y que creyó apagar, continuaba ardiendo. Al incorporarse para apagarla, vio que en la mesa de escritorio, junto a la ventana, había algo que se movía.

La habitación era pequeña, y como de la cama a la mesa había poca distancia, podía ver el estudiante los libros, papeles, retratos, la lamparilla de alcohol y la bandeja de té, con sus adminículos; pero lo más extraño era que con la misma claridad distinguía también un duendecillo que, inclinado sobre la mantequera, preparábase un trocito de pan con manteca.

Lo que le había acontecido el día anterior habíale llevado a tal extremo que no sintió miedo alguno, y hasta encontraba muy natural que tal duendecillo hubiese entrado en su aposento a satisfacer el hambre que pudiese sentir. Acostóse de nuevo sin apagar la luz y como en estado de somnolencia continuó observando al liliputiense. Éste habíase sentado sobre una máquina de escribir y saboreaba tranquilo los residuos o migajas de la cena del estudiante, especialmente las cortezas de queso, que debían parecerle un manjar suculento por lo que se relamía al morderlas.

Mientras comió no quiso molestarle el estudiante; pero una vez hubo terminado, entabló con él la siguiente conversación:

—Oye ¿tú quién eres?

El liliputiense, sobresaltado, corrió hacia la ventana; pero, al observar que el estudiante continuaba tranquilo en la cama sin tratar de perseguirlo, se detuvo para responder:

—Soy Nils Holgersson de Vestra Vemmenhög; soy una persona como tú; pero fui transformado en diminuto liliputiense, y desde entonces ruedo de un lado para otro con los patos silvestres.

Y empezó a preguntarle lo que le había acontecido.

—Lo debes pasar muy bien —comenzó el estudiante—. ¡Quién pudiera hallarse en tu lugar, libre de toda clase de preocupaciones!

El cuervo Bataki, que había permanecido junto a la ventana, dio un picotazo sobre el cristal al oír esto. Nils comprendió muy bien lo que esto significaba y que no debía perder la ocasión.

—¡Oh! —exclamó el liliputiense—. Tú no querrás cambiarte por mí. El que sea estudiante no debe querer cambiarse por nada ni por nadie.

—Lo mismo pensaba yo ayer al levantarme; pero si supieras las cosas que me han pasado luego, comprenderías que todo ha cambiado para mí y que lo mejor sería marcharse con los patos silvestres.

Bataki volvió a golpear el cristal de la ventana y Nils esperó con emoción que el estudiante pronunciara las palabras precisas para la transformación, que ya conocía por habérselas oído al cuervo.

—Ya te he dicho cuanto se relaciona conmigo; ahora dime tú lo que te ha pasado.

El estudiante, al ver que había alguien a quien interesaba lo que había sucedido, refirióle sus motivos de angustia, diciéndole, finalmente, que a lo que no podía avenirse era a haber causado la desgracia de un compañero, por lo que prefería encontrarse en el lugar de su interlocutor y volar con los patos.

El cuervo picoteó por tercera vez en la ventana y el chicuelo quedó inquieto y silencioso largo rato, con la mirada extraviada.

—Espera un poco —díjole con voz queda al estudiante—. Pronto sabrás de mí.

Y a pasos lentos, como cuadra al que medita, cruzó por encima de la mesa y desapareció por la ventana. Cuando llegó al tejado, los primeros destellos solares de aquel amanecer envolvían la ciudad de Upsala con resplandores rosáceos.

—¿Qué te pasa? —le preguntó el cuervo—. Ahora ya has perdido la oportunidad de convertirte en hombre.

—Poco me importa. No tengo interés en ocupar el sitio del estudiante, porque a causa de las cuartillas que el viento se llevó, sólo me sobrevendrán disgustos.

—Si es por esto no debes preocuparte —respondió Bataki—; yo te las proporcionaré.

—Ya sé que puedes hacerlo; pero aquí sólo se trata de que lo quieras hacer.

El cuervo, sin contestar, salió volando y poco después volvía con dos cuartillas. Y con la presteza de la golondrina cuando aporta materiales para su nido, voló otras veces, y cuartilla tras cuartilla fue trayéndolas todas, hasta quedar completa la obra sobre la misma mesa del estudiante.

—Gracias —dijo Nils al cuervo—; ahora le hablaré al estudiante.

Este, al par que se desayunaba, iba ordenando las cuartillas recuperadas.

—Eres un tonto —le dijo el cuervo a Nils—, ¿de qué te va a servir una nueva conversación con él si ya tiene sus cuartillas? No esperes que nunca más vuelva a decirte que quisiera hallarse en tu lugar.

Nils contemplaba al estudiante, que en mangas de camisa saltaba y corría alegremente por su pequeña habitación, y de súbito exclamó, dirigiéndose al cuervo:

—Comprendo que hayas querido ponerme a prueba. Creíste que yo hubiera podido dejar que el pato blanco hiciese sólo su difícil camino, mientras yo, convertido en persona, disfrutara la ventaja de pasarlo bien; pero cuando el estudiante me refirió su historia, me di cuenta de lo bochornoso que resultaba abandonar a un camarada en las horas de apuro, y esto no lo haré yo nunca.

Bataki rascóse el cuello con su pata, en actitud pensativa; sintió cierto rubor por lo que había hecho y tomando sobre sí al liliputiense, lo llevó volando hacia donde estaban los patos silvestres.

XXXVI

FINDUVET

LA CIUDAD FLOTANTE

Viernes, 6 de mayo

No hay nadie más dulce en el trato ni dotado de mejor corazón que la patita cenicienta de Finduvet.

Todos los patos silvestres la amaban mucho, y el pato blanco era de los que se arrojarían al fuego por ella. Cuando Finduvet pedía alguna cosa, ni la misma Okka se atrevía a negársela.

Apenas llegada al lago Mälar, reconoció el paisaje. Más allá habitaban en un pequeño islote. Y solicitó de los patos silvestres dar una vuelta por allí antes de emprender el vuelo hacia el norte. ¡Se alegraría tanto su familia al verla! Fue tan insistente su ruego, que todos acabaron por ceder, aunque los patos silvestres llevasen gran retraso, si bien la vuelta que iban a dar no alargaría el viaje más allá de un día.

Pusiéronse en camino por la mañana, después de una buena comida, volando hacia el este por encima del Mälar. Nils iba observando que, a medida que avanzaban, se veía más gente en las riberas y era mayor la animación en el lago. Chalupas y veleros, goletas y barcas de pescadores navegaban en la misma dirección; multitud de bonitos vapores blancos cruzaban ante ellos y les dejaban atrás. En las riberas veíanse caminos de hierro y carreteras que llevaban hacia el mismo sitio. Evidentemente, allá abajo había algún punto donde todos tenían prisa por llegar.

Sobre una de las islas distinguió un gran castillo blanco; un poco más lejos las riberas cubríanse de villas, primero separadas a grandes trechos, después estrechándose más y más, y, por último, se tocaban unas a otras alineándose en filas no interrumpidas. Las había de todos los estilos. Algunas tenían el aspecto de castillos y otras parecían humildes granjas. Muchas estaban rodeadas de jardín; pero las más estaban construidas en el bosque que bordeaba el lago. Por desemejantes que fuesen estas villas, no dejaban de tener un rasgo común; no eran casas grandes y de construcción severa; todas estaban pintadas en colores vivos, de verde, azul y rojo, como si fueran casas de muñecas.

De repente, Finduvet lanzó un grito: —¡Mirad! ¡Esa es la ciudad que flota sobre el agua!

Nils fijó la atención, sin ver otra cosa que brumas y ligeras neblinas que flotaban sobre el lago. Después entrevió veletas puntiagudas y algunas casas con largas hileras de ventanas. Estas casas surgían y desaparecían a cada instante entre las brumas. No se veía ninguna franja de tierra. Todo aquello parecía reposar sobre el agua.

Ahora iban desapareciendo las villas de las riberas; no se advertía más que las moles sombrías de las fábricas. Depósitos de maderas y de carbones ocultábanse tras altos paredones; grandes vapores estaban armados ante los embarcaderos negros y polvorientos. La ligera bruma transparente que bañaba todo esto, transformaba, alargaba extrañamente el paisaje y no dejaba de revestirle de cierto esplendor.

Los patos silvestres dejaron tras ellos las fábricas y los transportes y se aproximaban a los círculos brumosos. De golpe desvanecióse la niebla; por sobre sus cabezas flotaban todavía algunos ligeros fragmentos neblinosos, delicadamente coloreados de rosa y azul pálido; la masa principal apelotonábase sobre la tierra y las aguas, ocultando la parte baja de las casas, de las que no se veía nada más que los tejados, las torres, los aleros y las fachadas más altas.

Nils comprendió que volaban sobre una gran ciudad. A veces, abríase un intersticio en la masa brumosay descubríase un río de corriente rápida y rumorosa, pero no la tierra.

Más allá de la ciudad descubrió Nils nuevamente, a través de la bruma menos densa, riberas, aguas e islas. Volvió la cabeza esperando ver mejor la ciudad; pero fue en vano; el espectáculo era todavía más fantástico. La neblina vagaba vivamente coloreada por el sol, rosácea, azulina y anaranjada. Las casas eran blancas y tan intensamente iluminadas por el sol, que se diría que eran de luz. Los vidrios y las flechas brillaban como en un incendio. Y la ciudad seguía flotando sobre el agua.

Los patos silvestres volaban rectamente hacia el este. A la primera impresión, el paisaje era parecido al del Mälar; pero pronto echóse de ver que los montes de agua eran más extensos y las islas más grandes. La vegetación era más pobre y los árboles con hojas, más raros cada vez, cedían el sitio a los pinos. Las villas habían desaparecido; no se veía otros edificios que granjas y cabañas de pescadores.

Más allá todavía no se descubría ninguna gran isla habitada; el agua estaba sembrada de infinidad de pequeños islotes y escollos, el mar extendíase ante los viajeros, vasto e ilimitado.

Los patos descendieron sobre un paraje rocoso, y Nils preguntó a Finduvet:

—¿Qué ciudad es esa que hemos atravesado?

—No sé el nombre que le hayan podido dar los hombres —respondió la patita cenicienta—; pero nosotros la llamamos: la ciudad que flota sobre el agua.

LAS DOS HERMANAS

Finduvet tenía dos hermanas llamadas Ala Bonita y Ojo de Oro. Aunque muy inteligentes y de gran resistencia en el vuelo, no tenían el bonito plumaje ni las buenas inclinaciones de Finduvet.

Siendo unas rapazuelas de color amarillento, ya empezaron los pescadores a demostrar sus preferencias por Finduvet, por lo que las hermanas la miraron con envidia.

Cuando los patos silvestres se detuvieron en los islotes, Ala Bonita y Ojo de Oro picoteaban las hierbecillas de la orilla.

—Mira qué pájaros más hermosos —dijo una hermana—; parecen cisnes. ¡Qué apuestos son!

—Pero, calla —exclamó la otra, llena de asombro—; ahí está Finduvet, que dejamos abandonada en Oland para que muriese de hambre, después de haberla obligado a tal vuelo que se descoyuntaron sus alas. Ya verás cómo esto acabará mal. Como se enteren nuestros padres, nos echarán de los islotes.

Mientras hablaban las dos hermanas, los patos silvestres arreglaban un poco su plumaje para marchar seguidamente en busca de los padres de Finduvet, que solían hallarse siempre por aquellos lugares.

Los padres de Finduvet eran buena gente y acostumbraban a prodigar consejos y auxilios a los que allí llegaban.

Cuando la pata Okka levantó el vuelo al frente de su bandada, que volaban de un modo admirable, saliéronle al encuentro los padres de Finduvet para darles la bienvenida, y antes de que cruzara el saludo, aparecióseles la propia Finduvet que, con gran júbilo, les dijo:

—Aquí estoy. ¿Me conocéis?

Comenzó entonces una alegre charla, y cuando los patos silvestres referían cómo habían salvado a Finduvet, llegaron a todo correr, dando la bienvenida desde lejos, las hermanas, que se mostraban muy contentas de la llegada de Finduvet.

Pero ya se sabía que los celos habían aumentado el odio de las dos hermanas contra Finduvet, por cuanto la suponían en amores con el pato blanco, siendo así que ellas no los tenían más que con el ordinario pato gris. Esta fue la causa de que emplearan toda clase de ardides para que desapareciera Finduvet y corriera peligro de muerte el pato blanco.

El último recurso que pusieron en juego para lograr su intento, fue el siguiente: como se hiciese hora de marchar, las dos hermanas dijeron a Finduvet que no debía ausentarse sin ir antes a cierta cabaña a despedirse del pescador que la habitaba. Como Finduvet temiera ir sola a aquel lugar, rogó a Pulgarcito y al pato blanco que la acompañasen, y una vez allí entró Finduvet en la cabaña mientras sus compañeros la esperaban en un sitio cercano. Como a poco oyesen la señal de partida de Okka y viesen salir de la cabaña a una pata gris, emprendieron el vuelo para unirse rápidamente a la bandada. Habían volado largo rato cuando Pulgarcito observó que el pato que les seguía no tenía el dulce batir de alas de Finduvet; y al percatarse del engaño de que habían sido víctimas, el pato blanco y Pulgarcito se dirigieron contra ella. Esta, en vez de huir, se aprestó a la defensa, y lanzándose sobre el pato blanco, cogió a Pulgarcito con su pico y siguió volando. Era la misma Ala Bonita, la que, a pesar de la persecución de que fue objeto por parte de la bandada, quizá hubiera podido saciar su sed de venganza en Pulgarcito si la casualidad no hubiera hecho que desde una barquilla se le disparara con tal acierto, que la carga le pasó muy cerca. Y el tiro le causó tal impresión de miedo, que abrió el pico y Nils cayó al agua, junto a la barquilla, logrando salvarse.

Los padres, enfurecidos, desterraron a las dos patitas para siempre de los islotes.

XXXVII

ESTOCOLMO

Sábado, 7 de enero

Hace algunos años vivía en Skansen, este gran jardín de Estocolmo, donde hay tantas cosas antiguas y curiosas, un buen hombre llamado Klement Larsson. Era del Halsingland y había venido al Skansen para tocar viejos aires populares con su violín. Acostumbraba a ejercer el oficio de músico ambulante, por la tarde particularmente. Durante la mañana custodiaba una de esas sugestivas y viejas casas de aldea que han sido transportadas al Skansen, desde todos los rincones de Suecia.

En sus primeros tiempos, Klement se consideraba muy feliz de poder pasar su vejez de tal modo; pero no tardó en sentir un enojo terrible contra cuanto le rodeaba, sobre todo durante las horas en que actuaba de guardián. Lo pasaba menos mal cuando acudía la gente a visitar la casona; pero, a veces, Klement permanecía solo durante horas enteras. Entonces sufría tanto y añoraba de tal modo su país, que pensaba en abandonar el puesto y renunciar al empleo. Klement era muy pobre; sabía que de volver a su país tendría que implorar la caridad pública. Por lo tanto, esforzábase en conservar su ocupación; pero cada vez considerábase más desgraciado.

Una hermosa tarde de primeros de mayo, habiendo alcanzado unas horas de libertad, descendió Klement por la inclinada pendiente del Skansen. Allí tropezó con un pescador que regresaba a casa con su red al hombro. Era un joven vigoroso que iba frecuentemente al Skansen a ofrecer las aves marinas que lograba capturar vivas. Klement le había visto muchas veces.

El pescador detuvo a Klement para preguntarle si el director del jardín estaría allí, y Klement, a su vez, le interrogó acerca de lo que llevaba para vender.

—Yo te mostraré lo que llevo —dijo el pescador—; pero, en cambio, aconséjame sobre el precio que puedo pedir.

Y extendió su red. Klement retrocedió despavorido al verlo.

—¿Qué es eso, Absjörn? —balbuceó—. ¿Has hecho tú eso?

Recordaba que, siendo niño, había oído hablar a su madre de los duendes, que vivían bajo tierra y se enfadaban cuando los niños gritaban demasiado o no eran buenos. Ya mayor, creyó que su madre había inventado esta historia de los duendes para obligarle a estar quieto. ¡Y ahora he aquí que en el capazo de Absjörn veía uno!

—Yo no lo he acechado —dijo—; es él que ha venido a mí. Yo he ido al mar esta mañana muy temprano. Casi no había dejado la tierra cuando pasó volando una bandada de patos silvestres. He disparado mi escopeta y he errado el tiro, pero ha caído de lo alto este hombrecito; ha caído en el agua, tan cerca de mi barca, que yo no he tenido más que alargar la mano para cogerlo.

—¿No está herido, verdad? —preguntó Klement.

—No, no; está sano y salvo. Al caer no sabía dónde estaba y le he atado de pies y manos con un bramante para que no se escapara. Y he pensado en seguida en que esto sería algo bueno para el Skansen.

Klement se sintió con el alma oprimida. Todo lo que había oído contar en su infancia sobre los duendes, de su espíritu vengativo y de su prontitud en socorrer a los amigos, le vino a la memoria. Jamás habían tenido buena suerte los que habían tratado de coger a un duende.

—¿No ha dicho nada? —preguntó Klement.

—Sí, en el primer momento ha tratado de llamar a los patos; pero yo le he amordazado para impedirlo.

—Pero, Absjörn, ¿en qué pensabas? —gritó Klement aterrorizado—. ¿No comprendes que se trata de un ser sobrenatural?

—Yo no sé qué es esto —replicó Absjörn, impasible—. Que lo decidan otros. Yo me daré por satisfecho sólo con que me lo compren. Dime lo que tú crees que me puede dar el director.

Klement guardó silencio un momento. Una angustia infinita le apretaba el corazón. Parecíale que su madre estaba a su lado suplicándole que fuese bueno con «la gente menuda».

—Yo no sé lo que el director te dará, Absjörn —le dijo—; pero te ofrezco veinte coronas si quieres dejármelo.

Al oír que se le ofrecía suma tan grande, el pescador miró a Klement casi desvanecido. Imaginó que Klement creería sin duda que el duende está dotado de un poder secreto que le podría ser útil, y como tenía la vaga impresión de que el director sería menos generoso, aceptó.

El músico callejero metió el duende en uno de sus largos bolsillos, regresó al Skansen y penetró en una de las cabañas donde no había visitantes ni guardián. Después de cerrar cuidadosamente la puerta, sacó el prisionero, que todavía tenía los pies y las manos ligadas y la boca amordazada, y le puso sobre una mesa.

—Y ahora escucha bien lo que voy a proponerte —dijo Klement—. Yo sé que los seres de tu especie no quieren ser vistos de los hombres y que aman entregarse solos a sus quehaceres. He decidido ponerte en libertad; pero con la condición expresa de que permanezcas aquí en el jardín hasta que te permita salir. Si aceptas, mueve la cabeza tres veces.

Klement miraba con esta esperanza al duende; pero éste continuó inmóvil.

—No estarás mal aquí —continuó Klement—. Te prepararé todos los días una píldora con comida suficiente y tendrás tantas cosas que hacer, que el tiempo no te parecerá largo. Pero no saldrás de aquí hasta que yo te lo permita. La señal será la siguiente: mientras yo te ponga la comida cada mañana en un tazón blanco, permanecerás aquí, y cuando te lo dé en uno azul, será la señal para que puedas irte.

Klement se calló de nuevo, esperando que el hombrecito hiciera los movimientos de cabeza; pero no se movía.

—Entonces —dijo Klement— no me queda más remedio que entregarte al director del jardín. Te encerrará en una jaula y toda la gente de la gran ciudad de Estocolmo vendrá a verte.

Esta perspectiva debió desagradar mucho al duende, porque éste se apresuró a mover tres veces la cabeza.

—Muy bien —dijo Klement, tomando su cuchillo para cortar el bramante que sujetaba las manos del pequeño. Después dirigióse hacia la puerta.

El pequeño se desató los pies y se quitó la mordaza. Cuando se volvió para darle las gracias a Klement Larsson, éste había desaparecido.

* * *

Al llegar Klement a la parte de fuera cruzó ante él un caballero de edad, alto y erguido, que parecía dirigirse a un lugar próximo desde donde se divisaba un espléndido panorama. Klement no recordaba haberlo visto nunca, pero el caballero debía conocerlo, porque deteniendo el paso le dirigió la palabra:

—Buenos días, Klement. ¿Cómo te va? ¿Te encuentras acaso enfermo? Has enflaquecido.

Las maneras del anciano eran tan amables y atrayentes que Klement le demostró la mayor confianza, refiriéndole lo mucho que le atormentaba la añoranza de su país.

—¿Cómo? ¿Te disgusta vivir en Estocolmo? —le preguntó el viejo—. ¿Cómo es posible?

El caballero había adoptado una actitud casi de enojo. Después, con aire maravillado, dijo que aquellas palabras sólo las podía pronunciar un pobre campesino de Halsingland. Y comenzó a hablar con el mismo tono de bondad que había mostrado al principio.

—¿No has oído referir nunca cómo fue fundada la ciudad de Estocolmo? De ser así, comprenderás que tu nostalgia no es más que una quimera. Vamos a sentarnos en aquel banco y te hablaré de Estocolmo.

El caballero tomó asiento y contempló durante un instante la ciudad de Estocolmo, que se extendía espléndida a sus pies. Tras esto, respiró profundamente como para aspirar la fragancia que se exhalaba del paisaje. Por último, volvióse hacia el músico ambulante.

—¡Mira, Klement! —dijo, dibujando un pequeño mapa en la arena—. Esto es el Uppland, que extiende hacia el sur una lengua de tierra recortada de bahías. Mira la Sudermania que va a su encuentro con otra punta de tierra igualmente bordeada; al oeste hay un lago, cuajado de islas: es el Mälar; al este hay más agua, que sólo a grandes penas consigue abrirse camino entre las islas y los escollos: es el Báltico. Aquí mismo, Klement, en el lugar en que el Uppland encuentra a la Sudermania y el

Mälar al Báltico, hay un riachuelo muy corto que recibe las dos corrientes, en cuyo río había en otro tiempo cuatro islas que lo dividían en varios brazos. Uno de esos brazos se llama ahora el Norrström.

»Esas islas no eran en un principio más que islotes poblados de árboles, tales como los que tanto abundan en el Mälar, y estuvieron deshabitadas durante muchísimo tiempo. Nadie descubría su situación favorable entre dos provincias y dos grandes extensiones de agua. Pasaron años. Vinieron diversas gentes a poblar las islas del Mälar y las del Báltico; pero las islas del río no tenían habitante alguno. Todo lo más ocurría que a veces llegaba allí algún navegante que, al desembarcar, plantaba su tienda por una sola noche. Esto era todo.

»Pero, un día, un pescador se retrasó pescando en el Mälar. Al volver a su casa le sorprendió la oscuridad en el Báltico. Y resolvió abordar una de las cuatro islas, para esperar que saliera la luna.

»Era a fines de verano; hacía todavía calor y buen tiempo, aunque las tardes fuesen ya sombrías. El pescador se tendió sobre la hierba, reclinó la cabeza en una piedra y se durmió. Cuando despertó hacía mucho que la luna brillaba en lo alto iluminando la tierra tan magníficamente que se hubiera podido creer que era de día.

»Se puso en pie preparándose a aparejar su barca; de repente, divisó a lo lejos unos puntitos negros que se movían. Era una banda de focas que se dirigían rectamente a la isla. En el momento en que las focas iban a ganar tierra, inclinóse el pescador para buscar el arpón que solía llevar siempre en la barca. Al levantar la cabeza, las focas habían desaparecido: en su lugar había en la orilla las más hermosas jóvenes que se pudieran soñar, vestidas con largos trajes de seda verde y coronadas de perlas. El pescador comprendió que eran ondinas que vivían en lo más hondo del mar, y que habían tomado la apariencia de focas para venir a tierra a divertirse, al claro de luna, sobre las islas verdes.

»Después de haberlas visto danzar un momento bajo los árboles, se deslizó hacia la orilla, apoderóse de una de las pieles de foca que las ondinas habían dejado y la ocultó debajo de una piedra. Después volvió a su barca y acostóse, fingiendo dormir.

»Las jóvenes no tardaron en descender a la ribera para revestirse nuevamente las pieles de foca. Vestíanse en medio de alegres risas y juegos mil; pero pronto surgieron las lamentaciones y los gritos: una de las ondinas no podía dar con el vestido. Corrían todas por la ribera buscándolo, pero en vano. Al cabo vieron que el cielo palidecía y que el amanecer se aproximaba. No atreviéndose a continuar en tierra, salváronse todas nadando; todas menos una: la que no había podido encontrar su piel de foca. Y se puso a llorar junto al agua.

»El pescador sentía verdaderamente cierta piedad ante aquellas lágrimas; pero, dominándose, permaneció oculto hasta que se hizo de día. Entonces, despertó; dispúsose a navegar y, como si la descubriera de pronto, dijo a la ondina, luego que había soltado la barca:

»—¿Quién eres? ¿Acaso un náugrafo?

»Al verle corrió la ondina hacia él y, muy apurada, preguntóle si había visto su piel de foca. El pescador hízose el distraído, como si no comprendiera lo que quería decirle, y entonces sentóse ella sobre una piedra y prorrumpió en llanto. El pescador le propuso llevarla a su casa, donde su madre la cuidaría.

»—Tú no puedes quedarte todo el tiempo aquí, donde no tienes cama donde reposar ni nada que comer.

»Hablóle dulcemente y acabó convenciéndola de que debía acompañarle.

»El pescador y su madre fueron muy buenos con la pobre ondina, y ella acabó tomándoles cariño. Cada día mostrábase más alegre y ayudaba a la viejecita en las faenas de la casa. Parecíase mucho a las jóvenes de la isla, salvo que era más bella que todas las demás. Un día preguntóle el pescador si quería ser su mujer, y ella le contestó que sí sin vacilar.

»Se preparó la boda; en este acto la novia presentóse con el traje de seda verde vaporoso y flotante, y la deslumbrante corona de perlas que llevaba cuando el pescador la vio por vez primera. Los novios y su cortejo se acomodaron en barcas para ir a la iglesia del Mälar.

»El pescador llevaba a su prometida y su madre, y conducía su barca con tanta habilidad que pronto quedaron atrás las otras. Llegados ante la isla donde él había encontrado a la ondina, que ahora orgullosa y compuesta estaba a su lado, no pudo reprimir una sonrisa.

»—¿De qué te ríes? —le preguntó ella.

»—Pienso en la noche en que yo oculté tu piel de foca —respondió el pescador, ya tan seguro de ella, que creyó no tener necesidad de seguir ocultándole lo sucedido.

»—¿Qué es lo que dices? —exclamó—. ¿Mi piel de foca?

»Parecía haberlo olvidado todo.

»—¿No recuerdas cuando danzabas con las ondinas? —añadió él.

»—No sé lo que quieres decir. Creo que esta noche has debido tener un sueño extraño.

»—Y si yo te mostrara la piel, ¿me creerías? —dijo el pescador dirigiendo la barca hacia la isla.

»Desembarcaron. El pescador buscó la piel, que estaba bajo la piedra donde la había ocultado.

»Apenas la vio la novia, se la arrancó de las manos, la echó sobre sus espaldas, a las que se adaptaba muy bien, y como una foca viviente se arrojó al agua.

»El novio la vio alejarse rápidamente y en vano trató de lanzarse en su persecución. Desesperado, cogió entonces su arpón y lo lanzó con todas sus fuerzas. Esta vez acertó el golpe mucho mejor de lo que hubiera deseado. La pobre ondina lanzó un grito desgarrador y desapareció en las profundidades del mar.

»El pescador permaneció en la orilla, esperando a que volviera a aparecer: de repente vio brillar el agua con un suave resplandor y animarse como si fuera una beldad nueva. Brillaba, relucía y esparcía un reflejo rosado y blanco como el que despide el interior de las conchas.

»Cuando esta agua espejeante llegó a las riberas, éstas parecieron metamorfosearse también. Exhalaban un perfume penetrante.

»Un leve resplandor las iluminó y les dio una dulzura no sospechada. El pescador comprendió lo que pasaba: las ondinas tienen algo que las hace aparecer más bellas que las otras mujeres. Cuando la sangre de una de ellas se mezcla con las olas, su belleza ilumina el paisaje; desde tal momento las riberas adquieren el poder de inspirar el amor a todos los que las contemplen y de infundir una especie de nostalgia.

El anciano volvióse hacia Klement, que asintió con un movimiento de cabeza, sin pronunciar palabra para no interrumpir.

—Cuando ocurre esto, Klement —prosiguió el viejo con los ojos levemente iluminados—, se ha observado que las gentes comienzan a instalarse en las islas. Primero sólo acudieron aquí pescadores y campesinos; pero un buen día el rey y su chambelán remontaron la corriente y observaron que estas islas estaban situadas de tal manera, que ningún navío que entrase en Mälar podría evitarlas. Y el chambelán propuso que se cerrara con llave este pasaje para abrirlo o cerrarlo a voluntad, dejando el paso libre a los navíos mercantes o cerrándolo a la sola presencia de las escuadras piratas.

»Así se hizo —continuó el caballero—. Y aquí —añadió poniéndose en pie para dibujar sobre la arena—, en la mayor de las islas, hizo construir el chambelán un fuerte torreón. En torno de la isla construyeron sus habitantes resistentes muros y unieron las cuatro islas por medio de puentes, en cuyos extremos construyeron torres. Y en el agua, rodeando las islas, clavaron un círculo de estacas con barreras, por donde los navíos estaban obligados a pasar.

—Ya has visto, pues, Klement, cómo las cuatro islas tanto tiempo inhabitadas, se transformaron en verdaderas fortalezas. Estas riberas y estos estrechos atrajeron luego a los hombres de tal modo, que de todas partes vinieron a establecerse aquí. Pronto comenzaron los moradores de la isla a construir un templo que llamaron la Gran Iglesia. Estaba situado junto al torreón. Bajo la protección de los muros, comenzaron los habitantes a edificarse pequeñas cabañas. Eran bien poca cosa; pero en aquella época no era menester mucho más para que el poblado mereciera el nombre de ciudad. Y la ciudad fue llamada Estocolmo y así se llama todavía.

»Pasado algún tiempo, el chambelán, que había puesto manos a la obra de construir la ciudad, cerró los ojos para siempre: pero no faltaron nuevos constructores. Unos monjes, llamados los Hermanos Grises, vinieron a establecerse en Suecia y pidieron autorización al rey para construir aquí un convento. El rey les dio un pequeño islote. Después vinieron otros monjes, denominados los Hermanos Negros, y construyeron su convento cerca de la puerta meridional de la isla de la ciudad. En otro islote, al norte, elevóse un hospital. Por entonces los hombres industriosos establecieron un molino y los monjes entregábanse a la pesca en las aguas próximas. Cuando las piadosas mujeres de la orden de Santa Clara vinieron a pedir un terreno, sólo se les pudo ofrecer la ribera norte de las islas. No quedaron muy satisfechas, porque había allí una altura donde los ciudadanos habían instalado el patíbulo. No por eso dejaron de construir al pie de la colina un convento y una iglesia, y esto atrajo otras gentes. Pronto se levantó en lo más alto un hospital, y también una iglesia, puesta bajo la invocación de San Jorge.

Tras los religiosos y las religiosas, estableciéronse nuevos pobladores, entre los que figuraban multitud de comerciantes y artistas alemanes. Más hábiles que sus compañeros suecos, fueron muy bien recibidos. Se establecieron en la misma ciudad, dentro de los muros, y derribaron las pequeñas cabañas, construyeron soberbios edificios de piedra. Como el sitio era muy reducido, hubieron de pegar las casas unas a otras y reparar las fachadas por medio de calles estrechas.

–Ya has visto, Klement, el poder que tenía Estocolmo para atraer a los hombres.

En este momento avanzó por la avenida otro caballero; pero se detuvo a distancia, ante una señal que le hizo con la mano el que estaba hablando con Klement.

–Y ahora, Klement, vas a hacerme un favor –prosiguió el viejo–. No dispongo de tiempo para hablar contigo; pero yo te enviaré un libro sobre Estocolmo que tú leerás. Puede decirse que te he echo presenciar la fundación de Estocolmo. Tu mismo estudiarás cómo se ha desarrollado la ciudad; cómo la pequeña población rodeada de murallas se ha transformado en este vasto mar de casas que vemos a nuestros pies. Lee en el libro cómo el pesado torreón ha cedido el puesto a ese hermoso y claro castillo que hay frente a nosotros; cómo la iglesia de los Hermanos Grises se ha convertido en el panteón de los reyes de Suecia. Lee en el libro cómo los jardines de hortensias, al sur y norte de la ciudad, se han transformado en espléndidos jardines y en barrios habitados; cómo han sido cubiertos los estrechos y allanadas las colinas. Lee en ese libro cómo ha sido transformado el parque de los reyes en un lugar de esparcimiento, amado del pueblo. Tú debes familiarizarte con la ciudad, Klement, porque esta ciudad no sólo pertenece a los hijos de Estocolmo; te pertenece también a ti, lo mismo que a toda Suecia.

»Recuerda, Klement, al leer la historia de Estocolmo lo que te he dicho: Estocolmo tiene el poder de atraer a todo el mundo. Primero se instaló aquí el rey, después construyeron sus palacios los grandes señores. Y ahora Estocolmo no sólo pertenece a sí misma y a la región cincundante: pertenece a todo el reino. Y cuando leas en tu libro todas las cosas que se han reunido en Estocolmo, piensa también, Klement, en lo que desde Skansen se ha traído aquí. Mira esas viejas casonas. En ellas se baila las danzas antiguas; mira esos trajes antiguos, esos viejos utensilios caseros. Aquí viven músicos ambulantes y recitadores de leyendas y de cuentos de hadas. Todas las cosas buenas y antiguas del Skansen las ha traído aquí Estocolmo para glorificarlas y trasmitirlas con honor al pueblo.

»Pero para leer tu libro hace falta, Klement, que te sientes en esa altura. Es necesario que veas la alegría de las olas espumeantes y la hermosura de esas riberas deslumbradoras. Es preciso que estés como encantado, Klement.

El anciano había elevado el tono de voz; ahora resonaba fuerte e imperiosa y sus ojos despedían destellos de luz. Se despidió de Klement con un leve ademán de la mano. Y comprendiendo Klement que el que le había hablado era un gran señor, se inclinó profundamente.

* * *

Al día siguiente un lacayo del palacio real llevó a Klement un libro voluminoso y una carta. Ésta decía que el libro era regalo del rey.

Después de este acontecimiento el pequeño Klement Larsson estuvo durante varios días con la cabeza trastornada. Al cabo de una semana fue a presentar la dimisión al director. Sentíase obligado a regresar a su país.

—¿Y por qué? —le preguntó el director—. ¿No estás contento aquí?

—Ahora estoy más contento que nunca; pero es preciso que me vaya.

En realidad Klement estaba ante la mayor perplejidad de su vida; el rey le había ordenado que estudiara la historia de Estocolmo y que aprendiera a divertirse; pero, ¿cómo había de renunciar él a la felicidad que le reportaría el referir en su país que el rey en persona le había dado tal orden? Tenía necesidad de reunir gente a su alrededor, un domingo a la salida de misa, para contar a todos lo amable que había sido el rey, al sentarse a su lado, en un banco, hablándole largo rato a él, pobre y viejo músico de aldea, sin otro propósito que curarle de su nostalgia. ¡Qué bonito sería referir esto a los viejos lapones y a los pequeños dalecarlianos del Skansen! ¿Qué opinarían de esto en su país?

Aun teniendo que parar en el asilo de los pobres, Klement no sería ya un hombre desgraciado. Era otro e iba a gozar desde entonces de una consideración nueva.

Y este deseo era invencible en él. El director tuvo que dejarle partir.

XXXVIII

EL ÁGUILA

EL VALLE

Entre las montañas de la Laponia, había un viejo nido de águilas, colgando del saliente de una abrupta pendiente rocosa. El nido de las aves de rapiña estaba construido con ramas de pino y en el transcurso de los años había sido aumentado y reforzado. Al presente medía casi dos metros de ancho y tenía aproximadamente la misma altura que las tiendas de los lapones.

La muralla de piedra dominaba un valle bastante grande, habitado en verano por una bandada de patos silvestres. Disimulado entre las montañas y casi ignorado de los hombres, aun de los mismos lapones, el valle constituía un refugio excelente. En el centro había un pequeño lago, donde abundaba la comida para los patos, y las orillas, cubiertas de altas matas de mimbres enanos y de pequeños abedules, ofrecían a los patos rincones excelentes pra empollar sus huevos.

Las águilas habían habitado las altas cimas rocosas y los patos silvestres el fondo del valle. Todos los años solían aquéllas raptar algunos, teniendo siempre cuidado de no arrebatarles tantos que los patos acabaran por no volver más. Los patos silvestres, a pesar de esto sacaban provecho de la presencia de las águilas. Estas eran unos bandoleros; pero mantenían a distancia a los otros piratas del aire.

Tres años antes de que Nils Holgersson viajara con los patos silvestres, la vieja pata guía Okka contemplaba una mañana el nido de las águilas desde el fondo del valle. Las águilas marchaban de caza poco después de salir el sol. Los veranos precedentes había vigilado Okka su partida todas las mañanas, con el fin de asegurarse de que no escogían el valle como terreno de caza.

Y no tuvo necesidad de esperar mucho tiempo. Hermosos, aunque temibles, los dos pájaros se lanzaron pronto a través de los aires, dirigiéndose hacia la llanura cultivada. Okka lanzó un suspiro de satisfacción.

La vieja pata había cesado de poner sus huevos y de criar a sus pequeñuelos; el verano lo pasaba yendo de uno a otro nido y dando consejos sobre el modo de incubar los huevos y de cuidar de los pequeños. Además, vigilaba no sólo a las águilas, sino a las zorras alpinas, a los búhos y a los otros animales enemigos, que constituían una amenaza para los patos y sus crías.

Cerca del mediodía se puso Okka a espiar la vuelta de las águilas, como acostumbraba desde años antes. Por su vuelo conocía si habían hecho buena caza, en cuyo caso sentíase tranquila por la suerte de los suyos; pero este día no las vio regresar.

—Decididamente, me hago vieja —pensó después de haber esperado largo rato—. Las águilas deben de estar en su nido hace tiempo.

Durante el transcurso de la tarde no cesó de vigilar la montaña, esperando ver a las águilas sobre la cima, donde ordinariamente reposaban hasta la hora del crepúsculo; no viéndolas, fue al lago donde acostumbraban a bañarse. Y de nuevo se lamentó de hacerse vieja. No podía creer que las águilas hubiesen dejado de regresar.

Al día siguiente se levantó muy temprano con ánimo de ver a las águilas; pero fue en vano. En cambio, oyó, en medio de la calma del amanecer, un grito a la vez furioso y lastimero y que parecía venir del nido. Rápidamente se remontó a bastante altura para lanzar una mirada al nido de las águilas.

Y no descubrió a las dos águilas. En el gran nido sólo había un aguilucho medio desplumado que gritaba de hambre.

Lentamente, como si vacilara, descendió hasta el nido. Era un rincón lúgubre. Al punto podía verse que era el refugio de las aves de rapiña. El nido y la cima del monte estaban cubiertos de huesos calcinados, de plumas y de pedazos de piel ensangrentada, de cabezas de liebre, de picos de pájaros y de patas de lagópodos cubiertas de plumas. El mismo aguilucho, que yacía en medio de todo este detrito, ofrecía un aspecto repulsivo, con su grueso pico abierto, su pesado cuerpo apenas cubierto de vello y sus alas rudimentarias, cuyas nacientes plumas pinchaban como espinas.

Okka acabó por vencer su repugnancia y se puso al borde del nido, mirando con inquietud a su alrededor temerosa de que a cada instante se presentaran las águilas.

—¡Por fin se acude a socorrerme! —gritó el aguilucho—. Tráeme en seguida qué comer.

—Espera un poco —dijo Okka—. Dime primero dónde están tu padre y tu madre.

—¿Lo sé yo acaso? Al marchar ayer mañana me dejaron un mal pajarillo por toda comida. Como comprenderás, hace ya mucho que me lo he comido. Es odioso dejarme morir de hambre de esta manera.

Okka comenzó a creer que, decididamente, habían sido muertas las águilas y pensaba en que si dejaba morir de hambre al aguilucho, se desharía de toda esta familia de piratas para siempre. Sin embargo, su conciencia no le permitía dejar abandonado a un pequeño sin defensa.

—¿Qué es lo que esperas? —gritó el aguilucho, con impaciencia—. ¿No has oído que quiero algo que comer?

Okka abrió las alas y se dirigió al pequeño lago que había en el fondo del valle, y no tardó en volver a subir al nido con una trucha en el pico.

El aguilucho estalló en cólera al ver el pescado.

—¿Pero crees que voy a comerme eso? —silbó, rechazando la trucha con la pata—. A mí me has de traer lagópodos y cabritillos, ya lo sabes.

Okka alargó el pico y descargó un fuerte golpe en la nuca al aguilucho.

—Escucha bien lo que voy a decirte —dijo la vieja pata—. Si quieres que te traiga de comer, has de conformarte con lo que te dé. Tu padre y tu madre han muerto y no pueden hacer nada por ti. Si aspiras a morir de hambre mientras te traigo lagópodos y cabritillos, no creas que he de oponerme.

Dicho esto, emprendió el vuelo para no aparecer por allí hasta una hora después. El aguilucho había devorado el pescado, y cuando la pata púsole otro delante, lo aceptó sin decir palabra, aunque dando a comprender que lo encontraba poco apetitoso.

Okka comenzó a tener un trabajo abrumador. Las viejas águilas ya no volvieron y tuvo que cuidar ella sola del aguilucho. Le llevaba pescado y ranas, y el aguilucho no daba muestras de que le sentara mal este régimen. Cada día era mayor y más fuerte. Como no tardó en olvidar a sus progenitores, las águilas, consideró a Okka como su verdadera madre. Okka, por su parte, le adoraba como a su propio hijo y se esforzaba en darle una buena educación y en desarraigar su natural ferocidad y su arrogancia.

Dos o tres semanas más tarde Okka se dio cuenta de que se

aproximaba el tiempo de la muda y que, por lo tanto, no estaría en condiciones de emprender ningún vuelo. Hasta la otra luna no podría llevar comida al aguilucho.

—Gorgo —le dijo Okka—, no te podré traer pescado dentro de poco. Es preciso que intentes bajar al llano. Tienes que escoger entre morirte de hambre aquí o decidirte a descender allá, lo que también te puede costar la vida.

Sin replicar lo más mínimo y sin la menor vacilación, el aguilucho llegóse al borde del nido, y sin medir la distancia con los ojos, extendió sus incipientes alas y se lanzó al espacio. Cayó dando vueltas por el aire; pero ya cerca del suelo supo sacar partido de sus alas para llegar a tierra casi indemne.

Ya en el valle, Gorgo pasó el verano en compañía de los patos. Considerábase como uno de ellos y trató de seguir sus métodos de vida. Cuando se echaban a nadar intentaba seguirles, lo que le ponía en trance de morir ahogado. El no serle posible aprender a nadar humillábale mucho, y exponía sus lamentaciones a Okka.

—¿Por qué no he de poder nadar como los otros?

—Tus garras se hicieron demasiado ganchudas mientras estuviste en lo alto de la montaña —dijo Okka—. Pero no te desesperes por ello. Serás un pájaro valiente por lo menos.

Las alas del aguilucho crecían con rapidez; pero él no tuvo el propósito de emprender el vuelo antes del otoño, época en que los patitos aprendieron a volar. Esto le dio un motivo de orgullo, pues fue el primero en conseguirlo. Sus compañeros apenas podían sostenerse algún rato en los aires, mientras que él volaba sin fatiga. No se había dado cuenta de que él no era de la misma especie que los patos; pero sí observó una serie de cosas sorprendentes, sobre las que interrogó a Okka.

—¿Por qué huyen los lagópodos y los cabritillos cuando ven que mi sombra se refleja en el monte? ¿Cómo es que no revelan este terror ante los patitos?

—Porque tus alas crecieron demasiado mientras permaneciste en la cima del monte —contestó Okka—. Eso les asusta; pero no te desesperes. Tú no dejarás de ser por eso un pájaro valiente.

Cuando al llegar el otoño emprendieron los patos silvestres el vuelo hacia otros parajes, les siguió Gorgo. Continuaba creyendo que era uno de ellos. Como el espacio estaba lleno de pájaros que volaban hacia los países cálidos, fue grande el escándalo que se produjo al ver que entre ellos y tras Okka volaba nada menos que un águila. Un enjambre de papanatas rodeaba siempre el triángulo que los patos describían. Okka les suplicaba que callaran; pero, ¿cómo conseguirlo de tanto charlatán?

—¿Por qué me llaman águila? —preguntaba constantemente Gorgo, más confuso cada vez—. ¿No ven que soy de los vuestros? No soy como esos pájaros que devoran a sus semejantes.

Un día pasaron sobre una granja donde las gallinas picoteaban en el corral.

—¡Un águila! ¡Un águila! —gritaban las gallinas huyendo a la desbandada.

Pero Gorgo, que había oído hablar siempre de las águilas como terribles malhechores, no pudo contener su cólera. Recogió sus alas, lanzóse rectamente sobre una gallina y le hundió sus garras en el cuerpo.

—De este modo te enseñaré que yo no soy un águila —gritó con rabia, dándole unos picotazos.

En este momento oyó la voz de Okka que le llamaba. Sumiso y obediente se remontó en el espacio. La pata silvestre voló hacia él para castigarle.

—¿Qué es lo que has hecho? —díjole al mismo tiempo que le propinaba un golpe con su pico—. ¿Acaso tenías intención de matar a la gallina? ¿No te da vergüenza?

Como el águila se dejaba castigar sin oponer resistencia a la pata silvestre, se desencadenó una tempestad de gritos y risas entre la multitud de pájaros. Al oír estas risas burlonas el águila revolvióse contra Okka, mirándola con ojos irritados, como si quisiera atacarla. Tras esto, viró en redondo bruscamente, lanzóse hacia el cielo con aletazos vigorosos, subió tan alto que no podía llegar ningún grito a sus oídos y no cesó de volar hasta que los patos no pudieron divisarle.

Tres días después volvió a aparecer de nuevo.

—Ahora ya sé quién soy —díjole a Okka—. Puesto que soy un águila, es preciso que viva como viven las águilas; pero creo que no por eso debemos dejar de ser amigos. Jamás te atacaré a ti ni a nadie de tu raza.

Okka, que había hecho cuestión de honor criar un águila haciendo de ella un pájaro dulce e inofensivo, no quiso pasar por que Gorgo viviera a su antojo.

—¿Crees que voy a ser amiga de quien se come los pájaros? —contestó Okka—. Vive como yo te he enseñado a vivir y te permitiré que sigas con nosotros.

Los dos eran fieros e indomables; los dos eran incapaces de ceder. Okka acabó por prohibirle que volviera a presentarse ante ella, y su cólera fue tan grande que desde entonces nadie se atrevió a pronunciar el nombre de Gorgo en su presencia.

Desde tal día Gorgo voló errante por el país, solo y odiado de todos, por sus temibles actos de rapiña. Con frecuencia se mostraba de un humor sombrío, y a veces lamentaba, sin duda, el tiempo en que se creía un pato silvestre y jugaba con ellos.

Entre los animales gozaba fama de tener un atrevimiento inaudito. Decíase que en el mundo sólo temía a Okka, su madre adoptiva. También se aseguraba que no atacaría nunca a ningún pato silvestre.

Gorgo sólo tenía tres años; no había pensado nunca en buscarse una compañera y formar su nido cuando fue apresado por un cazador y vendido en el Skansen. Allí había ya otras águilas. Estaban encerradas en una pajarera de gruesos barrotes y alambres entrecruzados, construida sobre una altura bastante vasta para contener un gran número de piedras y dos árboles. Sin embargo, languidecía allí. Pasaba casi todo el día inmóvil en el mismo sitio. Su hermoso plumaje perdía brillantez y se erizaba, y sus ojos clavábanse en el espacio con una fijeza desesperada.

Durante la primera semana de cautiverio Gorgo se mantuvo vivo y despierto; pero poco a poco fue quedándose como abotargado.

Comenzó a permanecer inmóvil durante horas y aun días, como sus compañeros.

Una mañana en que, como de costumbre, se hallaba adormecido, oyó que le llamaban en voz baja, y apenas tuvo fuerzas para vencer su pesadez y bajar los ojos hacia el suelo.

—¿Quién me llama?

—Pero, Gorgo, ¿no me reconoces ya? Soy Pulgarcito, el que iba con los patos silvestres.

—¿También Okka se encuentra prisionera? —preguntó Gorgo haciendo un esfuerzo para reunir sus pensamientos, como si saliera de un largo sueño.

—No; Okka, Martín y los patos estarán, sin duda, en la Laponia —contestó el muchacho—. El único prisionero soy yo.

No había acabado de hablar cuando Nils vio que la mirada del águila se extendía al par que iba adquiriendo mayor fijeza.

—¡Aguila real! —gritó el muchacho—. Dime si puedo serte útil en algo.

Gorgo apenas le miró.

—Déjame ahora, Pulgarcito —le dijo—. Estoy soñando. Vuelo muy alto, por los aires. No quiero que me despierte nadie.

—Es preciso que te muevas y te intereses por lo que sucede en torno a ti —exclamó Nils—, porque, de lo contrario, no tardarás en tener el mismo aspecto lastimoso que las otras águilas.

—Ya quisiera yo ser como ellas son. Viven tan felices con sus sueños, que nada puede conmoverlas —respondió Gorgo.

Al llegar la noche oyó un ligero ruido sobre el techo de la pajarera, sin que las águilas se despertaran. Las dos viejas águilas continuaron durmiendo pesadamente; pero Gorgo se despertó.

—¿Quién está sobre el techo? —preguntó.

—Soy Pulgarcito. Estoy limando algunos alambres para que te puedas escapar.

El águila levantó la cabeza y advirtió al muchacho en la claridad de la noche. Tuvo un movimiento de esperanza, al que sucedió pronto el abatimiento.

—Soy un pájaro grande, Pulgarcito —le dijo—. ¿Cómo vas a limar bastantes hilos para que yo pueda pasar? Vale más que no te fatigues y me dejes donde estoy.

—¡Duerme, y no te preocupes de mí! —contestó el muchacho sin descorazonarse—. Te he de libertar antes de lo que te figuras.

Gorgo se sumió nuevamente en el sueño; al despertar observó que varios hilos estaban cortados. Este día lo pasó menos abatido que los precedentes. Encerrado en la pajarera ejercitaba un poco sus alas revoloteando entre los barrotes para vencer la rigidez de sus miembros entumecidos. Una mañana, en el momento en que apuntaban los primeros resplandores de la aurora, le despertó Pulgarcito.

—¡Escápate ahora, Gorgo!

El águila levantó la cabeza. El muchacho había hecho un orificio bastante grande en la tela metálica. Gorgo agitó sus alas y se remontó un poco. Fracasó en sus dos o tres primeros intentos de fuga, cayendo desde lo alto de la pajarera; pero, finalmente, metió el cuerpo en el agujero y escapó.

Al primer impulso elevóse volando hasta las nubes. El pequeño Pulgarcito le miraba con melancolía, deseando que alguien le concediera también la libertad.

—Si no fuera por la promesa que he hecho —pensaba—, ya hubiera encontrado un pájaro que me llevase adonde están los patos.

Tal vez parezca a muchos extraño que Klement Larsson no hubiese puesto en libertad al duende; pero hay que tener en cuenta lo muy aturdido que el pequeño músico de aldea estaba al abandonar el Skansen. La mañana de su partida había pensado en el duende; pero, desgraciadamente, no había encontrado ningún tazón azul. Y todos los que vivían en el Skansen, lapones y dalecarlianos, jardineros y obreros, habían venido a despedirse de él. En el momento de marchar, no habiendo sido posible hallar a mano un tazón azul, recurrió a un viejo lapón, a quien confió lo siguiente:

—Aquí, en Skansen, hay un duende. Yo le doy de comer todas las mañanas. Toma este dinero y con él cómprale un tazón azul, que deberás poner mañana, con el alimento, junto a la cabaña de Bollnäs.

El lapón quedóse atónito al oírle; pero Klement no disponía de tiempo para largas explicaciones porque se le hacía tarde para el tren.

El lapón descendió a la ciudad para dar cumplimiento a su promesa; pero no encontrando un tazón azul como el que buscaba, adquirió uno blanco, que llenó regularmente cada mañana y que colocó en el sitio indicado.

He aquí explicado el por qué continuó Nils en el Skansen a pesar de haberse marchado Klement. Todo por ser fiel a su promesa.

En la noche de nuestro relato el pequeño suspiraba más que nunca por su libertad, porque la primavera y el verano brindaban ya a todos sus delicias. Los campos estaban verdes; de los álamos y los abedules brotaban las hojas sedosas; los cerezos y otros muchos árboles estaban en flor; los robles desplegaban prudentemente sus hojas pequeñas; los guisantes, las habichuelas y las coles se ofrecían ya en los trozos cultivados del Skansen.

—¡Qué bonito debe ser atravesar el tibio ambiente sobre la espalda del pato en una hermosa tarde, y contemplar la tierra cultivada y adornada de verde hierba y bellas flores!

Hallábase sentado sobre la cubierta de la pajarera pensando en estas cosas, cuando el águila descendió súbitamente, recta como una flecha, y se puso a su lado.

—Yo sólo he tratado de probar si mis alas tenían fuerza todavía para resistir un largo vuelo —le explicó—. Supongo que no habrás creído ni un momento que te abandonaba en tu cautiverio. Sube sobre mis espaldas y te conduciré adonde están tus compañeros de viaje.

—Imposible —suspiró Nils—. Yo he dado palabra de permanecer aquí hasta que se me conceda la libertad.

—¿Qué es lo que dices? —exclamó Gorgo—. ¿Se te condujo aquí a viva fuerza y aún te obligaron a hacer semejante promesa? ¿Es que tú crees que se debe cumplir una promesa que arrancaron de tus labios contra tu voluntad?

—Te agradezco tu bondad para conmigo; pero es preciso que yo cumpla mi palabra. Tú no puedes hacer nada por mí.

—¿Qué no puedo hacer nada? Ya lo veremos —añadió Gorgo.

En este momento agarró a Nils Holgersson entre sus fuertes garras y volando con él hasta las nubes, desapareció en dirección al norte.

XXXIX
A TRAVÉS DEL GASTRIKLAND

Miércoles, 15 de junio

El águila no se detuvo hasta que llegó lejos, al norte de Estocolmo. Al descender sobre una colina abrió sus garras, y al verse libre Nils reunió todas sus fuerzas para regresar al punto al Skansen.

El águila dio un salto, le atrapó de nuevo y le puso la pata encima.

—¿Aún no has comprendido, Pulgarcito, por qué quiero llevarte donde están los patos silvestres? He oído decir que cuentas con todo el afecto de Okka, y quisiera que intercedieras por mí.

—Quisiera serte útil en esa ocasión; pero estoy imposibilitdo por la palabra empeñada.

Y dicho esto, le explicó cómo le había arrancado Klement de las manos del pescador y cómo había marchado del Skansen sin relevarle de la promesa que le hiciera.

Pero el águila no renunciaba a sus propósitos.

—Escúchame, Pulgarcito —le dijo—. Mis alas pueden llevarte al lado de Klement. Así podrás hablar con él y arregláis vuestro asunto.

Nils aceptó gustoso esta proposición.

—Ya veo, Gorgo, que has tenido una madre adoptiva tan sabia como la vieja Okka.

A esto añadió que había oído decir que Klement era del Halsingland.

—Entonces le buscaremos en todo el Halsingland, desde Lingbo hasta Mellansjö. Y creo que mañana por la tarde te será posible entrevistarte con ese hombre —contestó Gorgo.

Pusiéronse en camino, y esta vez, como buenos amigos. Nils iba sentado sobre la espalda del águila, que le condujo rápidamente, a través de todo el Gastrikland.

Después de haber alcanzado el bosque norte de la provincia, descendió Gorgo sobre la cima de una montaña desnuda de vegetación, y cuando el muchachito puso el pie en tierra, le dijo:

—Como aquí es magnífica la ocasión, te confieso que yo no me consideraré verdaderamente libre hasta que haya hecho una buena caza. Ocúpate en lo que quieras durante este tiempo; pero a la puesta del sol encuéntrate aquí.

Solo, allá en lo alto, el muchacho se consideraba bastante desamparado. Sentóse sobre una piedra y se puso a contemplar la montaña pelada y los grandes bosques de abajo. Al poco rato oyó cantar en el bosque y vio una cosa clara que se movía entre los árboles. Pronto reconoció una bandera azul y amarilla, y por el canto y el rumor que llegaba hasta sus oídos, comprendió que la bandera precedía un cortejo que aún no le era posible distinguir. La bandera ascendía a través de los largos senderos que serpenteaban por las laderas del monte. ¿Adónde iba? ¿Subiría acaso a la traidora cima donde Nils estaba sentado?

La bandera desembocó en el bosque, seguida de un numeroso cortejo. Y al punto surgió tal hormiguero de cabecitas y tal animación, que Nils no se aburrió lo más mínimo un solo instante.

LA FIESTA DEL BOSQUE

Sobre la ancha cima donde Gorgo había dejado a Pulgarcito, registróse un incendio doce años antes. Los árboles carbonizados, desaparecieron de allí. La cumbre aparecía pelada y terriblemente desierta. Las raigambres ennegrecidas, asomando entre las piedras testimoniaban que en otro tiempo hubo allí abundancia de árboles; pero no por esto veíase surgir de la tierra brotes nuevos en parte alguna.

Las gentes se asombraban de que las montañas no hubieran vuelto a llenarse de árboles, sin duda porque olvidaban que a raíz del gran incendio la tierra había sufrido una prolongada y árida sequedad. No sólo se incendiaron los árboles, sino también los matorrales, el musgo, el mirto, el jacinto y toda la vegetación; el mismo mantillo, poco profundo en la rocosa superficie, habíase transformado en algo seco y muerto como la ceniza. Al menor soplo de viento formaba verdaderos torbellinos, y la cima, castigada por todos los vientos, mostraba pronto su esquelética rocosidad. El agua de las lluvias contribuía a llevarse la tierra y después de diez años en que agua y viento se conjuntaron para limpiar la montaña de elementoS fecundantes, habíase quedado ésta tan desnuda y calva que bien podía creerse que continuaría así hasta el fin del mundo.

Pero he aquí que un día fueron convocados todos los niños de la parroquia ante una escuela, llevando cada uno de ellos un azadón o una pala sobre la espalda y en la mano un cestito con provisiones. El pequeño ejército se puso en camino hacia la montaña, precedido de una bandera y escoltado por los maestros y maestras, tras los que iban dos guardas forestales y un caballo que tiraba de una carreta cargada de planteles de pino y semilla de abeto.

Esta larga comitiva recorrió los viejos caminitos orillados de casitas veraniegas; las zorras, asombradas, sacaban el hocico por los agujeros de sus guaridas y se preguntaban quiénes eran aquellos guardadores de ganado sin ganado. La procesión atravesó los claros donde estuvieron las antiguas muelas de carbón, y los picos, entrecruzados, se decían entre ellos:

—¿Quiénes son estos nuevos carboneros?

El cortejo llegó por último sobre la altura devastada. Las piedras ofrecíanse desnudas, sin ese revestimiento de finas guirnaldas de madreselvas que tenían antiguamente; las rocas estaban desprovistas del musgo argentado y de las plantas que mordisqueaban los renos.

El agua negra estancada en los huecos de las rocas no estaba bordeada de musgo ni de acederas. Los montecitos de tierra que quedaban en los hoyos no mostraban helechos ni pirolas blancas, ni ninguna de todas esas cosas verdes, encarnadas, ligeras, deliciosas y deleitables que de ordinario tapizan el fondo de los bosques.

Al esparcirse los niños de la parroquia, se hubiera dicho que un rayo de sol iluminaba la montaña gris. Algo alegre, fresco y rosáceo; algo joven y viviente, alegraba los ojos.

Cuando los niños se repusieron de la fatiga y las provisiones de los cestitos les dieron nuevas fuerzas, empuñaron sus palas y azadones. Los guardas forestales enseñáronles cuanto había que hacer para plantar los pequeños pinos allí donde encontraran un poco de mantillo.

Entreteniéndose los niños en remover la tierra, daban a entender con su aspecto grave, que tenían conocimiento de la importancia de su trabajo. Los pequeños planteles de pinos sujetarían el mantillo e impedirían que el viento se lo llevase. Tras esto se formaría nuevo mantillo debajo de los árboles, caerían las semillas y dentro de algunos años se cogerían frambuesas y mirtos allí donde no había más que rocas peladas. Y los pequeños planteles llegarían a ser árboles copudos, con los que se construiría tal vez algún día casas y barcos.

—Es una suerte que hayamos venido ahora, cuando todavía queda un poco de tierra en los hoyos —decían los niños—. Un poco más y hubiera sido tarde.

Mientras los niños trabajaban, los padres se preguntaban con gran curiosidad si obtendrían algún resultado. Evidentemente, era un motivo de risa el hacer plantar bosques a semejantes monicacos; sería cosa divertida verles trabajar. Y tras decir esto, el padre y la madre poníanse en camino hacia la montaña. Ya en el bosque, se encontraban unos padres con otros.

—¿Vais allá arriba?

—Sí.

—¿A ver a los chicos?

—Seguramente no harán más que jugar.

—¡Ya lo creo! Se sentirán cansados antes de haber plantado un árbol.

Y el padre y la madre llegaban a la montaña. Primeramente gozaban con mirar las caritas coloradas entre las piedras grises. Después se interesaban en su trabajo; mientras unos plantaban arbolillos, otros trazaban surcos y sembraban la semilla, y no faltaban los dedicados a arrancar los matorrales, que dificultarían el desarrollo de los planteles. Los niños se entregaban al trabajo con todo su corazón.

Luego de haber mirado un rato, el padre les daba una mano para ayudarles a arrancar la maleza. Y las personas mayores que habían ido allí atraídas por la curiosidad, tardaban también poco en imitarles. Los niños gozaban entonces doblemente. Pronto se encontraron allá arriba todos los habitantes de la parroquia, trabajando de firme. Ciertamente, era un placer la siembra en los campos durante la primavera, pensando en las magníficas gavillas de trigo que brotarían de la tierra; pero, ¡cuánto mayor encanto tenía este trabajo!

No saldrían de esta siembra débiles troncos verdes, sino árboles de troncos vigorosos y amplios ramajes. Estas siembras no producirían la cosecha de un año, sino la vegetación de muchos años, haciendo resonar de nuevo en la montaña la vibración de los insectos, el canto de los mirlos, el juego de los gallos silvestres, toda la animación de la vida en la cumbre desierta. Estas siembras serían como un monumento elevado en honor y provecho de las generaciones futuras; se hubiera podido dejarles una altura desnuda e inhóspita, y he aquí que heredarían un bello bosque de soberbio aspecto.

Por poco que reflexionaran los descendientes, no dejarían de comprender que sus antepasados habían sido gentes previsoras y buenas, y pensarían en ellos, animados de un sentimiento de respeto y gratitud.

XL

UN DÍA EN HALSINGLAND

Jueves, 16 de junio

Al día siguiente atravesaba Nils el Halsingland. El paisaje de primavera se extendía ante sus ojos: los pinos y los abetos mostraban sus brotes de verde claro; los abedules, sus bosquecillos de hojas tiernas; los prados su hierba de un nuevo verdor y los campos un tapiz de jóvenes trigales. Era un país accidentado y lleno de bosques; lo atravesaba un valle que dibujaba una clara mancha y del cual surgían otros valles estrechos y cortos, y también largos y anchos.

—Este país —pensó Nils— es verde como una hoja y los valles se ramifican como si fueran los nervios de esa hoja.

En medio del valle central discurría un río que en diversos puntos se ensanchaba, formando lagos. En las orillas del río había prados a los cuales sucedían, un poco más allá, los campos; y, por último, en los linderos del bosque, se elevaban las granjas, grandes, bien construidas, que sucedíanse sin interrupción. Las iglesias erguíanse al lado del río y en torno de ellas se agrupaban las aldeas.

Era un hermoso país. El muchacho pudo verlo todo a su gusto, porque el águila remontaba los valles uno tras otro en busca del músico ambulante Klement Larsson.

Al avanzar la mañana había una animación extraordinaria en muchas granjas. Las puertas de los establos se abrían de par en par y se daba suelta al ganado. Eran hermosas vacas blancas, de corta estatura, ágiles, de paso firme, alegres y saltadoras. Tras ellas iban los becerros y los corderos, y su júbilo por salir, después del invierno larguísimo, se manifestaba en saltos y patadas.

Dos muchachas, con su saco al hombro, corrían entre los animales. Un muchacho, provisto de una larga vara, se esforzaba en impedir que los corderos se desbandaran. Un perro se deslizaba entre las vacas aullando y ladrando. El granjero enganchaba un caballo a la carreta cargada de botes de manteca vacíos, de cajitas de queso y de provisiones. Todo el mundo reía y cantaba; las gentes se mostraban tan felices como los animales.

Por último, el ganado se puso en marcha hacia el bosque. Una joven que iba a la cabeza, lanzaba de vez en cuando gritos sonoros. El ganado la seguía. El pastor y el perro corrían en todas direcciones para cerciorarse de que no se rezagaba ningún animal. El campesino y su criado cerraban el cortejo, reteniendo cada uno de un lado la carreta, que saltaba sobre el estrecho sendero pedregoso.

Era aquél, decididamente, el día en que, según la costumbre, los granjeros de Halsingland envían sus rebaños a pasar el verano en el bosque, porque de cada valle veíase salir y penetrar en los bosques alegres cortejos. Del fondo sombrío del bosque salieron durante toda la jornada los gritos de las pastoras y el tintineo de las esquilas.

Hacia la tarde llegábase a lugares donde se elevaban un pequeño establo y dos o tres cabañas. Al entrar en el estrecho encerradero mugían alegremente las vacas al reconocer la hierba tierna y olorosa. Las gentes transportaban a una de las cabañas los objetos que llevaba la carreta: agua y leña. El humo no tardaba en salir de la chimenea y los jóvenes, el pastorcito y los hombres se instalaban al poco rato en torno de una piedra plana que servía de mesa, dispuestos a devorar la comida.

Gorgo, el águila, estaba seguro de encontrar al pequeño músico ambulante entre las gentes que subían hacia las cabañas; pero las horas pasaban sin que se le descubriera. Después de haber volado sobre el país en todas las direcciones, el águila decidióse a bajar a la caída de la tarde sobre una cabaña aislada en la cumbre de la montaña. Las gentes y el ganado acababan de llegar. Los hombres cortaban la leña mientras las hijas de la granja se ocupaban en ordeñar las vacas.

—¡Mira allá abajo! —dijo Gorgo—. Creo que es aquel.

Y al descender muy bajo, Nils reconoció, no sin asombro, que el águila tenía razón. En efecto, el pequeño Klement Larsson cortaba leña en el cercado de la cabaña.

Gorgo descendió sobre un árbol alejado de las casas.

—Yo he cumplido lo que te prometí —le dijo—. Ahora trata de quedar bien con ese hombre. Te espero en lo alto de este pino copudo.

En el chalet había acabado el trabajo del día y las gentes conversaban después de haber cenado. Hacía mucho tiempo que no se había pasado una noche de verano en el bosque y ello quitaba a todos el sueño. Además, era aún de día. Las jóvenes dejaban el trabajo y miraban hacia los bosques, sonriéndose.

—¡Henos otra vez aquí! —decíanse suspirando satisfechas. La agitación del pueblo se borraba de sus espíritus y el bosque las iba envolviendo en su paz profunda. Cuando estaban en casa y pensaban que pasarían todo el verano solas en el bosque, creían que apenas si podrían soportar tal soledad; pero recién llegadas a las cabañas comprendían que el tiempo pasado allí era el más feliz de su vida.

De súbito, la mayor de las muchachas, levantando la vista de la labor, dijo alegremente:

—No debemos permanecer esta noche en silencio cuando tenemos entre nosotros a dos cuentistas. Uno es Klement Larsson, que está junto a mí, y el otro es Barnhard de Sunnansjö, que está ahí, con la mirada fija en la colina Black. Creo que podríamos pedirles que refiriesen un cuento, y yo prometo entregar este pañuelo que estoy terminando al que diga el cuento que nos resulte más agradable.

Esta proposición mereció una entusiasta acogida, y aunque los llamados a tomar parte en esta contienda hicieron algunas observaciones, acabaron por cumplir la voluntad de los demás.

Klement requirió a Barnhard que comenzara, y éste accedió. Conocía poco a Klement Larsson, y suponiendo que referiría un cuento de brujas y duendes, lo que de ordinario gustaba a las gentes, creyó prudente referir algo de este estilo y comenzó diciendo:

—Hace ya varios siglos regresaba montado a caballo, a través de un espeso bosque, y en la noche de año nuevo, un cura párroco del Delsbo. Venía de llevar los auxilios espirituales a un enfermo que habitaba en una pobre cabaña en la que había pasado mucho tiempo sin darse cuenta de ello. Vestía capotón de pieles, tocaba su cabeza con gorra de piel y llevaba el copón, el breviaro y el roquete con el que se revestía para aplicar los santos óleos y dar la comunión. El párroco iba contento porque la noche era buena. El frío no era intenso; no soplaba viento, y a través de las nubes que cubrían el cielo veíase lucir el hermoso disco de la luna alguna que otra vez. El caballo que montaba, al que tenía en gran estima, era fuerte, inteligente como una persona y tan conocedor de aquellos sitios que desde cualquier punto iría rectamente a la rectoral. De ahí que el cura, entregado a sus cavilaciones, dejase que el caballo siguiese el camino sin preocuparse de las riendas. De pronto el caballo se paró en seco, y no logrando el cura que arrancara, se apeó, cogiéndole de la rienda para hacerle marchar. Todo fue inútil. Por fin consiguió que anduviese, y como viera que se adentraba en la espesura, empuñó las riendas para guiarle. El caballo se paró, sin encontrar el medio de hacerle marchar. Por fin, el caballo dijo dirigiéndose al cura:

—¿No te parece que después de haberte servido de mí y hecho tu voluntad año tras año, debías acceder por esta noche a mi capricho?

Presumió el cura que el caballo necesitaba de su auxilio por una u otra causa, y para que nunca se dijera que el cura de Delsbo había dejado de ayudar a quien se lo pidiera, condujo al caballo junto a una piedra para montar mejor y se dejó llevar.

El caballo comenzó a subir por una escarpadura que el bosque cubría, hasta llegar a una alta planicie desprovista de arboleda. Allí, junto a una gran piedra que había en el centro, vio a buen número de animales feroces: osos, lobos, etc., que parecían celebrar una reunión, que presidía un genio del bosque, alto como los más grandes árboles y que vestía una capa de ramaje de abeto, tachonada de piñas, y ardía en altas y rojizas llamaradas. Del bosque que bordeaba la planicie vio salir a los animales domésticos en grupos, que procedían de las casas de campo, y por más que tratase de impedir que llegasen hasta las bestias feroces, no pudo conseguirlo. Los animales domésticos desfilaron ordenadamente ante los feroces, sin que éstos les hicieran daño, y sólo rugían cuando el genio señalaba con la antorcha a los que serían sacrificados aquel año entre los colmillos de las fieras hambrientas. También tuvo el caballo que tomar parte en el desfile, y al ver el cura que el genio iba a señalarle con una antorcha, presentó el breviario, y cuando la luz reflejó en la cruz que adornaba la cubierta del libro, apagóse la antorcha y todo se desvaneció como por encanto. Cuando el cura llegó a su casa no pudo decir si aquello era un sueño o una visión, si bien le sirvió para recomendar a sus feligreses en cada sermón la defensa y amparo de los animales domésticos; y cuéntase que fueron tan eficaces estos sermones que de la parroquia desaparecieron los lobos y los osos, aunque, después del mucho tiempo que ha pasado, han vuelto otra vez.

Cuando Barnhard hubo terminado su relato, por el que fue muy felicitado, comenzó el suyo Klement, sin hacerse de rogar.

—En Estocolmo, cuando yo estaba en el Skansen, añoraba un día mi país... —y refirió la historia del duende que compró para librarle del cautiverio y evitarle la vergüenza de ser expuesto a los papanatas, encerrado en una jaula.

Después contó cómo había sido inmediatamente recompensada su buena acción.

El auditorio seguía el relato con estupor siempre creciente, y cuando llegó el momento en que el lacayo real le llevó el hermoso libro de parte del rey, las jóvenes dejaron caer la labor de sus manos y se quedaron inmóviles, mirándole, aturdidas, como si les hubieran sobrevenido las cosas más extraordinarias. Todo el mundo comenzó a considerar a Klement de otra manera. Había hablado con el rey. De improviso, alguien le preguntó lo que había hecho del duende.

—Me faltó tiempo para comprarle un tazón azul —respondió—; pero yo le encargué esto al viejo lapón. No sé lo que habrá pasado después.

Apenas Klement hubo dicho estas palabras, fue a darle en la punta de la nariz una pequeña piña. Nadie se la había arrojado.

—¡Ay, ay! Me parece que nos está oyendo el duende, Klement —dijo la muchacha—. De todos modos creo que el pañuelo debe corresponderte a ti, porque Barnhard ha contado lo que pudo suceder a otros, mientras que tú has referido algo que te ha sucedido a ti.

Y como todos asintieron, fue Klement el que se llevó el pañuelo.

XLI

EL DISTRITO DE MEDELPAD

Viernes, 17 de junio

Gorgo y Nils despertaron con el alba. El águila esperaba llegar aquel día a la región de Västerbotten. Se encontraban en Medelpad del Sur, donde no había más que bosques tan solitarios que el chicuelo pensó que en ellos no viviría gente alguna. Viendo tales parajes recordaba las finas cañas amarillentas del centeno, que crecían en el sur en un verano, y que comparaba ahora con los gruesos troncos que necesitan años y años para rendir su cosecha.

—Ya ha de tener paciencia —exclamó— quien espere sus medios de vida de tal cosecha.

En este momento llegaron a un sito en que el bosque había sido talado.

—¡Qué feo es esto! —dijo Nils al ver todo aquello desprovisto de árboles y el suelo cubierto de ramaje.

—Es un campo cuya cosecha se recogió el pasado invierno —dijo el águila.

Y esta respuesta recordóle a Nils que allá, en el sur, los campesinos recogían la mies en las luminosas mañanas del verano, con las máquinas segadoras, mientras que las talas del bosque hacíanla los leñadores en medio de los rigores del crudo invierno, cuando la nieve cae a grandes copos y el frío es intenso. Allí trabajaba la máquina; aquí hacía falta un penoso trabajo para derribar un solo árbol y semanas enteras para dejar desierta una extensión no muy grande del bosque.

El águila batió sus alas y pronto descubrieron una pequeña cabaña, situada en los linderos del bosque talado. Hecha de gruesos troncos superpuestos, no tenía ventanas y la puerta formábanla un par de tablas sueltas. La techumbre, formada de ramas y cortezas de árboles, había desaparecido, y en el interior sólo pudo ver Nils unas cuantas piedras de gran tamaño, que habían servido para el fogón, y un par de bancos de media tabla, extrañándose de que allí hubiesen podido habitar los hombres dedicados a la tala forestal. Y a su memoria acudió el recuerdo de que allá, en el sur, los segadores volvían alegres a sus casas, después del trabajo; y en ellas encontraban a sus mujeres que les alimentaban lo mejor que podían, mientras que aquí, después de una ruda faena, apenas si el trabajador podía descansar, tras la jornada pasada en el bosque, en un duro banco. También observó Nils que los productos forestales transportábanse por sendas estrechas y pedregosas, cortadas a veces por riachuelos, a través de las cuales tiraban las caballerías con gran esfuerzo de los troncos, mientras que allá, en el sur, no faltaba un par de buenos caballos unidos a un carro cargado de mieses hasta una altura inconcebible y que rodaba suavemente por los caminos anchurosos y bien cuidados.

El águila siguió su vuelo hasta que llegaron al río Ljungan, que se deslizaba por un amplio valle. Aquello parecía ser otra tierra. Junto al río había campos, huertos y una ciudad con bonitos edificios.

—Ahí habitan los que viven de la cosecha del bosque —díjole el águila. Nils pensó que debía ser remunerador el trabajo en los bosques.

El águila, durante el vuelo, mostraba a Nils cómo era conducidos los troncos río abajo, hasta los grandes aserraderos situados en la desembocadura del río.

—Ahí tienes el gran molino de los aserraderos de Svartrik.

Y Nils pensó al punto en los molinos de viento de su región que, asentados en verdes praderas, movían lentamente sus grandes aspas. Estos otros molinos, dedicados a aserrar los troncos, carecen de aspas y se hallan emplazados en la costa, porque sólo el agua puede moverlos. Y los troncos que iban río abajo eran arrastrados con grandes cadenas por un plano inclinado, hasta el interior de un edificio con aspecto de almacén. Nils no pudo ver lo que se hacía allí dentro, donde era grande el estrépito que reinaba; pero sí pudo ver cómo por un extremo salían vagonetas, que se deslizaban sobre los rieles y que iban descargando los blancos tablones que luego formaban calles, como si se tratase de construir las grandes casas de una población. Después vio que estas pilas se desmontaban para llevar los tablones a bordo de dos vapores que se hallaban a la carga. El número de obreros que por allí pululaban era tan elevado que, según Nils, pronto acabarían con los bosques de Medelpad.

Gorgo siguió volando, y pronto aparecieron otros aserraderos, entre ellos el de Kubikenborg, y, más tarde, una importante ciudad.

—¿Qué población es ésta? —preguntó Nils asombrado.

—Sundsvall, la capital de este distrito exportador.

Metida en una ensenada limpia y alegre, ofrecía, vista desde la altura, un aspecto muy raro por cierto. En el centro había un gran grupo de casas de mampostería, tan bellas como pudieran serlo las mejores de Estocolmo, y circundando a éstas, a buen trecho, veíase otras edificaciones de madera, tal como si convencidas de su inferioridad y por respeto a las primeras, hubiesen querido colocarse a prudente distancia.

—He aquí una rica y hermosa ciudad —observó Nils—. Parece mentira que el estéril suelo del bosque pueda producir tanta riqueza.

Avanzando un poco más en su vuelo pudieron saber que era Alnön, y vieron con asombro que los aserraderos se tocaban unos con otros, contando Nils más de cuarenta. Tal vida y movimiento no los había visto Nils en todo su viaje.

—¡Qué extraña es esta tierra mía! —prorrumpió el pequeñuelo—. A dondequiera que vaya, siempre encuentra en ella el hombre de qué vivir.

XLII

UNA MAÑANA EN ANGERMANLAND

EL ALIMENTO

Sábado, 18 de julio

A la mañana siguiente, después de haber volado un buen trecho sobre esta tierra de Angermanland, dijo el águila:

—Ahora soy yo el que tiene hambre y necesita buscar qué comer. —Y dejando al chicuelo en una colina, sobre un hermoso abeto, se alejó volando.

La mañana era hermosa. La luz solar doraba las copas de los árboles y soplaba una suave brisa. El bosque exhalaba un penetrante olor ahora y, desde el sitio que ocupaba, descubría Nils una hermosa y excelente campiña. Tranquilo y feliz contempló el bello panorama; luego aflojó la correa del saquillo que llevaba a la espalda, y sacando un pedazo de buen pan, empezó a comer. «No creo haber comido nunca un pan que me haya sabido tan bien. Quizá sea por la forma en que lo he adquirido», dijo para sí el chicuelo. Fue un caso curioso. Cuando en la noche anterior abandonaron el distrito de Medelpad y entraron en el que ahora se hallaban, creyó Nils que por allí había discurrido en tiempos prehistóricos un anchuroso caudal de agua, que niveló y arregló aquellos terrenos hasta llegar a la roca dura que le sirvió de dique. A través de los terrenos así nivelados, deslizábase ahora un río.

Desde la altura parecióle que estos terrenos formaban tres mundos distintos: en uno, el de la desembocadura del río, en donde flotaban los troncos, se oía el estrépito de los aserraderos, cruzaban los vapores de uno a otro lado, cargábase los buques, se pescaba el salmón, volaban las gaviotas en grades bandadas y se hacían excursiones en los botes de vela.

El otro mundo lo formaban las montañas, los grandes campos con sus aldeas y sus iglesias, los extensos prados que atravesaba el ferrocarril y los caminos vecinales; y más allá, sobre las montañas que cubrían el bosque, se hallaba lo que pudiéramos llamar el tercer mundo, donde ponía sus huevos la gallina, se escondía el ciervo, acechaba la fiera, saltaba la ardilla y crecían gran variedad de bayas silvestres.

Contemplaba este hermoso panorama cuando Nils, que no había comido en dos días, dijo tener hambre.

—¿Por qué no lo dijiste antes? —contestó el águila—. Cuando se tiene por compañero de viaje a un águila, se puede obtener lo que se quiera.

A poco vieron un campesino que sembraba trigo, sacándolo de un canasto que pendía de su cuello. Creyó que era un alimento muy adecuado para Nils, y trató de bajar; pero antes de que pudiese llegar al suelo, las cornejas, los gorriones, las golondrinas y otros pequeños pájaros, justamente alarmados, se dirigieron hacia él, al grito de «fuera el ladrón, fuera el ladrón», hasta perseguirle en su huida. Así se defendieron del peligro, y al volver, tras la persecución del águila, fueron objeto de una ovación por parte de cuantos presenciaron el espectáculo.

El águila fracasó en otras intentonas, y hubiera ido en aumento el hambre de Nils de no haber llegado a una gran alquería, cuya dueña acababa de sacar el pan del horno. Llevólo al huerto, lo dejó sobre una tabla para que se enfriara y allí quedó de guardia para evitar las asechanzas de algún pato o de los perros. Apenas descubrió el águila aquellos hermosos panes descendió hacia la alquería, no atreviéndose a acercarse por temor a la mujer, si bien comenzó a dar vueltas, con lo que llamó su atención. Y suponiendo que el águila acechaba ocasión para arrojarse sobre los panes, díjole la mujer:

—Si quieres algún pan, tómalo; yo te lo doy. —Y cogiendo uno se lo puso en la cabeza, de donde lo tomó el águila en un rápido vuelo, elevándose después.

Cuando el chicuelo se vio con el pan lloró conmovido, no porque con él podría mitigar el hambre, sino por el espontáneo rasgo de generosidad de aquella mujer. Era alta, rubia y hermosa, y Nils se la imaginaba tal como la había visto, extendiendo el brazo para llevarse a la cabeza el pan que le ofreciera a Gorgo.

FUEGO EN EL BOSQUE

Terminaba su desayuno cuando vio hacia el norte una pequeña columna de humo blanco, como si fuese niebla. Parecióle muy extraño ver aquel humo, que en un principio creyó pudiera ser de alguna cabaña, hasta que al ver que iba en aumento no dudó ya de que aquello sólo podía ser un incendio. El humo extendióse a lo largo de la colina que coronaba el bosque y multitud de pájaros volaban hacia otra colina próxima. Finalmente, el fuego llegó a adquirir tales proporciones, que por encima del bosque se extendió hasta el llano, viéndose ya las llamas rojizas y las brillantes chispas. Nils no podía comprender cómo había podido incendiarse el verde bosque y temía que el fuego llegase hasta él si continuaba ardiendo. Era sorprendente ver cómo ardían todas sus ramas de repente. Gracias a los árboles que crecían en las márgenes de un riachuelo que atravesaba el bosque y que no ardían con la misma facilidad que el pino, los hombres que acudieron allí pudieron abrir una brecha y aislar el incendio; pero no por esto dejó de asustarse Nils, que vio correr toda clase de reptiles y aves que, al tropezar con él, le obligaron a abandonar el árbol y correr hacia una roca lejana, adonde fue a recogerlo Gorgo, que con él a cuestas, se elevó por los aires.

XLIII

VASTERBOTTEN Y LA LAPONIA

LOS CINCO EMISARIOS

Un día, Nils, sentado en los escalones de la cabaña de Bollnäs, oyó que Klement Larsson conversaba con un lapón acerca de las provincias del norte, conviniendo con él que la Laponia comprendía la mayor parte del territorio de Suecia, si bien la región lapona situada al sur del río Angerman era mejor que la del norte. Como no opinaba así el lapón, entablóse una disputa, que dio por resultado saber que Larsson no había tenido ocasión de conocer el país, porque nunca había pasado de Härnösand. Rió el lapón la ocurrencia de Larsson de discutir acerca de cosas que no conocía, y, para ilustrarle, le refirió la siguiente historia:

—Una vez, los pájaros que habitaban al sur de Suecia cayeron en la cuenta de que no tenían suficiente sitio para sus esparcimientos; y entonces pensaron en que tal vez encontraran en el norte alimento, lugares donde anidar y parajes en que ocultarse, determinando enviar allá cinco pájaros encargados de tal misión. Fue elegido por los del bosque un gallo silvestre; una alondra por los que habitaban en el llano; por los del mar, una gaviota; por los de los lagos, una foja o pájaro diablo, y un gorrión montano por los de las montañas. Ya elegidos, el gallo, que se consideraba con autoridad sobre los demás, propuso que cada cual marchara solo a explorar lo que le correspondía, por cuanto de ir juntos tardarían mucho más tiempo en cumplir su cometido.

Comprendiéronlo así los demás pájaros y acordaron que el gallo reconociese las tierras del interior, que la alondra llegara hacia el este, y todavía más al este, donde la tierra penetra en el mar, la gaviota. La foja debía ir al oeste y el gorrión hasta los confines de la Laponia.

La primera en regresar fue la gaviota, y dijo:

—Allá es hermosa la tierra, la costa está sembrada de islas, de ensenadas y lugares angostos donde abunda el pescado y tanto la costa como las islas están cubiertas de bosques. La mayor parte de las islas están sin habitar, y en ellas podrán hacer sus nidos las gaviotas. La pesca y la navegación se practican en pequeña escala, y en ello no sufren perjuicio alguno las aves. Debemos ir allá cuanto antes.

La segunda en llegar fue la alondra, y dijo:

—No sé por qué pondera tanto la gaviota las islas y ensenadas. He atravesado los más hermosos prados y no he visto jamás tierra alguna con más ríos que se deslicen tranquilos sobre el extenso llano. A lo largo de los ríos se levantan las casas de campo, alineadas como si se tratara de una calle, y en sus desembocaduras se erigen bellas ciudades. Si los pájaros del sur quieren seguir mi consejo, deben trasladarse al norte inmediatamente.

Llegó después el gallo, que se expresó así:

—No entiendo lo que quieren decir la gaviota con sus islas y ensenadas y la alondra con sus prados. Sólo sé que durante el viaje he visto espesos bosques de pinos y abetos y ríos que forman cascadas, y no he visto viviendas. Si los míos quieren seguir mi consejo, márchense acto seguido al norte.

Luego regresó la foja, y dijo:

—No comprendo lo que el gallo dice de los bosques ni puedo comprender a la gaviota y a la alondra. Allá arriba apenas si hay tierras y sí sólo profundos lagos, al pie de montañas que se reflejan en ellos, y hermosas cascadas. Vi iglesias y poblaciones construidas alrededor de ellas, junto a grandes lagos, y otros muchos lugares desiertos. Si las aves de las lagunas quieren seguir mi consejo, trasládense al norte sin pérdida de tiempo.

Por último habló el gorrión, que había volado a lo largo de la frontera:

—No concibo lo que la foja dice de los lagos, ni lo que el gallo de las montañas, ni tampoco lo de la alondra y la gaviota. Sólo he visto una gran extensión de montañas; nada de prados y campos; nada de grandes bosques, y sí sólo crestas rocosas, separadas por desfiladeros y valles. En cambio, he visto grandes extensiones de hielo y nieve, con riachuelos de agua tan blanca que más parecía leche, y con algunos arbustos. Monte abajo, ni un solo campesino, ni un solo corral. Sólo algunos lapones con sus renos y sus típicas cabañas. Si los pájaros montaraces quieren seguir mi consejo, deben ir allá seguidamente.

Cuando terminaron de hablar los cinco emisarios promovióse tal escándalo entre ellos, por negar unos lo que los otros afirmaban, que los demás pájaros tuvieron que imponerles silencio, diciendo:

—No discutáis; por lo que referís podemos apreciar lo que existe más allá en el norte: extensas montañas, grandes lagos, bosques anchurosos, lagunas dilatadas, y, junto a la costa, centenares de islas e islotes; más de lo que podíamos esperar. No todos los países pueden vanagloriarse de tener dentro de sus límites terrenos tan variados.

LA POBLACIÓN ERRANTE

El águila había dicho a Nils que la ancha faja de costa que se extendía ante sus ojos era Vasterbotten, y que las crestas de las montañas que azuleaban muy lejos, al oeste, se encontraban en la Laponia.

El viaje a espaldas del águila era tan ligero que a veces le daba la impresión de estar inmóvil, sobre todo desde que el viento norte que soplara por la montaña había cambiado de dirección. Por el contrario, la tierra parecía retroceder hacia el sur. Los bosques, las casas, los prados, los cercados, las islas, los numerosos aserraderos de la costa, todo estaba en marcha. Hubiérase dicho que cansadas de la parte extrema del norte, se trasladaban hacia el sur.

Esta idea divertía a Nils. ¡Imaginad si este campo de trigo que parecía recién sembrado llegara a la Escania, donde en esta época del año el centeno ha echado espigas!

¡Y aquel jardín que descubría en tal momento! Tenía hermosos árboles; pero no árboles frutales, ni nobles tilos, ni castaños; nada más que serbales y álamos. Había bonitos zarzales, pero no sauces ni citisos; sólo cerezos y lilas. Había una huerta, pero no estaba labrada ni sembrada. Si semejante jardincito apareciera al lado del jardín de un gran dominio de Sudermania, daría la impresión de un desierto.

Lo que constituía la gloria del país eran los sombríos y caudalosos ríos rodeados de valles habitados; llenos de maderas flotantes, con sus aserraderos, sus pueblos, sus desembocaduras rebosantes de embarcaciones. Si alguno de estos ríos apareciera al sur de Dal Elf, los ríos y los riachuelos de allá se hundirían bajo tierra de vergüenza.

¡Pues pensad lo que ocurriría si una llanura tan inmensa, tan fácil de cultivar y tan bien situada, se apareciera ante los ojos de los campesinos de Esmaland! Se apresurarían a dejar el laboreo de sus pedazos de tierra infecunda y de sus campos, que son verdaderos pedregales.

Lo que este país poseía en abundancia era luz. En las marismas las grullas dormían de pie. La noche debía haber llegado ya; pero la claridad continuaba. El sol no descendía hacia el sur, sino que, al contrario, subía muy alto hacia el norte, y sus rayos herían ahora los ojos de Nils, quien aún no experimentaba la menor necesidad de dormir. ¡Pensad si esta luz, si este sol iluminaran Vemmenhög! Esto haría la suerte de Holger Nilsson y de su mujer: ¡un día de trabajo de veinticuatro horas!

EL SUEÑO

Nils levantó la cabeza y miró en torno suyo cuando apenas si estaba despierto. Se había acostado en un lugar que no reconocía. Jamás había visto aquel valle ni las montañas que lo circundaban. No había visto tampoco aquel lago redondo que ocupaba el centro del valle ni había visto nunca álamos tan miserables, tan achaparrados como aquellos sobre los cuales aparecía tendido.

¿Y el águila? No se veía por ninguna parte.

Recordaba que Gorgo había cambiado de dirección y que el viento les daba de lado. Recordaba que el águila le llevaba en uno de sus vuelos poderosos.

—¡Ya entramos en la Laponia! —había dicho Gorgo de repente, y se sintió muy decepcionado al no ver más que marismas infinitas y bosques ininterrumpidos. La monotonía del paisaje había acabado por cansarle. Entonces dijo a Gorgo que no podía más, que tenía necesidad de dormir.

Gorgo bajó a tierra y Nils arrojóse sobre el musgo pero el águila le recogió con sus garras y remontóse nuevamente.

—¡Duerme, Pulgarcito! —le había gritado—. El sol me tiene desvelado y quiero continuar el viaje.

Y, a despecho de su incómoda posición, durmióse, en efecto, y soñó.

Marchaba por un largo camino, al sur de Suecia, tan de prisa como se lo permitían sus piernecitas. No iba solo, a su lado marchaban tallos de centeno de largas espigas; ancianos y crisantemos jóvenes; caminaban los manzanos, doblegándose bajo el peso de sus gruesas manzanas, seguidos de vainillas trepadoras llenas de simiente y de verdaderos montes de groselleros. Árboles soberbios, hayas, robles y tilos, avanzaban lentamente; ocupaban el centro del camino, no se apartaban ante nada ni ante nadie y hacían sonar fieramente su ramaje. Entre los pies de Nils corrían flores y frutas: fresas, anémonas, tréboles y miosotis. Mirando con más detención descubrió Nils que hombres y animales formaban también parte de aquel cortejo. Los insectos volaban entre las plantas; los peces nadaban en las lagunas del camino; los pájaros cantaban en los árboles en marcha; los animales domésticos y los silvestres rivalizaban en velocidad, y en medio de este hormiguero de bichos y plantas, marchaban los hombres, algunos provistos de azadas y guadañas, otros de hachas, algunos de escopetas y los últimos con redes de pescar.

El cortejo avanzaba alegremente y Nils no se asombraba de nada desde que había visto que aquello iba a la cabeza. Aquello no era ni más ni menos que el sol. Andaba sobre el camino como una gran cabeza resplandeciente de alegría y bondad, con una cabellera formada de rayos multicolores.

—¡Adelante! —gritaba a cada momento—. Nadie debe sentirse inquieto mientras yo esté aquí. ¡Adelante! ¡Adelante!

—Yo me pregunto: ¿adónde quiere llevarnos el sol? —murmuró Nils.

Un tallo de centeno que marchaba a su lado, le respondió al oír sus palabras:

—Quiere llevarnos a la Laponia para hacer la guerra al rey del frío y de la noche.

Nils percatóse al cabo de un momento de que algunos expedicionarios vacilaban, detenían el paso y se paraban al fin. Vio cómo quedaba atrás la soberbia haya; cómo suspendían su marcha el corzo y el trigo, así como las zarzas de la morera silvestre, los castaños y las perdices.

Sorprendido miró Nils a su alrededor y descubrió entonces que no estaba en el mediodía de Suecia; la marcha había sido tan rápida que se encontraba ya en Esvealand.

En este momento comenzó el roble a sentir cierta zozobra. Se detenía, daba algunos pasos y se paraba definitivamente.

—¿Por qué no nos acompaña el roble más lejos? —preguntó Nils.

—Tiene miedo al rey del frío y de la noche —respondió un joven y dorado álamo que avanzaba alegre y decidido.

Aunque se había rezagado mucha gente, no por esto disminuía la rapidez de la marcha. El sol rodaba siempre allá arriba, y repetía con una gran sonrisa alentadora:

—¡Adelante! ¡Adelante! Nadie debe mostrarse inquieto mientras yo esté aquí.

Pronto se encontraron en Norrland y el sol tuvo que apelar de nuevo a su sonrisa: el manzano se detuvo, el cerezo y la avena lo mismo. El muchacho se volvió hacia ellos.

—¿Por qué no venís? ¿Por qué traicionáis al sol?

—No nos atrevemos. Tememos al rey del frío y de la noche que permanece allá lejos, en la Laponia —respondieron.

Pronto conoció Nils que habían entrado en la Laponia. Las filas se habían dispersado extraordinariamente. El centeno, la cebada, el fresal, el mirto, el guisante y el grosellero permanecían fieles hasta allí. El ciervo y la vaca habían marchado juntos; pero todos se detenían ahora. Los hombres continuaron todavía un trecho del camino; pero la mayor parte habíanse detenido. El sol hubiera quedado casi solo si no se hubiesen unido otros compañeros del cortejo: zarzales de mimbre y una multitud de pequeñas plantas montanas, y, después, lapones y rengíferos, mochuelos blancos, lagópodos alpinos y lobos.

El muchacho oyó de golpe algo que marchaba delante con gran estruendo. Eran ríos y riachuelos que corrían bulliciosos.

—¿Por qué corren de una manera tan precipitada? —preguntó.

—Huyen ante el duende del Polo, que habita en las montañas —le explicó un lagópodo hembra.

De súbito vio Nils aparecer ante ellos una sombría pared, muy alta, con la cumbre almenada. A la vista de aquella fortaleza retrocedieron todos aterrorizados. Pero el sol volvió hacia el muro su cara radiante. Y se advirtió entonces que no era una fortaleza lo que les cerraba el camino, sino una montaña magníficamente bella, cuyos picos se elevaban uno tras otro, enrojecidos al sol, mientras que las pendientes eran de un azul pálido con reflejos de oro. El sol les exhortaba, rodando hacia la cumbre.

—¡Adelante! ¡Adelante! Mientras esté yo aquí no habrá peligro —les decía.

Pero durante la ascensión fue abandonado por el joven y atrevido álamo, el pino vigoroso y el abeto cabezudo. Después le abandonaron también el rengífero, el hombre de la Laponia y el mimbre. Por último, cuando llegaron a lo alto de la montaña, el único que acompañaba al sol era Nils Holgersson.

El sol rodó hacia una hondonada cuyas paredes estaban tapizadas de escarcha. Nils hubiera querido proseguir todavía; pero un espectáculo terrible le dejó clavado en el sitio. En el fondo de la hondonada estaba sentado el viejo duende del Polo. Su cuerpo era de hielo, sus cabellos de témpanos y su manto de nieve. A sus pies había tendidos tres lobos negros que se levantaron y abrieron sus fauces al aparecer el Sol. De las fauces de uno de ellos se exhalaba un frío penetrante; de las del segundo un viento norte que se calaba hasta los huesos, y el tercero vomitaba por las suyas impenetrables tinieblas.

—Ese es el duende del Polo y su corte —pensó Nils. Y deseando saber cómo acabaría el encuentro del duende y el sol, Nils permaneció al borde de la caverna.

El duende no se movió. Su cara siniestra estaba fija en el sol. Éste, igualmente inmóvil, no hacía más que sonreír y brillar. Así pasaron un gran rato. Después creyó ver Nils que el duende comenzaba a agitarse y a suspirar; primero dejó que se deslizara su manto de nieve, y los tres lobos terribles comenzaron a ulular con menos violencia; pero de repente el sol lanzó un grito.

—Mi tiempo ha terminado.

Y retrocedió fuera de la caverna. El duende soltó sus perros; el cierzo, el frío y las tinieblas se lanzaron en persecución del sol.

—¡Dadle caza! ¡Echadle de aquí! —gritaba el duende—. ¡Perseguidle para que no vuelva jamás! ¡Hacedle ver que la Laponia me pertenece!

Nils sintió tal estremecimiento ante la idea de que el sol no volviera más a la Laponia, que se despertó dando un grito.

Cuando reaccionó de tan fuerte impresión, vio que se hallaba en el fondo de un valle de montañas. Pero ¿dónde estaba Gorgo?

Levantóse nuevamente y miró a su alrededor. Sus miradas descubrieron un curioso edificio de ramas de pino, contruido en una grada de la montaña.

—Eso debe ser un nido de aves de rapiña, como los que Gorgo me ha descrito.

No acabó su pensamiento. Se quitó la gorra y la agitó al aire alegremente. Acababa de comprender adónde le había llevado Gorgo: era aquel mismo paraje donde las águilas habitaban en lo alto de la montaña y los patos en el fondo del valle. ¡Había llegado! Un instante después volvería a ver al pato blanco, a Okka y a todos sus compañeros de viaje.

LA LLEGADA

Nils marchó lentamente en busca de sus amigos. Todo dormía en el valle. El sol no había salido aún y Nils pensó que era demasiado pronto para que los patos hubiesen despertado. Apenas dio unos pasos fijóse en algo muy bonito: era un pato silvestre que dormía en un nido abierto en tierra; a su lado estaba el pato blanco, que dormía igualmente, pero que se había colocado de tal manera que pudiera hacer frente en seguida al menor peligro.

Nils no les despertó y continuó explorando los montoncitos de mimbre que cubrían el suelo. Pronto descubrió una nueva pareja. No pertenecía a su bandada; pero Nils no dejó de alegrarse por eso. Eran dos patos silvestres y esto le bastaba para estremecerse de placer.

Continuó observando lo que había por allí y bajo otro refugio de mimbres vio a Neljä que incubaba sus huevos; el pato que estaba a su lado no podía ser otro que Kolme; no era posible equivocarse. Nils tuvo la tentación de despertarles; pero se contuvo.

Más allá encontró a Viisi y Kiisi; y un poco más lejos a Yksi y Kaksi. Los cuatro dormían.

Pero, ¿qué era aquello blanco que había allá? Nils sintió agitarse su corazón de alegría y corrió. En medio de un minúsculo nido de mimbre, Finduvet, pequeña y bonita, incubaba sus huevos y a su lado estaba el pato blanco, que, aun sumido en profundo sueño, parecía estar orgulloso de guardar a su mujer en las montañas de Laponia.

Nils resistió el deseo de sacarle de su sueño y continuó su caminata.

Pasó bastante tiempo antes de tropezar con otros patos. De pronto, sobre una ligera eminencia, distinguió algo semejante a un pequeño cerro gris. Llegado al pie del montículo reconoció a Okka, que, muy despierta, contemplaba el valle como si fuera la encargada de su vigilancia.

—¡Buenos días, madre Okka! —gritó Nils—. ¡Qué alegría de encontrarte despierta! No llames a nadie y así podré hablar.

La vieja pata guía corrió hacia Nils. Primeramente le cogió y le sacudió con sus alas; después le acarició con el pico de arriba abajo, y por último, volvió a sacudirle otra vez, sin pronunciar una sola palabra, porque Nils le había pedido que no despertara a los demás.

Pulgarcito abrazó a la vieja pata y la besó en las mejillas. Tras esto comenzó a relatarle sus aventuras.

—¿Sabes a quién he encontrado cautiva? A Esmirra, la zorra de la oreja cortada. Aunque haya sido mala para nosotros, no he podido menos que compadecerla. Languidecía allá, privada de libertad. Yo tenía allí muchos amigos, y un día supe por el perro lapón, que había venido un hombre al Skansen para comprar zorras. Era de una lejana isla del archipiélago de Estocolmo. En su isla habían sido exterminadas las zorras y las ratas se multiplicaron de tal manera que todos llegaron a lamentar la falta de las zorras. Al saber yo la nueva corrí a decirle a Esmirra:

—Esmirra, mañana vendrá un hombre a comprar una pareja de zorras. Procura que se te lleve. Así recobrarás tu libertad.

Como obedeció mi consejo, en este momento debe estar libre de nuevo y correr por la isla. ¿Qué dices a esto, madre Okka? ¿He procedido bien?

—Es lo mismo que hubiera hecho yo —contestó.

—Me satisface que apruebes mi conducta —continuó Nils—. Ahora quisiera pedirte otra cosa. Un día vi que llevaban al Skansen a Gorgo, el águila. Tenía un aspecto lastimoso, y pensé en limar algunos alambres de su pajarera para facilitarle la fuga. Después reflexioné que era un ser peligroso, enemigo de los pájaros. Yo no sabía si tenía derecho a darle la libertad, y creí que tal vez fuera mejor dejarle donde estaba. ¿Qué piensas de esto, madre Okka? ¿Verdad que no estaba en un error al razonar así?

—Sí lo estabas —replicó Okka sin vacilar—. Dígase lo que se quiera, las águilas son unas aves valerosas, y puesto que aman la libertad más que todos los otros animales, no se las debe tener cautivas. ¿Sabes lo que te propondría? Que apenas descanses un poco nos marchemos a aquella prisión de pájaros para que pongas a Gorgo en libetad.

—Esperaba de ti esas palabras, madre Okka —dijo el muchacho—. Se decía que tú no sentías ya ningún afecto por aquel que habías criado con tantos trabajos desde que comenzó a vivir como están obligadas las águilas. Veo que se equivocan. Iré a ver al pato blanco, si es que se ha despertado, y si durante este tiempo quieres dar las gracias al que me ha traído hasta aquí sube allá arriba, al nido de las aves de rapiña, donde una vez encontraste a un pobre aguilucho abandonado.

XLIV

ASA, LA GUARDADORA DE PATOS, Y EL PEQUEÑO MATS

LA ENFERMEDAD

El mismo año del viaje de Nils Holgersson se hablaba mucho de un chicuelo y una niña que atravesaban el país en busca de su padre. Eran de Esmaland, del cantón de Sunnerbo; habitaban con sus padres y cuatro hermanos y hermanas una pequeña cabaña en los linderos de un arenal inmenso. Cuando los dos niños eran pequeños todavía, una vagabunda llamó una tarde a la puerta e imploró un rincón donde pasar la noche. Aunque la cabaña era muy pequeña y estaba ya llena, la madre le arregló un lecho sobre el suelo. Durante la noche había estado a punto de morir y al amanecer continuaba demasiado enferma para continuar su camino.

Los padres de los niños habían sido con ella sumamente buenos. Le habían cedido su propia cama y el padre había ido a la farmacia en busca de una medicina. La enferma mostróse en los primeros días exigente e ingrata; pero, poco a poco, se fue suavizando y trocando su carácter, aunque no dejaba de suplicar que la llevaran fuera y la dejaran morir sobre la hierba. Según decía, había recorrido el mundo con unos tziganes. No era originaria de tziganes; hija de campesinos, se escapó un día de su casa para seguir al pueblo nómada. En la banda figuraba una vieja que por odio le había inoculado la enfermedad que la postraba en la cama. Y la misma vieja le había predicho que quien fuese tan bueno con ella que la albergara bajo su techo, correría la misma suerte que ella. La pobre vieja creía en el maleficio de la tzigana y temía llevar la desgracia a los que la habían hospedado. Éstos quedaron muy impresionados por este relato; pero no eran gentes que se decidieran a dejar en la puerta a una moribunda.

Poco después moría la enferma y comenzaban las desgracias. Hasta entonces se había vivido alegremente en la casa. Eran pobres, pero no habían conocido la miseria. El padre fabricaba peines para los tejedores y la madre y los hijos le ayudaban en su trabajo. El padre preparaba los cuadros de los peines y los niños cortaban los dientes y los limaban, mientras la madre y la hermana mayor los acababan de pulir. Se trabajaba desde la mañana hasta la noche riendo y gozando, sobre todo cuando el padre contaba historias del tiempo en que los forasteros recorrían el país dedicados a la venta de peines. El padre tenía muy buen humor y todos reían hasta reventar, oyéndole contar historietas.

La época que siguió a la muerte de la pobre vagabunda fue para los niños como un mal sueño. No recordaban el tiempo exacto que había pasado; pero tenían la impresión de haber asistido a una serie de ininterrumpidos entierros. Sus hermanitos y hermanitas murieron uno tras otro. No tenían más que cuatro hermanitos y hermanitas y, por lo tanto, no podían haber concurrido a más de cuatro entierros; pero a los niños que quedaban les parecía mayor el número de éstos. En la cabaña reinaba un silencio de muerte.

El dolor no había abatido a la madre; pero el padre había cambiado mucho. Ya no bromeaba ni trabajaba. Desde la mañana hasta la noche permanecía con la cabeza entre las manos, entregado a amargas reflexiones.

Una vez, después del tercer entierro, prorrumpió en exclamaciones desvariadas que asustaron a los niños. No comprendía por qué se cebaba en él la desgracia. ¿No había realizado una buena acción al recoger a la enferma? ¿Es que el mal puede más que el bien? ¿Cómo permitía Dios que una mujer malvada causara tantos males? La madre trató de consolarle, sin que él la escuchara.

Dos días después los niños perdieron a su padre, no por haber muerto, sino por haberse marchado, abandonándolo todo. Por entonces fue cuando cayó enferma la hermana mayor. El padre la quería más que a los otros hijos y al verla morir perdió la cabeza, y se fue. La madre no se lamentó ante el abandono, pues temía verle loco.

Con la marcha del padre cayeron en la más completa pobreza. Al principio les enviaba algún dinero; pero estos envíos cesaron pronto. Y el mismo día en que enterraron a la hermana mayor, la madre cerró la casa y partió con los dos niños que le quedaban. Al llegar a la Escania, dispuesta a trabajar en los campos de remolacha, encontró ocupación en la refinería de Jordberga. Era una buena operaria y se comportaba de un modo franco y alegre. Todos la querían, aunque se extrañaban de verla tan tranquila después de tantas desgracias; pero la madre era una mujer muy resignada, fuerte y resistente. Si le hablaban de los dos niños que llevaba consigo, contestaba invariablemente:

—Tampoco vivirán mucho.

Se había acostumbrado a no esperar nada, y lo confesaba así, sin una lágrima.

Sin embargo, se equivocaba. Fue ella la que murió primero y su enfermedad duró menos que la de sus hijos. Llegada a Escania en la primavera, quedaban sus hijos en la mayor orfandad al comienzo del otoño.

Durante su enfermedad, repitió varias veces a sus hijos que recordaran siempre que ella no había lamentado jamás haber acogido a la pobre enferma. «Nada tiene de extraordinario —decía— morir después de haber cumplido con su deber; todos hemos de morir tarde o temprano; nadie escapa a la muerte, y que cada cual escoja entre morir con la conciencia limpia o cargada de remordimientos.»

Antes de morir se preocupó del porvenir de sus hijos, logrando que se les dejara en la habitación que ocupaban. Los niños no podían ser una carga para nadie; seguramente se ganarían la comida.

Quedó convenido, en efecto, que a cambio de la habitación, se dedicaran los dos hermanitos durante el verano a guardar los patos. La conducta y laboriosidad de los niños demostraron que la madre no se equivocaba. La pequeña Asa hacía bombones y su hermano fabricaba objetos de madera que vendían en seguida en las granjas. También se dedicaban a cumplir encargos y se les podía confiar cualquier cosa que fuese. La niña era mayor; a los trece años se mostraba razonable como una mujer. Era grave y silenciosa, y su hermanito alegre y hablador en tal grado, que su hermana decíale que él y los pájaros eran los que más charlaban en los campos.

Hacía dos años que los niños estaban en Jordberga. Una tarde hubo una conferencia popular en la sala de la escuela. Aunque se trataba de una conferencia para personas mayores, los dos niños figuraban entre el auditorio, pues acostumbraban a no contarse entre los niños. El conferenciante habló de la tuberculosis, esa terrible enfermedad que tantos estragos causa todos los años en Suecia. Habló en términos sencillos, y los dos hermanitos lo comprendieron todo.

Cuando hubo acabado el acto, los hermanitos esperaron al conferenciante a la salida. Al aparecer le tomaron de las manos y le dijeron, muy gravemente, que tenían que hablarle. A pesar de sus caritas infantiles y sonrosadas, hablaron con una seriedad propia de personas mayores. Le refirieron cuanto había acontecido en su casa y le preguntaron si la madre, los hermanos y las hermanas murieron de la enfermedad que acababa de describir. Esto no parecía improbable y, según ellos, no podía ser de otra cosa.

Creían que si el padre y la madre hubiesen sabido lo que sus hijos habían aprendido aquella tarde, tal vez viviesen todos juntos todavía; si hubiesen quemado los vestidos de la pobre vagabunda, si hubiesen hecho una gran limpieza en la cabaña y no hubiesen usado después la ropa de la cama, ¿no vivirían todos los que ellos lloraban ahora? El conferenciante les respondió que nadie podría afirmarlo con certeza; pero tal vez no hubieran cogido la enfermedad de haberse preservado del contagio.

Los niños parecían deseosos de preguntarle otra cosa; pero era evidente que vacilaban antes de formularle esta nueva pregunta. Al fin se decidieron. ¿Sería verdad que la vieja tzigana les había enviado la desgracia para vengarse de los que habían socorrido a la que ella odiaba? ¿Tenía algo de extraordinario lo que les había pasado?

—No, ciertamente. Pero puedo aseguraros que no hay persona en el mundo con suficiente poder para esparcir de tal modo las enfermedades.

Los niños dieron las gracias al conferenciante y volvieron a su casa. Aquella tarde hablaron largamente.

Al día siguiente fueron a despedirse. Aquel verano no podrían guardar los patos porque estaban obligados a marchar.

¿Adónde iban?

Iban en busca de su padre. Querían decirle que la madre, los hermanos y las hermanas habían muerto de una enfermedad natural y no por los maleficios de una mala mujer. El padre continuaría devanándose los sesos seguramente para desentrañar este enigma.

Los niños marcharon primero a su casita del arenal, y con gran terror, vieron, al llegar, que estaba ardiendo. De allí marcharon inmediatamente al presbiterio, donde se les dijo que un empleado del ferrocarril había visto a su padre en la Laponia, trabajando en las minas de Malmberg; tal vez continuara allí. Al saber que los niños querían reunirse con su padre, el pastor les enseñó un mapa para advertirles cuán largo era aquel viaje; pero los niños no se intimidaron por eso.

Aunque habían hecho algunos ahorrillos gracias a su comercio, no querían gastarlos en trenes, por lo que resolvieron recorrer a pie el largo trayecto. Y no tuvieron que arrepentirse de ello, porque hicieron un viaje maravilloso. He aquí cómo:

Antes de abandonar el Esmaland entraron un día en una granja para comprar algo de comer. La granjera era alegre y habladora. Les preguntó adónde iban y quiénes eran y le refirieron su historia. La buena campesina no salía de su asombro. Sin querer cobrarles nada les dio muchas buenas cosas, y cuando se levantaron para emprender el viaje les dio las señas de su hermano, que habitaba en la región próxima.

—Iréis a verle para darle noticias mías y al mismo tiempo podréis contarle vuestra historia.

Los niños siguieron fielmente este consejo, y fueron tan bien acogidos en casa del hermano como lo habían sido en la de la hermana. Hasta les condujo en un carricoche a una granja del distrito contiguo, donde tenía buenos amigos. Y desde entonces, cada vez que abandonaban alguna casa se les hacía la misma exhortación.

—Si pasáis por allá, entrad en tal o cual casa y referid lo que os ha sucedido.

En casi todas las granjas que habían visitado de este modo habían encontrado un tuberculoso. Y sin saberlo, los dos niños recorrían el país, poniendo en guardia a las gentes contra la terrible enfermedad y enseñando el medio de combatirla.

Hacía mucho tiempo, siglos, que una terrible peste, llamada la peste negra, devastaba el país; contábase que un muchacho y una jovencita iban de granja en granja, de casa en casa. El muchacho llevaba un rastrillo, y si rastreaba con él delante de una casa, era signo de que iban a morir allí buen número de personas, pero no todas; el rastrillo tiene los dientes espaciados y no lo arrastra todo. La jovencita llevaba una escoba, y si barría delante de una puerta era signo de que todos los de la casa iban a morir, porque la escoba deja completamente limpia una casa.

Los dos niños que recorrían en nuestros días el país, todavía azotado por otra terrible enfermedad, no asustaban a las gentes con su rastrillo y su escoba, sino que, por el contrario, decían:

—Nosotros no nos contentaremos con rastrear el corral y barrer los entarimados; nosotros emplearemos el agua, la lejía, los cepillos, el jabón. Nosotros tendremos limpia la puerta de nuestra casa, porque limpia la casa, limpio nuestro cuerpo, acabaremos por dominar la enfermedad.

EL ENTIERRO DEL PEQUEÑO MATS

El pequeño Mats había muerto. Esto parecía imposible a cuantos le habían visto, unas horas antes, alegre y con buen aspecto. Sin embargo, era verdad. El pequeño Mats había muerto e iba a ser enterrado.

El pequeño Mats murió una mañana al amanecer; sólo le vio morir su hermana Asa.

—¡No vayas a buscar a nadie! —le dijo el pequeño, ya próximo a expirar.

Y su hermana obedeció.

—Soy feliz porque no muero de la «enfermedad», Asa —prosiguió—. Y tú también, ¿verdad?

Como Asa no contestara, continuó:

—Creo que importa poco morir desde el momento en que no muero como mi madre, mis hermanos y mis hermanas, porque estoy seguro de que tú no hubieras podido convencer a nuestro padre de que todos murieron de una enfermedad ordinaria; pero ahora lo conseguirás.

Cuando todo hubo acabado, Asa reflexionó largamente sobre lo mucho que el pequeño Mats había sufrido en la vida. Pensaba que había soportado todas las desgracias con el mismo valor de un hombre. Pensaba también en sus últimas palabras, que revelaban el mismo valor de siempre. A su juicio, era imprescindible enterrar al pequeño Mats con los mismos honores que a una persona mayor.

Asa, la pequeña guardadora de patos, se encontraba entonces lejos, al norte, en las grandes minas de Malmberg. Era éste un lugar extraño; pero para alcanzar lo que quería tal vez fuese el mejor.

El pequeño Mats y ella habían atravesado bosques sin fin. Durante muchos días no habían visto campos ni granjas y sí sólo pobres casetas de peones camineros. Al cabo se encontraron frente a la gran población de Gellivara, que con su iglesia, su estación, su tribunal, su banco, su farmacia y su hotel, se elevaba al pie de una montaña cubierta de nieve, a pesar de estar en San Juan. Casi todas las casas de Gellivara eran nuevas y estaban bien construidas. De no haber visto los flancos de la montaña cubiertos de nieve y los álamos sin hojas, no se creyera en la Laponia. Por otra parte, no era en Gellivara donde los niños debían buscar a su padre, sino en Malmberg, al norte de la población, y Malmberg no tenía el mismo aspecto de ciudad bien organizada.

La razón de esto es la siguiente: Aunque los hombres sabían desde mucho tiempo antes que había grandes minas de hierro cerca de Gellivara, no habían comenzado la explotación de las mismas hasta pocos años atrás, cuando quedó terminado el ferrocarril. Entonces afluyeron allí miles de hombres. Había trabajo para todos; pero escaseaban las casas. Hubo necesidad de que cada cual se instalara como pudiera. Algunos habíanse construido cabañas de troncos; otros habíanse hecho una especie de chozas amontonando los cajones de dinamita vacíos, como si fueran ladrillos. Ahora había ya algunos grupos de casitas de aspecto simpático; pero por todas partes tropezaba uno con troncos y piedras. Los hermosos chalets del director y de los ingenieros contrastaban con las chozas de los primeros tiempos. Había ferrocarril, abundante alumbrado de luz eléctrica, grandes fábricas y tranvías que conducen muy lejos, a la montaña, a través de un túnel iluminado con profusión de lámparas eléctricas. Por todas partes reinaba una animación extraordinaria. Y alrededor de la población extendíase el desierto salvaje, sin campos labrados ni casas, donde los lapones viven sin otra compañía que los renos.

Cuando los niños llegaron a Malmberg, preguntaron por todas partes si conocían a un obrero llamado Jon Assarsson. Tenía unas cejas que se unían en la frente. Esto de las cejas era un dato que saltaba a la vista. No tardaron los niños en saber que su padre había trabajado en Malmberg algunos años; pero se había marchado. Estaban acostumbrados a verle desaparecer de tiempo en tiempo cuando le dominaba la inquietud. Nadie sabía dónde estaba; pero todos estaban seguros de volverle a ver algún día. Puesto que eran los hijos de Jon Assarsson, podían esperarle en la casita que él habitaba. Una mujer sacó la llave de debajo de la puerta y les hizo entrar. Nadie se mostraba sorprendido de haberlos visto llegar ni de las frecuentes ausencias de su padre. Todo el mundo parecía preocuparse por lo suyo exclusivamente.

Asa sabía muy bien cómo quería los funerales de su hermano. El domingo anterior había sido enterrado un contramaestre. El coche fúnebre del que tiraban los caballos del propio director, había llegado hasta la iglesia seguido de un largo cortejo de obreros. En torno de la tumba tocó una banda de música y cantó un orfeón. Después de la inhumación fueron invitados a una taza de café en el local de la escuela cuantos habían asistido al entierro. Algo así quería Asa para su hermano, el pequeño Mats.

Pero, ¿cómo? No eran los gastos lo que la horrorizaban. Entre los dos habían ahorrado lo suficiente para hacerle un entierro magnífico. La dificultad era otra. ¿Cómo imponer su voluntad tratándose de una niña? Sólo tenía un año más que el pequeño Mats, tendido ante ella, tan chiquito y delicado. Tal vez las personas mayores se opusieran a su deseo.

Primero expuso sus deseos a la enfermera. Sor Hilma había llegado a la cabaña un momento antes de la muerte del pequeño Mats. Esperaba no encontrarle con vida, porque la víspera había sabido que, habiéndose aproximado el pequeño Mats al pozo de una mina, en el momento de hacer explosión un cartucho de dinamita, habíanle alcanzado varias piedras. Quedó largo rato desvanecido en tierra; finalmente le había recogido, curado y llevado a su casa; pero había perdido mucha sangre para poder seguir con vida.

Al llegar la enfermera pensó más en la hermana que en el pequeño Mats. La monja quedóse sorprendida al ver que la pequeña Asa no lloraba ni gemía y la ayudaba tranquilamente en todo. Al hablarle después Asa, comprendió esto.

—Cuando se ha de cumplir un deber como el mío para con el pequeño Mats —comenzó diciendo solemnemente, pues tenía el hábito de hablar escogiendo las palabras como una mujer de razón—, lo primero en que hay que pensar es en honrarle mientras sea tiempo. Después no faltarán días para entregarse al llanto.

Seguidamente solicitó de la hermana que la ayudase a procurar un buen entierro al pequeño Mats.

La enfermera se esforzó por facilitar a la muchacha un buen entierro, cuya sola idea tanto bien le hacía, cumpliendo la promesa de ayudarla a realizar sus proyectos. Desde el punto y hora en que sor Hilma le ofreció su apoyo, creyó Asa cumplidos sus deseos, porque la monja era muy influyente. En este país minero, donde la dinamita estalla a diario, los obreros corren siempre el peligro de ser alcanzados por una piedra perdida o aplastada bajo una mole desprendida de la montaña; así es que todos se conducían bien con la enfermera.

Debido a esto, cuando al día siguiente acompañó sor Hilma a la muchacha para invitar a los obreros a que asistieran el domingo al entierro del pequeño Mats, fueron muy pocos los que se negaron. La hermana consiguió igualmente que tocara la música y cantara el orfeón ante la tumba. Como el buen tiempo parecía continuar, quedó acordado que después del entierro serían todos invitados a tomar café al aire libre. Se pediría los bancos y las mesas a la Sociedad de Templanza; algunos comerciantes ofrecieron tazas y varias mujeres de mineros los manteles blancos.

Todos estos preparativos alcanzaron gran resonancia. En todo Malmberg no se hablaba más que del entierro del pequeño Mats. Al fin llegaron estas noticias a oídos del director de la mina.

Al saber que más de cincuenta obreros se disponían a acompañar el cadáver de un niño de doce años que, al fin y al cabo, no era más que un vagabundo, consideró la idea descabellada. ¡Conque canto, música y café para después del entierro y aun dulces encargados en Luleao! Y envió a buscar a la enfermera para disuadirla de tales propósitos.

—Sería un error dejar que esa muchacha malgastara su dinero en tal forma —le dijo—. No hay que someterse a los caprichos de una niña.

El director hablaba muy reposadamente y la enfermera no se atrevió a replicar, por respeto y porque no podía dejar de reconocer que estaba asistido de razón. Y oyéndole hablar acabó por reconocer que había accedido a todo movida de la piedad que le inspiraba la pobre niña.

Al despedirse del director marchó en busca de Asa para decirle que tenía que renunciar a toda idea de hacer unos funerales grandiosos. Experimentaba alguna contrariedad al indicarle esto, porque sabía mejor que nadie lo que este entierro representaba para ella. Ya en la calle se cruzó con algunas mujeres de obreros, a las que puso al corriente de lo que sucedía. Y todas convinieron en que el director tenía razón. Dedicar tan solemne tributo a un niño de doce años era una locura.

Estas mujeres llevaron la noticia a otras y no tardó en saberse desde la población de las casuchas hasta la de las minas que ya no se dedicaría tan solemne entierro al pequeño Mats. Todo el mundo, de común acuerdo, aprobaba la conducta del director.

En todo Malmberg sólo había una persona de otra opinión; Asa, la guardadora de patos.

—Es preciso que vaya a hablar con el director —se dijo—. Se conoce que no sabe nada del pequeño Mats.

Sin la menor vacilación dirigióse al despacho del director, el hombre más poderoso de Malmberg. Seguíanla la enfermera y algunas mujeres deseosas de saber si se atrevería a realizar hasta el fin su audaz propósito.

Marchaba por en medio de la calle, grave y recogida como una muchacha que se encamina a la iglesia a tomar la primera comunión. En la cabeza ostentaba un velo negro, heredado de su madre; en una mano llevaba un pañuelo bien plegado y en la otra un cestito lleno de pequeños objetos de madera fabricados por el pequeño Mats.

Cuando descubrieron su presencia los niños que jugaban en la calle, siguieron tras ella, preguntándole:

—¿Adónde vas, Asa; adónde vas?

Asa no les hizo caso, y las mujeres hicieron callar a los chicos, al decirles:

—Dejadla; va a pedirle al director que le deje hacer un buen entierro a su hermano, el pequeño Mats.

Impresionados ante la decisión de Asa, salieron tras ella muchos niños.

Eran las seis de la tarde, aproximadamente. Centenares de obreros regresaban del trabajo de las minas. Ordinariamente caminaban de prisa, sin mirar a ningún lado; pero al ver a Asa seguida de tanta gente, detuvieron el paso comprendiendo que pasaba algo extraordinario. Al saber lo que ocurría, consideraron tan valerosa la conducta de la jovencita que echaron tras ella confundidos entre las mujeres para ver en qué quedaba aquello.

Asa subió hasta el despacho donde el director se encerraba durante las horas de trabajo. En el preciso momento en que llegaba al vestíbulo se abrió la puerta; el director, con su sombrero puesto y el bastón en la mano, se disponía a marchar a su casa para comer.

—¿A quién buscas? —le preguntó al verla con un aire tan solemne.

—Al señor director —respondió Asa.

—Pues bien, soy yo. Pasa —dijo el director, volviendo hacia su despacho.

Asa le siguió. Al llegar al despacho se irguió, echó el velo hacia atrás y levantando sus ojos redondos de niña miró al director de una manera grave e impresionante.

—El pequeño Mats ha muerto —comenzó diciendo con voz temblorosa y entrecortada.

El director comprendió en seguida de qué se trataba.

—¡Ah! ¿Eres tú esa niña que tan gran entierro quería organizar? —díjole en tono bondadoso—. Hay que desistir, porque eso te costaría mucho dinero. De haber conocido antes tus proyectos, hubiera procurado aconsejarte en contra.

Las facciones de la muchacha se contrajeron y el director esperaba verla prorrumpir en llanto; pero ella se repuso, y dijo:

—Quisiera contar al señor director algunas cosas del pequeño Mats.

—Conozco vuestra historia —atajó el director dulcemente—. No creas que no siento tu desgracia; lo que hago es por tu bien.

Asa, la guardadora de patos, se irguió todavía más, y dijo con voz clara y acento rotundo:

—El pequeño Mats se quedó sin padre ni madre a los nueve años; desde entonces ha tenido que ganarse la vida. Jamás hubiera mendigado una sola comida. Siempre decía que es indigno de un hombre pedir limosna. Recorrió el país comprando a los campesinos huevos y manteca, que volvía a vender como si fuera un viejo comerciante. En verano guardaba patos y se dedicaba a los trabajos del campo. Los campesinos de Escania le confiaban importantes cantidades cuando iba de granja en granja, porque tenían en él una confianza ilimitada; no cabe decir que el pequeño Mats fuera un niño, porque hay muchos hombres que...

El director tenía los ojos fijos en el jardín y no se atrevía a pestañear. Asa, la guardadora de patos, creyó inútil continuar. Como última protesta añadió:

—Y como yo he de pagar todos los gastos del entierro esperaba...

Se interrumpió de nuevo.

El director levantó entonces la cabeza y miró a Asa, la pequeña guardadora de patos, hasta el fondo de sus ojos. La observó de pies a cabeza con la mirada casi profesional de un hombre que tiene mucha gente a sus órdenes. Y pensó que aun habiendo perdido hogar, padres, hermanos y hermanas, no se mostraba con ánimo apocado y decaído.

¡Qué excelente mujer sería! Pero, ¿resistiría un nuevo peso a sus espaldas? ¿No sería el entierro la brizna de paja que la haría caer bajo una carga demasiado pesada? Comprendió lo mucho que le había costado a Asa ir a verle para hablarle de su hermanito. Indudablemente, era a quien más había querido en el mundo. ¿Cómo oponer una negativa a este amor?

—Haz lo que quieras, muchacha —dijo el director por fin.

XLV

ENTRE LOS LAPONES

En la orilla occidental del Luossajore, pequeño lago situado al norte de Malmberg, había un campamento lapón. En la parte sur, se elevaba una montaña aislada, de redondez perfecta, llamada Kirunavara en lenguaje lapón y que parece formada casi exclusivamente de mineral de hierro. Al noroeste se encuentra otra montaña denominada Luossavara, rica también en mineral de hierro. Habíase comenzado la construcción de un ferrocarril entre Gellivara y estas montañas, y al pie del Kirunavara destacábanse una estación, un hotel de viajeros y algunas habitaciones para los obreros y los ingenieros; un pueblecito formado por casitas coquetonas y alegres surgía en aquel rincón tan septentrional que los pequeños álamos achaparrados que cubren el suelo, no echan sus vástagos hasta después de San Juan.

El oeste del lago estaba casi deshabitado; sólo se habían instalado allí algunas familias laponas. Éstas habíanse trasladado allí uno o dos meses antes y no habían necesitado de mucho tiempo para disponer su instalación. No habían abierto zanjas en la tierra, ni hecho saltar las piedras, ni establecido sus viviendas sobre sólidas bases; después de escoger un emplazamiento seco y agradable en las proximidades del lago, habíanse limitado a cortar algunos arbustos de mimbre y a igualar un poco el terreno. No habían trabajado la madera, ni pasado los días para levantar muros resistentes, ni se habían molestado en tender vigas, establecer cubiertas, revestir paredes, abrir ventanas y poner puertas ni cerraduras. Habían hundido fuertemente en tierra los palos de sus tiendas, habían extendido las lonas, y he ahí la casa construida. Nada de gastos e instalaciones y amueblamiento; un montón de ramas de abeto y de pieles de reno en tierra y un caldero sostenido con cuerdas, pendiente de la techumbre de la tienda, para cocer la carne de reno.

Los colonos de la orilla oriental del lago, que se apresuraban a acabar sus casas antes de la llegada del crudo invierno, se asombraban de las costumbres de los lapones, que, habitando desde siglos en el alto norte, no habían tenido la idea de construir, contra el frío y las tempestades, un abrigo más sólido que las tiendas de campaña. Y los lapones no comprendían la existencia de los colonos que se afanaban en tan pesados trabajos, cuando para vivir basta con algunas pieles de reno y una tienda.

Una tarde de julio en que llovía a torrentes, los lapones, que de ordinario no permanecían allí en esta temporada, se reunieron casi todos en torno del fuego en una de las tiendas, para tomar café.

Mientras saboreaban el brebaje sin dejar de conversar, ocurrió que se aproximaba hacia el campamento una embarcación que venía del lado de Kiruna. De la embarcación descendieron un obrero y una jovencita de trece o catorce años. Los perros se lanzaron hacia ellos aullando con rabia, y uno de los lapones sacó la cabeza por la abertura de la tienda para ver lo que pasaba. Al reconocer al obrero experimentó mucha alegría. Era un amigo de los lapones, un hombre afable y alegre que hablaba su lengua.

—Llegas a punto, Söderberg. La cafetera está al fuego. No se puede hacer otra cosa con este fuego. Ven a darnos las nueva que sepas.

Todos se apretaron para dejar sitio a los recién llegados. El hombre comenzó a hablar un tono vivo con los lapones en su lengua. La jovencita, que no comprendía nada de lo que decían, miraba, presa de gran curiosidad, la marmita y la cafetera, el fuego y el humo, a los lapones y a sus mujeres, a los niños y a los perros, la lona de las paredes y las pieles que cubrían el suelo, las pipas de los hombres, los trajes pintorescos y los utensilios esculpidos. Todo era nuevo para ella.

De golpe, tuvo que bajar los ojos porque todas las miradas estaban fijas en ella. Söderberg debía hablar de ella, porque los hombres y las mujeres, retirando la corta pipa de los labios, le observaban con atención. Un lapón que estaba a su lado, le dio un golpecito cariñoso en la espalda, diciéndole en sueco: «Bien, bien».

Una lapona le puso una taza llena de café que le pasaron de mano en mano, y un muchacho, casi de su edad, se deslizó hacia ella rastreando entre los que había sentados, y al llegar cerca, tendióse sobre el suelo sin dejar de mirarla.

La jovencita comprendió que Söderberg refería su historia y el solemne entierro que le había hecho a su pequeño Mats. Hubiera querido que hablase menos de ella y más de su padre. Había oído decir que vivía entre los lapones, al oeste del Luossajore, y había venido en tren desde Gellivara a Kirunavara. Allí se portaron todos muy bien con ella. Un ingeniero había enviado a Söderberg, que hablaba lapón, para que la acompañara a buscar a su padre al otro lado del lago. Esperaba encontrarle apenas llegara y el corazón le palpitaba cuando al entrar en la tienda miró a todos los reunidos. Su padre no estaba allí.

Vio que Söderberg poníase cada vez más grave mientras hablaba con los lapones. Éstos movían la cabeza y de vez en cuando llevábanse el índice a la frente como para referirse a un hombre que había perdido la razón. Por último, ya inquieta y no queriendo esperar más, preguntó a Söderberg lo que decían los lapones.

—Dicen que se ha ido a pescar. No saben si volverá aquí esta noche; pero apenas mejore el tiempo irán a buscarle.

Dicho esto, Söderberg volvió vivamente la cabeza y reanudó su conversación con los lapones. Era evidente que hablaban de Jon Assarsson.

* * *

A la mañana siguiente amaneció un buen día. El mismo Ola Serka, el más influyente de los lapones, había prometido ir en busca de Jon Assarsson; pero no demostraba prisa. Acurrucado ante su choza reflexionaba sobre el mejor modo de decir al padre que su hija había llegado en su busca. Ante todo no tenía que inquietarle lo más mínimo, porque era un hombre muy extraño que huía de los niños. Al verles le asaltaban pensamientos sombríos, según decía.

Mientras Ola reflexionaba, Asa, la guardadora de patos, y Aslak, el joven lapón que tanto la había mirado la víspera, hablaban tranquilamente. Aslak, que había frecuentado la escuela, hablaba el sueco. Refería a Asa los rasgos característicos del pueblo lapón, de los samos, asegurándole que ningún otro pueblo gozaba de una existencia más feliz. Asa le declaró con toda franqueza que encontraba terrible la manera de vivir de los lapones.

—Si yo permaneciera una semana aquí —le decía— moriría ahogada por el humo.

—No digas eso —respondió Aslak—. Tú no sabes nada de nosotros. Voy a contarte una historia, y ya verás que cuando más se está entre nosotros, más placer se experimenta.

Y Aslak dijo:

—Era una época en que una enfermedad llamada la peste negra devastaba Suecia. No sé si se extendió hasta este país de Sama, donde actualmente nos encontramos; pero en Jämtland hizo estragos tan enormes y terribles, que de todo el pueblo samo que vivía en las montañas y los bosques, sólo quedó un muchacho de quince años; y de los suecos que habitaban los valles de las riberas, sólo se salvó una jovencita, también de quince años de edad.

Durante casi todo el invierno estuvieron recorriendo el país el muchacho y la muchacha, cada uno por su lado, buscando a alguien con quien vivir, cuando, próxima la primavera, nuestros renos corren hacia las montañas del oeste y ya sabes que nosotros, gentes del pueblo samo, estamos obligados a seguir a nuestros renos.

La jovencita sama era hija de padres ricos. Tenía la costumbre de vivir en una casa, dormir en su cama y comer a la mesa. Siempre había menospreciado a las gentes de las montañas; pero tenía miedo de volver a su casa, a la granja, donde sólo la esperaban los muertos.

—Entonces iré a las montañas contigo, si tú quieres.

El muchacho accedió gustoso, y por esto pudo la jovencita seguir a los renos en sus peregrinaciones. El rebaño tenía prisa por gozar del excelente pasto de las altas montañas y emprendía diariamente largas caminatas... No daba tiempo a clavar la tienda y había que acostarse sobre el hielo y dormir cuando los renos se detenían a pacer. Los animales sentían que el viento sur erizaba su pelo y adivinaban que antes de poco comenzaría el deshielo de las pendients. La jovencita y el muchacho debieron correr tras ellos a través de la nieve fundente y entre los hielos que se resquebrajaban. Llegados a la altura donde terminan los bosques de pinos y comienza el reino de los álamos achaparrados, pudieron acampar y detenerse algunas semanas en espera de que la nieve desapareciera de las cumbres. Después escalaron las cimas. La muchacha se lamentaba con frecuencia, y no pudiendo permanecer allí sola, sin encontrar un ser viviente, se decidió a seguir a los renos y al lapón.

En la cumbre más alta plantó el muchacho una tienda para su joven compañera, en el flanco de una pequeña pendiente llena de verdor, que descendía dulcemente hacia un riachuelo. Al llegar la tarde atrapaba a un reno hembra con un lazo, la ordeñaba y daba a beber la leche a su amiguita. Buscaba también la carne desecada y el queso hecho con leche de los renos, que las gentes de su raza habían ocultado el verano precedente. La muchacha se lamentaba siempre; pero el hijo del pueblo de las montañas se limitaba a sonreír y a tratarla con bondad.

Poco a poco fue ayudándole a ordeñar los renos y a encender el fuego para calentar la marmita, a traer agua y a hacer queso. Disfrutaban de un tiempo espléndido. Hacía calor y no faltaban los alimentos. Juntos instalaban lazos para cazar pájaros, pescaban truchas en el torrente y cogían moras de las marismas.

Al acabar el verano descendieron con los renos hasta el límite de los abetos y los álamos, donde acamparon algún tiempo. Había llegado el momento de cercenar los cuernos de los renos. Cuando cayeron las primeras nevadas y los lagos comenzaron a helarse, descendieron más al este, al espeso bosque de abetos. El muchacho le enseñó los trabajos propios del invierno: torcer el hilo con los tendones de los renos, preparar pieles, hacer vestidos y calzado, fabricar peines y otros útiles con los cuernos, correr en esquíes y viajar en un trineo lapón arrastrado por renos. Cuando hubo pasado el negro invierno y volvió a lucir el sol, el muchacho anunció a la jovencita que podía acompañarla ya, hacia el sur, en busca de gentes de su raza. Ella le miró con sus grandes ojos abiertos:

—¿Por qué quieres que me vaya? —le dijo—. ¿Acaso tienes prisa por quedarte solo con tus animales?

—Creía que tendrías ansias de reunirte con los tuyos.

—Hemos vivido cerca de un año la vida del pueblo samo y no me sería posible volver adonde están los míos para vivir en casas estrechas y cerradas, después de haber recorrido libremente durante tanto tiempo las montañas y los bosques. No me eches; déjame aquí. Tu manera de vivir es mejor que la mía.

La jovencita permaneció siempre al lado del lapón, sin sentir jamás la nostalgia de sus valles. —Si tú, Asa —terminó diciendo el muchacho—, te quedaras un mes aquí, un mes solamente, ya no podrías marcharte. —Calló Aslak. Su padre, Ola Serka, retiró la pipa de su boca y se levantó. El viejo Ola conocía el sueco más de lo que hubiera convenido confesar y comprendió cuanto había dicho su hijo. Ahora sabía ya cómo hablar a Jon Assarsson para comunicarle que su hija había venido a buscarle.

* * *

Ola Serka descendió hasta el lago y siguió las riberas hasta encontrar un hombre sentado sobre una piedra y con una caña de pescar en las manos. El pescador tenía los cabellos grises y el cuerpo encorvado. Sus ojos reflejaban cansancio y toda su persona daba la impresión de un ser desamparado e inerte. Tenía un aspecto de una persona que hubiera hecho un grande y excesivo esfuerzo para soportar una carga muy pesada o que hubiese tenido que resolver un problema harto difícil, y quedado maltrecho y agotado.

—Buena debe ser hoy la pesca, Jon, cuando no has abandonado la caña en toda la noche —díjole el lapón sin saludarle.

Jon Assarsson se estremeció y levantó la cabeza. Sobre la hierba no había ni un pescado y el anzuelo no tenía el menor cebo. Al oírle se apresuró a retirar la caña y a cebar el anzuelo. El lapón sentóse sobre la hierba, a su lado.

—Quisiera pedirte un consejo —comenzó diciendo Ola—. Tú sabes que yo tenía una hija que se me murió el año pasado y que me hace mucha falta.

—Ya lo sé —le interrumpió el pescador, cuyo rostro nublóse un instante, porque no gustaba oír hablar de niños muertos. Hablaba lapón muy corrientemente.

—Como no es cosa de que yo muera de pena, he pensado adoptar una jovencita. ¿Qué opinas tú?

—¿Y a mí qué me cuentas? —contestó Jon, evasivamente.

—Voy a contarte lo que sé de la jovencita que he pensado adoptar —respondió Ola.

Y refirió a Jon que dos niños, un muchacho y una muchacha, habían venido a Malmberg para buscar a su padre; que el muchacho había perdido la vida en un accidente y que la hermana le había querido enterrar con los mismos honores que si fuera una persona mayor. Ola contóle también de qué manera habló al director.

—¿Y es esa jovencita la que quieres adoptar? —preguntó el pescador.

—Sí —dijo el lapón—. Todos hemos llorado al oír contar su historia y hemos pensado que una niña semejante sería una hijita muy buena para con sus padres.

Jon Assarsson no respondió; pero, transcurrido un momento y por no enojar a su amigo con su indiferencia, le preguntó:

—Pero ¿esa niña pertenece a tu pueblo?

—No —respondió el lapón—; no pertenece al pueblo samo.

—Será, sin duda, la hija de uno de esos colonos que tienen la costumbre de vivir en el norte.

—No, viene de lejos, del sur —respondió Ola vivamente.

El pescador pareció interesarse más.

—En este caso no creo prudente que la adoptéis —le dijo—. No soportará la vida en una tienda de campaña durante el invierno, si no ha sido criada para ello.

—Pero aquí encontrará buenos padres, hermanos y hermanas —contestó Ola obstinadamente—. Peor que tener frío es vivir abandonada en el mundo.

El pescador se resistía a la idea de que una niña sueca fuese recogida por los lapones.

—¿No has dicho —objetó— que tenía sus padres en Malmberg?

—El padre ha muerto —añadió el lapón con firme acento.

—¿Estás seguro, Ola?

—Naturalmente que sí —respondió el lapón con aire de gran convencimiento—. ¿Hubiera tenido necesidad de recorrer el país con su hermano de haber vivido su padre? ¿Hubiéranse visto obligados a trabajar para ganarse el sustento de haber tenido un padre capaz de trabajar para ellos? ¿Hubiera tenido necesidad la muchacha de ir a hablar con el director si su padre hubiera vivido? ¿Estaría aquí sola, de tener padre, ahora que todo el pueblo samo habla de ella con admiración? La muchacha cree que su padre vive; pero estoy convencido de que ha muerto.

El hombre de los ojos fatigados se volvió hacia Ola.

—¿Cómo se llama? —preguntó.

El lapón reflexionó un instante.

—No me acuerdo. Ya se lo preguntaré; ahora está allá abajo, en mi choza.

—¡Cómo! ¿La has llevado a tu casa antes de saber si su padre, que no ha muerto, lo permite?

—¿Y a mí qué me importa su padre? Aunque no haya muerto no se interesa por su hija, y esto debiera alegrarle, porque hay otro hombre que se preocupa por ella.

El pescador arrojó su caña, y se levantó.

El lapón continuó diciendo:

—Creo que el padre debe ser uno de esos hombres perseguidos por la fatalidad y que no sirven para nada ni quieren trabajar. ¿Qué bien podría reportarle tal padre?

El pescador comenzó a subir el ribazo.

—¿Adónde vas? —le preguntó el lapón.

—Quisiera ver a tu hija adoptiva, Ola.

—Muy bien; ven conmigo. Tengo la seguridad de que te parecerá buena la muchacha que he adoptado.

El sueco marchaba muy de prisa; poco después de haber echado a andar, dijo a Ola:

—Ya me acuerdo de su nombre: se llama Asa.

Jon apresuró el paso sin decir palabra. Ola Serka reía de satisfacción. Cuando estuvo cerca del grupo de chozas, Ola añadió:

—Ha venido hasta estas tierras en busca de su padre; pero si no lo encuentra yo tendré mucho placer en adoptarla.

El sueco ya no andaba, corría.

—Ya sabía que le infundiría miedo la amenaza de adoptar a su hija —pensó el viejo Ola.

Cuando el hombre de Kirunvara que la víspera condujera a Asa a través del lago hasta el campamento lapón, regresó por la tarde a su punto de partida, llevóse en su barca a dos personas sentadas en el mismo banco con las manos cogidas como para no separarse más: eran Jon Assarsson y su hija. Los dos parecían haber cambiado: Jon Assarsson se mostraba más erguido y parecía menos fatigado; sus ojos despedían un destello luminoso como si hubiera encontrado al fin la solución a un problema angustioso; y Asa, la guardadora de patos, no miraba ya en torno de ella con aquella atención y aquella prudencia que le eran peculiares y que la hacían aparecer como una vieja. Tenía en quién apoyarse, y esto hacíala volver a la niñez.

XLVI

¡HACIA EL SUR! ¡HACIA EL SUR!

PRIMER DÍA DE VIAJE

Sábado, 1 de octubre

Nils, sobre las espaldas del pato blanco, viajaba por encima de las nubes hacia el sur, formando un triángulo con los otros patos silvestres. Las plumas zumbaban y las alas se agitaban en el espacio haciendo vibrar el aire, no se podía oír ni una voz. Okka volaba a la cabeza, y tras ella, a derecha e izquierda, seguían Yksi y Kaksi, Golme y Nelja, Viisi y Kiisi, el pato blanco y Finduvet. Los seis patos jóvenes que formaban parte de la bandada, ya no figuraban en la expedición. En cambio, iban con los patos viejos veintidós patitos que habían nacido en el valle de la Laponia. A la derecha iban once y otros once a la izquierda, y hacían cuanto podían por guardar las mismas distancias que los patos viejos.

Los pobres pájaros, que no habían hecho nunca ningún viaje, tenían que hacer grandes esfuerzos para seguir el vuelo rápido de los patos.

—¡Okka!, ¡Okka! —gritaban en tono lastimero.

—¿Qué os pasa? —preguntábales el pájaro guía.

—¡Nuestras alas se cansan de tanto volar! ¡Nuestras alas se casan de tanto volar!

—Ya se os irá el cansancio volando —respondíales Okka sin detener el vuelo lo más mínimo. Y se hubiera dicho que tenía razón, porque a las dos horas de volar ya no alegaban la menor fatiga. Pero comenzaron a lamentarse de otra cosa. Como en el valle pasaban el día comiendo, no tardaron en decir que tenían hambre.

—¡Okka, Okka, Okka! —gritaron los patitos tristemente.

—¿Qué os pasa ahora?

—Tenemos tanta hambre que no podemos continuar volando. ¡Tenemos mucha hambre!

—Un patito silvestre debe saber nutrirse del aire y beber los vientos —respondióles Okka continuando su vuelo.

Pronto debieron nutrirse de aire y viento, porque dejaron de exhalar sus lamentos. La bandada de patos estaba todavía sobre las montañas y las patas viejas indicaban a gritos el nombre de todas las cimas que iban dejando atrás para que los aprendieran. Y como no cesaran de anunciar: «Este es el Porsotjokko, y ése el Sarjetjokko, aquél el Sulitelma», los jóvenes comenzaron a impacientarse.

—¡Okka, Okka, Okka! —gritaban con voz desgarradora.

—¿Qué ocurre?

—En nuestras cabezas no hay sitio para tantos nombres —gritaban—. No hay sitio para tantos nombres.

—Cuantas más cosas entran en la cabeza más sitio hay para otras —contestó Okka sin conmoverse.

Nils pensaba que ya debía ser tiempo de ponerse en camino hacia el sur, porque nevaba mucho y la tierra estaba blanca en toda la extensión visible. Últimamente lo habían pasado bastante mal allá arriba, en el valle de las montañas. La lluvia, la tempestad y la niebla se sucedían sin interrupción y si alguna vez se aclaraba un poco el tiempo, no tardaba en sobrevenir alguna helada. Las bayas y las setas con las que Nils se alimentara, heláronse o echáronse a perder, y al cabo había tenido que comer pescado crudo, que no le gustaba. Los días acortaban ya mucho, las noches eran largas y los amaneceres eran terriblemente lentos para cualquiera que no pudiera dormir mucho después de la puesta del sol. Finalmente, fortaleciéronse las alas de los patos y pudieron comenzar el viaje hacia el sur. Nils cantaba y reía al mismo tiempo, de contento. No deseaba abandonar la Laponia sólo porque allí no alumbrara el sol, hiciera frío y escaseara la comida: otra cosa le arrastraba a Escania.

Las primeras semanas habíalas pasado bastante bien en el país. ¡Experimentaba tanto placer viendo la Laponia! Lo único que le molestaba eran los enjambres de mosquitos que amenazaban devorarle.

Emprendía largos paseos con Okka y Gorgo. Desde lo más alto del Kebnekajse nevado, había contemplado los glaciares que rodeaban la base del cono blanco y escarpado. Okka habíale llevado a visitar los valles más ocultos; hízole ver las cavernas, donde las lobas amamantaban a sus pequeños. Había trabado conocimiento con los renos, que pacían en grandes rebaños a orillas del hermoso lago de Torne y llegado hasta las grandes cascadas de Sjöfallet, para saludar a los osos que permanecen allí. El país aparecíasele como algo soberbio, y aun sintiendo la satisfacción de verlo no deseaba habitarlo. Okka tenía razón al decir que los colonos obrarían crudamente si los abandonaran a los osos, lobos, renos, patos silvestres, mochuelos blancos y a los lapones que parecen nacidos para vivir allí.

¡Ah, qué feliz era al ver que seguía el camino de la Escania! Al divisar el primer bosque de abetos, agitó su gorra alegremente y saludó con un

¡hurra! Las primeras casitas grises de los campesinos, las primeras cabras, el primer gato, las primeras gallinas. Cuando descubrió la capilla de Kvickjok, con su pequeño presbiterio y la aldea que la rodea, ya fue otra cosa. Le pareció tan bello este rincón que las lágrimas saltaron de sus ojos.

A cada instante se cruzaba con los patos emigrantes que volaban en grupos más numerosos que en la primavera.

—¿Adónde vais, patos silvestres? ¿Adónde vais? —preguntaban los pájaros.

—¡Vamos al extranjero como vosotros! ¡Vamos al extranjero! —respondían los patos.

—Vuestros pequeñuelos no son bastante fuertes —gritaban los otros—. No franquearán el mar mientras tengan las alas tan débiles.

Los renos y los lapones se disponían a abandonar las montañas. Descendían en medio del mayor orden; abría marcha un lapón al que seguía un rebaño presidido por grandes toros, una manada de renos con las tiendas y bagajes a cuestas, y, por último, cerrando el cortejo, siete u ocho personas. Al ver a los renos, descendieron un poco los patos silvestres para gritarles: «¡Hasta la vista! ¡Hasta el verano próximo! ¡Hasta el verano próximo!»

—Buen viaje, y que regreséis bien —respondieron los renos.

Los osos viendo partir a los patos, los mostraban a los oseznos, gruñendo: «¡Mirad a esos miedosos que temen el frío y no quieren pasar el invierno en sus casas!» Pero las patas viejas, no cortas de lengua, contestaban: «¡Mirad a esos holgazanes que prefieren dormir la mitad del año antes que tomarse la molestia de emigrar!»

En el bosque de abetos veíase a los gallos silvestres frotándose unos contra otros, erizados y transidos de frío, mientras miraban con envidia a las bandadas de pájaros que se dirigían hacia el sur entre exclamaciones de alegría: «¿Cuándo nos llegará la vez? ¿Cuándo nos llegará la vez?», preguntaban a sus madres.

—Vosotros permaneceréis con vuestro padre y vuestra madre —respondía la gallina—. Vosotros permaneceréis aquí con vuestro padre y vuestra madre.

EL MONTE OESTBERG

Mientras los patos volaron por la Laponia disfrutaron de buen tiempo; pero apenas entraron en el Jämtland quedaron envueltos en nieblas impenetrables y descendieron sobre la cumbre de una colina. Nils creyó hallarse en un país habitado, porque se imaginaba percibir la voz de los hombres y el chirrido de los vehículos. Hubiera preferido refugiarse en una granja; pero temía perderse entre la niebla. Todo destilaba agua y despedía humedad. De la punta de cada brizna de hierba caían gotas constantemente y observaba que al menor movimiento descargaban sobre él verdaderas duchas.

Al cabo dio algunos pasos en busca de un refugio y advirtió ante él un edificio muy alto, pero no muy grande. La puerta estaba cerrada y el edificio deshabitado. Nils comprendió que aquello sólo podía ser una torre erigida en aquel punto para contemplar mejor el paisaje. Y volvió adonde estaban los patos.

—Mi buen pato, ponme sobre tus lomos y llévame a lo alto de aquella torre que hay allá. Tal vez encuentre un rincón seco donde dormir.

El pato obedeció y dejóle en lo alto de la torre, donde el muchacho quedóse dormido hasta que el sol de la mañana le dio en pleno rostro. Al abrir los ojos, no pudo darse cuenta en un principio del lugar en que se hallaba. Habituado a los desiertos de la Laponia, creyó que era un cuadro aquella extensión de tierra tan cultivada y habitada. Además, el sol naciente revestía las cosas de tonalidades extraordinarias.

La torre estaba construida sobre una montaña, en medio de una isla situada cerca de la ribera oriental de un gran lago. Este lago ofrecía en tal momento un matiz tan rosado como el cielo. Las riberas amarilleaban por los bosquecillos que el otoño había dorado y por el rastrojo de los campos. Tras esta franja amarillenta destacábase el cinturón sombrío del bosque de abetos, sobre el cual dibujábase al este la línea azulada que trazan las colinas; a lo largo del horizonte occidental corría en forma de arco una cadena de montañas deslumbrantes, puntiagudas, dentelladas, de color tan dulce y suave que no puede determinarse, y acerca del cual no hubiera podido decir Nils si era rojo, blanco o azul; no hay nombre que pueda designar semejante color. En la parte amarilla que por uno de sus lados rodea el lago, se elevaban, aquí y allá, iglesias blancas y caseríos colorados, y hacia el este, a la otra parte del estrecho que separa la isla de la tierra firme, adosada a una montaña protectora se extendía en la ribera una ciudad en medio de un terreno fértil y cultivado.

—He aquí una ciudad que ha sabido procurarse una buena situación —pensó Nils—. Quisiera saber cuál es su nombre.

En este momento experimentó un sobresalto. Sumido en la contemplación del país, no se había dado cuenta hasta entonces de que algunos visitantes subían por la torre. Ascendían con tanta rapidez por la escalera que apenas si tuvo tiempo para meterse en un agujero.

Tratábase de un grupo de muchachas y muchachos que hacían una excursión a pie a través del Jämtland. Ya en lo más alto felicitáronse de haber llegado a la ciudad de Ostersund la víspera por la tarde, para gozar al amanecer del bello espectáculo que ofrece la vista del Fröso, donde se distinguen más de veinte poblaciones. Señalábanse unos a otros las iglesias y las montañas. Todos estaban de acuerdo en que las más próximas eran las montañas de Ovik; pero ¿cuál de aquellas cumbres era la del Areskutan?

Una jovencita sacó de su bolsa un mapa que desplegó sobre sus rodillas y todos se sentaron para examinarlo. Nils mostrábase inquieto porque su presencia allí se iba prolongando demasiado. El pato no vendría en su busca mientras estuviesen aquellos jóvenes en la torre, y no ignoraba que los patos tenían prisa de continuar viaje. En medio de la conversación de los turistas creyó oír por un momento el chillido de los patos y el batir de alas; pero no se atrevió a salir de su escondite.

XLVII
LEYENDAS DE HERJEDALEN

Cuando al partir los turistas pudo Nils mirar en todas direcciones, no vio el menor rastro de los patos silvestres. No venía a buscarle ningún pato. Llamó repetidas veces, pero en vano. No concebía que los patos hubieran podido abandonarle; si acaso, temía que hubiese podido ocurrirles alguna desgracia. Devanábase los sesos para imaginar un medio que le permitiera unirse a ellos, cuando, de repente, Bataki, el cuervo, abatió el vuelo junto a él.

Jamás pudo imaginar Nils que pudiese saludar a Bataki con tanto cariño.

—Mi querido Bataki —le dijo—; ¡qué suerte que hayas venido! ¿Podrías darme noticias del pato blanco y de los patos silvestres?

—Precisamente vengo de su parte —contestó Bataki—. Okka descubrió la presencia de un cazador y no se ha atrevido a venir en tu busca. Me ha encargado que te conduzca adonde están tus amigos. Sube sobre mis espaldas y dentro de un instante estaremos con ellos.

Nils saltó sobre las espaldas del cuervo, que le llevó hacia el sur. Descendieron en un espacioso valle. El paisaje era espléndido; las montañas eran altas como las de Jämtland; pero había pocas tierras cultivadas y pocos pueblos. Bataki descendió sobre una cabaña e hizo bajar a Nils.

—Este verano ha habido aquí maíz —le dijo—. Mira si puedes encontrar algunos granos para comer.

Mientras Nils buscaba algunas espigas, de las que sacaba los granos que luego comía, Bataki se entretenía conversando con él.

—¿Ves aquella grande y hermosa montaña que se eleva allá lejos, al sur? —comenzó diciendo.

—Sí, la veo.

—Pues bien; se llama Sonfjell —continuó el cuervo—, y allí hubo en otros tiempos muchísimos lobos. Las gentes que habitaban el valle de este río tuvieron muchas veces que afrontar las más terribles situaciones.

—He oído decir que hace mucho tiempo atacaron los lobos a un hombre que vendía cubetas y toneles de toda clase —dijo Bataki—. Era de Hede, pueblecito situado a algunas millas de este valle. Hacía el peor tiempo del invierno y los lobos le persiguieron corriendo por encima de las aguas heladas del río Ljusnan, sobre las cuales viajaba nuestro hombre. Los lobos eran doce y el caballo que conducía el hombre de Hede era mal corredor. El peligro era inminente.

Las riberas estaban desiertas y no había una distancia menor de dos millas hasta la granja más próxima. El hombre quedó, al fin, paralizado por el terror. En este momento vio que algo se movía entre los abetos plantados en el hielo para marcar el camino. Cuando descubrió lo que era, su terror se acrecentó aún más. No era un lobo precisamente, sino una pobre mujer que recorría el país mendigando y que se llamaba Malina. Como era jibosa y coja de una pierna, la reconoció de lejos.

La anciana iba derechamente al encuentro de los lobos. No les había descubierto todavía, sin duda, y el habitante de Hede pudo darse cuenta en seguida de que si pasaba por delante de ella sin advertirla podría él escapar porque entonces caería ella entre las garras de los lobos. Además, de detener el caballo y hacerla montar en él, tampoco podía considerarse cierta su salvación. Estaba seguro de que en este caso perecerían los tres: él, ella y el caballo. ¿No era más justo sacrificar una vida para otras dos?

En este momento los lobos lanzaron un aullido siniestro. El caballo se excitó, apretó el freno entre sus dientes y cruzó velocísimo ante la mujer. Ella también había oído el aullido de los lobos y comprendía su situación.

El hombre vio cómo levantaba los brazos al aire y abría la boca para gritar. Ella estaba perdida; pero él quedaba a salvo.

Tuvo un primer momento de alivio, de tranquilidad; pero pronto sintió un dolor agudo en el pecho. Hasta aquel instante no había hecho nada deshonroso en el mundo. Desde este momento su vida quedaría destruida.

Con un esfuerzo brusco dominó el caballo y le hizo detener.

—Malina —le gritó—; sube a mi trineo.

Hablaba duramente porque estaba indignado contra sí mismo al ver que no podía dejar a la mujer abandonada a su suerte.

—Mejor estarías en tu casa que recorriendo los caminos, vieja bruja —gruñó—. Por tu culpa vamos a perder la vida el Negro y yo.

La vieja mujer callaba a todo.

El hombre volvió a decir:

—El Negro ha recorrido hoy más de cinco millas y la carga no será ligera cuando subas al trieno.

Los patines del trineo chirriaban al deslizarse velozmente sobre el hielo; pero no por eso oíase menos el aliento de los lobos.

—¡Qué va a ser de nosotros! —dijo el hombre—. Ni a ti ni a mí va a servirnos gran cosa el haberte recogido, Malina.

La vieja, que hasta entonces había callado, habituada como estaba a oír palabras desagradables, abrió, por fin, la boca.

—No comprendo por qué no te desembarazas de las cubetas y los toneles para aligerar la marcha del trineo. Tú podrías venir mañana a recogerlos.

El hombre comprendió que era un buen consejo y se asombró de no haber pensado ya en ello. Entregó las riendas a la mujer, desató las cuerdas que sujetaban los toneles y las cubetas y los dejó rodar por tierra. Los lobos, aterrorizados primero, curiosos después, detuviéronse para ver qué era aquello, lo que permitió que el trineo tomara bastante delantera.

—Si esto no basta, yo misma me arrojaría a los lobos —añadió la vieja—. Entonces tal vez pudieras tú escapar.

Mientras ella hablaba, él desataba un tonel enorme.

—¿Cómo es posible —exclamó— que un hombre y un caballo en buen estado puedan permitir, por salvarse, que una vieja mujer sea devorada por los lobos? Ciertamente, debe haber un medio de salvarse. Pero, ¿cuál es?

Y reanudó su trabajo. Trataba ahora de arrojar por encima de las bardas del trineo el pesado tonel.

De repente se detuvo de nuevo y comenzó a reír.

La mujer le miró, creyendo que habríase vuelto loco. El hombre se reía porque había encontrado el medio de salvar a todos. ¿Cómo no había pensado en ello antes?

—Escucha, Malina, lo que voy a decirte. Tú conducirás el trineo con la mayor rapidez posible hasta el pueblo de Linsäll, y cuando llegues comunicarás a todos que yo he quedado sobre la nieve y en medio de los lobos, por lo que deben venir a socorrerme.

El hombre esperó hasta que los lobos estuvieron nuevamente muy cerca del trineo. Entonces arrojó el enorme tonel y saltando tras él se ocultó debajo del mismo.

Éste, construido para contener la cerveza que había de consumirse en una granja durante la Navidad, le cubría fácilmente. Los lobos aullaron en torno del tonel tratando en vano de volcarlo y mordiendo el saliente de las duelas. Como el tonel era pesado y sólido, el hombre estaba fuera de todo peligro.

«De hoy en adelante —decíase gravemente, después de haberse burlado un momento de los esfuerzos de los lobos—, de hoy en adelante, siempre que me encuentre en lo que parezca un callejón sin salida, pensaré en este tonel. No olvidaré que puede evitarse el daño propio sin necesidad de perjudicar a otro. Nunca falla una tercera salida; lo bueno es encontrarla.»

Bataki acabó su historia con estas palabras, pronunciadas sentenciosamente, como dichas con una intención particular. Nils había observado ya que siempre que refería el cuervo alguna cosa adoptaba el mismo tono.

«¿Qué es lo que habrá querido decirme al narrar esta historia?», preguntábase.

Después de haber comido, Bataki y el muchacho continuaron su camino, siguiendo el curso del Ljusnan. Llegados cerca del pueblo de Kolsatt, en los límites de Hälsingland, el cuervo se echó de nuevo a tierra junto a una pequeña cabaña, en la que no había ventanas y sí sólo un tragaluz casi invisible. De la chimenea escapábase una humareda mezclada con chispas, y en el interior oíanse los golpes de martillo.

—Al ver esta herrería recuerdo que antiguamente hubo en este pueblo herreros tan hábiles que no tenían par. Yo he oído contar algunas historias de esto allá en lo alto.

—Cuéntame una —solicitó Nils.

—Pues, señor —continuó Bataki sin hacerse rogar—. Hubo una vez un herrero que invitó a otros dos maestros herreros, uno de la Delecarlia y el otro de Värmland, a medirse con él en la fabricación de clavos. El reto fue aceptado y los tres herreros se reunieron aquí, en Kolsatt. Primero, comenzó el dalecarliano. Y forjó una docena de clavos tan iguales, tan agudos y tan bonitos, que nadie los hubiera hecho mejor. Después, vino el vermlandés. Y forjó también una docena de clavos perfectos, si bien con la ventaja de que empleó la mitad de tiempo que su contrincante. Los que actuaban de jueces aconsejaron al herrero de Härjedalen que no lo intentara siquiera, porque no lo podría hacer mejor que el primero ni más pronto que el segundo. «Eso me importa poco y no me entrego —respondió el tercer concursante—. Debe haber una tercera manera de distinguirse.»

Y puso el hierro sobre el yunque sin pasarlo por el fuego, calentándolo a martillazos, y forjó clavo tras clavo sin emplear carbón ni fuelle. Nadie de los allí reunidos había visto manejar el martillo con más habilidad, y el herrero de Härjedalen fue proclamado el más hábil del país.

Bataki se calló una vez dicho eso. Nils reflexionó un instante.

—Dime, ¿cuál ha sido tu intención al referirme esta historia? —preguntó al fin.

—La he recordado al ver esta vieja herrería —respondió Bataki evasivamente.

Los dos viajeros reanudaron el vuelo. El cuervo llevó a Nils a través de la parte de Härjedalen, vecina a la Dalecarlia. Y descendió sobre una colina que dominaba la llanura.

—¿Sabes lo que es este montículo que está bajo tus pies? —preguntó Bataki.

Nils contestó que lo ignoraba.

—Pues bien: es una tumba, un túmulo antiguo —añadió el cuervo—. Fue elevado en honor de un hombre llamado Herjulf, el primero que se instaló en Härjedalen y cultivó el país.

—¿También tendrás que referirme alguna historia sobre este señor? —preguntó Nils.

—No he oído decir grandes cosas con respecto a él. Creo que era noruego. Primeramente estuvo al servicio del rey de Noruega; pero creo que acabó riñendo con él. Y presentándose ante el rey sueco, que vivía en Upsala, entró a su servicio. Transcurrido algún tiempo pidió en matrimonio a la hermana del rey, y como éste se la negara, la raptó. Y se vio en el trance de no poder habitar en Noruega ni en Suecia; y a todo esto, no quería marcharse al extranjero ni abandonar el país a ningún precio.

«Debe haber una tercera alternativa», pensó. Y con sus criados y sus tesoros se puso en marcha hacia el Norte, a través de la Dalecarlia, hasta que llegó a los grandes desiertos que existían en los confines de esta provincia. Detuvo su marcha, construyó una casa, removió la tierra y se convirtió en el primer habitante de este país.

Al oír esta historia, quedó Nils más intrigado que nunca.

—¿Por qué no me dices cuál ha sido tu intención al referirme esto? —preguntóle.

En un principio no contestó nada Bataki, limitándose a mover y remover la cabeza, entornando los ojos.

—Bueno; puesto que estamos solos —dijo al fin—, quiero preguntarte una cosa. ¿Te has dado cuenta de la condición impuesta por el duende que te ha transformado para que puedas volver a convertirte en hombre?

—La única de la que he oído hablar consiste en que yo debo conducir al pato blanco a la Laponia y llevarle sano y salvo a la Escania.

—Precisamente es lo que yo pensaba —dijo Bataki—, porque la última vez que nos vimos decías con orgullo que no está bien traicionar a un amigo cuya confianza se tiene. Tú procederías cuerdamente si le preguntaras a Okka cuál es esa condición. No debes ignorar que ella misma ha ido a tu casa para hablarle al duende.

—Okka nada me ha dicho.

—Sin duda pensaba que era mejor para ti que no supieses el alcance de las palabras del duende. Te estima más a ti que al pato blanco.

—Es curioso, Bataki —dijo Nils—, el modo que tienes de ponerme siempre triste y de inquietarme.

—Tal vez pueda, en efecto, parecerte así —añadió el cuervo—; pero esta vez creo que me agradecerás el que te repita las palabras del duende. Ha dicho que volverás a ser hombre cuando conduzcas al pato blanco a tu casa para que pueda matarlo tu madre.

Nils se levantó de un salto.

—¡Es una mala invención tuya, Bataki! —gritó.

—Ahora mismo puedes preguntárselo a Okka, porque creo que se aproxima con su bandada; pero te ruego que no olvides las historias que hoy te he referido. Hay un medio de salir de todas las dificultades que se presenten, con tal de que se encuentre. Me gustaría saber cómo lo conseguirás tú.

XLVIII

VÄRMLAND

Miércoles, 5 de octubre

Al día siguiente, durante un alto en el camino, y aprovechando que Okka se había alejado un poco de los otros patos, le preguntó Nils si era verdad lo que le había dicho Bataki. Okka no pudo negarlo. El muchacho hizo entonces que la vieja pata le prometiera que por nada del mundo daría motivos para que el pato blanco sospechara lo más mínimo referente a este secreto. Bravo y generoso como era, podría obrar por su cuenta sin pedir consejo a nadie.

Después de esta conversación, Nils permaneció silencioso, recostado sobre las espaldas del pato y sin interesarse por nada. Sólo le sacaron de su abstracción los gritos de los patos que llamaban a sus crías y anunciaban que ya se podía ver el Städjan por haber entrado en la Dalecarlia.

—Como es probable que tenga que viajar toda mi vida con los patos, ya tendré tiempo de ver este país más de lo que deseo —refunfuñó Nils.

Tampoco mostró mayor interés cuando los patos gritaron que ya estaban en Värmland y que el río que seguía hacia el Sur era el Klarälven.

—He visto tantos ríos, que ya tengo bastante —añadió.

Aunque Nils hubiese tenido curiosidad por conocer el país, no hubiera encontrado muchas cosas que ver, porque el norte del Värmland abunda en grandes bosques de abrumadora monotonía, a través de los cuales serpentea el Klar, estrecho y dibujando curvas rápidas. Allí y allá cascadas, una muela de carbón, tierra sin cultivo o algunas casitas bajas habitadas por los fineses. La extensión de los bosques hacía creer que aquél no podía ser otro país que la Laponia.

Los patos descendieron en la orilla del río y, mientras picoteaban la hierba buscando alimento, oyó Nils risas y algazara por la parte del bosque. Las voces dábanlas siete hombres corpulentos que caminaban con sendos petates sobre la espalda y el hacha al hombro.

Aquel día experimentaba el chicuelo un deseo indescriptible de tropezar con gentes que le recordasen su antigua condición, y por eso fue tan grande su alegría cuando vio que aquellos hombres se despojaban de sus petates y se echaban a descansar. Hablaban sin reposo, y el pequeño Nils, que disfrutaba al oír la voz humana, se colocó cerca de ellos sin ser visto. Pronto supo que eran oriundos del Värmland y que se dirigían al Norrland en busca de trabajo. Era gente alegre y tenía mucho que contar por haber trabajado en distintos sitios. En el curso de la conversación, uno de ellos, que conocía toda Suecia, afirmaba que la región más bonita era la del norte, el Värmland del oeste, donde había nacido.

—Tendrías razón —replicóle otro— si hablases de Fryksdalen, de donde yo soy.

—Si esto se dijese de Jösseharäd, que es donde yo he nacido —dijo un tercero—, podría daros la razón, por cuanto este sitio es más hermoso que los otros dos de que me habláis.

Surgió con esto una disputa y entonces se supo que cada uno era de un punto distinto del Värmland; y cada cual creía que el sitio en que había nacido era más bonito y mejor que el de los demás. Y como no podían convencerse, se hubiera suscitado una cuestión entre ellos si no hubiese acertado a pasar un anciano de larga barba y mirada penetrante, que les interrogó:

—¿Por qué disputáis? Dais unos gritos que se oyen en todo el bosque.

Uno de los vermlandeses se volvió hacia el anciano, diciéndole:

—Tú deber ser, sin duda, finés, puesto que andas por estos bosques, tan al Norte.

—Sí, lo soy, efectivamente.

A lo que replicó el otro:

—Está bien; yo siempre he oído decir que los fineses suelen tener más conocimiento que las otras gentes.

—Gracias por ello; la buena fama vale más que el oro —replicó el finés.

Luego le refirieron que discutían acerca de cuál parte del Värmland era la mejor, invitándole a que solventase la contienda para evitar que por un asunto de esta naturaleza pudiesen enemistarse.

—Lo haré como mejor pueda —dijo el finés—; pero antes os pido un poco de paciencia para que escuchéis un cuento.

«Había allá en el Sur un hombre que tenía siete hijos. Todos eran fuertes y robustos, y como hallábanse engreídos y cada cual quería ser más que el otro, disputaban con frecuencia. Dispuesto el padre a acabar con tantas cuestiones, llamó un día a sus hijos y les preguntó si querían someterse a prueba para conocer cuál de ellos pudiera valer más. Todos contestaron que sí; no deseaban otra cosa.

»—Ya sabéis —continuó el padre— que al norte de esta pequeña laguna de Vanern tenemos un terreno inculto, tan lleno de piedrecitas que no puede obtenerse de él beneficio alguno. Así es que mañana tomaréis cada uno de vosotros vuestro arado y lo labraréis durante el día tanto como podáis. Cuando llegue la noche yo iré a ver cuál de vosotros ha hecho el trabajo mejor.

»Apenas amaneció el siguiente día los siete hermanos se hallaron dispuestos con sus caballos y sus arados, y daba gusto ver el brioso aspecto de los caballos y la bruñida reja con sus afiladas cuchillas. Al marchar desviáronse para dar la vuelta a la laguna dos de los hermanos; pero al ver que el mayor se dirigía rectamente al Vanern diciendo que una laguna como aquella no le arredraba, tomaron todos la misma determinación para que no se creyese que les faltaba valor; de pie sobre los varales, guiaron los caballos a través del agua. Como éstos eran grandes, anduvieron largo trecho, hasta que perdieron pie y les fue necesario continuar a nado. También tuvieron que nadar los siete hermanos cogidos al arado; todos llegaron, por fin, a la otra orilla de la laguna, que hoy se llama Värmland y Dal.

»El hermano mayor empezó un surco y a cada uno de sus lados se fueron colocando los hermanos, según la edad, para trazar paralelamente los surcos suyos. Cual más cual menos, todos encontraron sus dificultades en las piedras, teniendo necesidad en algunas ocasiones de levantar el arado.

»Cuando llegó la noche, los siete hermanos, en extremo fatigados, esperaban el final de sus respectivos surcos. Por fin llegó el padre, y después de las buenas noches, preguntó cómo había ido el trabajo.

»—Bastante mal —contestó uno de los hijos—. Es un terreno muy difícil el que se nos ha dado a labrar.

»—Paréceme —dijo el padre— que estás de espaldas al terreno que has labrado; vuélvete y verás el resultado de tu trabajo, que no es tan pequeño como crees.

»Cuando el hijo volvió la cabeza vio con asombro que en el sitio que había recorrido su arado había ahora hermosos valles con lagunas y espesos bosques en las cañadas.

»—Ahora veremos lo que han hecho tus hermanos.

»El quinto de ellos había producido Jösseharäd y el lago Glafsjorden, y a los demás se les debía las preciosidades que en pequeños lagos y riqueza forestal existen en Västmanland actualmente.

»Cuando el padre hubo inspeccionado todo el terreno labrado diose por muy satisfecho, diciendo que lo habían hecho muy bien. Aquel erial podía ya utilizarse y ser habilitado. Allí había lagos ricos en peces y cascadas que producirían fuerza para mover aserraderos y otras industrias.

»Los hijos, si bien se mostraban muy alegres, deseaban que se les dijese cuál de los surcos resultaba mejor.

»—En una tierra de labradío como ésta —replicó el padre— es de mucha más importancia que unos surcos correspondan a los otros que determinar cuál de ellos es el mejor. Y lo que digo de la tierra, aplicáoslo vosotros, hijos míos, porque ninguno debe vanagloriarse de ser más que el otro y sólo debéis alegraros de poder cruzar serenamente vuestra mirada y que al trataros haya en vuestro ánimo esa placidez que es el contento de la vida.

XLIX

LA PEQUEÑA QUINTA SEÑORIAL

Los patos silvestres siguieron el curso del Klar hasta la gran fábrica de Munkorf; después oblicuaron hacia el Oeste. La tarde cayó cuando todavía no habían alcanzado el lago Fryken; los patos descendieron en una gran marisma sobre una altura. Como hallándose en el aire viera que al pie de la altura había algunas casas, resolvió Nils aproximarse a ellas.

El camino era mucho más largo de lo que había imaginado; al fin se hizo más clara la floresta y llegó a un camino. Un poco más lejos surgía una bella avenida de álamos que conducía a una quinta, y Nils se encaminó por ella.

Primero entró en un patio, grande como el mercado de un pueblo y rodeado de casitas rojas, bajas y prolongadas. Después de haberlo atravesado se encontró con un segundo patio donde se elevaba el cuerpo del edificio, precedido de un terreno cubierto de césped y flanqueado de una nave, tras la cual veíase un jardín frondoso. El edificio era pequeño y modesto; pero el patio estaba bordeado de un círculo de serbales gigantescos, tan juntos que formaban como un muro casi impenetrable. El cielo parecía un plafón azul pálido; los serbales eran amarillos, con bellos racimos rojos. El césped debía estar verde todavía; pero como aquella noche brillaba una luna de magnífica claridad, adquiría un tono blanco y plateado.

No se veía ningún ser viviente y Nils pudo recorrer tranquilamente aquella posesión. Al penetrar en el jardín vio algo que casi le puso de buen humor. Habíase subido a un serbal para comer algunos frutos cuando advirtió los racimos encendidos de un grosellero. Y se deslizó a lo largo del tronco. Al mirar en torno suyo observó que el jardín estaba lleno de groselleros rojos y negros y de frambuesas. Había nabos y rábanos en la huerta, granos en las plantas, espigas lozanas entre la hierba. Y allá, en medio de la avenida, una hermosa y gruesa manzana brillaba bajo los rayos de la luna.

Sentóse Nils sobre un mullido lecho de césped, y cogiendo la manzana, comenzó a cortarla en pedacitos con su cuchillo.

«No sería tan duro ser duende —se decía— si en todas partes pudiera uno alimentarse tan fácilmente.»

De repente oyó un ligero zumbido encima de su cabeza y al punto descubrió ante él algo que le llamó la atención y que tenía la forma de una bola. Esta se deshizo y dos puntos luminosos brillaron como dos carbones encendidos en lo alto. Nils vio entonces que la bola tenía también un pico ganchudo y dos ojos.

«¡Qué alegría encontrar al fin algún ser viviente!», pensó.

—¿Podría decirme la señora lechuza cómo se llama esta posesión y quién la habita?

La lechuza había permanecido aquella tarde, como acostumbraba siempre, apostada en un peldaño de la gran escalera que se apoyaba en el tejado de la casa, desde donde avizoraba las veredas y el terreno cubierto de musgo, en espera de que apareciera alguna rata. Y veía con gran asombro que no se presentaba ninguna piel gris cuando distinguió un punto que se movía y que al parecer no era más que un hombre en miniatura.

«Eso es —se dijo— lo que asusta a las ratas. ¿Qué podrá ser? Puede que no sea una ardilla, ni un gato, ni una comadreja; un pájaro que habita desde hace tanto tiempo en una casa de señores, debería conocer todo lo que en el mundo existe; pero esto es superior a mi entendimiento.»

Y fijó tal mirada en la extraña criatura que se agitaba a ras del suelo, que sus ojos acabaron por despedir llamas. La curiosidad hízole perder al fin toda prudencia y acabó por descender para cerciorarse de lo que se trataba.

«No tiene uñas ni púas —pensó—; pero, ¿quién diría que no posee un dardo envenenado u otra arma más peligrosa todavía? Debo mostrarme precavido.»

—Este dominio se llama Marbacka —respondió— y ha sido habitado por señores. Pero, ¿quién eres tú?

—He decidido instalarme aquí —exclamó el muchacho, sin responder a la pregunta de la lechuza.

—Esta posesión no es ya gran cosa si la comparamos con lo que era en otro tiempo —añadió la lechuza—; pero todavía se puede vivir en ella. Esto dependerá, sobre todo, del género de vida que tú quieras llevar y de lo que comas. ¿Piensas dedicarte a la caza de ratones?

—¡Dios me libre! —prorrumpió el muchacho—. Lo que he de hacer es procurar que los ratones no me devoren. Yo, en cambio, les podría hacer poco daño.

«No es posible que sea tan inofensivo como quiere hacerme creer —díjose la lechuza para su coleto—. No obstante, ya veremos.»

Seguidamente se elevó un poco volando y abalanzándose sobre Nils Holgersson, le clavó las uñas en sus espaldas, al mismo tiempo que con el pico apuntaba a sus ojos para sacárselos. El muchacho se cubrió la cara con un brazo y con el otro trató de desprenderse del animal, pidiendo socorro con todas sus fuerzas. Y entonces se dio cuenta de que estaba en peligro de muerte.

* * *

El mismo año en que Nils viajaba con los patos silvestres, había, precisamente, una persona que no dejaba de acariciar la idea de escribir un libro sobre Suecia, un libro que sirviera de lectura a los niños de las escuelas. Estuvo pensando en ello desde Navidad hasta el otoño; pero no llegó a escribir una sola línea. Finalmente, ya cansada, se dijo:

«Tú no eres capaz de escribir este libro. Siéntate a tu mesa y escribe cuentos e historias como hasta ahora, y deja a otro el cuidado de escribir un libro que sea instructivo y moral y en el que no haya, sobre todo, una palabra que no sea verdad.»

Ya estaba dispuesta a abandonar su proyecto, aunque con pena, porque encontraba un gran placer en escribir cosas de Suecia, cuando tuvo la idea de que su incapacidad provenía, sin duda, de vivir en una ciudad y no ver otra cosa que calles y casas. De instalarse en la campiña, donde vería bosques y campos, tal vez no le faltara inspiración.

Había nacido en el Värmland y tenía la idea muy arriagada de comenzar su libro por esta provincia, para describir primeramente el rincón que la había visto nacer. Era ésta una pequeña propiedad, bastante aislada del resto del mundo, donde se conservaban muchos usos y costumbres de tiempos ya lejanos. Puede que los niños gustaran de que se les refiriera los múltiples trabajos que en su infancia se sucedían desde comienzos hasta fines de año. Quería describir la celebración de las fiestas más sonadas: Navidad, el primero de año, las Pascuas, la noche de San Juan; cómo se establecían la cocina, la despensa, el establo y la cuadra, la era en los días de trilla y la caseta de baños. Pero su pluma se resistía a obedecer. Sin embargo, recordaba todas estas cosas como si continuara viviendo en su propiedad. Mas si pensaba instalarse en la campiña, ¿por qué no visitar la casita donde discurrió su infancia antes de disponerse a escribir? Hacía años que no la visitaba, y no le disgustaba tener un pretexto para ir a verla. Siempre, en cualquier lugar donde se encontrase, sentía nostalgia de su tierra. Había visto otras tierras más bellas; pero en ningún sitio encontraba aquella seguridad y bienestar que había gozado en su casita natal.

A pesar de todo no era cosa fácil volver a ella, porque había sido vendida a gentes que no conocía. Seguramente no sería mal recibida; pero le repugnaba la idea de presentarse allí como una extraña y entablar tratos con personas desconocidas. Y decidió presentarse a la caída de la tarde, cuando todo el mundo hubiera terminado su trabajo y estuviera de vuelta a su casa.

Jamás hubiera creído que aquello pudiera causarle una impresión tan extraña. Mientras el coche la conducía a la vieja casa, sentíase rejuvenecer por instantes; ya no era una señora de cabellos grisáceos, sino una muchacha en traje corto y una mata de cabellos de color de lino sobre la espalda. Al reconocer cada casa a lo largo del camino, no podía dejar de creer que allá abajo continuaría todo lo mismo que en el pasado. Padre, madre, hermanos y hermanas la esperarían en el dintel, la vieja criada acudiría a la ventana de la cocina para verla llegar. Nerón y Freya y otros dos o tres perros se precipitarían a su paso y saltarían en torno de ella.

Cuanto más se aproximaba, más feliz se sentía. Estábase en el otoño e iba a comenzar un período de ocupaciones diversas, y el mismo número de estas ocupaciones bastaba para que nadie sintiera aburrimiento ni enojo. Al atravesar el camino había visto a las gentes dedicarse a la cosecha de la patata; sin duda, estarían haciendo lo mismo los habitantes de su casa. El primer trabajo que la esperaría, sin duda, era el de mondar las patatas para fabricar la fécula. El otoño había sido muy dulce. Preguntábase si se habría recolectado todo en el jardín. Las coles no habrían sido cortadas todavía. Y el lúpulo, ¿habría sido cogido ya? ¿Habrían sido arrancadas del árbol las manzanas?

Tal vez se hubiese hecho ya la gran limpieza de la casa antes de la feria de otoño, limpieza que constituía una fiesta, sobre todo para las domésticas. ¡Qué placer, la víspera de la feria, visitar la cocina y ver el suelo cubierto de enebro cortado en pedacitos, los muros blanqueados y los objetos de cobre respladeciendo sobre la cornisa que se extendía de una pared a otra!

No por esto era largo el descanso después de la feria. Había que dedicarse a las faenas de espadillar el cáñamo. Durante la canícula había que meterlo en la vieja estufa y habríase encendido el horno grande para secarlo, y cuando ya estuviera lo suficientemente seco, reuniríanse un día todas las mujeres de la vecindad. E instaladas ante la estufa, dedicaríanse a espadillarlo, golpeándolo con las agramaderas para ir separando las fibras finas y blancas de los troncos. Las mujeres quedarían cubiertas de polvo; pero esto no sería un obstáculo para la alegría y la conversación animada y confusa que repercutiría como una tempestad, en torno de la estufa.

Una vez terminada la preparación del cáñamo, había que pensar en la hornada de pan duro para el invierno, en el esquileo de los corderos y en el cambio de domésticos. En noviembre vendrían los días fatigosos en que se sacrificaba el ganado y se hacían las provisiones de salchichas y salchichones, el frito, etc., y, por último, el relleno de las pajitas de azufre para encender el fuego. Vendría también la costurera que confeccionaba los vestidos con la tela tejida en casa, y se pasaría dos semanas deliciosas en que todo el mundo estaría ocupado en la costura. El zapatero que hacía el calzado para todos los de la casa, trabajaría al mismo tiempo en el cuarto de los criados, sin que se cansara nadie de verle cortar el cuero, clavar las suelas y enhebrar la aguja.

Pero las grandes ocupaciones vendrían hacia Navidad; por Santa Lucía, en la casa coronada de verdor y con velas encendidas, la camarera, vestida de blanco, despertaba a todo el mundo a las cinco de la mañana, sirviendo el café al mismo tiempo; de esta manera inaugurábase dos semanas de preparativos, durante los cuales nadie estaba seguro de poder dormir lo necesario. Era cuestión entonces de preparar la cerveza de Navidad, de cocer el pan y los pasteles de Navidad, de llevar a efecto la gran limpieza que se acostumbraba por Navidad.

Cuando el cochero detuvo los caballos a la entrada de la avenida de álamos, como le había indicado la viajera, se vio rodeada de pequeños hornos a punto de ser encendidos y de corderitos de Navidad hechos de pasta. Estremecida, despertó bruscamente de su sueño. Era algo siniestro encontrarse sola casi al anochecer, después de haberse creído rodeada de todos los suyos. Y descendiendo del coche para llegar a pie hasta su antigua casa, fue tal la angustia que se apoderó de la viajera al ver la diferencia entre el presente y el pasado, que hubiera querido retroceder sobre sus pasos.

—¿Por qué he venido a este lugar? No encuentro las cosas tal como fueron —se decía.

Pero ya que estaba allí, podría por lo menos ver de nuevo la vieja casita. Y prosiguió su camino, aunque más triste a cada paso.

Había oído decir que la casita estaba muy arruinada; pero a la hora del crepúsculo no le era posible ver nada; todo le parecía lo mismo que en tiempos pasados. Veía el estanque que cuando niña estaba lleno de peces de río que nadie se atrevía a pescar porque su padre deseaba que se les dejara tranquilos; ante el cuerpo del edificio estaba el patio, siempre parecido a un lugar cerrado, sin vistas al exterior, como en tiempos de su padre, que no había podido decidirse a cortar el menor arbusto.

Dio unos pasos y se detuvo ante el gran olmo que había cerca del enrejado de la entrada, contemplándolo todo. Y, cosa extraña, un enjambre de gorriones vino a abatir su vuelo junto a ella.

Apenas si podía creer que aquellos fuesen verdaderos pájaros, por cuanto los gorriones dejan de volar una vez puesto el sol. Sin duda, les había despertado una hermosa claridad de luna, y creyendo que era la luz del día, abandonaron su nido, y al volar aturdidos vieron un ser humano y volaron hacia él, como si desearan salir a su encuentro.

Allí debían haber continuado viviendo multitud de pajaritos del tiempo de sus padres; los gorriones figuraban entre los animales que su padre había puesto bajo su protección particular. Poníase de mal humor apenas oía hablar de la muerte de un gorrión. Y por esto sentíase tan feliz al verse recibida de aquel modo por estos pajaritos al volver a su antigua casa. ¿Quién no le diría que los gorriones habían abandonado el nido por su causa, para mostrarle que no se olvidaban de haber encontrado allí en otro tiempo un buen refugio? ¿No pudiera ser también que su padre le enviara con los pajaritos un buen recuerdo para que no se sintiera tan triste y angustiosa al volver a su antigua residencia?

Este pensamiento despertó en su alma una pena nostálgica de los tiempos pasados, que le hizo asomar unas lágrimas a los ojos. ¡Qué bella había transcurrido su vida en esta vieja casita! Pasó allí semanas de labor, pero también había pasado muchos días de fiesta; trabajaba y penaba durante el día, pero llegada la noche instalábase bajo la luz de la lámpara para leer a Tegner y Runeberg, a la señora Lenngren y a Federica Bremer. Allí habíase plantado trigo, pero también rosas y jazmines; habíase hilado el lino, pero las canciones populares habían acompañado el trabajo de la rueca. Habíase buceado en el estudio de la gramática y de la historia, pero también habíanse representado piezas de teatro y compuesto versos; habíase quemado alguna vez en el hornillo al cocinar; pero también había aprendido a tocar el clavicémbalo, la flauta, el violín y el piano. Habíase plantado coles, rábanos, guisantes y nabos en la huerta situada detrás de la casa; pero no por eso faltó un jardín lleno de manzanas, peras y de todo género de frutos. Había vivido allí aislada; pero gracias a eso había podido guardar en su memoria muchos cuentos y relatos. Había llevado vestidos tejidos en casa; pero había podido vivir sin sobresaltos e independiente.

—En ninguna parte del mundo he podido llevar una existencia tan dulce como en estos pequeños dominios señoriales de mi infancia —pensaba—. Había una justa medida de trabajo y de placer, y todos los días discurrían alegres. ¡Cómo me gustaría volver a aquellos tiempos! ¡Desde que he visto mi antiguo hogar siento que me será penoso abandonarlo!

Tras estas reflexiones, dijo, dirigiéndose al enjambre de gorriones:

—¿Por qué no vais a decirle a mi padre que siento la nostalgia de la casa? Ya estoy cansada de ir de un lugar a otro. Preguntadle si no podría hacer que yo volviese pronto a la casita donde transcurrió mi infancia.

Apenas hubo pronunciado estas palabras, elevóse en el aire todo aquel enjambre de gorriones. Trató de seguirles con la mirada; pero no tardaron en desaparecer. Hubiérase dicho que toda aquella claridad habíase evaporado en el aire centelleante.

En el preciso momento en que acababan de huir los gorriones, llegaron a sus oídos, desde el jardín, unos gritos dolorosos. Corrió hacia el lugar de donde partían y vio algo extraordinario; un pequeñín, un buen hombrecito no más alto que la palma de la mano, que se debatía entre las garras de una lechuza. En el primer momento, el estupor la dejó clavada en su sitio; pero como los gritos de Pulgarcito hacíanse más angustiosos cada vez, intervino para separar a los combatientes. La lechuza voló hacia un árbol, y el pequeñín quedó ante su salvadora.

—Le doy las gracias por haberme socorrido —le dijo—; pero ha hecho mal en dejar escapar a la lechuza, porque me está acechando desde lo alto de aquella rama y eso impide que me marche.

—Ciertamente, he cometido una torpeza al dejarla marchar —confesó la señora—. Pero, ¿no podría yo, en cambio, acompañarte hasta tu casa?

Por muy habituada que estuviera a escribir cuentos de hadas, no por eso le asombraba menos el conversar con un duende. Sin embargo, estaba mucho menos sorprendida de lo que hubiera podido imaginar; no en balde había esperado, mientras recorría los alrededores de su antigua casa a la luz de la luna, alguna aventura extraordinaria.

—Es que yo tenía la intención de pasar aquí toda la noche —contestó el hombrecito—. Si usted pudiera proporcionarme abrigo seguro donde pasar la noche, yo no volvería al bosque hasta que apunte el día.

—¿Proporcionarte abrigo? Pero, ¿acaso no habitas aquí?

—Ya me doy cuenta de que usted me ha tomado por un duende —dijo el hombrecito—; pero soy un ser humano como usted, sólo que he sido transformado en duende.

—¡Esto es lo más extraordinario que he oído en mis días! ¿Por qué no me cuentas todo lo que te ha sucedido?

Al muchacho no le disgustaba referir a alguien sus aventuras; y observaba que a medida que avanzaba en su relato, mostrábase su interlocutora más admirada, maravillada y contenta.

—¡Qué suerte haber encontrado a alguien que ha recorrido toda Suecia montado en un pato! —exclamaba la señora—. No tengo más que escribir tu historia para poder hacer ese libro que tanto me ha preocupado. ¡Qué bien he hecho al volver a la casa! Me siento en disposición de llevar a cabo mi sueño desde que he llegado aquí.

En este momento cruzó por su mente una idea que apenas se atrevió a formular. Había enviado a su padre un mensaje por medio de los gorriones para decirle que sentía nostalgia de la casa, y un instante después había sido favorecida con una aventura que le había causado mucha zozobra, al par que satisfacción. ¿Sería esta la respuesta de su padre a lo que le había pedido?

L

EL TESORO DE LA PLAYA

EN RUTA HACIA EL MAR

Viernes, 7 de octubre

Desde el comienzo del viaje, los patos volaban hacia el sur, pero al cruzar el valle de Fryken tomaron otra dirección, y por el Värmland occidental y el Dalsland, dirigiéronse hacia el Bohuslän.

El viaje fue largo. Los pájaros habíanse ejercitado bastante para no lamentarse de la fatiga, y Nils recobró un poco de su antiguo buen humor. Sentíase muy contento de haber hablado con un ser humano. La dama habíale dicho que mientras procurase hacer bien a cuantos encontrase, podía estar seguro de que su aventura tendría un desenlace feliz. Sin predecirle cómo podría recobrar su talla normal, habíale dicho cosas que le infundieran un poco de confianza y de valor. Sólo pensaba ahora en el medio de disuadir el pato blanco de la idea de regresar a Vemmenhög.

—Creo, pato —le dijo una vez mientras iban por los aires—, que será muy monótono y pesado para nosotros permanecer en casa todo el invierno. Estoy tentado de decirte que no haríamos mal si acompañásemos a los patos en su viaje al extranjero.

—No debes hablar formalmente —exclamó el pato muy alarmado, porque desde que había demostrado que era capaz de seguir a los patos silvestres hacia la Laponia, no deseaba otra cosa que reintegrarse al establo del granjero Holger Nilsson.

El muchacho permanecía silencioso viendo el paisaje. Los bosques de álamos, los grupos de árboles y los jardines habíanse engalanado con los colores rojos y amarillos del otoño; los lagos extendían su superficie de un azul claro entre las riberas amarillentas.

—Nunca vi la tierra tan bonita como hoy —prorrumpió después de un momento de silencio—. ¿No piensas tú que sería una desgracia encerrarse en Vemmenhög y no ver ya nada más del mundo?

—Creí que tenías prisa por encontrar a tu padre y a tu madre, para hacerles ver lo bueno que te has hecho —contestó el pato.

Durante todo el verano había estado soñando en el delicioso momento en que abatiría su vuelo en el pequeño corral de la casa del Holger Nilsson, donde mostraría Finduvet y los seis patos silvestres a los patos domésticos, a las gallinas, a las vacas, al gato y a la señora Nilsson. Así es que la proposición de Nils apenas le seducía.

Los patos silvestres detuviéronse varias veces en el camino. Por todas partes encontraban excelentes campos cubiertos de rastrojos que no abandonaban sin pena. Hasta la caída de la tarde no llegaron a Dalsland. Era aquí el panorama más bello, si cabe, que en el Värmland. Los lagos eran tan numerosos que la tierra formaba como bandas estrechas y elevadas entre ellos. No había sitio para los campos: pero los árboles crecían allí como en un paraíso y las riberas parecían hermosos parques. Aunque ya el astro rey había descendido tras las colinas, resplandecía aquel ambiente de gloria, como si el aire y el agua hubiesen retenido la luz del sol. Franjas de oro reflejábanse sobre las aguas sombrías y pulidas, y sobre la tierra flotaba un claro resplandor rosa pálido, del cual emergían abedules, con un tono ligeramente dorado, álamos de un rojo vivo y serbales de un rojo amarillento.

—¿Pero no encuentras que sería algo triste, pato Martín, no ver más bellas cosas? —preguntó Nils.

—Yo prefiero con mucho los campos ubérrimos de nuestra llanura escaniana a estas peladas colinas pedregosas —respondió el pato—; pero ya sabes que si tú te decides a proseguir el viaje, no he de abandonarte.

—Esperaba de ti esta buena respuesta —dijo Nils. Y el tono con que dijo estas palabras demostraba que se había quitado un gran peso de encima.

Los patos silvestres pasaron sobre el Bohuslän con la mayor rapidez posible; el pato blanco les seguía jadeante. El sol señalaba su raya de fuego en el horizonte y desaparecía por momentos detrás de una colina.

De repente, vieron hacia la parte oeste una raya luminosa que se extendía a cada batir de alas. Era el mar que ofrecíase ante ellos, lechoso e irisado a trechos por reflejos rosa y reflejos azul, y cuando hubieron doblado las rocosidades de la costa aún les fue posible ver nuevamente al sol, enorme y encendido, encima de las olas donde iba a abismarse.

Al ver el mar libre e infinito y el sol de la tarde, purpúreo, de un resplandor tan suave que no podía fijar en él la mirada, Nils sintió que entraban en su alma una gran paz y una gran seguridad.

—¿Por qué afligirse, Nils Holgersson? —decíale el sol—. Es bueno vivir en este mundo, así para los grandes como para los pequeños. Es una bella cosa ser libre y vivir sin inquietudes y tener el espacio abierto ante sí.

EL DONATIVO DE LOS PATOS

Los patos instaláronse para dormir sobre un pequeño escollo, ante la ciudad de Fjällbacka. Como se aproximaba la media noche y la luna había ascendido muy alto en el cielo, la vieja Okka fue a despertar a Yksi y Kaksi, a Kolme y Nelja, a Viisi y Kiisi. Y acabo por tocar con el pico a Pulgarcito.

—¿Qué hay, madre Okka? —gritó éste poniéndose en pie de un salto. Nils vio a su lado algo que tomó en un principio por una alta piedra puntiaguda; pero pronto se dio cuenta de su error al percatarse de que era una gran ave de presa. Y reconoció a Gorgo, el águila.

Evidentemente, él y Okka habíanse citado allí, porque nadie mostraba la menor sorpresa.

—Eso se llama ser exacto —dijo Okka al saludarle.

—He venido —respondió Gorgo—; pero temo que además de mi exactitud haya algo que no merezca vuestros elogios. He cumplido muy mal la misión que me confiaste.

—Estoy segura —díjole Okka— de que has hecho más de lo que aparentas, y antes de que refieras cómo te fue en el viaje, he de pedir al liliputiense que me ayude a buscar algo que debe estar escondido entre las peñas e islotes de estas playas. Hace una porción de años —continuó diciendo— que yo y un par de los que se han hecho viejos en la bandada, sorprendidos por una tormenta, fuimos arrastrados hasta estos lugares, entre cuyas piedras hubimos de buscar refugio durante varios días. Sufrimos mucha hambre y anduvimos buscando algo con que alimentarnos. No encontramos nada que comer y sólo vimos unos sacos medio enterrados en la arena, sobre los que nos lanzamos hasta romper sus telas a picotazos en la creencia de que pudieran contener trigo; pero no fue así. Aquellos sacos no contenían otra cosa que brillantes monedas de oro, que no tenían para nosotros aplicación alguna; y las dejamos donde estaban. En todo estos años no hemos pensado en tal hallazgo; pero por sucesos acontecidos en el pasado otoño, deseamos poseer dinero. No es probable que el tesoro se encuentre aquí todavía; pero, de todos modos, como hemos venido para buscarlo, vamos a ver si lo hallamos.

El chicuelo se metió entre las rendijas, y con un par de conchas empezó a quitar arena en varios sitios. No encontró los sacos: pero sí un par de monedas que le pusieron sobre la pista, y haciendo un gran hoyo encontró el caudal derramado por allí, pues los sacos habían desaparecido por la acción del tiempo. Inmediatamente dio cuenta del descubrimiento a la pata Okka, que al frente de la bandada vino a felicitarle con gran ceremonia y repetidas inclinaciones de cabeza.

—Tenemos que comunicarte —dijo Okka al pequeño Nils— que nosotros, que ya somos viejos, hemos pensado que si hubieras servido a los hombres y les hubieses hecho tanto bien como a nosotros, no se hubieran separado de ti sin darte una buena retribución.

—Soy yo el que debo estaros agradecidos por la ayuda que me habéis prestado; no me debéis agradecimiento alguno, porque las enseñanzas que de vosotros he obtenido valen más que el oro y toda clase de riquezas —contestó el chicuelo—; pero no teníais necesidad de esta riqueza, que de seguro ya no tiene dueño por los muchos años en que aquí se encuentra abandonada; no la necesitáis para nada.

—Sí; la necesitábamos para dártela a ti como remuneración, para que vean tus padres que has servido a ricos señores.

El pequeño Nils volvióse entonces rápidamente, y muy ofendido se dirigió a Okka, diciéndole:

—Es muy extraño que me separéis de vuestro servicio y me paguéis, sin que yo haya dicho nada de marcharme.

—Sólo queríamos que supieses dónde se hallaba el tesoro; por lo demás, puedes continuar con nosotros mientras permanezcamos en Suecia.

—Justamente es eso lo que yo digo; queréis que me separe de vosotros antes de tener yo ganas de ello. Puesto que tanto tiempo y tan a gusto hemos estado juntos, ¿no podría acompañaros también al extranjero?

Todos los patos, deseosos de demostrar su satisfacción, extendieron y elevaron su cuello, quedando un rato con sus picos entreabiertos, hasta que Okka, repuesta de la impresión, le dijo:

—Es verdad, no habíamos pensado en ello; pero antes de resolver sobre el particular, oigamos lo que Gorgo tiene que referir. Tú sabes que cuando salimos de la Laponia Gorgo y yo convinimos en que iría a tu casa, en la Escania, para ver de conseguir para ti mejores condiciones de vida.

—Es cierto —replicó Gorgo—; pero no he tenido mucha suerte. Pronto tuve la certeza de haber encontrado la granja de Holger Nilsson, y después de haber volado algunas horas por encima de la casa, descubrí al duende. Me dirigí a él y le conduje entre mis garras hasta un campo para hablar mejor con él. Le dije que iba de parte de Okka para suplicarle que aminorara las duras condiciones que le había impuesto a Nils Holgersson.

—Así lo quisiera —respondió—, porque sé lo bien que se ha portado durante el viaje; pero no está en mi mano.

Me enfadé entonces, amenazándole con arrancarle los ojos a picotazos si no accedía.

—Haz de mí lo que quieras —respondió—; pero no por ello le sucederá a Nils Holgersson otra cosa que lo que digo. Lo que tú debes decirle es que vuelva con su pato blanco, porque las cosas de su casa marchan mal. Holger Nilsson salió en garantía de su hermano y ha tenido que pagar una gruesa suma. Después ha comprado un caballo con dinero prestado, y el caballo quedó cojo al primer día, sin que haya podido obtener ningún provecho de él. Dile a Nils Holgersson que sus padres han tenido ya que vender las vacas y no tardarán en verse obligados a abandonar la granja si no acude alguien en su ayuda.

Al oír este relato, Nils frunció el ceño y cerró los puños con fuerza.

—El duende ha procedido de una manera cruel —se dijo— al imponerme una condición tan terrible que no me permite acudir en socorro de mis padres. Pero no hará de mí un traidor que engañe a su amigo. Mi padre y mi madre son gentes honradas, y sé muy bien que preferirán pasar sin mi auxilio antes que verme a su lado con una falta sobre mi conciencia.

LI

LA RIQUEZA DEL MAR

Sábado, 8 de octubre

En la parte sur de Suecia, la más combatida por las olas y cuyas costas baña el mar del Norte, existe un arrecife que se extiende desde Iddefforden al río Gataälo y que es conocido con el nombre de Bohuslän. Este arrecife, que cuenta millares de años, está cortado en un sinnúmero de sitios en forma de centenares de islotes y varios fiordos que ofrecen buen refugio en aquellas costas.

Tal vez se crea que una comarca donde no hay más que islas rocosas, sea totalmente improductiva y que en ella no puede encontrar el hombre lo que necesita para el sustento; pero no es así. En las grietas de las rocas no falta tierra laborable, y aunque los campos no son extensos, no dejan de ser cultivados, aunque esto no constituya el medio de vida de aquellas gentes, que se dedican, principalmente, a la navegación y a la pesca. El mar les brinda sus riquezas, si bien para obtenerlas hace falta cierto riesgo y conocer sus ensenadas y sus calas, las condiciones de su fondo y de sus corrientes. El que tenga que habérselas con él, ha de saber conducir su nave a través de las nieblas y las tormentas y no errar el camino en la oscura noche. Ha de saber dónde se escoden las langostas y manejar las pesadas redes y calar sus palangres sobre el alborotado mar y, ante todo, ha de tener un corazón valeroso, por cuanto en su lucha contra el mar ha de exponer su vida con frecuencia.

La mañana en que los patos silvestres se dirigieron a Bohuslän era clara y tranquila. Desde lo alto vieron instalaciones para la pesca y caseríos por cuyas estrechas calles no transitaba nadie. Las embarcaciones permanecían quietas, amarradas junto a la orilla, con sus velas aferradas, y en los bancos donde usualmente se limpia el pescado no se veía ninguna mujer.

Los patos volaron también por encima de varias casetas de prácticos, pintadas de blanco y negro, con su asta de bandera y su bote atracado al muelle. Todo daba una sensación de tranquilidad; ningún vapor a la vista que demandase auxilio para fondear en aquellos angostos parajes.

Las pequeñas poblaciones de la costa tenían cerrados sus grandes balnearios, arriadas sus banderas y cerradas también las puertas de los chalets veraniegos. Los únicos que por allí transitaban eran unos cuantos viejos capitanes de la marina mercante que iban y venían por los muelles, con la mirada anhelante fija en el mar. Sólo se trabajaba en los astilleros de embarcaciones pequeñas, donde los obreros manejaban las hachas con gran maestría y que de cuando en cuando volvían su mirada al mar, como si esperaran algo.

La misma tranquilidad que las gentes demostraban las gaviotas y otras aves acuáticas que paseaban plácidamente por la orilla del mar. Pero de repente cambió el cuadro de aspecto. Una bandada de gaviotas saltó de un plantío y dirigiose hacia el sur de un modo tan rápido que los patos silvestres sólo tuvieron tiempo para preguntarles hacia dónde iban. Otras aves dejaron el agua para seguir a las primeras en su vuelo, y en el mar veíase una línea negra, formada por los delfines, que uno tras otro seguían la misma dirección.

—¿Qué pasa? ¿Qué pasa? —preguntaban los patos silvestres, hasta que, por fin, les contestó un pingüino, diciendo:

—Son los arenques, son los aranques que han llegado a Marstrand.

Pero no solamente las aves y cetáceos se pusieron en movimiento; hiciéronlo también las gentes apenas tuvieron noticias de la llegada del primer banco de arenques a aquellas islas.

Las embarcaciones se prepararon al momento, las mujeres colocaban en ellas vituallas e impermeables y algunos marineros dábanse tanta prisa en salir de sus viviendas, que acabaron de vestirse en la calle.

Pronto flotaron sobre aquellas aguas pardas velas, y se oyeron charlas, preguntas y llamadas entre la tripulación de las embarcaciones, mientras que jóvenes muchachas, desde la orilla, decían adiós a los navegantes.

Los prácticos se aprestaban a salir, y estaban tan seguros de ser llamados, que hasta calzaron las botas de agua.

Vinieron de las ensenadas pequeños vapores cargados con toneles y cajas, y los viejos capitanes, que no se avenían a permanecer tranquilos en su casa, dirigieron sus vapores hacia el sur, para tener el gusto de ver el pescado.

No tardaron mucho los patos silvestres en encontrarse en Marstrand.

Los bancos de arenques venían del oeste, y pasando por el faro de Hamneskars se dirigían hacia tierra. En la gran extensión de agua que recirtaba aquellas islas y costas, navegaban las embarcaciones en grupos de tres.

Donde el agua tomaba un tinte oscuro y se formaban pequeñas ondulaciones, allí acudían los pescadores. Y con sus redes circundaban los arenques, estrechando el cerco poco a poco, y los aprisionaban con el copo, de modo que los peces quedaban cual si estuviesen metidos en grandísimos sacos.

Las embarcaciones cargaban el pescado hasta la borda y a los marineros se les veía hundidos en el pescado hasta más arriba de la rodilla.

Algunas embarcaciones descargaban el pescado en la orilla; otros lo entregaban a los vapores que se hallaban próximos, y Nils se fijaba en todo con gran atención para corresponder al deseo de los patos de darle a conocer cómo se obtiene la riqueza del mar.

LII

LA GRAN QUINTA SEÑORIAL

LOS DOS SEÑORES: EL JOVEN Y EL ANCIANO

Hace algunos años había en el distrito de Västergötland una joven maestra extremadamente buena e inteligente al frente de la escuela nacional. Sabía enseñar y era habilidosa para establecer el orden.

Los pequeños la querían tanto que por no disgustarla no querían nunca ir a la escuela sin saber la lección. Los padres también se hallaban muy contentos. La única que no sabía apreciar lo que valía la maestra, era ella misma. Le parecía que todos eran más inteligentes y buenos, y sentía mucho no llegar a parecérseles.

Cuando la maestra llevaba algunos años de servicio, propúsola la Junta escolar que asistiese, como otras maestras, a la escuela de talla en madera, establecida en Nääs, población cercana.

Maestros y maestras, no solamente de Suecia, sino del extranjero, iban a aquella escuela para iniciar a los pequeños en los trabajos manuales.

El sitio en que la escuela estaba instalada era precioso. El gran señor que la sostenía habitaba en ella con su esposa y a diario introducía mejoras. Al morir su esposa, como no tenía hijos y se encontraba solitario en aquella su hermosa quinta, invitó a un sobrino que tenía en gran estima a que fuese allí a vivir con él. Al principio se pensó tan sólo en que el joven ayudase a su tío en la dirección de aquella finca, y al visitar ambos las dependencias que habitaban colonos y trabajadores, pudieron observar que en las largas noches de invierno los hombres, niños y mujeres allí acogidos, carecían de trabajo con que entretenerse. Antiguamente, las gentes tenían que tejer en casa sus telas, coser sus vestidos y hacer sus muebles; pero como ahora todo esto se compra hecho, esta clase de trabajo manual casero ya no se conoce.

Alguna que otra vez encontró familias en las que el padre, haciendo de carpintero, construía sus sillas y mesas, y la esposa tejía sus telas, y era de notar que las familias que esto hacían parecían llevarse mejor y eran más felices que las otras.

Habló el sobrino al tío sobre estas observaciones y consideraron que sería muy conveniente que las gentes pudieran dedicarse, en las horas de ocio, a algún trabajo manual; pero para esto era preciso que recibiesen una enseñanza conveniente y que ésta se obtuviese en los primeros años, y el único modo seguro de conseguirlo era estableciendo una escuela al efecto.

Tenían la seguridad de que los que se habían habituado a manejar la gubia, haciendo trabajos fáciles en madera al alcance de todos, podrían con facilidad manejar el martillo del zapatero, y las tenazas de la fragua, mientras que los que en su juventud no se hubiesen acostumbrado a ningún trabajo manual no podían comprender que en sus manos pudiera ser útil una herramienta.

La joven profesora se sometió a la enseñanza, con gran contento suyo, porque así podría esparcir las ventajas del trabajo manual, por cuanto no era dable admitir que todos los niños que de él pudieran beneficiarse, asistiesen a la acreditada escuela de Nääs.

La joven lloró de agradecimiento ante el bien que recibía, por cuanto en aquella institución no sólo se daba la enseñanza del tallado en madera: allí se pronunciaban conferencias de carácter científico, se hacía gimnasia, se entonaban cantos corales y casi todas las noches había música y lectura. Allí había libros, estanques que surcaban ligeras barcas, baños y piano.

Terminado que hubo el cursillo de verano con todas las ventajas que el mismo ofreció, volvióse la maestra a su lugar.

Un día recibió la noticia de que el señor de edad había muerto y al recordar lo que había disfrutado en su quinta, apenóse mucho por creer que no había agradecido suficientemente los beneficios obtenidos.

En Nääs continuóse la enseñanza como en tiempos del fundador, el cual hizo donación a la escuela de aquella finca, quedando su sobrino como director de la misma.

Algunos años después de la muerte del viejo propietario, oyó decir la profesora, un domingo en la iglesia, que el director se hallaba enfermo, y temerosa de que éste pudiese morir sin haber hecho ella demostración de su agradecimiento, fue a visitarle aquella misma tarde y pidió permiso a los vecinos para que los pequeños pudiesen acompañarla hasta Nääs, por cuanto creía que los cantos infantiles le proporcionarían mucha alegría. El día hallábase avanzado; pero aprovecharían la hermosa luna para regresar aquella misma noche. No quería dejar la visita para el día siguiente por el temor de llegar tarde.

LA LEYENDA DE VÄSTERGÖTLAND

Domingo, 9 de octubre

Los patos silvestres salieron de Bohuslän y se decidieron a dormir en unas charcas al oeste de Västergötland. Para evitar la humedad se había colocado Nils sobre una pequeña cuesta, junto al camino. Iba ya a cerrar los ojos cuando vio que venía por el camino un pequeño pelotón formado por una joven maestra y doce o trece muchachos. Hablaban de modo tan alegre que el pequeño les siguió, procurando no ser visto.

La maestra, para distraerles, les contó un cuento, y apenas hubo terminado le pidieron que contase otro.

—¿Conocéis —les dijo— la leyenda del gigante de Västergötland, que fue a vivir en una isla lejana, en el mar del Norte?

Y como los pequeñuelos contestasen que no, empezó la profesora diciendo:

Sucedió una vez que en una oscura y tempestuosa noche se estrelló un buque contra un islote lejano del mar del Norte. El buque quedó hecho astillas y de toda su tripulación sólo dos hombres se salvaron. Mojados y ateridos por el frío, se hallaban sobre las piedras del islote, cuando observaron que una gran hoguera ardía junto a la orilla cercana. Y se fueron en busca del calor, sin pensar si podría haber en ello algún peligro. Cuando ya estaban próximos a la hoguera, vieron que junto a la misma se hallaban un viejo gigante, tan grande y tan grueso que les causó miedo.

Se detuvieron temerosos; pero pronto se decidieron a avanzar, porque temían más morir de frío.

—Buenas noches, señor —dijo el más viejo de los náufragos, dirigiéndose al gigante—; ¿permitiréis que dos marineros de los que han naufragado se calienten junto a este fuego?

—¿De dónde sois? —preguntó.

El gigante era viejo y no veía bien a aquellos que le hablaban.

—Somos los dos de Västergötland. Nuestro barco se ha estrellado contra este islote y nosotros nos hallamos medio desnudos, ateridos de frío.

—No acostumbro a admitir gentes en mi isla; pero si sois de Västergötland podéis sentaros y calentaros, porque yo también soy de allí.

Los marineros se sentaron sobre dos piedras y sin decir palabra no hacían más que mirar al gigante, el cual parecía crecer cuanto más le miraban.

—Mi vista —díjoles el gigante— ya no me sirve; apenas veo vuestras sombras; pero dadme vuestra mano, para que por ella pueda apreciar si en Suecia hay todavía calor en la sangre.

Los pobres marineros compararon las manazas del gigante con las suyas tan pequeñas, y no se atrevieron a sufrir su apretón; pero viendo una barra de hierro que había quedado en el fuego y con la que el gigante solía removerlo, agarráronla por la punta fría y la ofrecieron candente al gigante.

—Bien se conoce —dijo éste, con asombro de los marinos, al oprimirla entre sus manos— que todavía queda en Suecia sangre que arde.

Siguió a esto un rato de pausa; pero animado el gigante por encontrarse entre paisanos, hizo a éstos un sinnúmero de preguntas acerca de los caminos y progresos habidos en la región de donde procedían.

Los marineros le hablaron de Gotemburgo, de su gran puerto, de su comercio, de sus edificios y del canal de Göta, por el que los vapores ascendían y descendían, ante cuyos relatos el gigante frunció el entrecejo por desagradarle que el hombre hubiese llegado a dominar la Naturaleza.

Calló de nuevo el gigante; pero pronto se dirigió nuevamente a los marineros, diciéndoles:

—Podéis dormir tranquilos junto al fuego. Mañana temprano lo arreglaré de modo que os lleve un barco a vuestra casa; pero en pago del servicio que os presto, os pido un favor, que consiste en que entreguéis esta sortija al hombre más bueno que encontréis en Västergötland, diciéndole que si se pone esta sortija, se hará más alto de lo que ahora pueda ser.

Cuando los marineros llegaron a su tierra, fueron en busca del mejor hombre que en ella había y le entregaron la sortija; pero éste fue sagaz, y en vez de ponérsela la colocó sobre la rama de un roble que tenía en su huerto. Acto seguido el roble empezó a crecer y a echar nuevas ramas y hojas; pero, poco después, con la misma facilidad que había crecido, se encogió, se carcomió su tronco y murió.

El hombre más bueno de Västergötland lanzó la sortija al mar para que nadie pudiera encontrarla; aunque parece que hayan podido encontrarla aquellos que esforzándose en el trabajo cometen excesos que les desgastan de un modo prematuro y acaban por morir, dejando su obra inacabada.

LOS CANTOS

La profesora andaba con paso ligero cuando refería sus cuentos, y entretenidos con éstos llegaron sin darse cuenta a los frondosos árboles que rodeaban la hermosa quinta. Parecíale bien su propósito y estaba dispuesta a realizarlo; pero llegada al sitio, le asaltaron las dudas. Consideraba indiscreto y hasta disparatado lo que iba a hacer.

Quizá se riesen al verla llegar a aquella hora de la noche de modo tan inesperado, rodeada de sus discípulos. Además, ni el canto de ella ni el de los niños, tendrían mérito bastante para que nadie se fijase en ellos. Imprimió más lentitud a su paso, y cuando llegó a la escalera que conducía a la terraza del edificio, que se destacaba hermosísima a la clara luz de la luna, con su suntuosa balaustrada adornada con profusión de plantas, parecióle que todo le dijese: «No te acerques. ¿Cómo puedes creer que tú o tus pequeños podéis proporcionar alguna alegría al que está acostumbrado a disfrutar de todo esto?»

Para disimular y disipar sus incertidumbres, empezó a contar a sus pequeños escolares lo que aquellos señores, tanto el primitivo dueño como su sobrino, habían hecho en pro de la enseñanza; y esto la reanimó. Aquel sitio había sido cedido para instalar una escuela, y esto evidenciaba de un modo claro que el donante consideraba de mayor interés la enseñanza de la juventud de Suecia que ninguna otra cosa.

Esta consideración le dio nuevos bríos para continuar en su propósito. Y separándose de la escalera marchó hacia el parque que circundaba aquella mansión y que en la placidez y silencio de la noche tan gratos recuerdos le ofrecía y del que no dejó de hablar a sus pequeños, refiriendo las enseñanzas y los festejos que allí habíanse celebrado.

En una de las salas del edificio se hallaban las habitaciones del director, y se dirigía a la explanada que da acceso a las mismas cuando vio que en la puerta de entrada había un coche.

Sintió la profesora un nuevo temor y llegó a presumir que el estado del enfermo fuese tan grave que no estuviese para cantos.

El pequeño Nils, que, como hemos dicho, se unió a la comitiva, creyó poder prestar un buen servicio con averiguarlo, y corrió hacia la puerta en el preciso momento en que ésta se abría para dar paso a una doncella que, con una bandeja en la mano, dirigióse al cochero, diciéndole:

—Como tendrá que esperar todavía un buen rato, la señora me ha pedido que le sirva algún alimento.

—¿Cómo está el señor? —preguntó entonces el cochero.

—Parece que su corazón ha dejado de latir. El señor se halla inmóvil desde hace una hora, y apenas sabemos si vive. El doctor cree que ha llegado su última hora.

El pequeño Nils corrió en busca de la profesora y de los escolares, recordando lo que pasó al morir el bueno de su abuelo. Este había sido marinero, y cuando se hallaba en sus últimas pidió que se abriese la ventana de su aposento para oír por última vez el zumbido del viento. ¿No podría suceder que al enfermo, que tanto había querido a los niños y que tanto se alegraba de sus cantos y de sus juegos, le fuese ahora grato oír los cantos infantiles?

La profesora, pensativa, apartóse de la casa muy extrañada de poderse separar de un sitio que tanto había anhelado. Quedó agobiada e indecisa. Ya no hablaba con los pequeños, y, silenciosa, se internó en lo oscuro del parque. Una vez allí, parecióle oír sinnúmero de voces, que le decían:

«Nosotros nos hallamos muy lejos, tú te hallas más cerca. Ve y canta lo que todos conocemos.» Y la buena profesora recordaba lo mucho y bueno que el director había hecho para auxiliar a todos cuantos se hallaron necesitados. «Ve y canta —parecía que le decían al oído—. No le dejes morir sin el saludo de los chicos de tu escuela. No pienses en tu insignificancia o pequeñez; piensa sólo en los que van tras de ti y hazle comprender al enfermo, antes de que se separe de nosotros, cuán grande es el cariño que le tenemos.»

La profesora marchaba cada vez más despacio cuando oyó algo que no procedía de su conciencia; una voz misteriosa, una voz que si bien era humana parecíase al tenue piido de los pajaritos y que decía de un modo muy claro que cantase.

No necesitó más. Recobró el ánimo perdido y entonó con los escolares dos cantos, junto a la ventana del director.

Nunca le parecieron sus cantos tan bellos como en aquella hermosa noche; hasta el mismo ambiente se hallaba lleno de armonías que recogían el eco de sus canciones.

Cuando terminaron, se abrió de modo rápido la puerta de la casa y alguien, con paso rápido, marchó hacia ella.

—No hay duda; vienen a pedirme que no cante más. Debo de haber causado alguna desgracia.

Pero no fue así: la señora pedíale que entrara a descansar para que cantase luego un par de cantos más.

Al subir la escalera salió a su encuentro el doctor, que le dijo:

—El peligro ha pasado. El enfermo se ha repuesto del síncope; el corazón le latía con lentitud; pero sus cantos le parecieron, sin duda, al director como un llamamiento de todos aquellos que todavía le necesitan. Y se reanimó, como si el tiempo del descanso no le hubiese llegado todavía. Cantad de nuevo, cantad de nuevo y estad alegres, por cuanto creo que vuestro canto le ha vuelto a la vida. Creo que podremos conservarle un par de años más entre nosotros.

LIII

LA VUELTA A VEMMENHÖG

Okka condujo a los patos silvestres hacia la llanura escaniana, donde perdíanse de vista los vastos campos de trigo y remolacha, las granjas de poca elevación y rodeadas de corrales espaciosos, las innumerables y pequeñas iglesias blancas, las azucareras que trazaban sobre el suelo una mancha gris, las barriadas semejantes a pequeñas ciudades que se extendían en torno a las estaciones. Había hornagueras, minas de hulla con altas montañas de carbón, caminos que se deslizaban entre dos filas de sauces desmochados, caminos de hierro que se cruzaban y formaban un tejido de mallas espesas, pequeños lagos rodeados de grupos de hayas, que brillaban por doquier flanqueados de castillos.

—¡Mirad ahora! ¡Fijaos bien! —exclamó el pato guía—. Esto es lo que veréis en el extranjero, desde la costa del Báltico hasta los Alpes, que yo no he franqueado nunca.

Cuando los pájaros hubieron visto la llanura, Okka les condujo a la costa del Sund. Bajas praderas descendían suavemente hasta el agua; largas bandas de fuco ennegrecido, arrastradas por las olas, formaban un bordado zigzagueante. En algunos puntos había colinas y llanuras de arenas movedizas. Los caseríos habitados por pescadores, alineaban en la costa sus casitas de ladrillos, todas iguales, con un peque o farol al final de una escollera viéndose por todas partes las redes puestas a secar.

—¡Mirad hacia abajo! —gritó Okka—. ¡Ved cómo son las costas en el extranjero!

Finalmente, los patos pasaron sobre algunas ciudades, contemplando una masa de chimeneas de fábricas, calles encajonadas entre altas casas ennegrecidas por el humo, grandes y bellos jardines públicos, puertos rebosantes de navíos, y a veces fortificaciones antiguas, castillos y viejas iglesias.

—¡Mirad cómo son las ciudades del extranjero, aunque mucho más grandes! —dijo Okka—. Pero éstas también podrán llegar a ser grandes algún día.

Después de dar varias vueltas sobre la llanura,Okka descendió con su bandada sobre una marisma del cantón de Vemmenhög. Nils acabó por preguntarse si todos los rodeos y círculos descritos en el aire aquel día sobre la Escania, no tendrían por finalidad el mostrarle que su país podía ser comparado a cualquier otro del extranjero. Y pensó que había hecho este trabajo en balde, porque no trataba de saber si su país era rico o pobre. Bastábale saber que desde que divisara los primeros sauces que bordeaban los caminos, la primera casita, había sentido la nostalgia de su país.

LIV

EN CASA DE HOLGER NILSSON

Martes, 8 de noviembre

El tiempo era gris y brumoso. Los patos silvestres hallábanse entregados a la siesta cuando Okka se aproximó rápidamente a Nils, diciéndole:

—El tiempo parece encalmado y he decidido que mañana atravesemos el Báltico.

—Bueno —dijo Nils. Y su garganta se anudó de tal modo, que no pudo añadir palabra. Esperaba, a pesar de todo, ser desencantado mientras permaneciese todavía en la Escania.

—Ahora estamos bastante cerca de Vemmenhög —prosiguió Okka—. He pensado que tal vez quisieras hacer una visita a tu casa, al pasar. Así podrás ver a tu familia.

—Será mejor que no vaya —respondió Nils; pero el tono de su voz indicaba lo mucho que le complacía la proposición.

Okka respondió:

—Tú debes ir a informarte de la marcha de tu casa y de la salud de tus padres. ¡Quién sabe si les podrás prestar ayuda por pequeño que seas!

—Tienes razón, madre Okka. Debí pensar en ello antes —respondió Nils muy excitado.

Un instante después estaban los dos en marcha hacia la granja de Holger Nilsson. Descendieron al abrigo de un muro de piedra que rodeaba la granja.

—Es extraño que todo esté igual —exclamó Nils, trepando por la acera—. Parece que fue ayer cuando os vi venir, sentado en este sitio.

—¿Sabes si tu padre tiene escopeta? —preguntó Okka de repente.

—Sí —dijo Nils—. Precisamente por esa escopeta quise yo permanecer en casa aquel domingo.

—Entonces no me atrevo a esperarte aquí. Será mejor que vengas a reunirte con nosotros al cabo de Smygehuk, mañana a primera hora. Podrás pasar aquí la noche.

—¡Oh, no! ¡No te vayas, madre Okka! —prorrumpió Nils saltando del muro. No sabía por qué, pero tenía el presentimiento de que les sucedería algo, tanto a él como a los patos, y que ya no volverían a verse—. Ya sabes cómo me entristece no haber recobrado mi estatura normal —prosiguió—; pero quiero que sepas que no lamento haberos seguido durante la última primavera. Antes de volver a ser hombre, preferiría de nuevo ese viaje.

Okka aspiró el aire fuertemente antes de responder.

—Hay una cosa de la que he querido hablarte repetidas veces —comenzó diciendo—. No es preciso que te la diga en este momento, porque tú no vienes en busca de los tuyos para quedarte; no obstante, tendré el gusto de comunicártelo ahora. Es lo siguiente: si verdaderamente crees que has aprendido alguna cosa de bueno entre nosotros, ¿verdad que opinarás que no sólo los hombres deben vivir en la tierra? Piensa en el hermoso país que tienen. ¿No podrías conseguir que se nos reservaran algunas rocas peladas en la costa, algunos lagos que no sean navegables y algunas florestas apartadas, donde nosotros, pobres animales, podamos estar tranquilos? Durante toda mi vida me he visto perseguido. ¡Qué bueno sería saber que en cualquier parte existe un refugio para un ser como yo!

—Ciertamente, yo quedaría muy contento y satisfecho de poder prestaros mi ayuda —contestó el muchacho—; pero yo no podré decir nunca gran cosa a los hombres.

—Pero nosotros estamos hablando aquí como si no debiéramos vernos ya más —interrumpió Okka—. A todo esto nos hemos de ver mañana. Hasta la vista.

Y después de abrir sus alas volvió de nuevo, y acariciándole dulcemente con el pico partió al fin.

Era ya mediodía, y aún no habíase dado señal de vida en la granja. Nils pudo ir y venir a su antojo. Corrió rápidamente al establo, creyendo que las vacas le informarían mejor que nadie de todo. El establo presentaba un triste aspecto: en vez de los tres hermosos animales que lo habitaban en la primavera, no había más que uno. Era Rosa de Mayo. Añorando a sus compañeras, permanecía con la cabeza doblada por la pena y sin probar el forraje.

—Buenos días, Rosa de Mayo —gritó Nils, corriendo hacia ella sin temor alguno—. ¿Cómo están el padre y la madre? ¿Cómo están los patos y las gallinas y el gato? ¿Dónde están tus compañeras, Lis de Oro y Estrella?

Al reconocer la voz del muchacho la vaca se estremeció, después bajó la cabeza como dispuesta a embestirle; pero como la edad había hecho que sus movimientos fuesen más lentos, tuvo tiempo para fijarse en Nils Holgersson. Continuaba siendo tan pequeño como al partir, y aunque iba vestido del mismo modo, parecía otro. El Nils Holgersson que partiera en la pasada primavera, tenía un aire torpe y lánguido y los ojos semidormidos; el que volvía mostrábase vivaracho y ágil y hablaba animadamente. Andaba tan erguido y con un paso tan firme que inspiraba respeto a pesar de su pequeñez.

—¡Mu! —mugió Rosa de Mayo—. Me habían dicho que habías cambiado, pero no lo creí. Sé bienvenido. Nils Holgersson, sé bienvenido a esta casa. Este es el primer momento de alegría que tengo desde no sé cuánto tiempo.

—Te agradezco mucho este recibimiento, Rosa de Mayo —contestó Nils con el corazón conmovido por tan buena acogida—. Comunícame noticias de mis padres.

—No han tenido más que penas desde que te marchaste. Lo peor ha sido lo ocurrido con el caballo, que les costó mucho dinero, sin que durante todo el verano haya podido hacer otra cosa que comer. Tu padre no quiere matarlo; pero nadie lo quiere comprar. Por su culpa ha tenido que vender tu padre mis dos compañeras, Estrella y Lis de Oro.

Había otra cosa de la que tenía grandes deseos de hablar; pero estaba harto embarazado para iniciar esta conversación directamente. Y preguntó luego:

—¿Verdad que mi madre sufrió un gran disgusto al ver que el pato blanco había escapado?

—Creo que no hubiera llegado a experimentar tanta pena de haber sabido cómo escapó el pato. Sólo se lamentaba de que su propio hijo, al marchar de su casa, se llevara el pato consigo.

—¡Ah! ¿Pero cree que lo he robado yo? —preguntó Nils.

—¿Pues qué quieres que crea?

—Eso indica que mis padres creen que yo he recorrido el país este verano como un mendigo.

—Han llorado tu ausencia con todo el dolor que se siente cuando se pierde al ser más querido del mundo.

Nils salió corriendo del establo. Lo primero que hizo fue entrar en la cuadra, pequeña, pero en perfecto estado de limpieza. Echábase de ver en seguida que Holger Nilsson habíala dispuesto de modo que complaciera al nuevo huésped que iba a albergar. Había en ella un hermoso caballo, reluciente, que reventaba literalmente de salud.

—Buenos días —dijo Nils saludando—. He oído decir que había un caballo enfermo por aquí. ¿Cómo es posible que seas tú, teniendo tan buen aspecto?

El caballo volvió la cabeza hacia el muchacho y le miró.

—¿Eres tú el hijo de la casa? —le preguntó—. He oído muchas cosas malas de ti; pero tienes un aspecto tan simpático que jamás te hubiera tomado por Nils de no saber que has sido transformado en duende.

—Sé que he dejado un mal recuerdo tras de mí —añadió Nils Holgersson—. Hasta mi propia madre cree que yo desaparecí de esta casa como un ladrón. No espero estar mucho tiempo aquí; pero antes de partir he querido saber qué es lo que tienes.

—¡Qué dolor que no te quedes entre nosotros! —exclamó el caballo—. Tengo la seguridad de que llegaríamos a ser muy buenos amigos. Yo sufro por una tontería, por una punta de cuchillo u otro objeto puntiagudo que me ha penetrado en un pie. Esta punta está tan bien disimulada que el mismo veterinario no ha podido descubrirla; pero me hace mucho daño y me impide andar. Si tú pudieras advertir a Holger Nilsson de lo que me pasa, creo que podría curarme. Yo estaría muy contento si pudiera serle útil. Me da vergüenza permanecer ocioso.

—¡Cuánto me alegro de que no tengas una verdadera enfermedad! —respondió Nils—. Ya procuraremos curarte; permíteme que de momento haga algunas señales con mi cuchillo en tu pata.

Acababa de rascar la pata al caballo cuando oyó voces en el corral. Eran sus padres que regresaban. Veíase que estaban agobiados por la pena. La madre tenía el rostro lleno de arrugas y los cabellos del padre habían encanecido. La madre trataba de convencer a su marido de que no había otro remedio que pedir dinero prestado a su cuñado.

—No, no; yo no pido ya dinero prestado —decía el padre, ante la puerta entreabierta de la cuadra—. Nada más terrible que contraer deudas. Será mejor vender la casa.

—Nada tendría que decir contra eso —respondió la madre— si no existiera nuestro hijo. ¿Qué haría él si volviera algún día, pobre y miserable, y no nos encontrase aquí?

—Es triste, ciertamente —respondió el padre—; pero habrá que pedir a los que compren la granja que lo acojan con dulzura y que le digan que será siempre bien atendido y bienvenido a nuestra casa. Nosotros no le dirigiremos ni una sola palabra de reproche. Estamos de acuerdo, ¿verdad?

—Ciertamente. ¡Ah! ¡Si al menos estuviese por ahí, sabiendo yo que no pasa hambre ni frío por los caminos!

Nils no pudo oír nada más de esta conversación porque sus padres entraron seguidamente en la casa. Hubiera querido correr hacia ellos; pero, ¿no les hubiera causado pena verle tal como era en la actualidad?

Mientras estaba entregado a estas vacilaciones, llegó un carruaje que se detuvo ante la verja. Nils estuvo a punto de lanzar un grito de asombro al ver descender dos personas que no podían ser otras que Asa y su padre. Los recién llegados se dirigieron hacia la casa cogidos de la mano, graves y recogidos, con un inefable destello de felicidad en los ojos. Ya cerca de la puerta, Asa detuvo a su padre:

—Quedamos entendidos, padre, ¿verdad? Nada diremos de ese duende que tanto se parece a Nils, del pequeño zueco, ni de los patos.

—Eso es —respondió Jon Assarsson—. Sólo diré que su hijito te ha ayudado varias veces mientras tú me buscabas a través del país, y que hemos venido a preguntarles si nosotros podemos, en pago de tal favor, prestarles algún servicio, ya que he llegado a crearme una posición y aun a ser rico, gracias a la mina que he descubierto allá.

Entraron en la casa, y Nils hubiera dado mucho por oír la conversación; pero no se atrevió a entrar en el corral. Al salir Asa y su padre, acompañábanles su padre. Parecían como animados por una nueva vida.

Cuando partieron los visitantes, el padre y la madre de Nils quedaron junto a la verja un momento, viendo cómo se alejaba el carruaje.

—Ya no quiero estar triste, Holger, después de haber oído tantas cosas buenas de Nils —exclamó la madre.

—No han dicho muchas cosas en último término —contestó el padre.

—¿No te basta con que hayan venido aquí expresamente para ofrecernos sus servicios como prueba de agradecimiento por los favores que les prestó Nils? Creo que hubieras podido aceptar su ofrecimiento.

—No, no he querido. Nosotros no aceptaremos dinero de nadie, prestado ni regalado. Quiero antes que nada desembarazarme de mis deudas; creo que lo conseguiremos, y lo espero así porque todavía no somos unos viejos decrépitos.

El padre rió al pronunciar estas palabras.

—Diríase que gozas ante la idea de deshacerte de esta tierra en la que has puesto tanto trabajo —dijo la madre con un tono de reproche.

—Pero, ¿es que no comprendes por qué me estoy riendo? —preguntó el padre—. Lo que me quitaba las fuerzas era el sentimiento que me causaba la creencia de haber perdido a mi hijo; mas ahora que sé que mi hijo vive y promete ser siempre un hombre honrado, ya verás que Holger Nilsson es capaz todavía de trabajar.

La madre entró en la casa y Nils debió ocultarse rápidamente en un rincón, porque el padre encaminóse hacia la cuadra. Y llegándose al caballo, levantóle el pie enfermo para buscar una vez más dónde estaba el mal.

—¿Qué es esto? ¿Qué es lo que hay aquí? —gritó viendo algunas letras grabadas en la pata del animal.

«Quítale el hierro del pie», leyó con estupor. Y se puso a examinar la pata con toda atención.

—Creo que tiene clavado algo puntiagudo —murmuró.

Mientras el padre ocupábase del caballo, y Nils permanecía inmóvil en un rincón, llegó a la casa una nueva visita. El pato blanco, sabiendo que hallábase muy cerca de su antigua residencia, no había podido resistir el deseo de mostrar su mujer y sus hijos a sus compañeros, y traía consigo a Finduvet y a los seis patos.

Cuando llegaron a la casa de Holger Nilsson, no había nadie en el corral. El pato blanco descendió tranquilamente hasta donde estaba su familia y mostró a Finduvet los esplendores de que gozan los patos domésticos. Después de haber hecho los honores del corral, advirtió que la puerta del establo estaba abierta.

—¡Venid y veréis! —gritó—. Venid y veréis dónde vivía yo en otro tiempo. Esto es muy distinto a tener que pasar las noches en las marismas y en las hornagueras, como nosotros hacemos ahora.

El pato permaneció en el dintel del establo.

—Aquí no hay nadie —exclamó—. Ven, Finduvet, y verás el sitio de los patos. No tengas miedo; no hay ningún peligro.

Finduvet y los seis patos entraron en el sitio indicado para contemplar el lujo en medio del cual había vivido el gran pato blanco antes de reunirse con los patos silvestres.

—Ved cómo era. Allí estaba mi sitio y allá el cubillo siempre lleno de avena y la pileta con agua. Esperad; creo que todavía debe quedar algo de comida.

El pato blanco dio un salto hacia el cubillo y se puso a comer con avidez.

De Finduvet iba apoderándose una gran intranquilidad.

—Salgamos pronto —suplicó.

—Espera un poco, que aún quedan unos granos —contestó el pato.

En este mismo momento lanzó un grito y se precipitó hacia la salida. Era ya demasiado tarde. La puerta quedó cerrada y el ama de la casa echó el pestillo. ¡Estaban cogidos!

El padre de Nils acababa de extraer un pedazo de hierro puntiagudo del pie de su caballo y acariciaba al animal con toda solicitud cuando llegó la madre muy sofocada.

—¡Ven, ven y verás la hermosa presa que acabo de hacer! —gritó.

—Aguarda un momento y mira un poco aquí. He descubierto lo que motivaba el malestar del caballo.

—Creo que comienza otra vez la suerte para nosotros —dijo la madre—. Figúrate que el gran pato blanco que desapareció durante la última primavera, ha vuelto a casa con siete patos silvestres. Ha debido seguir a alguna bandada de ellos. Han ido directamente a su puesto y yo he conseguido encerrarles.

—¡Es extraño! —dijo Holger Nilsson—. Lo que más me alegra es saber que ya no tenemos motivo para sospechar que Nils se llevara el pato al partir.

—En efecto. Pero creo que no debemos matarlos esta misma tarde.

Dentro de unos días se celebrará la fiesta de San Martín y será preciso que vayamos cuanto antes a la ciudad para venderlos.

—Sería muy desagradable matar al pato, ya que ha vuelto con tan buena compañía —objetó Holger Nilsson.

—Si los tiempos fueran menos duros, les dejaríamos vivir tranquilamente; pero como nosotros no continuaremos aquí, probablemente, ¿qué vamos a hacer de los patos?

—Es verdad.

—Ven, pues; ayúdame a llevarlos a la cocina —dijo la madre.

Y partieron. Algunos instantes después, Nils vio salir a su padre del establo llevando al pato blanco bajo un brazo y a Finduvet bajo el otro. El pato gritaba, como siempre que se encontraba en peligro:

—¡Socorro, socorro, Pulgarcito!

Pero Nils no corrió en su auxilio, convencido de que no debía abandonar la puerta de la cuadra, y no porque pensara ni un solo momento en que sería muy conveniente para él que se diera muerte al pato blanco —porque no se acordaba para nada de la condición impuesta por el duende—; lo que le retenía en su puesto era la idea de que por salvar al pato blanco tenía que mostrarse a sus padres, y esto le repugnaba mucho.

—Siendo ya felices —se decía—, ¿por qué he de proporcionarles yo esa pena?

Pero cuando la puerta se cerró tras el pato, Nils abandonó sus vacilaciones. Y atravesando el corral todo lo aprisa que pudo, entró en el vestíbulo. Se quitó los zuecos, según su vieja costumbre, y se aproximó a la puerta; pero se detuvo de nuevo.

—Es el pato blanco el que está en peligro —decíase—; el que ha sido tu mejor amigo desde que abandonaste esta casa.

En este instante recordó bruscamente todos los peligros que él y el pato habían corrido juntos sobre los lagos helados y la mar tempestuosa, y entre los feroces animales de presa. Su corazón llenóse de reconocimiento y de afecto, y dio unos golpes en la puerta.

—¿Quién es? —preguntó el padre antes de abrir.

—¡Madre, madre, no hagas daño al pato! —gritó Nils, entrando como una tromba.

El pato y Finduvet, que reposaban sobre un banco con las patas atadas, lanzaron un grito de alegría al reconocer su voz.

Pero la que lanzó el mayor grito de alegría fue la madre.

—¡Oh, Nils, Nils! ¡Qué grande y hermoso vuelves! —prorrumpió entre transportes de alegría.

El muchacho se detuvo en el umbral, como dudando del recibimiento que le dispensaban sus padres.

—¡Te doy la bienvenida, hijo! —dijo el padre, sin poder proferir ni una palabra más.

Nils vacilaba, inmóvil, en el umbral. No comprendía la alegría de sus padres; pero la madre se había precipitado hacia él, echándole los brazos alrededor de su cuello. Entonces comprendió Nils lo que le ocurría.

—¡Padre, madre, vuelvo a ser alto! ¡Vuelvo a ser hombre! —gritó fuera de sí de contento.

LV

EL ADIÓS DE NILS A LOS PATOS SILVESTRES

Miércoles, 9 de noviembre

Al día siguiente se levantó Nils antes del alba y se dirigió hacia la costa.

Al empezar a apuntar el día, encontrábase ya en el sitio fijado por Okka, un poco al este del caserío de Smyge. Estaba solo. Antes de partir había entrado en el establo donde hallábase el pato blanco, con el fin de despertarle; pero éste no dijo palabra y volvió a cerrar los ojos, hundiendo la cabeza bajo el ala para dormirse de nuevo.

El día prometía ser muy hermoso, casi tan hermoso como aquel domingo de primavera en que los patos silvestres llegaron hasta allí. El mar extendíase vasto e inmóvil. El aire estaba en calma y Nils pensaba en el magnífico viaje que harían sus amigos.

Hallábase todavía sometido a una especie de semiencantamiento. Nils tan pronto se creía duende como se creía ser el verdadero Nils Holgersson. Al ver un hoyo en el camino, tuvo miedo de continuar adelante antes de convencerse de que no había ningún animal peligroso oculto en él. Después lanzó una carcajada, feliz de saber que era grande y fuerte y que no había necesidad de tener miedo.

Llegado a la orilla del mar, esperó en la playa para que los patos pudieran verle en seguida. Era un día de emigración. A cada instante oíase el grito de llamada para reunirse. Sonreíase al pensar que nadie sabía como él lo que los pájaros se comunicaban unos a otros.

Pasaban bandadas de patos silvestres.

—Creo que no serán los míos los que partan sin decirme adiós —pensó—. ¡Tengo tantos deseos de referirles cómo he vuelto a ser hombre!

Aproximábase una bandada de patos que volaba más rápidamente y gritaba más que las otras. Algo le decía que aquélla era la suya; pero no la reconocía con la seguridad que lo hubiera hecho la víspera.

Los patos disminuyeron la rapidez de su vuelo y revolotearon por encima de la playa. Nils comprendió que eran sus compañeros de viaje. Pero, ¿por qué no descendían hasta él? No podían dejar de haberle visto.

Intentó lanzar un silbido; pero su lengua no obedecía a su deseo. No pudo articular la nota justa.

Oyó la voz de Okka que cruzaba los aires, mas sin comprender lo que decía.

—Es extraño. ¿Habrán cambiado de lenguaje los patos silvestres? —se interrogó.

—¡Aquí estoy! ¿Dónde estás tú?

Esto no produjo otro efecto que asustar a los patos, que elevando el vuelo alejáronse de la costa. Por último, comprendió lo que ocurría; los patos ignoraban que había vuelto a ser hombre. Y ya no pudieron reconocerle.

Nils no pudo tampoco llamarles, porque los hombres no saben el lenguaje de los pájaros. En adelante ya no podría hablarles ni comprenderles.

Aunque Nils considerábase dichoso de haber escapado al encantamiento, encontraba doloroso separarse así de sus amigos, los patos. Y sentándose sobre la arena, cubrióse el rostro con las manos. ¡Qué triste era verlos partir!

De repente oyó una vibración de alas: la vieja madre Okka no había podido resignarse a abandonar a su amigo Pulgarcito, y había vuelto atrás. Ahora que Nils permanecía inmóvil, habíase decidido a aproximarse a él. Sin duda había comprendido de un modo instintivo y súbito que aquél era Pulgarcito. Y descendió sobre el promontorio, cerca de Nils.

Este lanzó un grito de alegría y la estrechó entre sus brazos. Los otros patos aproximáronse entonces y le acariciaron con el pico. Cantaban, hablaban animadamente y le felicitaban. Nils habló también, para agradecerles el buen viaje que había hecho con ellos.

Bruscamente callaron los patos, le contemplaron con miradas de extrañeza y se separaron de él. Parecían haberse dado cuenta de golpe del cambio que se había operado en él, y exclamaron:

—¡Vuelve a ser hombre! ¡Ya no nos comprende ni nosotros le comprendemos tampoco!

Entonces se levantó Nils y fue hacia Okka, la abrazó y la llenó de caricias. Después fue hacia Yksi y Kaksi, Kolme y Nelja, Viisi y Kiisi, las viejas patas de la bandada, y las abrazó también. Seguidamente, se separó con paso rápido, en dirección a su casa. Sabía que la pena de los patos no dura mucho y quería separarse de sus amigos antes de que se extinguiera la que pudieran experimentar al perderle.

Cuando llegó a lo alto de la duna, volvióse para mirar los grupos de pájaros que se preparaban a atravesar el mar. Todos lanzaban al aire sus llamadas; de todas, solo una bandada de patos silvestres voló en silencio mientras él pudo seguirla con los ojos.

Mas el triángulo que formaba era de un orden perfecto, los intervalos tales como correspondían, la velocidad del vuelo la indicada y el golpe de las alas vigoroso y rítmico. Nils sintió una sensación tan dolorosa que casi hubiera preferido continuar siendo Pulgarcito para poder viajar por encima de la tierra y del mar con una bandada de patos silvestres.

ÍNDICE

Este libro se terminó de
imprimir en los talleres
de Printer, industria gráfica sa
de Sant Vicenç dels Horts,
el día 7 del mes de Septiembre
de 1983